Friedrich Albert Wengler

Das bürgerliche Gesetzbuch für das Königreich Sachsen,

nach den hierzu ergangen entscheidungen der Spruchbehörden erläutert und unter

Berücksichtigung der neueren Gesetzgebung herausgegeben

Friedrich Albert Wengler

Das bürgerliche Gesetzbuch für das Königreich Sachsen,
*nach den hierzu ergangen entscheidungen der Spruchbehörden erläutert und unter
Berücksichtigung der neueren Gesetzgebung herausgegeben*

ISBN/EAN: 9783743601789

Hergestellt in Europa, USA, Kanada, Australien, Japan

Cover: Foto ©Suzi / pixelio.de

Manufactured and distributed by brebook publishing software (www.brebook.com)

Friedrich Albert Wengler

Das bürgerliche Gesetzbuch für das Königreich Sachsen,

Das

Bürgerliche Gesetzbuch

für das

Königreich Sachsen

nach

den hierzu ergangenen Entscheidungen der Spruchbehörden

erläutert

und unter Berücksichtigung der neueren Gesetzgebung

herausgegeben von

F. A. Wengler und **H. A. Brachmann,**
Appellationsrath   Gerichtsrath und Hülfsarbeiter

am Appellationsgericht Zwickau.

Zweiter Band.

Leipzig,

Druck und Verlag der Roßberg'schen Buchhandlung.

1878.

Inhaltsverzeichniß.

Vierter Theil.
Das Familien- und Vormundschaftsrecht.

Erste Abtheilung.

Zweite Abtheilung.

Dritte Abtheilung.

Fünfter Theil.

Das Erbschaftsrecht.

Erste Abtheilung.

Zweite Abtheilung.

Dritte Abtheilung.

Vierte Abtheilung.

Fünfte Abtheilung.

Vierter Theil.
Das Familien- und Vormundschaftsrecht.

Erste Abtheilung.
Von dem Eherechte.

Erster Abschnitt.
Verlöbniß.

§ 1568. Verlöbniß ist der Vertrag, durch welchen sich zwei Personen verschiedenen Geschlechtes die Eingehung der Ehe versprechen.

§ 1569. Nur Diejenigen können sich mit einander verloben, welche sich ehelichen können. (§§ 1590. 1591. 1592. 1608. 1611. 1613. 1615. 1617 und nunmehr Reichsgesetz vom 6. Febr. 1875 §§ 28. 33. 34. 39 und Sächs. Gesetz, die Einführung der Civilstandsregister ꝛc. betreffend vom 20. Juni 1870 [Gesetz- u. VBl. S. 215 flg.] § 19.)

Zu § 1568. 1) Der Gebrauch bestimmter Worte bei Schließung des Verlöbnisses ist in § 1568 nicht vorgeschrieben, vielmehr genügt es, wenn nur der übereinstimmende Wille der Parteien, sich gegenseitig ehelichen zu wollen, in deutlich erkennbarer Weise ausgedrückt ist. Hat daher Beklagter gegen die Klägerin ꝛc. sich dahin ausgesprochen, er wolle sie heirathen und Letztere hierauf Beklagtem gegenüber sich hiermit ausdrücklich einverstanden erklärt, so ist zwischen Beiden ein Verlöbniß celebrirt worden. Denn darin, daß Klägerin mit dem das Versprechen der Ehe involvirenden Heirathsantrage Beklagtens sich einverstanden erklärt, liegt zugleich das Versprechen von ihrer Seite an Beklagten, ihn ehelichen zu wollen, und die Annahme dieses Versprechens der Klägerin Seitens des Beklagten liegt wieder in dem vorausgegangenen Heirathsantrage, welcher selbstverständlich in der Erwartung, daß er Genehmigung finden werde, gestellt worden. Erk. des DAG. vom 17. Juli 1866 in der Z. f. R. Bd. 29 S. 328 flg., identisch mit W. f. R. 1867 S. 321 flg. und Annalen, N. F. Bd. 2 S. 527 flg.

2) Bedingtes Verlöbniß? Z. f. R. Bd. 13 S. 75; inwieweit ein solches durch nachfolgenden concubitus zum unbedingten wird? W. f. R. 1847 S. 409.

§ 1570. Personen männlichen Geschlechtes können vor erfülltem achtzehnten, Personen weiblichen Geschlechtes vor erfülltem sechszehnten Lebensjahre kein Verlöbniß schließen. (§ 1589, und Reichsgesetz vom 6. Febr. 1875 § 28.)

§ 1571. Das Verlöbniß erfordert zu seiner Gültigkeit, daß wer von den Eltern der Verlobten noch lebt, in das Verlöbniß einwilligt. Sind die Eltern beider Verlobten gestorben, jedoch Großeltern vorhanden, so bedarf es der Einwilligung der letzteren.

§ 1572. Außereheliche Kinder bedürfen blos der Einwilligung der Mutter, und wenn diese gestorben ist, der noch lebenden mütterlichen Großeltern.

§ 1573. An Kindesstatt Angenommene können sich nur mit Einwilligung sowohl ihrer leiblichen Eltern, oder, wenn sie außerehelich sind, ihrer Mütter, als auch Desjenigen, welcher sie an Kindesstatt angenommen hat, verloben. Sind Erstere gestorben, so genügt die Einwilligung des Letzteren.

§ 1574. Steht Derjenige, dessen Einwilligung zu dem Verlöbnisse erforderlich wäre, unter Vormundschaft, oder ist sein Aufenthalt unbekannt, so wird er als nicht vorhanden angesehen.

Zu §§ 1571—1577*). Es schlagen an Stelle dieser §§ nunmehr folgende Bestimmungen des K. sächs. Gesetzes, einige Abänderungen des Bürg. Gesetzbuches und damit in Zusammenhang stehende Bestimmungen enthaltend, vom 5. November 1875 (Gesetz- u. VBl. S. 349 flg.) ein:

„§ 1. Das Verlöbniß fordert zu seiner Gültigkeit, daß diejenigen Personen einwilligen, deren Einwilligung es zur Eheschließung bedarf.

Bedarf es bei keinem der das Verlöbniß schließenden Theile der Einwilligung des ehelichen Vaters oder der Mutter und tritt auch nicht der in § 31 Satz 1 des Reichsgesetzes vom 6. Februar 1875 angegebene Fall ein, so ist das Verlöbniß nur gültig, wenn es in Gegenwart von zwei Zeugen oder vor Gericht geschlossen worden ist.

§ 2. Ein Verlöbniß, welchem ein gesetzliches Hinderniß entgegensteht, hat die rechtliche Wirkung eines gültigen Verlöbnisses für den Verlobten, welcher das Hinderniß nicht kennt, so lange dies der Fall ist."

Die Motiven zu dem K. sächs. Gesetze vom 5. November 1875 besagen zu § 1 Folgendes: „In §§ 1571, 1572, 1573 des BGB. ist bestimmt, in welchen Fällen das Verlöbniß zu seiner Gültigkeit der Einwilligung dritter Personen bedarf, und nach § 1600 des BGB. soll eine Ehe nicht ohne Einwilligung der Personen eingegangen werden, deren Einwilligung zum Verlöbniß erforderlich ist. Der Grundsatz des § 1600 muß beibehalten, jedoch, da die Fälle, in denen die

---

*) Zu § 1571 vergl. übrigens Verordnung des Cultusministeriums an die vormalige Kreisdirection zu Dresden vom 11. April 1805 in der Z. f. R. Bd. 27 S. 172 flg. sowie Verordnung desselben Ministeriums vom 4. Juni 1868 ebend. Bd. 31 S. 514 flg., sowie zu § 1570: Verordnung des Cultusministeriums an die Kreisdirection zu Leipzig vom 27. Januar 1800 in der Z. f. R. Bd. 28 S. 254 flg.

§ 1575. Bevormundete können ohne Einwilligung ihrer Vormünder kein Verlöbniß schließen. (§ 1921.)

§ 1576. Haben beide Theile weder Eltern noch Großeltern und tritt auch der im § 1573 angegebene Fall nicht ein, so ist das Verlöbniß nur gültig, wenn es in Gegenwart von zwei Zeugen oder vor Gericht geschlossen worden ist. (§ 2101).

§ 1577. Ein Verlöbniß, welchem nach §§ 1569 bis 1576 ein Hinderniß entgegensteht, hat die rechtlichen Wirkungen eines gültigen Verlöbnisses für den Verlobten, welcher das Hinderniß nicht kennt, so lange dies der Fall ist.

Einwilligung des Dritten zur Eheschließung nöthig sein soll, durch das Reichsgesetz bestimmt werden und die betreffenden Bestimmungen desselben (§§ 29—31) nicht alle in §§ 1571—1573 des BGB. gedachten Fälle umfassen, durch eine dem § 1600 des BGB. nachgebildete Bestimmung in Bezug auf das Verlöbniß zum Ausdrucke gebracht werden. Absatz 2 von § 1 reproducirt den § 1576 des BGB. mit der dadurch bedingten Modification, daß die Einwilligung der Großeltern zur Eheschließung nach dem Reichsgesetz nicht mehr nöthig sein wird", und

zu § 2: „Die Modification des § 1577 des BGB. ist Consequenz der virtuellen Beibehaltung des Grundsatzes in § 1600 des BGB."

Die hierbei einschlagenden Bestimmungen des Reichsgesetzes vom 6. Febr. 1875 lauten also:

§ 29. „Eheliche Kinder bedürfen zur Eheschließung, so lange der Sohn das 25., die Tochter das 24. Lebensjahr nicht vollendet hat, der Einwilligung des Vaters, nach dem Tode des Vaters der Einwilligung der Mutter und, wenn, sie minderjährig sind, auch des Vormundes.

Sind beide Eltern verstorben, so bedürfen Minderjährige der Einwilligung des Vormundes.

Dem Tode des Vaters oder der Mutter steht es gleich, wenn dieselben zur Abgabe einer Erklärung dauernd außer Stande sind, oder ihr Aufenthalt dauernd unbekannt ist.

Eine Einwilligung des Vormundes ist für diejenigen Minderjährigen nicht erforderlich, welche nach Landesrecht einer Vormundschaft nicht unterliegen. Inwiefern die Wirksamkeit einer Vormundschaftsbehörde oder eines Familienrathes stattfindet, bestimmt sich nach Landesrecht.

§ 30. Auf uneheliche Kinder finden die im vorhergehenden Paragraphen für vaterlose eheliche Kinder gegebenen Bestimmungen Anwendung.

§ 31. Bei angenommenen Kindern tritt an Stelle des Vaters (§ 29) Derjenige, welcher an Kindesstatt angenommen hat. Diese Bestimmung findet in denjenigen Theilen des Bundesgebietes keine Anwendung, in welchen durch eine Annahme an Kindesstatt die Rechte der väterlichen Gewalt nicht begründet werden können."

Ueber das ältere Recht vergl. noch W. f. R. 1858 S. 321 flg.; Z. f. R. ältere F. Bd. 1 S. 185. Ueber das Eheverlöbniß eines unter cura status stehenden Geisteskranken sind zu vergleichen die älteren Präjudicate im W. f. R. 1859 S. 273; Z. f. R. Bd. 18 S. 449.

1*

§ 1578. Kinder, die von Personen, welche in einem gültigen Verlöbnisse stehen, mit einander erzeugt worden sind, Brautkinder, haben die Rechte ehelicher Kinder. Dasselbe gilt von Kindern, welche vor dem Verlöbnisse erzeugt, aber noch während desselben geboren werden. (§§ 1809. 1843. 2018.)

§ 1579. Aus einem Verlöbnisse kann nicht auf Eingehung der Ehe geklagt werden.

§ 1580. Das Versprechen einer Strafe für den Fall, daß die Ehe zwischen den Verlobten nicht zu Stande kommt, ist nichtig.

§ 1581. Tritt ein Theil von dem Verlöbnisse ohne Grund zurück, oder giebt er durch sein Verhalten nach Eingehung des Verlöbnisses dem andern Theile einen Grund zum Rücktritte, so hat er den Schaden zu ersetzen, welchen der andere Theil oder Diejenigen, deren Einwilligung dieser zu dem Verlöbnisse bedurfte, dadurch erlitten, daß sie in Erwartung der künftigen Ehe und für deren Zwecke Etwas aufgewendet haben. Wer ohne Grund von dem Verlöbnisse zurücktritt, kann sich durch späteres Erbieten, die Ehe zu schließen, von der Ersatzpflicht nicht befreien.

Zu § 1578. Vergl. hierzu die bei § 1508 bezogenen Entscheidungen und im Uebrigen W. f. R. 1845 S. 33; 1847 S. 201. Kinder, welche vor dem Verlöbnisse ihrer Eltern gezeugt, aber erst nach dessen Auflösung geboren sind, gelten nicht als Brautkinder. Erl. des OAG. vom April 1869 in der Z. f. R. Bd. 33 S. 353 flg.

Zu § 1579. Im Wesentlichen conform mit § 52 des Gesetzes unter C über privilegirte Gerichtsstände und einige damit zusammenhängende Gegenstände (Gesetz- u. VBl. S. 75 flg.). Aelteres Recht: Annalen, A. F. Bd. 4 S. 91 flg.

Zu § 1580. Aelteres Recht: § 53 des Gesetzes unter C vom 28. Jan. 1835. Z. f. R. ältere F. Bd. 1 S. 137; W. f. R. 1858 S. 321.

Zu § 1581. Vergl. Annalen, N. F. Bd. 1 S. 408 flg., identisch mit Z. f. R. Bd. 28 S. 458 flg. (Klage auf Ersatz des durch einseitigen Rücktritt von einem im Auslande geschlossenen Eheverlöbnisse dem anderen Theile entzogenen Gewinnes, zugleich zu § 6 des BGB. einschlagend (siehe oben S. 17), und die ältere Entscheidung (1856) in der Z. f. R. Bd. 16 S. 95 flg.

In einem Falle verlangte der weibliche Theil, nach dem erfolgten Zurücktreten des anderen Theiles von dem Verlöbnisse, unter dem Anführen, daß sie auf Veranlassung des Verlobten und mit Rücksicht auf die nahe bevorstehende Verheirathung mit demselben, sowie zur Aufrechtmachung der künftigen Hauswirthschaft, verschiedene Gegenstände angekauft gehabt, in der Weise Entschädigung von dem früheren Verlobten, daß sie den verlegten Kaufpreis unverkürzt erstattet begehrte und dagegen die Ausstattungsgegenstände dem Beklagten in Natur zur freien Verfügung auszuantworten sich erbot. Während nun in erster Instanz diese Art der Entschädigung für zulässig erachtet wurde, nahm die zweite Instanz an, daß die nachgesuchte Entschädigung nur in der Differenz zwischen den Ankaufspreisen der Ausstattungsgegenstände und dem Werthe derselben zur Zeit der Auflösung des Verlöbnisses bestehen könne. Das OAG. trat der letzteren Auf-

§ 1582. Zum einseitigen Rücktritte von dem Verlöbnisse berechtigen alle Gründe, aus welchen eine Ehe angefochten oder deren Scheidung verlangt werden kann, ingleichen alle nach Eingehung des Verlöbnisses in den Verhältnissen des anderen Theiles eingetretene Aenderungen, von welchen anzunehmen ist, daß sie den rücktretenden Theil von dem Verlöbnisse abgehalten haben würden, wenn sie demselben bei dessen Eingehung bekannt gewesen wären.

§ 1583. Haben sich die Verlobten zum Zeichen des eingegangenen Verlöbnisses Mahlschätze gegeben, oder haben sie sich Geschenke gemacht, so ist anzunehmen, daß dies unter der Voraussetzung geschehen sei, es werde die Ehe zu Stande kommen. (§ 1534.)

---

fassung im Wesentlichen bei, indem es ausführte, daß der wirkliche Schaden, welchen die Klägerin erlitten, in der Differenz zwischen dem Ankaufspreise und dem Verkaufswerthe der betreffenden Ausstattungsgegenstände liege. Vergl. Annalen, II. F. Bd. 1 S. 475 flg.

Ueber die Strafen beim leichtsinnigen Rücktritt vom Eheverlöbnisse vergl. Verordnung der Cultusministeriums vom 21. September 1869 in der Z. f. R. Bd. 33 S. 375 flg. Aelteres Recht: ang. Z. f. R. Bd. 1 S. 278, 288.

Zu § 1583—1584. Ueber das Wesen der Brautgeschenke (sponsalitla largitas) vergl. Erl. vom 26. October 1837 in der Z. f. R. Bd. 6 S. 290; v. J. 1852 ebend. Bd. 13 S. 75 flg.; und die Citate nachstehend unter 2.

1) Zuwendungen, welche ein Theil dem anderen in der begründeten Voraussetzung eines zwischen ihnen zu Stande kommenden Ehebündnisses gemacht hat, können, wenn die Voraussetzung nicht in Erfüllung geht, ohne Weiteres condicirt werden. Erl. des OAG. v. 13. März 1860 in der Z. f. R. Bd. 20 S. 134 flg.

2) Geht man von der allgemeinen Präsumtion aus, daß die Verlobten bei ihren Geschenken auf die künftige Ehe Rücksicht nehmen, und untersucht man, in welcher Weise dies geschehen kann, so findet man, daß es zwei in ihrer Natur verschiedene Schenkungen unter Verlobten giebt. Die eine Art sind die sogenannten Brautgeschenke, d. h. die Geschenke, welche sich Verlobte, mit Rücksicht auf die künftige Ehe, zum Zeichen ihrer gegenseitigen Liebe, und in der Absicht machen, daß der Beschenkte zu der Eingehung der Ehe desto geneigter werden soll. Die zweite Art sind die Zuwendungen, welche zwar in der Form von Schenkungen, aber zu dem ausdrücklich erklärten oder aus den Umständen zu entnehmenden Zwecke der künftigen Ehe erfolgen, z. B. wenn die Braut ihrem Bräutigam ein Geldgeschenk macht, damit dieser ein Etablissement begründe, von dessen Ertrage die Kosten der künftigen Ehe bestritten werden können, oder ein Grundstück erwerbe, in welchem die Verlobten ihr eheliches Zusammenleben führen, oder die zu einem Hausstande erforderlichen Gegenstände (Ausstattung) anschaffe. Beide Arten der Schenkungen unter Verlobten differiren in ihrer rechtlichen Natur wesentlich. Die sogenannten Brautgeschenke (sponsalitia largitas) werden unwiderruflich, wenn die Ehe vollzogen wird und es findet namentlich eine Repetition derselben nicht statt, wenn die Ehe später aufgelöst wird. Die Schließung der Ehe ist der Zweck, zu welchem geschenkt wird und dieser Zweck wird erfüllt, wenn die Ehe geschlossen wird. Bis zu diesem Zeit-

§ 1584. Wird das Verlöbniß durch gegenseitiges Einverständniß oder wegen eines Grundes aufgehoben, bei welchem keinem Theile eine Verschuldung zur Last fällt, so sind die Mahlschätze und Geschenke, soweit sie vorhanden, gegenseitig zurückzugeben. Sind vertretbare Sachen gegeben worden, so ist derselbe Betrag zu erstatten.

§ 1585. Tritt ein Theil ohne Grund von dem Verlöbnisse zurück, oder veranlaßt er durch seine Verschuldung dessen Auflösung, so verliert er Das, was er als Mahlschatz oder Geschenk gegeben, und giebt zurück, was er empfangen hat, und zwar die vorhandenen Gegenstände selbst, oder, wenn er die Unmöglichkeit der Rückgabe verschuldet hat, den Werth des Empfangenen. Hat er vertretbare Sachen empfangen, so ist derselbe Betrag zurück zu erstatten.

§ 1586. Wird das Verlöbniß durch Tod aufgelöst, so findet ein Anspruch auf Rückgabe der Mahlschätze und Geschenke nicht statt.

---

punkte hat die condictio ob causam datorum statt, wenn der Empfänger die Schuld davon trägt, daß die Ehe nicht zu Stande kommt. Die angegebene zweite Art der Schenkungen unter Verlobten fällt im Wesentlichen unter den Begriff der Bestellung einer Mitgift, d. h. sie erledigt sich, wenn die Ehe aus irgend einem Grunde nicht geschlossen wird, sie ist aber auch, wenn die Ehe zu Stande kommt und später durch Scheidung oder Tod wieder gelöst wird, von dem Ehemann nach den über die Restitution des Einbringens geltenden Vorschriften zurückzugeben. Hat namentlich der Bräutigam, beziehentlich Ehemann die baar erhaltenen Gelder nicht zu dem Zwecke verwendet, zu welchem sie ihm gegeben worden sind, so hat er, wenn die Braut, gleichviel ob aus freien Stücken oder aus gerechten Gründen, von dem Verlöbniß zurücktritt, oder die Ehe geschlossen, aber wieder aufgelöst wird, eine gleiche Summe wieder zurückzuerstatten. Hat dagegen der Bräutigam, beziehentlich Ehemann die baar erhaltenen Gelder dem Zwecke gemäß verwendet, so ist er in den angegebenen Fällen, lediglich soweit er noch bereichert ist, zur Restitution verbunden. Denn, während er vermöge seines ehemännlichen Verwaltungsrechts alle Nutzungen, welche das eheweibliche Vermögen während der Dauer der Ehe abwirft, für sich in Anspruch nehmen kann, kann ihm weder ein Vorwurf gemacht werden, daß er die erhaltenen Gelder ihrer Bestimmung gemäß verwendet hat, noch trifft ihn in Beziehung auf die Gegenstände, welche er nach dem Wunsche der Geberin angeschafft hat, die Gefahr des zufälligen Unterganges oder der zufälligen Verschlechterung. Wie sich hieraus ergiebt, liegen in dieser Art der Schenkungen unter Verlobten gar keine Schenkungen, sondern nur im Voraus gezahlte, besonders gestaltete Mitgiftsbestellungen, welche zwar auf einer Liberalität der Braut beruhen, aber nicht aus einem animus donandi derselben fließen, indem dieser, wenn er auf irgend eine Art und Weise in Worten ausgesprochen worden wäre, wegen seines Widerspruchs mit dem Zwecke der Zuwendung eben so wirkungslos sein müßte, wie die Schenkungen unter Ehegatten. Erk. des OAG. v. 10. Mai 1870 in den Annalen, R. F. Bd. 9 S. 247 flg., identisch mit Z. f. R. Bd. 35 S. 320 flg.

3) Zuwendungen, welche sich zwei Personen während der Dauer ihres nicht öffentlichen Verlöbnisses gemacht haben, können nach Auflösung des Verlöb=

§ 1587. Der Anspruch auf Entschädigung im Falle des § 1581 und auf Rückgabe der Mahlschätze und Geschenke verjährt in einem Jahre von der Auflösung des Verlöbnisses an. Ist der berechtigte Verlobte vor Anbringung der Klage gestorben, so geht der Anspruch auf dessen Erben nicht über. (§ 148.)

Zweiter Abschnitt.
Eingehung der Ehe.

§ 1588. Die Ehe wird eingegangen durch die gegenseitige Erklärung der Einwilligung in die Ehe unter Beobachtung der Form, die den

---

nisses mittelst der condictio ob causam datorum (§§ 1534 flg.) zurückgefordert werden. Erk. des OAG. vom 4. December 1874 im Archiv III. S. 271, identisch mit Annalen, II. J. Bd. 3 S. 478 flg., vergl. ebend. N. F. Bd. 2 S. 315 flg.

Zu § 1588. Vergl. die in der Z. f. R. Bd. 29 S. 407 flg., 470 flg. mitgetheilte Verordnungen des Cultusministeriums, die Gültigkeit von Ehen, welche von Sächsischen Staatsangehörigen im Auslande geschlossen worden sind, betreffend. Vergl. auch die Bemerkungen oben zu § 13 des BGB. S. 22. Ueber die Frage, ob die Ehe als ein Consensualvertrag betrachtet werden könne, vergl. Siebenhaar in den Annalen, N. F. Bd. 6 S. 111 Anm. 17 (Abhandlung über die Geschäftsführung).

Gesetz die Einführung der Civilstandsregister für Personen, welche keiner im Königreiche Sachsen anerkannten Religionsgesellschaft angehören, und einige damit zusammenhängende Bestimmungen betreffend, vom 20. Juni 1870 (Gesetz- und VBl. S. 215 flg.).

Dieses Gesetz enthält in § 19 folgende Vorschriften, welche in ihrem Zusammenhange hier Platz finden mögen:

„Die Bestimmung im § 1617 des Bürgerl. Gesetzbuches ist aufgehoben.

In Betreff der Ehehindernisse, Ehenichtigkeitsgründe und Ehescheidungsgründe gelten die Bestimmungen des Bürgerlichen Gesetzbuchs auch für die gerichtliche Ehe.

Die Bestimmungen in §§ 1588, 1591, 1619, Satz 2 u. 3, §§ 1620, 1769 u. 1770 des Bürgerlichen Gesetzbuches finden auf gerichtliche Ehen keine Anwendung.“

Verordnung, die Ausführung dieses Gesetzes betreffend vom nämlichen Tage (Gesetz- u. VBl. S. 221 flg., Verordnung, die Fortführung des Dissidentenregisters bei den Gerichten betreffend, v. 2. Dec. 1875 (Justizmin.-Bl. S. 64) Merbach: Die Civilehe in Sachsen nach dem Gesetze vom 20. Juni 1870 in der Z. f. R. Bd. 41 S. 97—113 und S. 193—205. An Stelle des § 1588 des BGB. ist nunmehr die Bestimmung des Reichsgesetzes, die Beurkundung des Personenstandes und die Eheschließung betreffend vom 6. Februar 1875 § 52 verb. mit § 28 (Reichsgesetzbl. S. 23 flg.), getreten.

Die hierher gehörigen Vorschriften dieses Gesetzes in ihrem Zusammenhange sind folgende:

Vierter Abschnitt. Form und Beurkundung der Eheschließung.

§ 41. Innerhalb des Gebietes des Deutschen Reichs kann eine Ehe rechtsgültig nur vor dem Standesbeamten geschlossen werden.

Grundsätzen der Kirchen- und Religionsgesellschaften entspricht, welchen die Ehegatten angehören.

----

§ 42. Zuständig ist der Standesbeamte, in dessen Bezirk einer der Verlobten seinen Wohnsitz hat oder sich gewöhnlich aufhält. Unter mehreren zuständigen Standesbeamten haben die Verlobten die Wahl.

Eine nach den Vorschriften dieses Gesetzes geschlossene Ehe kann nicht aus dem Grunde angefochten werden, weil der Standesbeamte nicht der zuständige gewesen ist.

§ 43. Auf schriftliche Ermächtigung des zuständigen Standesbeamten darf die Eheschließung auch vor dem Standesbeamten eines anderen Orts stattfinden.

§ 44. Der Eheschließung soll ein Aufgebot vorhergehen.

Für die Anordnung desselben ist jeder Standesbeamte zuständig, vor welchem nach § 42 Abs. 1 die Ehe geschlossen werden kann.

§ 45. Vor Anordnung des Aufgebots sind dem Standesbeamten (§ 44) die zur Eheschließung gesetzlich nothwendigen Erfordernisse als vorhanden nachzuweisen.

Insbesondere haben die Verlobten in beglaubigter Form beizubringen:

1. ihre Geburtsurkunden,
2. die zustimmende Erklärung derjenigen, deren Einwilligung nach dem Gesetze erforderlich ist.

Der Beamte kann die Beibringung dieser Urkunden erlassen, wenn ihm die Thatsachen, welche durch dieselben festgestellt werden sollen, persönlich bekannt oder sonst glaubhaft nachgewiesen sind. Auch kann er von unbedeutenden Abweichungen in den Urkunden, beispielsweise von einer verschiedenen Schreibart der Namen oder einer Verschiedenheit der Vornamen absehen, wenn in anderer Weise die Persönlichkeit der Betheiligten festgestellt wird.

Der Beamte ist berechtigt, den Verlobten die eidesstattliche Versicherung über die Richtigkeit der Thatsachen abzunehmen, welche durch die vorliegenden Urkunden oder die sonst beigebrachten Beweismittel ihm nicht als hinreichend festgestellt erscheinen.

§ 46. Das Aufgebot ist bekannt zu machen:

1. in der Gemeinde oder in den Gemeinden, woselbst die Verlobten ihren Wohnsitz haben;
2. wenn einer der Verlobten seinen gewöhnlichen Aufenthalt außerhalb seines gegenwärtigen Wohnsitzes hat, auch in der Gemeinde seines jetzigen Aufenthalts;
3. wenn einer der Verlobten seinen Wohnsitz innerhalb der letzten sechs Monate gewechselt hat, in der Gemeinde seines früheren Wohnsitzes.

Die Bekanntmachung hat die Vor- und Familiennamen, den Stand oder das Gewerbe und den Wohnort der Verlobten und ihrer Eltern zu enthalten.

Sie ist während zweier Wochen an dem Raths- oder Gemeindehause, oder an der sonstigen, zu Bekanntmachungen der Gemeindebehörde bestimmten Stelle auszuhängen.

§ 47. Ist einer der Orte, an welchem nach § 46 das Aufgebot bekannt

§ 1589. Personen männlichen Geschlechtes sollen vor erlangter Voll=
jährigkeit und Personen weiblichen Geschlechtes vor erfülltem sechszehnten
Lebensjahre eine Ehe nicht eingehen. Vor Erreichung dieser Altersstufe

zu machen ist, im Auslande belegen, so ist an Stelle des an diesem Orte zu
bewirkenden Aushanges die Bekanntmachung auf Kosten des Antragstellers
einmal in ein Blatt einzurücken, welches an dem ausländischen Orte erscheint
oder verbreitet ist. Die Eheschließung ist nicht vor Ablauf zweier Wochen nach
dem Tage der Ausgabe der betreffenden Nummer des Blattes zulässig.

Es bedarf dieser Einrückung nicht, wenn eine Bescheinigung der betreffen=
den ausländischen Ortsbehörde dahin beigebracht wird, daß ihr von dem Be=
stehen eines Ehehindernisses nichts bekannt sei.

§ 48. Kommen Ehehindernisse zur Kenntniß des Standesbeamten, so hat
er die Eheschließung abzulehnen.

§ 49. Soll die Ehe vor einem anderen Standesbeamten als demjenigen
geschlossen werden, welcher das Aufgebot angeordnet hat, so hat der letztere
eine Bescheinigung dahin auszustellen, daß und wann das Aufgebot vorschrifts=
mäßig erfolgt ist und daß Ehehindernisse nicht zu seiner Kenntniß gekommen
sind.

§ 50. Die Befugniß zur Dispensation von dem Aufgebot steht nur dem
Staate zu. Ueber die Ausübung dieser Befugniß haben die Landesregierungen
zu bestimmen.

Wird eine lebensgefährliche Krankheit, welche einen Aufschub der Ehe=
schließung nicht gestattet, ärztlich bescheinigt, so kann der Standesbeamte (§ 42
Abs. 1) auch ohne Aufgebot die Eheschließung vornehmen.

§ 51. Das Aufgebot verliert seine Kraft, wenn seit dessen Vollziehung
sechs Monate verstrichen sind, ohne daß die Ehe geschlossen worden ist

§ 52. Die Eheschließung erfolgt in Gegenwart von zwei Zeugen durch die
an die Verlobten einzeln und nach einander gerichtete Frage des Standesbe=
amten:

<blockquote>
ob sie erklären, daß sie die Ehe mit einander
eingehen wollen,
</blockquote>

durch die bejahende Antwort der Verlobten und den hierauf erfolgenden Aus=
spruch des Standesbeamten, daß er sie nunmehr kraft des Gesetzes für recht=
mäßig verbundene Eheleute erkläre.

§ 53. Als Zeugen sollen nur Großjährige zugezogen werden. Verwandt=
schaft und Schwägerschaft zwischen den Betheiligten und den Zeugen, oder
zwischen den Zeugen unter einander steht deren Zuziehung nicht entgegen.

§ 54. Die Eintragung in das Heirathsregister soll enthalten:

1. Vor= und Familiennamen, Religion, Alter, Stand oder Gewerbe, Ge=
burts= und Wohnort der Eheschließenden;
2. Vor= und Familiennamen, Stand oder Gewerbe und Wohnort ihrer Eltern;
3. Vor= und Familiennamen, Alter, Stand oder Gewerbe und Wohnort
der zugezogenen Zeugen;
4. die Erklärung der Eheschließenden;
5. den Ausspruch des Standesbeamten.

kann die Eingehung der Ehe in Folge von Nachsichtsertheilung durch die zuständige Behörde stattfinden. (§ 1570.)

Zu § 1589. Das Reichsgesetz vom 6. Februar 1875 enthält folgende an Stelle des obigen § 1589 nunmehr einschlagende Vorschrift:

§ 28. „Zur Eheschließung ist die Einwilligung und die Ehemündigkeit der Eheschließenden erforderlich.

Die Ehemündigkeit des männlichen Geschlechts tritt mit dem vollendeten zwanzigsten Lebensjahre, die des weiblichen Geschlechts mit dem vollendeten sechszehnten Lebensjahre ein. Dispensation ist zulässig.",

Wegen dieser Dispensation vergl. die Citate zu § 15 der Einführungsverordnung zum BGB. vom 9. Januar 1865 oben I. Theil S. 13.

Hierüber bestimmt das Königl. Sächs. Gesetz v. 5. November 1875 in § 5:

„Ist die Ehe mit einer Person, welche zur Zeit der Eheschließung die Ehemündigkeit noch nicht erreicht gehabt, geschlossen worden, ohne daß Dispensation ertheilt war, so kann dieser Ehegatte bis zum Ablaufe von sechs Monaten nach Eintritt seiner Ehemündigkeit die Ehe anfechten."

Den Motiven (Landtagsacten 1875—1876 Königliche Decrete nebst Anlagen enthaltend Bd. 3 S. 30 flg.) ist hierzu Folgendes zu entnehmen:

Nach § 1627 des BGB unterlagen bisher die mit einem Eheunmündigen geschlossenen Ehen der Anfechtung nicht, vielmehr hatte in diesem Falle nur die Bestrafung der Schuldigen einzutreten. Mit der veränderten Stellung der Eheschließung im Bürgerlichen Rechte entfällt jedes Bedenken, den Mangel der Ehemündigkeit als einen Grund zur Anfechtung der Ehe gelten zu lassen. Dem im unreifen Alter gefaßten, vielleicht aus unlauteren Absichten vom anderen Theil oder von dritten Personen herbeigeführten Entschluß kann man nicht unbedingt bindende Wirkung für das Leben beilegen. Die Füglichkeit der Lösung des Bandes ist auch nicht von dem Hinzutritt eines Umstandes abhängig zu machen, der die Scheidung einer gültigen Ehe begründet, sondern es muß dem Entschluß selbst die bindende Wirksamkeit versagt werden. Von Amtswegen jedoch einschreiten und das thatsächlich einmal bestehende eheliche Verhältniß auch gegen den Willen des betreffenden Theiles aufheben zu lassen, würde zu weit gehen. Denn wenn schon im Allgemeinen das Verbot der Ehe vor der Erfüllung eines gewissen Lebensalters nicht ausschließlich auf Rücksichten für das Interesse der Betheiligten selbst zurückzuführen ist, sondern ganz wesentlich auf dem öffentlichen Interesse beruht, so liegt doch die Interessenfrage ganz anders, wenn es sich im einzelnen Falle um die Wiederaufhebung eines Verhältnisses handelt, welches infolge einer Täuschung oder einer Pflichtwidrigkeit des zuständigen öffentlichen Beamten durch eine gegen dieses Verbot verstoßende Entschließung einmal geschaffen worden ist, und dessen Bestehen wiederum neue Interessen erzeugt haben kann, welche seine Erhaltung erheischen. Es scheint daher das Richtigere, für diesen Fall nur dem betheiligten Ehegatten selbst das Recht zur Anfechtung zu geben und zwar mit der Beschränkung, daß es bis zum Ablauf einer kurzen Frist nach dem Eintritte der Ehemündigkeit ausgeübt werden muß, da die längere Fortsetzung der Ehe den Mangel der im unreifen Alter gegebenen Einwilligung zur Eheschließung ergänzt.

§ 1590. Personen, welche eine Ehe geschlossen haben, können vor Beendigung derselben keine anderweite Ehe eingehen.

§ 1591. Ist eine Ehe zwischen Ehegatten evangelischen Glaubens, oder eine Ehe zwischen Ehegatten, von welchen der eine evangelischen, der andere katholischen Glaubens ist, aus einem Grunde, der nach den Grundsätzen der katholischen Kirche nicht als solcher gilt, in Folge Anfechtung aufgehoben oder geschieden worden, so kann eine Person katholischen Glaubens mit einem der geschiedenen Ehegatten während der Lebenszeit des anderen eine Ehe nicht eingehen.

§ 1592. Personen, welche des Vernunftgebrauches beraubt sind, können eine Ehe nicht schließen. (§ 81.)

Zu § 1590. An Stelle dieses § schlägt nunmehr ein § 34 des citirten Reichsgesetzes:

„Niemand darf eine neue Ehe schließen, bevor seine frühere aufgelöst, für ungültig oder für nichtig erklärt worden ist.“

Vergl. auch Reichsstrafgesetzbuch § 171 und die Citate unten zu § 1708. S. noch das ältere Präjudicat in den Annalen, A. F. Bd. 1 S. 250.

Zu § 1591. Vergl. hierzu Z. f. R. ältere F. Bd. 3 S. 193 flg.; Annalen, A. F. Bd. 7 S. 464 flg.; Z. f. R. Bd. 41 S. 359 flg. (An letzter Stelle ist ausgeführt, daß ein auf Lebenszeit von Tisch und Bett geschiedener katholischer Ehegatte eine anderweite gerichtliche Ehe auch mit einer nicht der katholischen Kirche angehörigen Person nicht eingehen könne.)

Vergl. noch die oben zu § 1588 citirte Bestimmung aus § 19 des Ges. vom 20. Juni 1870. Die Vorschrift des § 1591 ist durch die Bestimmung in § 39 des Reichsges. vom 6. Februar 1875, welche wörtlich besagt:

„Alle Vorschriften, welche das Recht der Eheschließung weiter beschränken, als es durch dieses Gesetz geschieht, werden aufgehoben“

in Verbindung mit dem Inhalte der §§ 33—38 beregten Gesetzes als in Wegfall gekommen zu betrachten.

Zu § 1592. Der hier aufgestellte Rechtsgrundsatz folgt nunmehr aus § 28, Abs. 1 des Reichsgesetzes, wonach zur Eheschließung die Einwilligung (und die Ehemündigkeit) der Eheschließenden erforderlich ist, in Verbindung mit den in § 81 des BGB. enthaltenen allgemeinen Bestimmungen über Handlungsfähigkeit.

Hierüber bestimmt das K. S. Gesetz vom 5. November 1875 in § 4:

„Wird die Ehe mit einer des Vernunftgebrauches beraubten Person geschlossen, so kann der Vormund dieser Person die Ehe anfechten.

Rücksichtlich der Anfechtung durch die Person selbst, welche des Vernunftgebrauches beraubt war, bewendet es bei der Vorschrift in § 1024 des BGB.“

Die Motiven (Landtagsacten 1875—76 Bd. 3, enthaltend die Königlichen Decrete nebst Anfugen, S. 29 flg.) besagen hierbei:

Der Grundsatz des § 1592 des BGB. ist durch die Bestimmung in § 28, Absatz 1 des Reichsgesetzes gedeckt, da eine des Vernunftgebrauchs beraubte Person willensunfähig ist. Die Bestimmung in § 1623 des BGB., nach welcher eine solche Ehe der Anfechtung Seitens des gesetzlichen Vertreters des handlungs-

§ 1593. Eine durch körperliche Ueberwältigung oder Erregung einer gegründeten Furcht abgenöthigte Einwilligung zur Ehe hat keine Kraft, die Nöthigung mag von dem anderen Theile oder von einem Dritten ausgegangen sein. Ob die Furcht eine gegründete sei, ist nach § 94 zu beurtheilen. Ehrerbietige Scheu vor Eltern, Großeltern oder Vorgesetzten ist nicht als gegründete Furcht zu betrachten.

§ 1594. Entführung ist ein Hinderniß der Ehe, wenn nach § 1593 anzunehmen ist, daß die Einwilligung zur Ehe keine Kraft habe.

§ 1595. Irrthum schließt die Einwilligung zur Ehe aus, wenn eine Verwechselung in der Person stattgefunden hat, oder wenn der eine Ehegatte erst nach Eingehung der Ehe erfährt, daß der andere Ehegatte

---

unfähigen Theils unterliegt, kann daher ihrem Inhalte nach gleich dem § 1624 beibehalten werden. Die Bestimmungen in §§ 1625, 1626, 1628, 1629 sind durch das Reichsgesetz nach dessen § 36 überhaupt nicht berührt. Ihre fortdauernde Gültigkeit kann demnach keinem Zweifel unterliegen."

Zu § 1593. Diese Vorschrift wird durch das Reichsgesetz nicht berührt.

Zu §§ 1595—1596. Vergl. im Allgemeinen: Z. f. R. A. F. Bd. 3 S. 385.

ad verba: „unheilbare ekelhafte oder unheilbare ansteckende Krankheiten."

1) An und für sich giebt die venerische Krankheit, an welcher der eine Ehegatte ohne Wissen des andern Theils vor Eingehung der Ehe gelitten hat, einen Annullationsgrund ab, da die gedachte Krankheit, selbst wenn sie geheilt worden sein sollte, von dem etwa zurückgebliebenen Krankheitsstoffe nachtheilige Folgen für den anderen Ehegatten und die zu erzeugenden Kinder befürchten läßt. — Der auf jene Krankheit gestützte Nichtigkeitsgrund fällt unter die Kategorie des Irrthums über wesentliche Eigenschaften des anderen Ehegatten, welche bei Eingehung der Ehe als nothwendig vorausgesetzt und daher stillschweigend verlangt werden. Nun verzichtet zwar der Ehegatte, welcher nach entdecktem Irrthume den Beischlaf mit dem anderen Ehegatten vollzieht, auf das Recht, wegen des ihm verheimlichten Uebels die Aufhebung der Ehe zu verlangen. Soll jedoch ein solcher stillschweigender Verzicht auf das Klagrecht angenommen werden, so muß constatirt sein, daß die Klägerin zur Zeit der Ausübung des Beischlafs von der Natur des Uebels des Ehemanns und dem Umfange, in welchem sie durch dessen Verheimlichung bei Eingehung der Ehe getäuscht worden sei, Kenntniß gehabt habe. Wenn sie daher bei Vollziehung des Beischlafs in dem Glauben gestanden hat, daß ihr Ehemann mit einem leichten Uebel behaftet gewesen, und erst später erfährt, daß ihr Ehemann an einer weit gefährlicheren ansteckenden und nicht geheilten Krankheit gelitten habe und noch leide, so kann man aus der bloßen Duldung des Beischlafs die Schlußfolgerung, daß die Klägerin auf den Irrthum, in welchen sie durch die Verschweigung dieses gefährlicheren Uebels versetzt worden ist, habe verzichten wollen oder stillschweigend verzichtet habe, nicht ableiten. Erk. des OAG. vom 24. Februar 1865 in den Annalen, N. F. Bd. 1 S. 117 flg., identisch mit Z. f. R. Bd. 20 S. 385 flg.

2) Uebelriechender Athem des einen Ehegatten, der durch seine Ekelhaftigkeit in dem anderen Ehegatten den Trieb zur ehelichen Beiwohnung unter-

schon vor der Ehe unheilbar geistig krank oder unheilbar unfähig zum Beischlafe gewesen, gleichviel ob die Unfähigkeit eine allgemeine ist, oder ob sie blos in Bezug auf den anderen Ehegatten stattfindet, oder daß der andere Ehegatte schon vor der Ehe an solchen unheilbaren körper= lichen Gebrechen gelitten, welche die Geschlechtsvereinigung hindern oder den natürlichen Trieb dazu unterdrücken, wohin namentlich unheilbare ekelhafte oder unheilbare ansteckende Krankheiten gehören, oder daß er

---

drückt, giebt, vorausgesetzt, daß das Uebel erweislich ein unheilbares ist, einen Annullationgrund ab. Erk. des DAG. vom 11. August 1868 in der Z. f. R. Bd. 31 S. 427 flg., vergl. mit Erk. vom 10. März 1865 in den Annalen, N. F. Bd. 1. S. 121.

3) **Unheilbare Epilepsie**, vor der Ehe bei dem einen Theile vorhanden, giebt dem anderen Theile einen Annullirungsgrund an die Hand. Allein auch in Betreff dieses Annullationsgrundes gilt der Grundsatz, daß das Klagrecht weg= fällt, wenn nach erlangter Kenntniß davon der andere Theil ausdrücklich oder durch concludente Handlungen zu erkennen gegeben hat, daß er von seinem Rechte keinen Gebrauch machen wolle. Erk. des DAG. vom 12. Februar 1859 in den Annalen, A. F. Bd. 1 S. 76 flg., identisch mit Z. f. R. Bd. 19 S. 170 flg. Dagegen ist auf solche körperliche Uebel, welche **heilbar** sind oder das Zeugungs= werk nicht bedeutend behindern, in der Regel von dem Richter bei Beurtheilung der Frage, ob eine Ehe als nichtig zu erklären sei, keine Rücksicht zu nehmen; daher giebt die Behaftung mit Krämpfen, welche nicht epileptischer Natur sind, nicht ohne Weiteres einen Annullirungsgrund an die Hand. Erk. des DAG. vom 3. Mai 1859 in der Z. f. R. a. a. D. S. 87 flg.

4) Der Antrag auf Nichtigsprechung einer Ehe, welcher auf Vorhandensein einer ansteckenden oder ekelhaften Krankheit des beklagten Ehegatten gestützt wird, ist nicht schon dann begründet, wenn behauptet werden kann, daß der andere Ehegatte bereits vor Eingehung der Ehe mit einer solchen Krankheit behaftet ge= wesen sei, sondern es muß auch noch dargelegt werden, daß jenes Gebrechen ein unheilbares sei. Erk. des DAG. vom 15. Juni 1869 in der Z. f. R. Bd. 33 S. 500 flg., und vom 2. Sept. 1875 im Archiv III. S. 126 flg.

5) Der Ausspruch des auf Anordnung des Ehegerichtes befragten Ge = richtsarztes, die Heilung des in Frage stehenden Gebrechens des einen Ehe= gatten sei nicht wahrscheinlich, genügt, um das Gebrechen als unheilbar erscheinen zu lassen. Erk. des DAG. vom 4. März 1869 in der Z. f. R. Bd. 33 S. 163 flg., vergl. mit S. 283. Es kann indessen der Eherichter unter Umständen auch noch nach geführtem Beweise ex officio das Gutachten eines Sachverständigen einholen.. Z. f. R. Bd. 33 S. 500 flg.

Auch bei einem förmlichen Beweise ist im Falle der Berufung auf Sachver= ständige die Befragung einer Mehrzahl derselben zulässig. Z. f. R. Bd. 32 S. 437.

ad verba: „**unheilbar unfähig zum Beischlafe.**"

1) Durch das … Gutachten ist constatirt worden, daß der Beklagte sowohl an relativer Impotenz leidet, als mit dem Unvermögen, den Harn zu halten, behaftet und daß eine Heilung dieser Uebel nicht zu hoffen sei. Diese

widernatürliche Unzucht mit einem Menschen oder einem Thiere getrieben, oder daß er sich eines Verbrechens schuldig gemacht hat, welches von der Beschaffenheit ist, daß anzunehmen steht, der Irrende würde den Anderen nicht geheirathet haben, wenn er das Verbrechen gekannt hätte, oder wenn der Ehemann erst nach Eingehung der Ehe erfährt, daß die Ehefrau schon vor derselben einen unheilbaren übermäßigen Geschlechtstrieb gehabt hat.

---

im Verhältniß zur Klägerin bestehende Unfähigkeit des Beklagten zum Beischlafe sowohl, als dessen Harnleiden, wenn sie unheilbar und schon vor Eingehung der Ehe vorhanden gewesen sind, bietet, zumal unter Berücksichtigung der nachtheiligen Einwirkungen des letztgedachten Leidens auf den Trieb zur Geschlechtsvereinigung, nicht weniger als auf die Gesundheit der Klägerin, nach den auch im BGB. § 1595 angenommenen Grundsätzen des Eherechts einen Annullationsgrund dar. Erk. des OAG. vom 20. März 1865 in den Annalen, N. F. Bd. 1 S. 119 flg., identisch mit 3. f. R. Bd. 29 S. 388 flg.

2) Unter der in § 1595 erwähnten Unfähigkeit zum Beischlafe ist die auf einer mangelhaften und abnormen Beschaffenheit der Geschlechtstheile beruhende Unmöglichkeit zu einem Beischlafe, welcher die Kindererzeugung unmöglich macht, zu verstehen. Eine Unheilbarkeit im Sinne des § 1595 ist auch dann vorhanden, wenn selbst die Abnormität der Geschlechtstheile durch eine gefährliche Operation gehoben werden kann. Namentlich kann der gebrechliche oder kranke Ehegatte nicht gezwungen werden, sich der Operation auszusetzen und es müßte daher, wenn sich dieser nicht operiren lassen wollte, die Ehe nach § 1595 aufgehoben werden, ungeachtet der Gewißheit, daß eine Operation von Erfolg sein könnte. Dem gesunden Ehegatten kann aber solchenfalls nicht angesonnen werden, sich mit der bloßen Aussicht auf eine Operation hinziehen zu lassen. Erk. des OAG. vom September 1868 in der 3. f. R. Bd. 33 S. 282 flg.

3) Unter der Unfähigkeit zum Beischlafe ist nicht blos die Unfähigkeit zum Beischlafe überhaupt, sondern auch die zu einem solchen Beischlafe zu verstehen, welcher die Kindererzeugung möglich macht, vorausgesetzt, daß der Grund davon in einer mangelhaften und abnormen Beschaffenheit der Geschlechtstheile liegt. Diese Auslegung ist insofern eine nothwendige, als für die Frau die Duldung des formellen Beischlafs Seitens eines Mannes, welcher aber vermöge seiner körperlichen Beschaffenheit unfähig ist, dadurch in ihr ein drittes Leben zu erwecken, notorisch ihre Gesundheit gefährdet. Erk. des OAG. vom 11. Oct. 1867 in der 3. f. R. Bd. 30 S. 410.

4) Zwar gedenkt § 1595 schlechthin der Unfähigkeit zum Beischlafe, und es könnte deshalb das Ansehen gewinnen, als ob jene gesetzliche Bestimmung nur da Platz zu ergreifen habe, wo das Gebrechen des anderen Theiles oder das körperliche Mißverhältniß beider Theile von der Art ist, daß dadurch die eheliche Beiwohnung gänzlich gehindert wird. Allein zu einer so engen und beschränkten Auslegung fehlt es insofern an einem genügenden Anlasse, als schwerlich bezweifelt werden kann, daß ein Ehegatte auch dann, wenn er vor Eingehung der Ehe gewußt hätte, es drohe ihm fortdauernd die Gefahr, durch Leistung der ehelichen Pflicht erhebliche Gesundheitsstörungen zu erleiden, vernünftigerweise

§ 1596. Ein Ehegatte befindet sich auch dann in einem seine Ein=
willigung ausschließenden Irrthume, wenn er erst nach Eingehung der
Ehe erfährt, daß der andere Ehegatte nach dem vorhergegangenen Verlöbnisse
eine unzüchtige Handlung begangen hat, wegen deren Ehescheidung verlangt

von der Einwilligung in die Ehe sich würde abhalten lassen. Ein solcher Fall
liegt (hier) vor, in Hinblick auf das Gutachten, daß die Parteien rücksichtlich ihrer
Körperbeschaffenheit nicht gut zu einander passen und daß für die Ehefrau aus
einer zu häufigen und ungestümen Ausübung des Beischlafs Seiten des Ehe=
manns, wenn auch nicht gerade Lebensgefahr, so doch eine Störung ihrer Ge=
sundheit entstehen würde. Erk. des DAG. vom 22. April 1870 in der Z. f. R.
Bd. 35 S. 142 flg.

5) Das geringere geschlechtliche Vermögen ist kein Unvermögen im
Sinne des § 1595, daher auch kein Grund zur Aufhebung der Ehe. Erk. des
DAG. vom 2. September 1869 in der Z. f. R. Bd. 33 S. 502 flg.

6) Wegen gegenseitiger Abneigung der Ehegatten kann eine Ehe weder
aufgehoben, noch geschieden werden. Erk. des DAG. vom Sept. 1871 in der Z.
f. R. Bd. 38 S. 140.

Vergl. noch die Citate zu §§ 1597, 1625, 1626.

ad verba „oder daß er sich eines Verbrechens schuldig gemacht" rc.

1) Der vor Eingehung der Ehe von dem einen Ehegatten gepflogene, dem
anderen unbekannt gebliebene ehebrecherische Umgang bildet einen An=
nullationsgrund. Das entscheidende Moment dabei ist nicht der durch den außer=
ehelichen Umgang (im gegebenen Falle der Beklagten) herbeigeführte Verlust der
weiblichen Ehre, sondern das durch diesen Umgang nach den besonderen Umstän=
den desselben begangene Verbrechen. Den Nachweis des klägerischen Anführens
vorausgesetzt, liegt eine unerlaubte Handlung der Beklagten vor, die dadurch, daß
sie mit der an sich keinen Annullationsgrund bildenden vor= und außerehelichen
Befriedigung der Geschlechtslust zusammenhängt, den Charakter des Verbrechens
nicht verlieren kann. Auch ist dieses Verbrechen ein solches, von welchem anzu=
nehmen steht, Kläger werde, wenn er von demselben Kenntniß gehabt hätte, die
Beklagte nicht geheirathet haben. Erk. des DAG. vom 12. März 1869 in der
Z. f. R. Bd. 33 S. 167.

ad verb.: „übermäßiger Geschlechtstrieb."

Wegen übermäßiger Ausübung des Beischlafs von Seiten des Ehemanns
kann die Ehefrau nur dann auf Scheidung klagen, wenn damit Handlungen des
Ersteren verbunden sind, welche (§ 1742) das Leben oder die Gesundheit der
Ehefrau gefährden. Erk. des DAG. vom September 1870 in der Z. f. R. Bd.
36 S. 55 flg.

1) Voreheliche Unkeuschheit des einen Ehegatten.

Zwar läßt sich nicht bestreiten, daß nach dem älteren Rechte jede geschlecht=
liche Vereinigung, deren sich die Ehefrau vor der Ehe schuldig gemacht, ohne
Unterschied, ob die geschlechtliche Vereinigung in die Zeit vor ihrer ersten Ver=
heirathung, oder, wenn sie bereits einmal verheirathet gewesen und die Ehe ge=
schieden oder durch den Tod des Ehemanns gelöst worden war, in die Zeit zwi=
schen der Beendigung der ersten und der Schließung der zweiten Ehe fiel, dem

werden könnte, oder wenn ein Ehemann erst nach Eingehung der Ehe in Erfahrung bringt, daß seine Ehefrau vor Eingehung der Ehe außerehelich geboren hat oder bei deren Eingehung von einem Anderen schwanger gewesen ist.

Ehemann, vorausgesetzt, daß er den Fehltritt seiner Ehefrau nicht gekannt hatte, ein Recht gab, die Aufhebung der Ehe zu verlangen. Aber dieser Aufhebungsgrund ließ sich nur unter den Gesichtspunkt des Irrthums über die Persönlichkeit des weiblichen Theiles bringen und setzte insbesondere voraus, daß der Ehemann sich in der Annahme, es habe die Ehefrau die geschlechtliche Keuschheit bewahrt, getäuscht fand. Traf dagegen diese Voraussetzung nicht zu, sprachen die Verhältnisse, unter welchen die Ehe geschlossen worden war, dafür, daß der Ehemann von dieser Annahme nicht ausgegangen sein konnte, z. B. wenn er gewußt, seine Ehefrau hätte sich in einem Bordelle befunden, so konnte von einem Irrthume über die Persönlichkeit des weiblichen Theiles und von einer Aufhebung der Ehe wegen verletzter Keuschheit nicht die Rede sein. Erk. des OAG. vom August 1872 in der Z. f. R. Bd. 39 S. 270 flg.

Vergl. noch Mittheilungen des Voigtländischen Vereins aus dem Gebiete der Rechtspflege IV. Heft S. 74.

2) Der Ehemann, welcher schon vor Eingehung der Ehe mit der nachherigen Ehefrau fleischlichen Umgang gepflogen, infolge dessen diese entbunden worden ist, kann auf Grund des von der Ehefrau innerhalb der Conceptionsfrist noch außerdem mit einer andern Mannsperson gepflogenen Beischlafs nicht Annullation der Ehe in Gemäßheit § 1596 verlangen. Z. f. R. Bd. 30 S. 411 flg.

3) Die Aenderung, welche das bisherige Recht durch § 1596 erfahren hat, besteht darin, daß es, abgesehen von dem Bruche des (öffentlichen) Eheverlöbnisses und den im Schlußsatze des § gedachten beiden Ausnahmefällen, auch für den Ehemann keinen Grund zur Anfechtung der Ehe abgiebt, wenn er sich bei Schließung derselben in einem bloßen Irrthum über die Keuschheit der Ehefrau befunden hat. Außer in den in § 1596 erwähnten Ausnahmefällen sind also beide Theile in diesem Punkte einander dergestalt gleichgestellt, daß nur ein durch Täuschung erzeugter Irrthum zur Anfechtung der Ehe wegen Betrugs berechtigt. Bei einer Täuschung über den sittlichen Lebenswandel gilt die Beschränkung des § 1596 nicht, vielmehr kommt es in diesem, wie in jedem anderen Falle des Betrugs nach § 1507 darauf an, ob anzunehmen ist, daß der hintergangene Theil über Umstände getäuscht worden sei, die ihn, wenn er sie gekannt hätte, bei vernünftiger Ueberlegung von Eingehung der Ehe hätten abhalten müssen. Der § giebt hiermit den allgemeinen Gesichtspunkt für die Beurtheilung des Betrugs bei der Ehe an, die Beurtheilung des einzelnen Falles mußte dem richterlichen Ermessen überlassen bleiben. Erk. des OAG. vom 27. Januar 1870 in der Z. f. R. Bd. 37 S. 392 flg.

4) Die Unkenntniß des Ehemanns davon, daß seine Ehefrau vor Eingehung der Ehe wiederholt außerehelich geboren hatte, gewährt demselben einen Annullationsgrund nicht, wenn er schon vor der Verheirathung wußte, daß die Ehefrau einmal außerehelich entbunden worden sei. Erk. des OAG. vom 18. Nov. 1869 in der Z. f. R. Bd. 35 S. 137 flg., identisch mit Annalen, N. F.

§ 1597. Wegen Betruges kann eine Ehe angefochten werden, wenn der eine Ehegatte zu Eingehung der Ehe durch Täuschung des anderen Theiles über Umstände vermocht worden ist, welche ihn, wenn er dieselben gekannt hätte, bei vernünftiger Ueberlegung von der Eingehung der Ehe hätten abhalten müssen.

Bb. 6 S. 282 flg., vergl. mit Erk. vom 30. April 1868 in der Z. f. R. Bb. 31 S. 424 flg.

Eine andere Auffassung würde nach Befinden in dem Falle eintreten können, wenn die Ehefrau bei Eingehung der Ehe von einer andern Mannsperson sich schwanger befunden und solches dem Ehemanne verheimlicht hätte. Z. f. R. Bb. 19 S. 433 flg.

5) Zur Begründung der Klage auf Aufhebung der Ehe wegen Verlöbniß-bruches wird die Namhaftmachung der Person, welche hierbei mit dem schuldigen Theile sich eingelassen hat, nicht erfordert. Die Bestimmung des BGB. über Verjährung des Ehebruches als Scheidungsgrundes finden auf den Verlöbnißbruch als Annullationsgrund keine Anwendung. Erk. des DAG. vom November 1871 in der Z. f. R. Bb. 38 S. 263.

Vergl. noch das Präjudicat im W. f. R. 1853 S. 140 flg., welches die Frage behandelt, unter welchen Voraussetzungen nach katholischem Kirchenrechte bei dem geschlechtlichen Unvermögen, bei unheilbaren Krankheiten, beim Irrthume, beim Betruge und bei gestellten Bedingungen die Nichtigkeit der Ehe ausgesprochen werden könne, nicht minder die Frage, ob nach demselben Rechte auch andere, nach dem protestantischen Kirchenrechte dem Ehebruch gleichgestellte geschlechtliche Vergehen eine lebenslängliche Trennung vom Tische und Bette herbeiführen können?

Zu § 1597. 1) Die bloße Vermögenstäuschung begründet für sich allein noch nicht die Vermuthung, daß die Ehe ohne dieselbe nicht geschlossen sein würde, vielmehr sind außerdem zur Begründung eines auf Vermögenstäuschung gestützten Annullationsgesuches Umstände anzuführen, aus denen hervorgeht, daß in Folge dieser Täuschung die Ehegatten der Nahrungslosigkeit verfallen, indem z. B. der Ehemann weder sonstiges Vermögen besitzt, noch durch eigene Thätigkeit die nöthige Subsistenzmittel aufzubringen vermag. Erk. des DAG. vom 2. Nov. 1866 in der Z f. R. Bb. 30 S. 47 flg., vergl. mit Erk. vom September 1868 ebend. Bb. 33 S. 279; vom December 1868 ebend. S. 310 flg.; vom 15. December 1870 ebend. Bb. 37 S. 314 flg. Vergl. noch über den auf eine Täuschung rücksichtlich der Vermögens- und Erwerbsverhältnisse gestützten Annullationsgrund: Mittheilungen des Voigtländischen Vereins rc. III. Heft S. 31 u. 92; W. f. R. 1842 S. 122; 1853 S. 68 flg.

2) Nach § 1597 kommt es bei Beurtheilung des Anfechtungsgrundes der Ehe wegen Täuschung auf die besonderen Verhältnisse des einzelnen Falles an. Namentlich gilt dies bei der Täuschung über den früheren sittlichen Lebenswandel, indem die Anfechtung der Ehe aus diesem Grunde nicht einmal so beschränkt ist, wie die Anfechtung der Ehe wegen Irrthums über den sittlichen Lebenswandel des anderen Ehegatten. Der Antrag auf Aufhebung der Ehe wegen Täuschung über den früheren sittlichen Lebenswandel des anderen Ehegatten

§ 1598. Ist der Betrug von einem Dritten verübt, so findet eine Anfechtung der Ehe nur statt, wenn der andere Ehegatte um den Betrug gewußt hat.

§ 1599. Bevormundete sollen ohne Einwilligung ihrer Vormünder eine Ehe nicht schließen. (§ 1921.)

---

würde daher nach Befinden darauf gestützt werden können, wenn der Beklagte, indem er die Klägerin von der Existenz eines von ihm außerehelich erzeugten Kindes in Kenntniß gesetzt, dabei zugleich a u s d r ü c k l i c h versichert hätte, daß er n u r e i n außereheliches Kind, n i c h t zwei außereheliche Kinder habe, wenn bei der Berathung, wie der auf der Sittlichkeit des Beklagten haftende Makel in einer das eheliche Leben am Wenigsten störenden Weise gereinigt werden könnte, von der Voraussetzung ausgegangen worden wäre, daß nur e i n außereheliches Kind existire, wenn der Fehltritt des Beklagten wegen der Existenz zweier außerehelicher Kinder auf den ehelichen Frieden einen nachtheiligen Einfluß hätte, welchen die Existenz nur eines Kindes nicht gehabt haben würde. Erl. des OAG. vom Februar 1871 in der Z. f. R. Bd. 37 S. 249 flg. S. auch Erl. vom Mai 1873 ebend. Bd. 38 S. 525 flg., beide identisch mit W. f. R. 1873 S. 44 flg.

3) Schon aus einer b e s t i m m t e n und a u s d r ü c k l i c h e n Anfrage über Umstände, welche bei Schließung einer Ehe nach allgemeinen Begriffen von Bedeutung sind, giebt sich zu erkennen, es habe der Fragende für seine Person einen besonderen Werth darauf gelegt, es ist daher unter diesen Verhältnissen eine absichtlich unwahre Angabe der Regel nach als eine Täuschung im Sinne von § 1597 zu betrachten, ohne daß es dazu noch eines besonderen Nachweises für das Dasein der widerrechtlichen Absicht des Befragten bedarf. Erl. des OAG. vom 27. Januar 1870 in der Z. f. R. Bd. 37 S. 392. Dagegen würde eine blos gelegentliche Anfrage über den früheren Lebenswandel und eine hierauf gegebene wahrheitswidrige Versicherung Seiten des befragten Ehegatten für sich allein die Annahme einer arglistigen Täuschung nicht begründen können, weil letztere zu ihrem Begriffe voraussetzt, daß die fragende Person zugleich deutlich zu erkennen gegeben, wie die Integrität die Voraussetzung und Bedingung sei, unter welcher sie das Ehebündniß mit dem Befragten schließen wolle. Vergl. A n n a l e n, N. F. Bd. 2 S. 338 flg. Die Seiten des befragten Mannes im Betreff seiner Integrität ertheilte unwahre Auskunft begründet dann eine zu Annullation der Ehe führende Täuschung, wenn jene Auskunft der späteren Ehefrau oder einer von ihr zu diesfälliger Befragung beauftragten Person ertheilt wurde. A n n a l e n, a. a. O. S. 337 flg.

Zu §§ 1599—1600. Vergl. hierzu Verordnung des Cultusministeriums vom 11. April 1865 in der Z. f. R. Bd. 27 S. 172 flg.; vom 27. Januar 1866 ebend. Bd. 28 S. 259; vom 4. Juni 1868 ebend. Bd. 31 S. 514 flg.

Die hierher gehörigen, an die Stelle obiger §§ des BGB. getretenen Bestimmungen des Reichsgesetzes vom 6. Februar 1875 lauten:

§ 29. „Eheliche Kinder bedürfen zur Eheschließung, so lange der Sohn das 25., die Tochter das 24. Lebensjahr nicht vollendet hat, der Einwilligung

§ 1600. Eine Ehe soll nicht ohne Einwilligung der Personen eingegangen werden, deren Einwilligung zum Verlöbnisse erforderlich ist. Die Einwilligung zum Verlöbnisse gilt auch als Einwilligung zur Ehe. (§§ 1571—1574.)

des Vaters, nach dem Tode des Vaters der Einwilligung der Mutter, und, wenn sie minderjährig sind, auch des Vormundes.

Sind beide Eltern verstorben, so bedürfen Minderjährige der Einwilligung des Vormundes.

Dem Tode des Vaters oder der Mutter steht es gleich, wenn dieselben zur Abgabe einer Erklärung dauernd außer Stande sind oder ihr Aufenthalt dauernd unbekannt ist.

Eine Einwilligung des Vormundes ist für diejenigen Minderjährigen nicht erforderlich, welche nach Landesrecht einer Vormundschaft nicht unterliegen.

Inwiefern die Wirksamkeit einer Vormundschaftsbehörde oder eines Familienrathes stattfindet, bestimmt sich nach Landesrecht."

(Nach § 1 des Reichsgesetzes, betreffend das Alter der Großjährigkeit, vom 17. Februar 1875 (Reichs-Ges.-Bl. S. 71), beginnt das Alter der Großjährigkeit im ganzen Umfange des Deutschen Reiches mit dem vollendeten einundzwanzigsten Lebensjahre. Zum letzten Satze des § 29 des Reichsgesetzes vom 6. Februar 1875 vergl. die §§ 1882 und 1921 des BGB. Aus den Vorschriften in § 29 des Reichsgesetzes folgt die Aufhebung der Bestimmungen in § 1600 verb. mit § 1571, wonach die Kinder für die Lebensdauer des Vaters bei ihrer Verheirathung an seine Einwilligung gebunden waren; auch bedarf es fernerhin neben dem lebenden Vater nicht noch der Einwilligung der Mutter. Das Einwilligungsrecht der Letzteren tritt erst mit dem Hinwegfalle des Vaters in Wirksamkeit. Absatz 3 des § 29 des Reichsgesetzes enthält eine dem § 1574 des BGB. ähnliche Bestimmung).

§ 30. „Auf uneheliche Kinder finden die im vorhergehenden Paragraphen (§ 29) für vaterlose eheliche Kinder gegebenen Bestimmungen Anwendung."

(Hieraus folgt, daß, wie bereits zu § 1571 bemerkt worden, das den Großeltern in §§ 1572 und 1600 eventuell eingeräumte Einwilligungsrecht durch das Reichsgesetz als in Wegfall gekommen zu betrachten ist. Außereheliche Kinder bedürfen daher fortab bis zur Vollendung des 25. bez. des 24. Lebensjahres der Einwilligung der Mutter, minderjährige uneheliche Kinder auch der Einwilligung ihres Altersvormundes, bez. unter obervormundschaftlicher Decretertheilung, während im Uebrigen Absatz 2 und 3 des § 29 auch hier einschlagen.)

§ 31. „Bei angenommenen Kindern tritt an Stelle des Vaters (§ 29) Derjenige, welcher an Kindesstatt angenommen hat. Diese Bestimmung findet in denjenigen Theilen des Bundesgebietes keine Anwendung, in welchen durch eine Annahme an Kindesstatt die Rechte der väterlichen Gewalt nicht begründet werden können."

(Nach § 1830 des BGB. erlöscht die väterliche Gewalt, wenn sie ein Anderer durch Annahme an Kindesstatt erwirbt.

Hiernächst bestimmte das BGB. in § 1798, daß ein an Kindesstatt angenommenes Kind zu seiner Verehelichung der Einwilligung seiner leiblichen Eltern

2

§ 1601. Die Einwilligung zur Ehe kann nicht widerrufen werden, ausgenommen wenn die zu derselben Berechtigten von dem Grunde der Verweigerung ihrer Einwilligung erst später Kenntniß erlangt haben.

§ 1602. Die Einwilligung kann nur aus erheblichen Gründen verweigert und in Ermangelung solcher von dem zuständigen Gerichte ergänzt werden.

---

bedürfe. Während § 31 des Reichsgesetzes hinsichtlich des Consenses Desjenigen, welcher an Kindesstatt angenommen hat, materiell conform mit § 1573 des BGB. geht, ist die Bestimmung des § 1798 als aufgehoben zu betrachten, sodaß es also der Einwilligung Seiten des leiblichen Vaters nicht weiter bedarf.

Der Einwilligung seiten der Adoptivmutter bedarf es nicht. Nach Aufhebung des Adoptionsverhältnisses, sei es durch Tod des Adoptivvaters, sei es durch Rückgängigmachung der Adoption, ist (wie die Motive zu § 29 des Reichsgesetzes als selbstverständlich bezeichnen) die Sachlage ebenso zu beurtheilen, als wenn keine Adoption in der Mitte gelegen hätte.)

Zu § 1601. Es ist behauptet worden, daß, weil das Reichsgesetz in § 29 das Consensrecht regele, in Folge dessen auch § 1601 des BGB. ohne Weiteres als hinfällig anzusehen sei. Dieser Ansicht beizutreten, muß Bedenken finden. Denn § 1601 des BGB. ist weder durch eine ausdrückliche Bestimmung des K. Sächs. Gesetzes vom 5. November 1875 direct aufgehoben, noch kann eine solche Aufhebung indirect aus § 29 des Reichsgesetzes gefolgert werden, da die hier, beziehentlich abweichend von dem bisherigen Rechte getroffenen Bestimmungen nur die Frage betreffen, welche Personen zur Eheschließung der Einwilligung Seiten Anderer bedürfen und von welchen Personen diese Einwilligung zu ertheilen sei. Eine hiervon wesentlich verschiedene, von dem Reichsgesetz nicht berührte Frage ist aber die, ob und unter welchen Voraussetzungen eine einmal (von den hierunter zu hörenden Personen) ertheilte Einwilligung zur Ehe später mit Erfolg widerrufen werden könne. Bei Beantwortung dieser Frage wird, nach unserem Dafürhalten, die Vorschrift in § 1601 des BGB. nach wie vor maaßgebend sein müssen.

Zu § 1602 Nunmehr § 32 des Reichsgesetzes vom 6. Februar 1875, welcher besagt:

„Im Falle der Versagung der Einwilligung zur Eheschließung steht großjährigen Kindern die Klage auf richterliche Ergänzung zu."

Vergl. hierzu § 76 des gedachten Reichsgesetzes:

„In streitigen Ehe- und Verlöbnißsachen sind die bürgerlichen Gerichte ausschließlich zuständig. Eine geistliche oder eine durch die Zugehörigkeit zu einem Glaubensbekenntnisse bedingte Gerichtsbarkeit findet nicht statt."

und § 12 des Königl. Sächs. Ausführungs-Ges. vom 5. November 1875:

„Die nach § 76 des Reichsgef. vom 6. Februar 1875 in streitigen Ehesachen zuständigen bürgerlichen Gerichte sind in erster Instanz ausschließlich die Bezirksappellationsgerichte und das Schönburg'sche Ehegericht zu Glauchau. Geistliche sind nicht zuzuziehen.

Die bei anderen Behörden anhängigen, am 1. Januar 1876 noch nicht be-

§ 1603. Erhebliche Gründe zur Verweigerung der Einwilligung sind alle diejenigen, aus welchen die Besorgniß entsteht, daß die Ehe eine un-

enbigten Ehestreitigkeiten sind zur Fortstellung an die nach Vorstehendem zuständigen Gerichte abzugeben."

Im Uebrigen ist durch das Inkrafttreten des Reichsgesetzes vom 6. Februar 1875 an der Nothwendigkeit der Abhaltung von Sühneterminen durch die Geistlichen im Sinne des § 56 des Gesetzes vom 28. Januar 1835 Etwas nicht geändert worden. Vergl. auch Verordnung des evangelisch-lutherischen Landesconsistoriums vom 5. December 1875 in dessen Verordnungsblatt S. 75.

Aus der Vorschrift des § 32 des Reichsgesetzes, daß (nur) großjährigen Kindern die Klage auf richterliche Ergänzung der Einwilligung zur Eheschließung im Falle der Versagung derselben zusteht, muß gefolgert werden, daß minderjährige Kinder (Personen unter 21 Jahren, vergl. Reichsgesetz vom 17. Februar 1875) eine solche Klage überhaupt nicht anstellen können. Ebenso wenig steht dem Verlobten des Kindes, welchem der Heirathsconsens verweigert wurde, ein selbstständiges Klagrecht auf Consenssupplirung zu.

Hierüber bestimmt das Königl. Sächs. Gesetz vom 5. November 1875:

„§ 6. Eine Ehe, welche ohne die nach §§ 29, 30 und 31 des Reichsgesetzes vom 6. Februar 1875 erforderliche Einwilligung dritter Personen geschlossen worden ist, kann von derjenigen Person, deren Einwilligung es bedurft hätte, von dem Vormunde mit Genehmigung der Vormundschaftsbehörde, angefochten werden, wenn erhebliche Gründe zur Verweigerung der Einwilligung vorliegen.

Die Anfechtung findet jedoch nicht statt, wenn die Ehe von dem zur Anfechtung Berechtigten ausdrücklich oder stillschweigend gutgeheißen worden ist, oder wenn von dem Zeitpunkte an, wo derselbe Kenntniß von der Eheschließung erlangte, sechs Monate verflossen sind, oder wenn der Ehegatte, welcher der Einwilligung des Dritten bedurft hätte, das Lebensjahr vollendet hat, mit dessen Vollendung das Erforderniß der Einwilligung nach § 29 Absatz 1 des gedachten Reichsgesetzes wegfällt".

Die Motiven (Landtagsacten 1875/76 Königl. Decrete enthaltend Bd. 3 S. 31) besagen hierzu:

„Da nach § 29 Absatz 1 des Reichsgesetzes das Erforderniß der Einwilligung des Vaters, beziehentlich der Mutter zur Eheschließung nur in beschränkter Maaße beibehalten wird, die Einwilligung nur aus erheblichen Gründen verweigert werden darf und die Drohung mit nachträglicher Bestrafung der Hinwegsetzung über die bezüglichen gesetzlichen Bestimmungen in § 1627 des BGB. aus dem Grunde, weil der Strafantrag, der in solchen Fällen schlechterdings gefordert werden muß, von den Consensberechtigten in Ermangelung eines Interesses an der Bestrafung niemals gestellt wird, ihren Zweck nicht erreicht, erscheint es unbedenklich und rathsam, in Betreff der Anfechtbarkeit der ohne Zustimmung der Consensberechtigten eingegangenen Ehe zu dem älteren Rechte zurückzukehren. Das Anfechtungsrecht soll jedoch wegfallen, wenn der Consens wegen ungenügenden Grundes seiner Verweigerung vom Gerichte hätte supplirt werden können. Auch soll das längere Zeit dauernde Zurückhalten mit der Anfechtung der nachträglichen Gutheißung der Ehe gleich geachtet werden."

glückliche sein werde. Solche Gründe sind insbesondere, wenn die Perso=
nen, welche sich ehelichen wollen, im Alter zu sehr verschieden sind, oder
den nöthigen Unterhalt nicht haben, auch nicht verdienen können, ferner
wenn der andere Theil ein unsittliches Leben führt, oder Verbrechen sich
hat zu Schulden kommen lassen, oder mit einer den Ehezweck störenden
oder leicht auf die Nachkommenschaft übergehenden körperlichen oder mit
einer geistigen Krankheit behaftet ist, oder die Personen, deren Einwilli=
gung der Theil bedarf, mit welchem er sich verehelichen will, durch grobe
Beschimpfungen oder Thätlichkeiten beleidigt oder deren Einwilligung durch
Entführung oder durch andere unerlaubte Mittel zu erlangen versucht hat.

Zu § 1603. 1) Ueber das leitende Princip, welches den Vorschriften in
§ 1603 zum Grunde liegt, vergl. Erk. des K. OAG. vom 11. November 1869 in
den Annalen, N. F. Bd. 7 S. 369 flg., identisch mit Z. f. R. Bd. 34 S. 280
flg. (S. noch W. f. R. 1844 S. 409 flg.)

2) Unsittlicher Lebenswandel der Braut (längere Jahre hindurch
geübte Unzucht, Stellung derselben unter das Prostitutionsregulativ) giebt nach
Befinden dem Vater das Recht zur Verweigerung seiner Einwilligung zur Ver=
ehelichung des Sohnes. Indessen kann eine derartige Anrüchigkeit des sittlichen
Characters nicht für untilgbar angesehen werden. Denn die Absicht des Gesetzes
kann nicht dahin gedeutet werden, daß unglückliche Frauenspersonen durch einen
Schritt dieser Art, den sie nach Befinden aus Armuth und Noth oder aus Arg=
losigkeit und Verführung gethan haben können, für alle Zeiten zur Schande,
Ehr= und Ehelosigkeit verdammt sein sollen, sondern daß ihnen auch noch die
Möglichkeit eröffnet bleiben muß, sich sittlich wieder herzustellen und zu einer
geachteten Existenz zurückzukehren. Dafür müssen aber, wenn es sich darum
handelt, die verweigerte elterliche Einwilligung zur Verheirathung mit einer
solchen Person richterlichen Amtswegen zu ergänzen, bestimmte und unzweideutige
Anzeichen der wahrhaften, inneren und dauernden Besserung dargelegt werden,
welche geeignet erscheinen, die Vergangenheit vergessen zu machen und die durch
sie begründete sittliche Anrüchigkeit als beseitigt und ausgeglichen ansehen zu
können. Vergl. das vorstehend unter 1 angezogene Erk.

3) Die Vorschrift des § 1603, es sei ein erheblicher Grund der Verweigerung
der elterlichen Einwilligung 2c., wenn die Personen, welche sich ehelichen wollen,
den nöthigen Unterhalt nicht haben, auch nicht verdienen können,
schließt die Berücksichtigung der Subjectivität und Individualität der
Personen, welche sich zu ehelichen beabsichtigen, aus und verweist den Richter auf
den rein objectiven Standpunkt, indem sie demselben eine Cognition nur
darüber zugesteht, ob jene Personen entweder Vermögen haben, von welchem sie
ihren Unterhalt bestreiten können, oder wenigstens die Fähigkeit besitzen, sich
solchen verdienen zu können. Die ratio der Vorschrift ist die, daß die Eltern
durch die Verheirathung ihrer Kinder nicht der Gefahr ausgesetzt werden sollen,
im Falle einer Verarmung ihrer eigenen Kinder nicht blos diese selbst, sondern
auch deren Familie unterhalten zu müssen, sofern die Besorgniß der Verarmung
bereits zur Zeit der Verheirathung ihrer Kinder begründet ist. Erk. des K.
OAG. vom April 1868 in der Z. f. R. Bd. 32 S. 247.

§ **1604.** Vormünder und deren Kinder sollen mit dem Pflegebefohlenen oder dessen Kindern eine Ehe ohne Genehmigung des Vormundschaftsgerichts nicht eingehen.

§ **1605.** Im Falle der Auflösung der Ehe durch Tod soll die Wittwe nicht vor Ablauf eines Jahres und der Wittwer nicht vor Ablauf von sechs Monaten eine anderweite Ehe eingehen. Eine frühere Eingehung der Ehe kann durch Nachsichtsertheilung gestattet werden. (E.= u. A.= B. § 15.)

§ **1606.** Ist im Falle der Scheidung einem Ehegatten die anderweite Verehelichung nicht nachgelassen, so soll derselbe, so lange der andere

---

4) Mangel der nöthigen Subsistenzmittel der Kinder giebt den Eltern einen genügenden Grund zur Versagung ihres Heirathsconsenses. Erk. des K. OAG. vom 28. August 1856 in der Z. f. R. Bd. 16 S. 333 flg.

5) Beleidigungen, welche die Eltern durch ihre eigenen Kinder erlitten, geben den ersteren keinen triftigen Grund zur Versagung ihrer Einwilligung zu der Letzteren Verehelichung. Erk. des K. OAG. vom 25. Februar 1859 in der Z. f. R. Bd. 19 S. 176 flg., theilweise identisch mit Annalen, A. F. I. S. 247.

6) Feindselige Gesinnung der Aeltern gegen einander bildet keinen Grund zur Consensverweigerung. Vergl. Annalen und Z. f. R. an den unter 5 angeführten Stellen.

7) Anticipirter Beischlaf, wenn auch nach Verwarnung Seiten der Eltern fortgesetzt, bietet den Letzteren an sich keinen Grund der Consensverweigerung. Annalen, A. F. Bd. 1 S. 247.

Die Vorschriften des § 1603 werden durch das Reichsgesetz vom 6. Februar 1875 nicht berührt, vielmehr hat es, was die Gründe der Consensverweigerung anlangt, bei dem bisherigen Rechte zu bewenden, indem der in dem Entwurfe enthaltene Zusatz, „daß das Gericht nach seinem Ermessen zu entscheiden habe", bei der Berathung im Reichstage in Wegfall gekommen ist. (Vergl. stenographische Berichte S. 1027 flg., 1239 flg.)

Zu § 1604. Diese Vorschrift wird jetzt ersetzt durch § 37 des angezogenen Reichsgesetzes, welcher bestimmt:

„Die Eheschließung eines Pflegebefohlenen mit seinem Vormunde oder dessen Kindern ist während der Dauer der Vormundschaft unzulässig.

Ist die Ehe gleichwohl geschlossen, so kann dieselbe als ungültig nicht angefochten werden."

Zu § 1605. Das Reichsgesetz vom 6. Februar bestimmt nunmehr Folgendes:

„§ 35. Frauen dürfen erst nach Ablauf des zehnten Monats seit Beendigung der früheren Ehe eine weitere Ehe schließen.

Dispensation ist zulässig."

(§ 35 des Reichsgesetzes beschränkt somit die Wartezeit bei zweiter Ehe auf das weibliche Geschlecht. Hieraus und in Folge der derogatorischen Clausel des § 39, wodurch alle Vorschriften, welche das Recht zur Eheschließung weiter beschränken, als es durch jenes Gesetz geschehen, aufgehoben sind, ergiebt sich die nunmehrige Hinfälligkeit der in § 1605 des BGB. im Betreff der anderweiten Verehelichung des Wittwers getroffenen Beschränkung.)

lebt, eine anderweite Ehe nicht eingehen; durch Nachsichtsertheilung kann
dies gestattet werden. (E.= u. A.=B. § 15.)

§ 1607. Eine geschiedene Ehefrau soll sich, selbst wenn ihr die
anderweite Verehelichung nachgelassen ist, vor Ablauf von zehn Monaten
von der Scheidung an nicht anderweit verehelichen,· ausgenommen wenn
sie während dieser Zeit geboren oder Nachsichtsertheilung erlangt hat.
(E.= u. A.=B. § 15.)

§ 1608. Die Ehe ist verboten zwischen Verwandten in auf= und
absteigender Linie und zwischen voll= und halbbürtigen Geschwistern, gleich=
viel ob die Verwandtschaft ehelich oder außerehelich ist. (§ 1613.)

§ 1609. Die Ehe ist verboten zwischen Oheim und Nichte, Tante

---

Zu § 1606. Diese Vorschrift erledigt sich durch die Bestimmung in § 39
des Reichsgesetzes vom 6. Februar 1875.

Nach § 33 Nr. 5 dieses letzteren Gesetzes ist zwar die Ehe verboten zwischen
einem wegen Ehebruches Geschiedenen und seinem Mitschuldigen, jedoch ist in
diesem Falle Dispensation zulässig. Das nach gemeinem protestantischen Eherechte
für geschiedene Eheleute gerichtlich auszusprechende Verbot der Wiederverheirathung
sollte, wie die Gesetzesmotive hervorheben, durch das Reichsgesetz beseitigt wer=
den, insoweit jenes Verbot nicht mit dem Eheverbote wegen Ehebruchs zusam=
menfällt. Anlangend das letztere, so hat der Gesetzgeber Bedenken getragen, im
Widerspruche mit dem bisher bestandenen Rechte und dem allgemeinen Rechts=
gefühle die Ehe zwischen Ehebrechern ohne weiteres freizugeben, während er
andererseits sich dafür entschieden hat, die Dispensation unbeschränkt zuzulassen,
sobald es nunmehr der Praxis in den einzelnen Bundestheilen überlassen bleibt,
im Anschlusse an das bisher beobachtete Verfahren die Dispensationsbefugnisse
mehr oder weniger streng auszuüben. Eine gänzliche Ausschließung der Nach=
sichtsertheilung ist selbst für die schwersten Fälle des Ehebruchs (BGB. § 1616)
nicht angemessen erschienen, da das ehelose Zusammenleben solcher Ehebrecher
durch polizeiliche Zwangsmittel erfahrungsmäßig nicht wirksam zu verhindern
steht und mit Rücksicht hierauf es unter Umständen immer wünschenswerth ist,
die Umwandlung des unsittlichen und Anstoß erregenden Zusammenlebens in eine
gesetzmäßige Ehe nicht unmöglich zu machen. (Vergl. Motive zum Reichsge=
setz S. 31.)

Zu § 1607. Vergl. nunmehr die oben zu § 1605 wiedergegebene Vorschrift
in § 35 des Reichsgesetzes vom 6. Februar 1865.

Zu § 1608. Nunmehr Reichsgesetz vom 6. Februar 1875 § 33:

„Die Ehe ist verboten:

1. zwischen Verwandten in auf= und absteigender Linie,
2. zwischen voll= und halbbürtigen Geschwistern."

(Hiernach ist die Ehe verboten zwischen allen Ascendenten (Eltern, Groß=
eltern 2c.) einerseits und allen Descendenten (Kindern, Enkeln 2c.) andererseits,
ebenso zwischen Geschwistern, mögen dieselben nun beide Eltern (vollbürtige) oder
nur allein den Vater oder die Mutter gemeinsam haben (halbbürtige, Stief=
geschwister).

Zu § 1609. Das Reichsgesetz enthält ein solches Verbot nicht. Die Vor=

und Neffe, Großoheim und Großnichte, Großtante und Großneffe, ohne Unterschied zwischen ehelicher und außerehelicher Verwandtschaft. Durch Nachsichtsertheilung kann die Ehe zwischen diesen Personen gestattet werden. (E.- u. A.-V. § 15.)

§ 1610. Die Ehe ist verboten zwischen Geschwisterkindern; durch Nachsichtsertheilung kann sie gestattet werden. (E.- u. A.-V. § 15.)

§ 1611. Die Ehe ist verboten zwischen Schwiegereltern und Schwiegerkindern, Stiefeltern und Stiefkindern, in der ganzen auf- und absteigenden Linie, selbst nach Beendigung der die Schwägerschaft begründenden Ehe.

§ 1612. Die Ehe ist verboten zwischen einem geschiedenen Ehegatten und den voll- oder halbbürtigen Geschwistern des anderen geschiedenen Ehegatten; durch Nachsichtsertheilung kann sie gestattet werden. (E.- u. A.-V. § 15.)

§ 1613. Niemand kann eine Person heirathen, mit deren Abkömmlingen, Eltern oder Voreltern er, oder mit welcher eines von seinen Abkömmlingen, Eltern oder Voreltern außer der Ehe den Beischlaf ausgeübt hat. (§ 1608.)

---

schrift des § 1609 ist daher nach § 39 verbunden mit § 33 des Reichsgesetzes hinfällig geworden.

Zu § 1610. Das in § 1610 enthaltene Verbot der Ehe zwischen Geschwisterkindern begreift auch die von Geschwisterkindern außerehelich erzeugten Kinder in sich. Vergl. 3. f. R. Bd. 39 S. 83 flg.

Die Vorschrift des § 1610 selbst ist nunmehr durch § 39 jcto § 33 des Reichsgesetzes aufgehoben.

Zu § 1611. Vergl. nunmehr Reichsgesetz vom 6. Februar 1875 § 33:

„Die Ehe ist verboten 2c.:

3. zwischen Stiefeltern und Stiefkindern, Schwiegereltern und Schwiegerkindern jeden Grades, ohne Unterschied, ob das Verwandtschafts- oder Schwägerschaftsverhältniß auf ehelicher oder außerehelicher Geburt beruht und ob die Ehe, durch welche die Stief- oder Schwiegerverbindung begründet wird, noch besteht oder nicht."

(Hiernach ist z. B. die Ehe verboten zwischen einer Wittwe und dem Großvater ihres verstorbenen Ehemannes, zwischen dem Stiefvater und der Tochter seiner Stieftochter (d. h. der Tochter seiner Ehefrau aus einer früheren Ehe). Ebensowenig kann der Ehemann die außereheliche Tochter seiner verstorbenen Ehefrau heirathen. Vergl. auch Hinschius: das Reichsgesetz über die Bekundung des Personenstandes und die Eheschließung 2c. (Berlin 1875) S. 110 flg.)

Zu § 1612. Dieser § ist durch § 39 verb. mit § 33 Abs. 1 bis 3 des citirten Reichsgesetzes in Wegfall gekommen.

Zu § 1613. Auch diese Vorschrift ist durch die zum vorigen § angeführten reichsgesetzlichen Bestimmungen berogirt worden. (Der uneheliche Beischlaf erzeugt zwischen dem Manne und den Verwandten der Frau, mit welcher er concumbirt hat, keine Schwägerschaftsverhältnisse im Sinne des Reichsgesetzes, das

§ 1614. Die Ehe ist verboten zwischen Personen, deren eine die andere an Kindesstatt angenommen hat, zwischen dem Annehmenden und den Abkömmlingen des Angenommenen, zwischen den Eltern des Annehmenden und dem Angenommenen oder den Abkömmlingen desselben, zwischen Personen, welche durch Annahme an Kindesstatt in das Verhältniß von Geschwistern zu einander gekommen sind. Ist das durch Annahme an Kindesstatt entstandene Verhältniß aufgehoben, oder durch Tod aufgelöst, so kann die Eingehung der Ehe durch Nachsichtsertheilung gestattet werden. (E.- u. A.-B. § 15.)

§ 1615. Wer sich mit einer dritten Person verabredet, seinem Ehegatten nach dem Leben zu trachten, kann diese dritte Person nicht heirathen.

§ 1616. Personen, welche vor Gericht geständig oder gerichtlich überführt sind, mit einander Ehebruch getrieben zu haben, können sich nicht ehelichen. Durch Nachsichtsertheilung kann die Ehe gestattet werden, ausgenommen wenn die Ehebrecher während des Bestehens der durch Ehebruch verletzten Ehe sich die Ehe versprochen haben. (E.- u. A.-B. § 15.)

§ 1617. Christen können mit Personen, welche sich nicht zur christlichen Religion bekennen, eine Ehe nicht eingehen. (§ 1774.)

---

kanonisch-rechtliche Ehehinderniß der sog. außerehelichen Schwägerschaft (affinitas illegitima) entfällt. (Vergl. Hinschius a. a. O. S. 111.)

Zu § 1614. Es schlägt nunmehr ein die Vorschrift in § 33 des Reichsgesetzes:

„Die Ehe ist verboten:

4. zwischen Personen, deren eine die andere an Kindesstatt angenommen hat, so lange dieses Rechtsverhältniß besteht."

(In den Motiven S. 30 flg. wird der Ausschluß der Dispensation in diesem Falle durch die Erwägung gerechtfertigt, daß die Zulässigkeit der Lösung des Adoptionsverhältnisses das Mittel an die Hand giebt, in vorkommenden Fällen die Ehe zu ermöglichen. (Vergl. BGB. § 1800.)

Im Uebrigen ergreift die allgemeine Bestimmung des § 30 des Reichsgesetzes Platz.)

Zu § 1615. Die hier enthaltene Vorschrift dürfte nach § 39 verb. mit § 33, beziehentlich insoweit nicht die Bestimmung unter Nr. 5 des zuletzt gedachten Paragraphen einschlägt, als in Wegfall gelangt anzusehen sein. Die Motive des Reichsgesetzes bezeichnen das in § 1615 enthaltene Eheverbot ohnehin als practisch bedeutungslos, da Gattenmörder auch im Falle des Erlasses der Todesstrafe regelmäßig eine ihre Wiederverheirathung ausschließende Freiheitsstrafe zu verbüßen haben werden. (Motive S. 31 flg.)

Zu § 1616. Es schlägt dahin ein § 33 Nr. 5 des Reichsgesetzes:

„Die Ehe ist verboten:

5. zwischen einem wegen Ehebruchs Geschiedenen und seinem Mitschuldigen. Im Falle der Nr. 5 ist Dispensation zulässig."

Vergl. im Uebrigen die derogatorische Clausel in § 39 des Reichsgesetzes und die Bemerkungen oben zu § 1606.

Zu § 1617. Vergl. hierzu Z. f. R. Bd. 29 S. 467 flg.

§ 1618. Wiefern Perfonen aus Gründen des öffentlichen Rechtes eine Ehe nicht oder nur aus gewiffen Vorausfetzungen eingehen dürfen, beftimmen befondere gefetzliche Vorfchriften.

§ 1619. Ehehinderniffe, wegen deren Nichtbeachtung die Ehe nach § 1621 für nichtig zu achten ift, gelten für alle vom Staate anerkannten

Das K. S. Gefetz, die Einführung der Civilftandsregifter für Perfonen, welche keiner im Königreiche Sachfen anerkannten Religionsgefellfchaft angehören, und einige damit zufammenhängende Beftimmungen betreffend, vom 20. Juni 1870 (Gefetz- u. V.-Bl. S. 215 flg.), befagt in § 19:

„Die Beftimmung im § 1617 des BGB. ift aufgehoben."

Zu § 1618. Es fchlägt jetzt folgende Beftimmung des Reichsgefetzes vom 6. Februar 1875 ein:

„§ 38. Die Vorfchriften, welche die Ehe der Militärperfonen, der Landesbeamten und der Ausländer von einer Erlaubniß abhängig machen, werden nicht berührt.

Auf die Rechtsgültigkeit der gefchloffenen Ehe ift der Mangel diefer Erlaubniß ohne Einfluß.

Ein Gleiches gilt von den Vorfchriften, welche vor der Ehefchließung eine Nachweifung, Auseinanderfetzung oder Sicherftellung des Vermögens erfordern."

Vergl. hierzu Mandat, die Ehen der Handwerksgefellen und Ausländer betreffend, vom 10. Oct. 1826 (Gef.-Samml. S. 231 flg.), Verordnung, die in hiefigen Landen erfolgende Verheirathung K. bayerifcher Unterthanen betreffend, vom 3. Januar 1842 (Gef.- u. V.-Bl. S. 3), Verordnung, die von Ausländern in Sachfen zu fchließenden Ehen betreffend, vom 5. Februar 1852 (Gef.- u. V.-Bl. S. 18). Wegen der Ehefchließungen von K. bayerifchen Staatsangehörigen und von Ausländern mit einem deutfchen Bundesftaate angehörigen Frauen vergl. Verordnung des Minifteriums des Innern vom 30. December 1875 an die Stadträthe in Städten mit revibirter Städteordnung, an die Amtshauptmannfchaften und die Verwaltungscommiffion zu Glauchau, abgedruckt in der Z. f. R. Bd. 42 S. 500 flg., wofelbft auch ein Nachweis über verfchiedene Verträge fich findet, welche mit einzelnen auswärtigen Staaten in Bezug auf die Ehefchließungen von Angehörigen derfelben in Sachfen beftehen. Bundesgefetz, die Aufhebung der polizeilichen Befchränkungen der Ehefchließung betreffend, vom 4. Mai 1868 (Bundesgefetz-Bl. 1868 S. 149 flg.). Wegen der Militärbeamten vergl. Reichs-Militärgefetz vom 2. Mai 1874 (Reichsgefetz-Bl. S. 45 flg.) §§ 38, 40, 60 Satz 4, 61; Militärftrafgefetzbuch vom 20. Juni 1872; Z. f. R. Bd. 40 S. 213. K. S. Gefetz, die Sicherftellung des bei Verehelichung von Officieren der K. Sächfifchen Armee erforderlichen Vermögens betreffend, vom 4. Juli 1855 (Gef.- u. V.-Bl. S. 113 flg.). Für die Reichsbeamten erfordert das Reichsgefetz, betreffend die Rechtsverhältniffe der Reichsbeamten, vom 31. März 1873 (Reichsgefetz-Bl. S. 61) keinen Heirathsconfens. Einer Erlaubniß der Civilbeamten bedarf es im Königreich Sachfen nicht.

Zu § 1619. Vergl. die oben zu § 1588 ausgehobene Vorfchrift des K. S. Gefetzes vom 20. Juni 1870.

Religionsgesellschaften. Bestehen bei einer vom Staate anerkannten anderen Religionsgesellschaft, als der evangelisch-lutherischen und reformirten, außer diesen Ehehindernissen noch andere, wegen deren Nichtbeachtung die Ehe für nichtig zu achten ist, so gelten sie für die Mitglieder derselben. Werden Ehehindernisse, wegen deren nach §§ 1622 bis 1625 blos Aufhebung der denselben zuwider geschlossenen Ehe verlangt werden kann, oder Ehehindernisse, bei welchen Nachsichtsertheilung zulässig ist, von einer vom Staate anerkannten anderen Religionsgesellschaft, als der evangelisch-lutherischen und reformirten, nicht anerkannt, so gelten sie für die Mitglieder derselben nicht.

§ 1620. Ehen, bei deren Eingehung die nach § 1588 erforderliche Form nicht beobachtet worden ist, sind ohne Weiteres nichtig.

§ 1621. Ehen, welche gegen die Vorschriften in §§ 1590, 1591, 1608, 1611, 1615, 1617, sowie in den Fällen der §§ 1614, 1616, in welchen eine Nachsichtsertheilung nicht zugelassen worden ist, geschlossen

---

Das K. S. Ausführungsgesetz vom 5. November 1875 bestimmt in § 9:

„Die Bestimmungen in §§ 1619 (1745, 1766, 1769 und 1770) des BGB. werden, soweit sie nicht mit dem Inkrafttreten des Reichsgesetzes vom 6. Febr. 1875 von selbst zur Erledigung kommen, und zwar auch in Bezug auf bereits bestehende Ehen hiermit aufgehoben."

Das oben bezogene K. S. Gesetz vom 20. Juni 1870 hatte (§ 19 Abs. 3) die Vorschriften des § 1619 Satz 2 und 3 für gerichtliche Ehen ausgeschlossen. Da indessen nach den einschlagenden Bestimmungen jenes Gesetzes in §§ 6, 16, 17 gerichtliche Ehen nur in gewissen Fällen stattfinden konnten, so blieb der § 1619 für die nicht nach den ersteren zu beurtheilenden Ehen in Geltung, also hinsichtlich solcher Personen, welche derselben anerkannten Religionsgesellschaft außer den protestantischen Confessionen angehörten. Nachdem das Reichsgesetz den bisherigen Zusammenhang des Instituts der Ehe mit der Kirche in bürgerlich rechtlicher Beziehung gelöst, die materiellen Voraussetzungen der bürgerlich gültigen Ehe ohne Rücksicht auf die zum Theil entgegenstehenden Satzungen der verschiedenen Kirchen- und Religionsgesellschaften normirt, auch die bisherige besondere Gerichtsbarkeit in Ehesachen beseitigt hat, so konnten, wie auch die Motive des K. S. Gesetzes vom 5. November 1875 hervorheben, die auf den entgegengesetzten Grundsätzen beruhenden und nach Wegfall der geistlichen und rabbinischen Gerichtsbarkeit auch nicht mehr allenthalben durchführbaren Bestimmungen in § 1619 Satz 3 (§§ 1766, 1769 Abs. 1 und 2, § 1770) nicht beibehalten werden.

Zu § 1620. Vergl. hierzu Z. f. R. Bd. 28 S. 255; Bd. 29 S. 467 flg.; K. S. Gesetz vom 20. Juni 1870 § 19 (s. oben zu § 1588).

Die Vorschrift des § 1620 hat in Folge des nach Obigem (vergl. zu § 1588) eingetretenen Wegfalls der Bestimmung in § 1588 von selbst sich erledigt.

Vergl. hierzu noch die Motiven zu § 3 des K. S. Gesetzes vom 5. November 1875 bei dem nächsten Paragraphen (1621).

Zu § 1621. Das Reichsgesetz vom 6. Februar 1875 bestimmt in § 36:

„Hinsichtlich der rechtlichen Folgen einer gegen die Bestimmungen der §§ 28 bis 35 geschlossenen Ehe sind die Vorschriften des Landesrechts maaß-

werben, sind nichtig, wenn der Richter sie dafür erklärt; der Richter hat amtswegen einzuschreiten und kann im Falle bringender Wahrscheinlichkeit des Nichtigkeitsgrundes die Trennung der Ehegatten schon vor der Nichtigkeitserklärung verfügen; auch können die Ehegatten, nachdem sie das ihrer Ehe entgegenstehende Hinderniß erfahren haben, das eheliche Zusammenleben einstellen.

gebend. Dasselbe gilt von dem Einflusse des Zwangs, Irrthums und Betrugs auf die Gültigkeit der Ehe."

Aus dem K. S. Gesetze, einige Abänderungen des BGB. betreffend ꝛc., vom 5. November 1875 (Ges.- u. B.-Bl. S. 349 flg.) gehört hierher die Vorschrift in § 3:

„Ehen, welche gegen die Vorschriften in § 33 unter 1 bis 4 und in § 34 des Reichsgesetzes vom 6. Februar 1875 geschlossen werden, sind nichtig, wenn sie der Richter dafür erklärt. Der Richter hat amtswegen einzuschreiten und kann im Falle bringender Wahrscheinlichkeit des Nichtigkeitsgrundes die Trennung der Ehegatten schon vor der Nichtigkeitserklärung verfügen; auch können die Ehegatten, nachdem sie das ihrer Ehe entgegenstehende Hinderniß erfahren haben, das eheliche Zusammenleben einstellen."

und § 7:

„Werden die in § 33 unter 5 und § 35 Absatz 1 des Reichsgesetzes vom 6. Februar 1875 gedachten Eheverbote umgangen, so hat dies eine Nichtigkeit der Ehe nicht zur Folge. Es sind jedoch in diesen Fällen die schuldigen Ehegatten mit Geldstrafe bis zu dreihundert Mark zu belegen."

„§ 11. Die Untersuchung und Aburtheilung der in § 7 dieses Gesetzes und in §§ 67, 69 des Reichsgesetzes vom 6. Februar 1875 erwähnten Vergehen gehört vor den Einzelrichter.

Die in § 68 Absatz 1 desselben Reichsgesetzes erwähnten Uebertretungen werden als Verwaltungsstraffachen nach Maaßgabe des Gesetzes, das Verfahren in Verwaltungsstraffachen betreffend, vom 22. April 1873 (S. 291 flg. des Ges.- u. B.-Bl. v. J. 1873) behandelt."

(Nach § 67 des Reichsgesetzes vom 6. Februar 1875 sollen Geistliche oder andere Religionsdiener, welche zu den religiösen Feierlichkeiten einer Eheschließung schreiten, bevor ihnen nachgewiesen worden ist, daß die Ehe vor dem Standesbeamten geschlossen sei, mit Geldstrafe bis zu 300 Mark oder mit Gefängniß bis zu drei Monaten bestraft werden. (Gleiche Bestimmung früher in § 337 des Reichsstrafgesetzbuches.) Nach § 69 des Reichsgesetzes tritt wider Standesbeamte, welche unter Außerachtlassung der im Reichsgesetze gegebenen Vorschriften eine Eheschließung vollziehen, Geldstrafe bis zu 600 Mark ein. Endlich lautet § 68 Absatz 1 des Reichsgesetzes: „Wer den in §§ 17 bis 20, 22 bis 24, 56 bis 58 vorgeschriebenen Anzeigepflichten nicht nachkommt, wird mit Geldstrafe bis zu 150 Mark oder mit Haft bestraft." Die hier bezogenen §§ 17—20 u. 22—24 des Reichsgesetzes vom 6. Februar 1875 betreffen die Verpflichtung zur Anzeige der Geburt eines Kindes bei dem Standesbeamten, beziehentlich des Auffindens eines neugeborenen Kindes, §§ 56—58 die Anzeigepflicht bei Sterbefällen.

Die Motiven des K. S. Gesetzes vom 5. Nov. 1875 besagen im Allgemeinen zu §§ 3—7 des Entwurfes:

„Das Reichsgesetz ordnet in § 20—35 die Materie von den Ehehinder-

§ 1622. Wird eine Ehe wider die Vorschrift im § 1613 geschlossen, so kann der Theil, welcher um das Ehehinderniß nicht gewußt hat, deren Aufhebung verlangen.

§ 1623. Ist eine Ehe gegen die Vorschrift im § 1592 geschlossen

nissen mit Ausnahme der Fälle, in denen Zwang, Irrthum und Betrug auf die Gültigkeit der Ehe von Einfluß sind, in erschöpfender und von den Grundsätzen des BGB. wesentlich abweichender Weise, überläßt aber in § 36 Absatz 1 die Normirung der rechtlichen Folgen einer gegen die betreffenden Bestimmungen erfolgten Eheschließung der Landesgesetzgebung. Die diesfälligen Bestimmungen sind in §§ 3—7*) des Entwurfs enthalten.

§ 3 des letztern umfaßt die in § 1621 des BGB. zusammengestellten Fälle der unheilbaren Nichtigkeit, insoweit das Reichsgesetz die betreffenden Nichtigkeitsgründe des BGB. als Ehehindernisse fortbestehen läßt. An Stelle des § 1620 eine entsprechende Bestimmung in Bezug auf Civilehen zu setzen, bei deren Eingehung die im Reichsgesetze (§§ 41, 52) enthaltenen Formvorschriften verletzt worden sind, erscheint nicht als angängig, da letzteres in Bezug auf die Bestimmungen im IV. Abschnitte einen Vorbehalt zu Gunsten des Landrechts, wie § 36 in Bezug auf die materiellen Ehehindernisse, nicht enthält. Die Folgen der Verletzung der die Form der Eheschließung normirenden Bestimmungen des Reichsgesetzes werden daher durch specielles Landesgesetz überhaupt nicht geregelt werden können, vielmehr nach den allgemeinen Rechtsgrundsätzen über die Verletzung von Formvorschriften beurtheilt werden müssen."

Zu § 7 gedenken die Motiven, daß an die Umgehung der Eheverbote in § 33 unter 5, § 35 und 37 des Reichsgesetzes sich füglich nur eine Bestrafung der Schuldigen knüpfen lasse, daß indessen die Strafandrohung in § 1627 des BGB. nicht dem Geltungsverhältnisse zwischen Gefängniß und Geldstrafe entspreche, nach welchem bei Umwandlung der wegen eines Vergehens erkannten Geldstrafe im Falle ihrer Uneinbringlichkeit die an die Stelle tretende Gefängnißstrafe gemäß der Bestimmung in § 29 Absatz 1 des Reichsstrafgesetzbuches zu bemessen ist, und daß übrigens, um die Bestimmung in § 1627 mit der in dieser Beziehung bedingten Modification wiederzugeben, die Androhung einer Geldstrafe genüge, weil in dem gedachten Falle die Umwandlung in Gefängnißstrafe schon nach § 28 Absatz 1 des Reichsstrafgesetzbuches einzutreten habe. Die in dem Gesetzentwurfe mit enthaltene Pönalbestimmung wegen Umgehung des in § 37 Satz 1 des Reichsgesetzes gedachten Eheverbotes ist in Folge ständischer Anträge in Wegfall gelangt.

Die in § 11 des Gesetzes gedachten Vergehen würden nach § 3 des Gesetzes vom 15. April 1873 an sich zur bezirksgerichtlichen Competenz gehören, eignen sich indessen besser zur Verhandlung vor dem Einzelrichter.

Zu § 1622. Diese Vorschrift ist in Folge des Wegfalles des § 1613 als erledigt zu erachten. (Vergl. oben zu diesem §.)

Zu § 1623. Vergl. nunmehr § 4 Absatz 1 des K. S. Gesetzes vom 5. No-

*) Die Bestimmung in § 4 findet sich abgedruckt oben zu § 1592 (S. 11), § 5 abgedruckt bei § 1580 (S. 10), § 6 zu § 1602 (S. 21.)

worden, so können die Vormünder der handlungsunfähigen Personen die Ehe anfechten.

§ 1624. Personen, welche vorübergehend des Vernunftgebrauches beraubt sind, können nach Beseitigung dieses Zustandes selbst die Ehe anfechten, dafern sie nicht darauf verzichten, insbesondere dadurch, daß sie nachträglich ihre Einwilligung zur Ehe geben, oder mit ihrem Ehegatten den Beischlaf vollziehen, oder den Antrag auf Aufhebung der Ehe nicht innerhalb eines Jahres bei der zuständigen Behörde stellen.

§ 1625. In den Fällen der §§ 1593 bis 1598 hat der Ehegatte, welcher durch Zwang, Furcht, Irrthum oder Betrug zur Eingehung der Ehe vermocht worden ist, das Recht, die Aufhebung der Ehe zu verlangen, ausgenommen, wenn er nach beseitigtem Zwange, oder nach gehobener Furcht, oder nach entdecktem Irrthume oder Betruge seine Einwilligung nachträglich giebt oder sonst auf das Recht der Anfechtung verzichtet, insbesondere dadurch, daß er den Beischlaf mit dem anderen Ehegatten vollzieht, oder den Antrag auf Aufhebung der Ehe nicht innerhalb eines Jahres bei der zuständigen Behörde stellt.

---

vember 1875 (abgedruckt oben bei § 1592). Siehe übrigens die Bemerkungen zu § 89 des BGB. oben S. 45 1. Band.

Zu § 1624. Vergl. die oben zu § 1592 angeführte Bestimmung in § 4 Absatz 2 des Gesetzes vom 5. November 1875.

Zu § 1625. 1) Die in § 1625 bestimmte einjährige Frist für die Geltendmachung der in §§ 1593 bis 1598 gedachten Eheannullationsgründe läuft, wenn die Ehe vor Einführung dieses Gesetzbuchs eingegangen war, von Zeit der Inkrafttretung desselben an. Erk. des OAG. vom 24. April 1868 in der J. f. R. Bd. 31 S. 423 flg.

2) Der Geltendmachung des auf dem Vorhandensein übelriechenden Athems gestützten Annullationsgrundes steht die Gestattung des Beischlafs nicht schlechterdings entgegen. Erk. des OAG. vom 11. August 1868 in der J. f. R. Bd. 31 S. 427.

3) Die Wortfassung von § 1625 im Zusammenhange betrachtet besagt klar und unzweideutig, daß die an deren Schlusse hervorgehobenen beiden Fälle — wenn der durch Irrthum 2c. zur Eingehung der Ehe vermochte Ehegatte den Beischlaf mit dem anderen Ehegatten vollzieht oder den Antrag auf Aufhebung der Ehe nicht innerhalb eines Jahres bei der zuständigen Behörde stellt — nur als Beispiele des Verzichts auf das Recht der Anfechtung erwähnt werden, und daß eine derartige Verzichtleistung sowohl als die ihr in der Wirkung gleich- stehende nachträgliche Einwilligung eine Ausnahme von dem Rechte, die Auf- hebung der Ehe zu verlangen, nur dann bilden soll, wenn sie nach entdecktem Irrthum 2c. stattgefunden hat. Eine Bestimmung dahin, daß ohne alle Rück- sicht auf den Zeitpunkt, zu welchem der Irrthum entdeckt worden ist, das Recht, die Aufhebung der Ehe wegen desselben zu verlangen, schon dann verloren sein solle, wenn es nicht binnen Jahresfrist bei der zuständigen Behörde geltend gemacht worden sei, enthält § 1625 keinesweges. Erk. des OAG. v. 25. October 1865 im W. f. N. 1866 S. 151 flg.

§ 1626. Verlangt ein Ehegatte die Aufhebung der Ehe wegen eines ihm erst nach Eingehung der Ehe bekannt gewordenen, schon früher vorhanden gewesenen Unvermögens des anderen Ehegatten zum Beischlafe, und läßt sich durch ärztliche Untersuchung nicht ermitteln, ob das Unvermögen vorhanden oder unheilbar ist, so sind die Ehegatten die Ehe noch drei Jahre von der ärztlichen Untersuchung an fortzusetzen verbunden, und es kann erst dann, wenn das Unvermögen diese Zeit hindurch fortgedauert hat, die Ehe aufgehoben werden.

§ 1627. Werden andere, als die im § 1621 angegebenen, Eheverbote umgangen, so hat dies, soweit nicht in den Fällen des § 1618 durch besondere Gesetze etwas Anderes bestimmt ist, oder die Vorschrift im § 1619 eintritt, eine Nichtigkeit der Ehe nicht zur Folge, es sind aber die schuldigen Ehegatten, wenn kirchliche Eheverbote umgangen worden sind, mit Gefängniß bis zu vier Monaten oder entsprechender Geldstrafe, in anderen Fällen mit einer Geldstrafe bis zu einhundert Thalern, oder im Falle der Zahlungsunfähigkeit mit Gefängniß bis zu vier Monaten zu belegen. Die Strafe ist, wenn die Ehe ohne Einwilligung der Eltern oder Vormünder geschlossen worden ist, auf Antrag dieser Personen, in anderen Fällen amtswegen zu erkennen. (E.- u. A.-V. § 16.)

---

4) Ueber den aus Leistung der ehelichen Pflicht herzuleitenden Verzicht auf den auf Syphilis gestützten Annullationsgrund ist zu vergl. Erl. des OAG. vom 24. Februar 1865 in den Annalen, N. F. Bd. 1 S. 117 flg., identisch mit Z. f. R. Bd. 29 S. 385 flg., oben mitgetheilt bei § 1595 verb.: „unheilbaren Krankheiten" sub 1.

5) Die Annullationsklage wegen Zwanges wird nicht unbedingt dadurch ausgeschlossen, daß der klagende Ehegatte mit dem anderen vor der Ehe concumbirt gehabt. W. f. R. 1851 S. 62.

Gemeinschaftliche Bemerkungen zu §§ 1625, 1626, 1628, 1629.

Das Reichsgesetz bestimmt in § 36: „Hinsichtlich der rechtlichen Folgen einer gegen die Bestimmungen der §§ 28—35 geschlossenen Ehe sind die Vorschriften des Landesrechtes maaßgebend. Dasselbe gilt von dem Einflusse des Zwangs, Irrthums und Betrugs auf die Gültigkeit der Ehe."

In Betreff des Absatzes 1 sind zu vergleichen die Bestimmungen in §§ 3—7 des R. S. Gesetzes vom 5. November 1875. Zufolge des Absatz 2 haben dagegen die §§ 1625, 1626, 1628, 1620 fortwährende Gültigkeit.

Zu § 1626. Vergl. hierzu die Präjudicate in der Z. f. R. Bd. 30 S. 410 flg.; Bd. 33 S. 282 flg.

Zu § 1627. Vergl. Gesetz vom 5. November 1875 §§ 5, 6, 7 (oben abgedruckt bei §§ 1589, 1602, 1621).

Hierüber enthält das R. S. Gesetz vom 5. November 1875 in § 8 noch folgende allgemeine Bestimmung:

„Eine vor dem Inkrafttreten des Reichsgesetzes vom 6. Februar 1875 eingegangene Ehe kann aus einem Grunde, welcher nach demselben nicht als solcher gilt, künftig weder für nichtig erklärt, noch in Folge Anfechtung aufgehoben werden, noch eine Bestrafung der schuldigen Ehegatten nach sich ziehen."

§ 1628. Haben sich beide Ehegatten bei Eingehung einer nichtigen oder in Folge von Anfechtung aufgehobenen Ehe in redlichem Glauben befunden, so hat die Ehe bis zu dem Zeitpunkte der erlangten Kenntniß von dem Ehehinderniße für sie alle Wirkungen einer gültigen Ehe. Hat sich blos ein Ehegatte in redlichem Glauben befunden, so hat die Ehe bis zu dem Zeitpunkte, wo er von dem Ehehinderniße Kenntniß erlangt, blos für ihn alle Wirkungen einer gültigen Ehe. (§ 2054.)

§ 1629. Sowohl bei der nichtigen, als bei der in Folge Anfechtung aufgehobenen Ehe ist der schuldige Ehegatte dem anderen zum Schadenersatze verpflichtet, wenn dieser durch Eingehung der Ehe Vermögensnachtheile gehabt hat. Ersatz wegen entzogenen Gewinnes kann nicht gefordert werden.

Dritter Abschnitt.
Wirkungen der Ehe in Beziehung auf die Personen der Ehegatten.

§ 1630. Die Ehegatten sind sich gegenseitig zur Treue, zur Leistung der ehelichen Pflicht und zur Unterstützung verbunden.

§ 1631. Der Ehemann ist berechtigt, von seiner Ehefrau Gehorsam, ingleichen Dienstleistungen zur Förderung seines Hauswesens und seines Gewerbes zu verlangen. (§ 1668.)

Diese Bestimmung entspricht den über die Einwirkung neuer Gesetze auf bestehende Familienverhältnisse herrschenden allgemeinen Rechtsgrundsätzen, welche durch die Bestimmungen in §§ 22, 23, 24, 25 des BGB. betreffenden Publicationsverordnung vom 2. Januar 1863 Anerkennung gefunden haben. In der Hauptsache handelt es sich hier, wie die Motiven (S. 32) hervorheben, nur um die in § 1621 des Bürgerlichen Gesetzbuches erwähnten und mit dem Reichsgesetze wegfallenden impedimenta dirimentia publica, welche nicht im Interesse der Eheschließenden, sondern im öffentlichen Interesse eingeführt sind. Nachdem reichsgesetzlich festgestellt worden, daß das bisher angenommene öffentliche Interesse an der Ausschließung der hier fraglichen Ehen nicht anzuerkennen sei, kann das bisherige Verbot derselben auch nicht mehr zur Vernichtung der gegen dasselbe geschlossenen Ehen fortführen. Die Ausschließung fernerer Bestrafung derjenigen von den in § 1627 des BGB. gedachten Eheschließungen, welche jetzt erlaubt sind, entspricht einem allgemeinen strafrechtlichen Grundsatze.

Zu § 1631. 1) Ein Vertrag, durch welchen der Ehefrau gestattet wird, zeitweilig oder auf Widerruf von ihrem Ehemanne getrennt zu leben, ist zwar gültig, hebt aber das Recht des letzteren, Rückkehr zu fordern und ebensowenig dessen Verpflichtung, seine Ehefrau auf Verlangen bei sich aufzunehmen, auf. Annalen, II. F. Bd. 3 S. 24.

2) Widerspruchsrecht des Ehemannes gegen eine Reise der Ehefrau ins Ausland. Annalen, N. F. Bd. 1 S. 530.

3) Gehorsam, vergl. Annalen, N. F. Bd. 1 S. 529, wo namentlich ausgeführt wird, daß dieses Recht, von der Ehefrau Gehorsam zu fordern, selbst nach fruchtlos wider die Ehefrau eingeleitetem Zwangsverfahren bestehen bleibt.

4) Dienstleistungen zur Förderung seines Hauswesens und

§ 1632. Die Ehefrau erhält den Familiennamen des Ehemannes und nimmt an dem Stande desselben Theil. (§ 1748.)

§ 1633. Der Ehemann hat seine Ehefrau in seine häusliche Gemeinschaft aufzunehmen, sie zu beschützen und ihr beizustehen.

§ 1634. Der Ehemann ist verpflichtet, seine Ehefrau auf eine seinem Stande und seinen Vermögensverhältnissen entsprechende Weise zu unterhalten, ihr bei Krankheiten die erforderliche Pflege und ärztliche Hülfe zu gewähren und die Kosten ihrer Beerdigung zu tragen, wenn sie vermögenslos stirbt.

---

seines Gewerbes. Die Frau hat über die Wirthschaftsführung im Zweifel keine Rechnung abzulegen, weil sie hierbei voraussetzlich unter Anleitung und Aufsicht des Ehemannes gehandelt hat, Annalen. N. F. Bd. 7 S. 367; Z. f. R. Bd. 37 S. 503.

Bewirthschaftet sie aber in der Abwesenheit ihres Ehemannes ein Illatengrundstück, so ist sie allerdings ihrem Ehemanne zur Rechnungslegung verpflichtet. Annalen, II. J. Bd. 1 S. 368.

Zu § 1633. 1) Diese Rechte der Ehefrau gehören zu denjenigen wesentlichen persönlichen Rechtsverhältnissen der Ehegatten, welche nach § 1092 durch Vertrag nicht gänzlich aufgehoben oder ihrem Wesen nach beschränkt werden können. Annalen, II. J. Bd. 3 S. 24.

2) Wenn in der Z. f. R. Bd. 33 S. 504 ausgesprochen wird, daß der Ehemann auch zur Unterhaltung der von der Ehefrau mitzugebrachten Stief-kinder verpflichtet sei, so dürfte dies unrichtig sein, vielmehr erscheint er nur zur Aufnahme derselben in die gemeinschaftliche Wohnung verpflichtet. Annalen, II. J. Bd. 2 S. 3 u. Schmidt, Vorlesungen Bd. 2 S. 105.

3) Wenngleich der Ehemann verpflichtet ist, die Ehefrau in seine häusliche Gemeinschaft aufzunehmen, so kann doch nicht gezwungen werden, ihr die Führung des Haushaltes zu überlassen. Z. f. R. Bd. 30 S. 45.

Zu § 1634. 1) Unterhalt. Vergl. hierzu oben Bd. 1 S. 46 Note 6. Die Ehefrau kann regelmäßig Unterhalt vom Ehemanne nur so lange fordern, als sie bei ihm lebt. Annalen, N. F. Bd. 7 S. 380; Z. f. R. Bd. 31 S. 281; Bd. 34 S. 408. Auch die Ehefrau kann übrigens vertragsmäßig die Verpflichtung zur Bestreitung ihres oder des beiderseitigen Unterhaltes übernehmen. Annalen, N. F. Bd. 1 S. 429 u. 532.

2) Einklagung eines vom Ehemanne der Ehefrau versprochenen Kleidergeldes, Annalen, N. F. Bd. 1. S. 532.

3) Alimentationspflicht der geschiedenen Ehefrau gegenüber, Annalen, N. F. Bd. 7 S. 473. Ueber Bemessung der Alimente während der separatio temporaria, Z. f. R. Bd. 31 S. 426; ferner dürfte analog anzuwenden sein Annalen, N. F. Bd. 8 S. 422 u. Z. f. R. Bd. 26 S. 284.

4) Die Klage der Ehefrau wider den Ehemann auf Gewährung des Unterhalts während des Bestehens der Ehe gehört nicht vor den Civil- sondern vor den Eherichter. Annalen, N. F. Bd. 4 S. 43; N. F. Bd. 7 S. 215; Bd. 8 S. 387; II. J. Bd. 1 S. 380; Z. f. R. Bd. 5 S. 467; Bd. 24 S. 56; Bd. 31 S. 420; Bd. 39 S. 420; Archiv I. S. 327; und zwar selbst dann, wenn es

§ 1635. Die Kosten des gemeinschaftlichen Hauswesens hat der Ehemann zu tragen.

§ 1636. Die Ehefrau ist verpflichtet, dem Ehemanne an seinen Wohnsitz zu folgen, soweit nicht eine ernstliche Gefahr für ihr Wohl, insbesondere für ihr Leben oder ihre Gesundheit, oder eine gegründete Besorgniß wegen des künftigen Unterhaltes eine Weigerung rechtfertigt.

§ 1637. Ist der Ehemann verarmt und zur Erwerbung seines Un-

---

sich um Alimente aus der Zeit des factischen Getrenntlebens vor der separatio temp. handelt, Z. f. R. Bd. 31 S. 420, ingleichen wenn erst nach Beendigung des Eheprocesses Klage erhoben worden ist, W. f. R. 1854 S. 58; Archiv I. S. 329. Vor dem Civilrichter können Alimente solchenfalls nur gefordert werden, wenn der Anspruch entweder auf einem anderen als nach eherechtlichen Grundsätzen zu beurtheilenden Fundamente beruht oder sich auf eine bereits ertheilte ehegerichterliche Entscheidung stützt. Annalen, N. F. Bd. 2 S. 238; Z. f. R. Bd. 19 S. 472; Bd. 24 S. 50. Eine Ehefrau, welche von ihrem Ehemanne getrennt lebt, kann vor dem Civilgerichte nicht auf Erstattung des von ihr für ihr gemeinschaftliches Kind bestrittenen Unterhalts und ebensowenig auf Gewährung zukünftiger Alimente klagen, sondern es gehört auch die Erledigung dieser Differenzen vor den Eherichter. W. f. R. 1869 S. 5 (AG. Leipzig). Vergl. aber Erk. d. OAG. in Z. f. R. Bd. 31 S. 419.

5) Was die Klage auf Erstattung der Alimente für die Vergangenheit angeht, so gehört zu deren Begründung regelmäßig:

a. daß der Ehemann sich geweigert habe, die Ehefrau in die eheliche Gemeinschaft aufzunehmen. Annalen, N. F. Bd. 1 S. 134 u. Bd 8 S. 386 unter a, sowie

b. daß die Ehefrau demzufolge Schulden habe machen müssen, Annalen, N. F. Bd. 8 S. 386 (oder doch wenigstens daß sie den Unterhalt aus ihren Mitteln bestritten habe), vergl. Annalen, N. F. Bd. 4 S. 44.

6) Die Klage einer Mutter, deren Tochter ohne Berechtigung vom Ehemanne getrennt lebt, auf Gewährung oder Erstattung von Unterhaltskosten ist zurückzuweisen. Z. f. R. Bd. 34 S. 408.

7) Ob der Verzicht einer Ehefrau auf den ihr vom Ehemanne zu gewährenden künftigen Unterhalt gültig oder ungültig sei, ist nach den begleitenden besonderen Umständen zu beantworten. Annalen, II. F. Bd. 3 S. 24. Ueber den Verzicht der Ehefrau auf Unterhalt gegen Verzicht des Ehemannes auf den Nießbrauch ihres Vermögens während des Bestehens der Ehe, vergl. Annalen, II. F. Bd. 2 S. 23.

8) ärztliche Hülfe. Die Kosten der ärztlichen Behandlung seiner Ehefrau hat der Ehemann selbst dann zu bezahlen, wenn er nicht deren Erbe geworden ist. W. f. R. 1871 S. 271.

Ist eine kranke Ehefrau in einem Hospitale verpflegt worden, so kann gegen den Ehemann auf Erstattung der Unterhaltskosten mit der actio negot. gestorum contraria geklagt werden. W. f. R. 1872 S. 497.

Zu § 1636. an seinen Wohnsitz zu folgen: vergl. Annalen, II. F. Bd. 3 S. 24.

terhaltes unfähig, so hat die Ehefrau ihn zu ernähren, auch, wenn er
stirbt, aus eigenen Mitteln beerbigen zu lassen.

Vierter Abschnitt.
Wirkungen der Ehe in Beziehung auf die Rechtsgeschäfte der Ehe= gatten.

§ 1638. Eine Ehefrau bedarf zu allen Rechtsgeschäften mit Dritten,
durch welche sie nicht lediglich erwirbt, der Einwilligung ihres Ehemannes.
(§ 787.)

Zu § 1637. Vergl. Annalen, N. F. Bd. 1 S. 429.

Zu § 1638 u. flg. im Allgemeinen: Erk. des AG. Zwickau im Archiv III.
S. 260. 1) Ueber Unwirksamkeit von Veräußerungsverträgen unter Ehegatten
zufolge § 1 des Gesetzes vom 30. Juni 1868 vergl. W. f. R. 1868 S. 509
u. 1869 S. 33 u. 37. Hiernach hat das erwähnte Gesetz auch auf Verträge
Anwendung zu leiden, welche bereits vor dem Inkrafttreten jenes Gesetzes ab=
geschlossen worden sind, wie dies außerdem durch die in dem Gesetze vom
2. April 1870 (G.= u. VBl. 1870 S. 96) gegebene authentische Interpretation
noch besonders anerkannt worden ist. — Das Gesetz vom 30. Juni 1868 § 1
leidet auch auf Gelegenheitsgeschenke, welche ein Ehegatte dem andern gemacht,
Anwendung, vergl. W. f. R. 1869 S. 246; dagegen nicht auf Erwerbungen der
Ehefrau aus dem Concurse des Ehemannes, vergl. Erk. d. AG. Dresden im
W. f. R. 1869 S. 248 und des AG. Leipzig im Archiv II. S. 223.

2) Ehegatten können Verträge mit einander an sich gültig abschließen, das
eheliche Band hebt die Contractsfähigkeit nicht auf, Z. f. R. Bd. 4 S. 161;
Annalen, A. F. Bd. 1 S. 53; Bd. 4 S. 325. Ueber onerose Verträge,
insbesondere Darlehne unter Ehegatten, vergl. Z. f. R. Bd. 23 S. 52. Ge=
sellschaftsverträge können Eheleute gültig miteinander abschließen, An=
nalen, N. F. Bd. 9 S. 452. Ueber den Wechselverkehr der Ehefrauen
s. die Abhandlung von Dr. Hagen in der Z. f. R. Bd. 31 S. 193 flg. Ueber
die Haftung einer Ehefrau, welche sich doloserweise für unverheirathet
ausgegeben hat, Z. f. R. Bd. 31 S. 199.

3) Das Klagrecht des Ehemannes wider seine Ehefrau besteht auch während
der Ehe, vergl. Annalen, N. F. Bd. 7 S. 179 und Z. f. R. Bd. 34 S. 140,
wo die frühere gegentheilige Meinung (vergl. Z. f. R. Bd. 15 S. 68) verlassen
und widerlegt worden ist. Vergl. übrigens auch oben zu § 156 Bd. 1 S. 71.
Zur Lehre von der Proceßfähigkeit der Ehefrauen vergl. Archiv III. S. 241
und S. 257 flg.

4) Handelt ein Ehemann als Bevollmächtigter seiner Ehefrau, ohne sich als
solcher zu erkennen zu geben, so kann die Ehefrau nur nach vorgängiger Klag=
abtretung wider den andern Contrahenten klagen, Annalen, N. F. Bd. 7
S. 338, vergl. ferner oben zu § 788 des BGB. und außerdem oben Bd. 1
S. 91 und 92 unter 3 und 4.

Zu § 1638. Der Einwilligung ihres Ehemannes: Aelteres Recht
Annalen, A. F. Bd. 4 S. 45; Z. f. R. Bd. 31 S. 194 flg.; Archiv III.
S. 260. 1) Die Einwilligung kann vor, bei oder nach Abschluß des Rechtsgeschäfts

erfolgen, Z. f. R. Bb. 14 S. 133; Annalen, A. F. Bb. 8 S. 353. Dagegen nicht nachträglich, wenn zuvor die Ehefrau selbst ihre Verpflichtung widerrufen, Annalen, N. F. Bb. 7 S. 476 u. W. f. R. 1869 S. 393 und Z. f. R. Bb. 33 S. 309. — Ist an keine Form gebunden, Annalen, N. F. Bb. 9 S. 257; II. F. Bb. 2 S. 9. — Ob aus der Anwesenheit des Ehemannes bei einem von seiner Ehefrau abgeschlossenen Geschäfte auf seine Einwilligung zu schließen, hängt von den Umständen des einzelnen Falles ab, Z. f. R. Bb. 15 S. 410; Annalen, A. F. Bb. 4 S. 48. Bei einer Wechselscriptur muß übrigens aus der Urkunde selbst die ehemännliche Genehmigung zu ersehen sein, Annalen, A. F. Bb. 6 S. 462; W. f. R. 1869 S. 397.

2) Versprechen an den Ehemann einer Grundstückseigenthümerin, ihm für den Fall der Ertheilung der ehemännlichen Genehmigung eine Gratification zu gewähren, ist gültig, Annalen, N. F. Bb. 3 S. 426.

3) Die Einwilligung des Ehemannes kann auch stillschweigend erfolgen, vergl. oben Bb. 1 S. 51 unter 3 und Annalen, N. F. Bb. 5 S. 221 und 440, II. F. Bb. 2 S. 557; z. B. durch Trassirung eines Wechsels auf die Ehefrau, Z. f. R. Bb. 27 S. 63 und Bb. 31 S. 206; Annalen, N. F. Bb. 1 S. 253; W. f. R. 1857 S. 77, Entsch. b. Reichs-OHG. Bb. 10 S. 384, oder durch Acceptirung eines von der Ehefrau auf ihn gezogenen Wechsels Entsch. b. Reichs-OHG. Bb. 3 S. 51; Annalen, A. F. Bb. 8 S. 353; N. F. Bb. 9 S. 88; Z. f. R. Bb. 26 S. 148; Bb. 31 S. 205; Bb. 36 S. 57; Bb. 37 S. 183. Ingleichen stillschweigende Einwilligung zur Weiterbegebung eines Wechsels durch Ausstellung an die Ordre der Ehefrau, Annalen, A. F. Bb. 1. S. 242; Z. f. R. Bb. 31 S. 206. Vergl. ferner Annalen, N. F. Bb. 1 S. 253; Bb. 3 S. 274; W. f. R. 1869 S. 361. Vollziehung einer Urkunde dergestalt, daß erst der Ehemann, dann die Ehefrau unterschreibt, enthält die ehemännliche Genehmigung zu der von der letzteren übernommenen Verpflichtung, Archiv II. S. 167; Annalen, N. F. Bb. 1 S. 251; Bb. 3 S. 274; Bb. 5 S. 237; Z. f. R. Bb. 27 S. 60; desgl. bei einer derartigen gemeinschaftlichen eines Wechsels, Annalen, N. F. Bb. 1 S. 251; Bb. 3 S. 274; Z. f. R. Bb. 27 S. 60; Bb. 31 S. 201. Stillschweigende Genehmigung wird anzunehmen sein, wenn die Frau unter den Augen ihres Ehemannes ein Geschäft zu betreiben anfängt und dies fortsetzt, Annalen, A. F. Bb. 1 S. 51; Z. f. R. Bb. 31 S. 209, namentlich wenn der Ehemann eine Frau heirathet, welche bisher Handel getrieben hat und denselben nach ihrer Verheirathung mit ihm forttreibt, Z. f. R. Bb. 31 S. 209.

4) Mit Dritten, also z. B. nicht zu Processen wider den Ehemann oder dem zu dessen Vermögen eröffneten Concurse, Z. f. R. Bb. 23 S. 539.

5) Mitunterschrift der Proceßvollmacht einer Ehefrau Seitens des Ehemannes enthält zwar dessen Genehmigung zur Proceßführung, dagegen keine Abtretung der dem Ehemanne an sich zustehenden Forderung an seine Ehefrau, Annalen, A. F. Bb. 1 S. 355; N. F. Bb. 7 S. 341; Z. f. R. Bb. 16 S. 159.

6) Die Ausschlagung eines Vortheils Seitens einer Ehefrau ist auch ohne Einwilligung ihres Ehemannes rechtlich wirksam und bindend, Z. f. R. Bb. 31 S. 479.

7) Schließt eine Ehefrau, welcher ihr Ehemann übertragen hat, den Einkauf für sein Geschäft und die hierzu nöthigen Bestellungen zu besorgen, die betreffenden

§ 1639. Das bloße Versprechen des Ehemannes, eine Verbindlichkeit der Ehefrau zu erfüllen, enthält nicht eine Genehmigung des Geschäftes der Ehefrau, aus welchem diese Verbindlichkeit entstanden ist.

§ 1640. Rücksichtlich des ihr zur freien Verfügung vorbehaltenen
Vermögens wird die Ehefrau durch Geschäfte, welche sie ohne Einwilligung
ihres Ehemannes schließt, nur verpflichtet, wenn sie dieselben entweder
ausdrücklich mit Beziehung auf ihr vorbehaltenes Vermögen eingeht, oder
dies aus den Umständen erhellt, oder wenn sie die Erfüllung der Verbindlichkeit aus dem vorbehaltenen Vermögen verspricht, welches sie zur
Zeit des Abschlusses des Geschäftes besitzt. In allen diesen Fällen haftet
sie während der Ehe mit dem vor oder nach dem Geschäftsabschlusse vor=
behaltenen, und nach Beendigung der Ehe mit ihrem ganzen Vermögen.
(§ 1693.)

§ 1641. Geschäfte, welche eine Ehefrau in anderen Fällen, als den
im § 1640 angegebenen ohne Einwilligung ihres Ehemannes eingeht,

Kaufverträge in eigenem Namen ab, so können dieselben nicht wegen mangelnder ehemännlicher Genehmigung für nichtig angesehen werden, da weder der
Ehemann noch die Ehefrau, ohne sich der replica doli auszusetzen, die Rechtsbeständigkeit jener Käufe bestreiten dürfen, Z. f. R. Bd. 31 S. 510.

8) Verbindlichkeit einer Ehefrau ex re beim Transporte ihrer Möbel dem
transportirenden Spediteur gegenüber, Annalen, II. J. Bd. 2 S. 5 u. Z. f. R.
Bd. 38 S. 417.

Zu § 1639. Insbesondere gilt dies in dem Falle, wenn sich der Ehemann
für eine von seiner Ehefrau ohne seine Genehmigung eingegangene Schuld verbürgt. Z. f. R. Bd. 38 S. 511.

Zu § 1640. 1) Zur freien Verfügung vorbehaltenes Vermögen:
Die einer Ehefrau von einem Dritten gewährten Nadelgelder sind nicht ohne
Weiteres als Recepticiengut anzusehen, Z. f. R. Bd. 26 S. 245.

2) Das Versprechen einer Ehefrau, welche Recepticien besitzt,
gewisse Beträge aus ihrer Schatulle zu bezahlen, enthält die Zusage der Bezahlung aus ihrem Recepticienvermögen, Z. f. R. Bd. 24 S. 361.

3) Zu Prozessen wegen ihres Recepticienvermögens bedarf sie
des Beitrittes des Ehemannes nicht, Annalen, A. J. Bd. 1 S. 51; Bd. 4 S.
45; Z. f. R. Bd. 13 S. 375. Doch muß bereits in der Klagschrift die Existenz
des Recepticienvermögens und daß mit Rücksicht hierauf contrahirt worden sei,
dargelegt werden, und kann Ersteres nicht erst in der Executionsinstanz nachgewiesen werden, Annalen, A. J. Bd. 4 S. 46.

4) Die Früchte des Recepticienvermögens gehören im Zweifel zu diesem
mit, W. f. R. 1871 S. 362.

5) Das Versprechen des Ehemannes, von der Ehefrau weder ihr Vermögen
noch die Zinsen beanspruchen, vielmehr seiner Frau zur freien Verfügung überlassen zu wollen, ist, nachdem die Frau dasselbe annehmen zu wollen erklärt
hatte, vom R. OAG. zu Dresden als gültiger Recepticienvertrag angesehen worden,
vergl. Annalen, II. J. Bd. 3 S. 335. Acceptation eines derartigen Versprechens ist jedoch unbedingt erforderlich, Archiv III. S. 29.

Zu § 1641. Vergl. Archiv I. S. 209; Annalen, A. J. Bd. 4 S. 45.

sind nichtig; sie haftet nur soweit sie bereichert ist. Hat sie die über=
nommenen Verbindlichkeiten erfüllt, so kann sie das Geleistete nicht zu=
rückfordern.

§ 1642. Steht der Ehemann unter Vormundschaft, so bedarf es
zu den Geschäften, welche die Ehefrau schließt, der Einwilligung des für
denselben bestellten Vormundes nur soweit der ehemännliche Nießbrauch
in Frage kommt. (§ 1927.)

---

1) **sind nichtig;** doch ist es nur eine relative Nichtigkeit, Annalen, N.
F. Bd. 5 S. 440; W. f. R. 1869 S. 393. Ein von der Ehefrau ohne Genehmi=
gung ihres Ehemannes abgeschlossener Miethvertrag verpflichtet weder die Frau
noch den Mann, W. f. R. 1870 S. 438. Schenkungen der Ehefrau an das Ge=
sinde sind, wenn sie ihrer Natur und ihrem Betrage nach als Belohnung für ge=
leistete Dienste angesehen werden können, auch ohne ehemännliche Genehmigung
gültig und wirksam. AG. Zwickau W. f. R. 1866 S. 280. Hat eine Ehefrau ein
von ihr ohne Mitwirkung und Genehmigung ihres Ehemannes eingegangenes
Rechtsgeschäft für unwirksam erklärt und erst nachher der Ehemann dasselbe ge=
nehmigt, so vermag diese nachträgliche Einwilligung nicht das Geschäft gültig zu
machen. W. f. R. 1869 S. 393; Annalen, N. F. Bd. 7 S. 476.

2) **sie haftet nur, soweit sie bereichert ist:** Fälle der Bereicherung
siehe in Annalen, N. F. Bd. 5 S. 441; II. F. Bd. 2 S. 8, Bd. 2 S. 556.
Ueber Darlehne an eine Ehefrau ohne Genehmigung ihres Ehemannes vergl. im
Allgemeinen Z. f. R. Bd. 12 S. 357; Annalen, A. F. Bd. 4 S. 45, Bd. 5 S.
441; W. f. R. 1848 S. 111, 1872 S. 254. Hat die Ehefrau Geld erhalten, ist
sie im Zweifel zu dessen Betrage bereichert. Annalen, N. F. Bd. 5 S. 441,
Bd. 9 S. 162; II. F. Bd. 2 S. 557; Archiv I. S. 216; es hat daher die Ehe=
frau bei ohne Genehmigung ihres Ehemannes von ihr eingegangenen Darlehns=
verbindlichkeiten die empfangene Summe zurückzubezahlen, dagegen keine vertrags=
mäßigen Zinsen zu gewähren, da das Zinsversprechen wegen mangelnder ehe=
männlicher Genehmigung ungültig ist, Archiv I. S. 217; behauptet sie, das
empfangene Geld herausgabt zu haben, so hat sie dies nachzuweisen. Annalen,
II. F. Bd. 2 S. 557.

3) Eine Ehefrau, welche ein ihr gehöriges Capital ohne Genehmigung ihres
Mannes eingehoben und darüber quittirt hat, kann nicht nachmals die Quittung
für wirkungslos erklären und das Capital abermals mit Genehmigung ihres
Ehemannes einklagen, denn solchenfalls handelte sie dolos, Annalen, A. F. Bd.
1 S. 144; W. f. R. 1859 S. 371.

4) Hat der Ehemann bei einem wider die Ehefrau angestrengten Processe
nicht concurrirt, so thut dies der Gültigkeit des Rechtsstreites keinen Eintrag
und kann derselbe auch ohne Mitwirkung des Ehemannes fortgesetzt werden. Z. f.
R. Bd. 26 S. 5.

5) **hat sie erfüllt, so kann sie nicht zurückfordern.** Annalen,
N. F. Bd. 5 S. 439 flg. Daß die Erfüllung mit Genehmigung des Ehemannes
geschehen sei, ist nicht erforderlich, Annalen, N. F. Bd. 5 S. 442.

Zu § 1642. Bei Geisteskrankheit des Ehemannes dauert nicht nur sein
Nießbrauchsrecht fort, vergl. W. f. R. 1802 S. 268, 1865 S. 83, sondern es

§ 1643. Wenn in bringenden Fällen die erforderliche Einwilligung des Ehemannes wegen dessen Abwesenheit nicht zu erlangen ist, so kann die Ehefrau ohne dessen Einwilligung Geschäfte schließen.

§ 1644. Wird die ehemännliche Einwilligung ohne ausreichenden Grund verweigert, so kann sie von dem Gerichte ergänzt werden.

§ 1645. Die Ehefrau macht durch Verträge, welche sie zum Zwecke der Führung des Haushaltes mit Dritten ohne Einwilligung des Ehemannes schließt, denselben verbindlich, ausgenommen wenn dieser erklärt,

---

wird auch sein Verwaltungsrecht von seinem Vormunde ausgeübt. Erk. des OAG. im W. f. R. 1865 S. 87 und Z. f. R. Bd. 26 S. 254. Andrer Meinung war die 2. Instanz, vergl. W. f. R. 1865 S. 83 flg.

Zu § 1643. Vergl. Annalen, N. F. Bd. 8 S. 326, wo gesagt ist, daß die Bestimmung dieses § immerhin nur eine als Ausnahme zu betrachtende Abweichung von den sonstigen Grundsätzen enthalte, mithin vorsichtig anzuwenden sei.

1) Gegen eine verheirathete Ausländerin, welche in Sachsen ohne Mitwirkung ihres Ehemannes Verpflichtungen eingeht, ist eine Klage nicht schlechthin ausgeschlossen, namentlich dann nicht, wenn sie Schulden zur Bestreitung ihres Lebensbedarfes machte, vergl. Z. f. R. Bd. 26 S. 29; Annalen, N. F. Bd. 8 S. 326.

2) in bringenden Fällen. Die Quittungsleistung über ein der Ehefrau geschuldetes, ihr vom Hypothekenschuldner zurückgezahltes Capital ist als bringender Fall angesehen worden vom AG. Dresden, vergl. W. f. R. 1872 S. 495.

Zu § 1644. Aelteres Recht vergl. Z. f. R. Bd. 4 S. 190; Annalen, N. F. Bd. 6 S. 281.

1) Der § soll einem etwaigen Mißbrauche der Rechte des Ehemannes vorbeugen. W. f. R. 1867 S. 207; Z. f. R. Bd. 30 S. 180; Annalen, N. F. Bd. 3 S. 499.

2) Der § entspricht dem bis zum BGB. geltenden Rechte, vergl. z. B. Z. f. R. Bd. 4 S. 190; W. f. R. 1848 S. 272; ferner W. f. R. 1865 S. 336.

3) ohne ausreichenden Grund, vergl. hierzu W. f. R. 1867 S. 207. Weigerung bei beabsichtigtem Verkauf eines der Frau gehörigen Grundstückes. Annalen, N. F. Bd. 3 S. 499.

4) von dem Gerichte. Zuständig ist der allgemeine Richter des Ehemannes. W. f. R. 1865 S. 336.

5) von dem Gerichte ergänzt werden. Dies kann nur mittelst rechtlichen Erkenntnisses, nicht im Wege einfacher richterlicher Entschließung geschehen vergl. W. f. R. 1865 S. 336 (und fernerhin nur nach vorausgegangenem ordnungsgemäßen Gehör beider Theile, so daß zumeist ein vorausgegangenes tumultuarisches Verfahren nicht genügen wird, um auf Grund desselben die Consenssupplirung mittelst Erkenntnisses aussprechen zu können). Eine etwa auszusprechende Verurtheilung ist auf die Supplirung des Consenses selbst zu richten. Z. f. R. Bd. 33 S. 236.

Zu § 1645. 1) Dessen Inhalt entspricht dem älteren Rechte, vergl. Z. f. R. Bd. 20 S. 273.

daß seine Ehefrau diese Berechtigung nicht haben solle, und den Dritten vor Abschluß der Verträge diese Erklärung bekannt geworden ist. (§§ 1699. 1756.)

§ 1646. Eine minderjährige Ehefrau bedarf zu Geschäften, welche sie mit dem Ehemanne schließt, der Einwilligung ihres Vormundes. (§ 1929.)

---

2) Uebrigens enthält die vom Ehemanne ausgehende Warnung, seiner Ehefrau auf seinen Namen Nichts zu borgen, nicht schon um deswillen, weil sie veröffentlicht wurde, eine Injurie, Annalen, II. F. Bd. 1 S. 411.

3) durch Verträge. Ein Anerkenntnißvertrag der Ehefrau, durch welchen sie bekennt, eine Summe für hauswirthschaftliche Gegenstände schuldig geworden zu sein, verbindet ebenfalls im Zweifel nur den Ehemann, nicht die Ehefrau. Archiv I. S. 314; Z. f. R. Bd. 40 S. 184. Erk. des AG. Zwickau im W. f. R. 1873 S. 501.

4) zum Zwecke der Führung des Haushaltes. Die Frage, ob anzunehmen sei, daß die Ehefrau einen Vertrag zum Zwecke der Führung des Haushaltes abgeschlossen habe, ist nach der Beschaffenheit der Sachen, ob von ihnen vorauszusetzen ist, daß sie dem Haushaltungszwecke dienen sollen, zu beurtheilen und braucht nicht erst besonders bewiesen zu werden. Archiv I. S. 415. Hierunter ist namentlich auch die Anschaffung hauswirthschaftlicher Geräthe zu rechnen, doch ist nicht ausgeschlossen, daß die Ehefrau die Verträge auch in der Absicht schließt, nicht für ihren Ehemann, sondern für sich Eigenthum zu erwerben, doch muß sie dies regelmäßig genauer begründen und nach Befinden bescheinigen, vergl. Archiv I. S. 255. Namentlich wird solchenfalls die Ehefrau zu beweisen haben, daß sie die Absicht eigenen Erwerbes entweder vor der Vertragsabschlusse ihrem Ehemanne oder beim Kaufsabschlusse selbst dem Verkäufer gegenüber ausgesprochen habe. Erk. des AG. Leipzig im W. f. R. 1873 S. 139. Kauft eine Ehefrau hauswirthschaftliche Gegenstände im eigenen Namen, so erwirbt sie Eigenthum, selbst wenn sie hierzu Gelder ihres Mannes verwendet und letzterem steht nur ein Ersatzanspruch wider sie zu. Erk. des OAG. in der Z. f. R. Bd. 5 S. 172, Bd. 9 S. 498, Bd. 15 S. 247, Bd. 29 S. 118; Annalen, N. F. Bd. 2 S. 158; W. f. R. 1847 S. 379, 1868 S. 215. Das Gleiche hat natürlich erst recht dann zu gelten, wenn die Ehefrau im eigenen Namen und mit eigenem Gelde dergleichen Sachen kauft, vergl. W. f. R. 1868 S. 215; Z. f. R. Bd. 29 S. 117. Hierzu gehört nicht die Ermiethung eines Quartiers, W. f. R. 1867 S. 52, 1870 S. 438, desgl. Erk. des AG. Leipzig im W. f. R. 1873 S. 136 und 138; nicht der Verkauf des größeren Viehs bei der Ehefrau eines Landwirthes. Annalen, N. F. Bd. 2 S. 447.

5) Schenkungen der Ehefrau an das Gesinde sind, wenn sie ihrer Natur oder ihrem Betrage nach als Belohnungen für geleistete Dienste angesehen werden können, auch ohne ehemännliche Genehmigung gültig und wirksam, AG. Zwickau im W. f. R. 1866 S. 280.

6) Schafft eine Ehefrau, welche von ihrem Ehemann getrennt lebt, hauswirthschaftliche Gegenstände an, so wird hierdurch der Ehemann nicht verpflichtet, W. f. R. 1873 S. 133. (Erk. des AG. Leipzig.)

§ 1647. Schenkungen unter Lebenden, welche sich Ehegatten während der Ehe machen, mit Ausnahme der üblichen Gelegenheitsgeschenke, sind nichtig.

§ 1648. Widerruft der Schenker die Schenkung, so finden die Vorschriften im § 1062 Anwendung.

§ 1649. Stirbt der Schenker während der Ehe, ohne dem Beschenkten gegenüber erklärt zu haben, daß er die Schenkung widerrufe, so wird die Schenkung als von Anfang an gültig betrachtet; es gelten dabei die Bestimmungen in §§ 1056 bis 1058.   (§ 2007.)

§ 1650. Jedes Rechtsgeschäft, durch welches eine Ehefrau sich für den Ehemann verpflichtet, ist nichtig, ausgenommen wenn sie dasselbe mit

---

Zu § 1647. Vergl. hierzu Annalen, N. F. Bd. 2 S. 205; Bd. 3 S. 132. Aelteres Recht in Annalen, A. F. Bd. 6 S. 330, Z. f. R. Bd. 24 S. 228.

1) Dies gilt namentlich auch von der Schenkung divortii causa, Z. f. R. Bd. 29 S. 333 und Annalen, N. F. Bd. 3 S. 133. Ingleichen von der donatio honoris causa, Annalen, A. F. Bd. 6 S. 329, Z. f. R. Bd. 24 S. 229, insbesondere zur Erlangung des Doctorgrades, Annalen, A. F. Bd. 6 S. 329, Z. f. R. Bd. 24 S. 229.

2) Schenkungen unter Ehegatten können in der Regel von dritten Personen nicht angefochten werden, Z. f. R. Bd. 14 S. 148.

3) Geltendmachung einer ungültigen Schenkung Seiten der Gläubiger des Ehemanns außerhalb des Concurses, Z. f. R. Bd. 41 S. 317.

4) Gültig sind solche Schenkungen unter Ehegatten, welche in Sachen, deren die Ehefrau zu ihrem persönlichen Gebrauche bedarf, bestehen. Z. f. R. Bd. 14 S. 148.

5) Unterschied des Falles einer nichtigen Schenkung unter Ehegatten von einer mittels der actio Pauliana anfechtbaren Veräußerung unter Ehegatten, vergl. Z. f. R. Bd. 30 S. 93.

6) Wissentlicher Verkauf eines Grundstücks unter seinem wahren Werthe braucht selbst unter Ehegatten nicht nothwendig eine Schenkung zu enthalten, Z. f. R. Bd. 33 S. 253.

7) Es ist keine Schenkung unter Ehegatten, wenn der Ehemann während des Bestehens der Ehe seiner Frau den von ihrem Vermögen gezogenen Gewinn auszahlt, Z. f. R. Bd. 37 S. 39.

Zu § 1648. Ist Geld geschenkt worden, so kann nur dieses, dagegen können nicht die dafür angeschafften Sachen condicirt werden, Annalen, N. F. Bd. 3 S. 501.

Zu § 1649. Vergl. hierzu: Z. f. R. Bd. 24 S. 227; Bd. 29 S. 333, Annalen, A. F. Bd. 6 S. 329.

als von Anfang an gültig betrachtet, vergl. hierzu Annalen, A. F. Bd. 6 S. 329; N. F. Bd. 3 S. 132.

Zu § 1650. Allgemeines: vergl. Annalen, N. F. Bd. 5 S. 442; Bd. 8 S. 380; Dr. Hagen in der Z. f. R. Bd. 31 S. 211 unter III.

1) Das BGB. hat keine Abänderung der Bestimmungen des Mandats vom 6. November 1828 bezweckt, Annalen, N. F. Bd. 1 S. 383.

Einwilligung des Ehemannes vor Gericht vornimmt, und dieses die Ehefrau vorher in Abwesenheit des Ehemannes über den Vermögensverlust, welchen sie sich dadurch zuziehen kann, belehrt hat. Hat die Ehefrau in Folge einer nichtigen Verpflichtung für ihren Ehemann Etwas geleistet, so kann sie dies nicht zurückfordern. (E.- u. A.-V. § 17.)

---

2) Die Vorschriften in § 1650 und flg. beziehen sich blos auf das Verhält-niß der Ehefrau zu Dritten, nicht ihrem Ehemann gegenüber, **Annalen**, II. F. Bd. 1 S. 148.

3) Den Beweis des Vorhandenseins einer eheweiblichen Verbürgung hat die Ehefrau zu führen, dafern hierüber Streit entsteht, **Annalen**, A. F. Bd. 8 S. 379; II. F. Bd. 2 S. 358.

4) Die Legalität des Verbürgungsactes ist bis zum Nachweise des Gegen-theiles vorauszusetzen, **Annalen**, A. F. Bd. 4 S. 514; W. f. R. 1870 S. 380.

5) In der Annahme einer ungültigen eheweiblichen Verbürgung darf man nicht zu weit gehen, vielmehr ist hierbei und bei bloßen Vermuthungen Vorsicht geboten, vergl. Z. f. R. Bd. 29 S. 347; **Annalen**, A. F. Bd. 8 S. 379; N. F. Bd. 3 S. 135. Sucht ein Ehemann bei einem Dritten ein Darlehn nach und erklärt dieser Dritte, daß er nicht ihm, wohl aber seiner Ehefrau Credit zu geben gemeint sei und ist alsbann ein Darlehnsgeschäft zwischen der Ehefrau und dem Dritten abgeschlossen worden, so läßt sich nicht ohne Weiteres folgern, daß es sich hierbei um eine verschleierte Bürgschaft handelt. Z. f. R. Bd. 29 S. 347 u. **Annalen**, N. F. Bd. 3 S. 134. Die Acceptation eines vom Ehemann ausgestellten Wechsels muß nicht nothwendig eine verschleierte eheweibliche Bürg-schaft enthalten, **Annalen**, A. F. Bd. 1 S. 436; N. F. Bd. 1 S. 253 und Bd. 6 S. 222. Desgleichen nicht der Abschluß eines Pachtvertrages mit dem Ehe-mann, **Annalen**, A. F. Bd. 8 S. 379.

6) Als eine Verbürgung der Ehefrau für den Ehemann ist es an sich nicht anzusehen, wenn Erstere das gesammte Besitzthum des Ehemannes gegen die Ver-pflichtung übernimmt, die Schulden des letzteren zu bezahlen, Z. f. R. Bd. 27 S. 460.

7) Die Ehefrau kann auf Grund eines Versprechens, sich für ihren Ehemann verbürgen zu wollen, nicht zur Vornahme der in § 1650 des BGB. geordneten Form gezwungen werden, Z. f. R. Bd. 26 S. 267.

8) Hat sich eine Ehefrau für eine Handelsgesellschaft verbürgt, zu welcher ihr Ehemann gehört, so ist die Verbürgung nur wirkungslos, soweit die Schuld des Mannes in Betracht kommt, Z. f. R. Bd. 39 S. 276; W. f. R. 1873 S. 161.

9) **mit Einwilligung des Ehemannes.** Dieselbe ist unentbehrlich, **Annalen**, A. F. Bd. 2 S. 34, Z. f. R. Bd. 13 S. 162 u. 330, W. f. R. 1870 S. 420. Der ehemännliche Consens kann sowohl dem Gläubiger, wie der Ehe-rau gegenüber erklärt werden, Z. f. R. Bd. 35 S. 125. Eine außergericht-liche Erklärung genügt, dieselbe kann vor oder nach der Intercession erfolgen, vergl.: **Annalen**, N. F. Bd. 9 S. 258; Z. f. R. Bd. 14 S. 229; Bd. 35 S. 125; W. f. R. 1849 S. 505 flg.; 1870 S. 418.

10) **vor Gericht.** Es braucht dies nicht der ordentliche Richter der Ehefrau zu sein, die Bestimmung in § 11 der Ein- und Ausführungsverordnung Januar 1805 enthält nur eine reglementäre Vorschrift, vergl. **Archiv** II. S

§ 1651. Die Vorschrift im § 1650 gilt auch, wenn die Ehefrau eine Verpflichtung eingeht, um den Ehemann der Eingehung derselben zu überheben, wenn sie Darlehne aufnimmt, um damit Schulden des Ehemannes zu bezahlen, wenn sie zur Sicherstellung eines Gläubigers des Ehemannes Forderungen abtritt, oder Pfandrechte bestellt, oder auf Rechte,

---

337 und Z. f. R. Bd. 43 S. 50. Handelsgerichte wurden früher für nicht zuständig angesehen, vergl. Z. f. R. Bd. 23 S. 550.

11) belehrt hat. Es braucht nicht gerade mit den Worten: sie, die Ehefrau, werde über den Vermögensverlust, welchen sie sich durch die Verbürgung zuziehen könne, belehrt, zu geschehen, sondern ist auch durch andere gleichbedeutende Worte gestattet, vergl. W. f. R. 1870 S. 377, Annalen, A. F. Bd. 4 S. 512, Z. f. R. Bd. 34 S. 501. Form der Belehrung, Annalen, N. F. Bd. 8 S. 378, Z. f. R. Bd. 34 S. 501.

12) Etwas geleistet. Vergl. hierzu im Allgemeinen Dr. Siebenhaar in den Annalen, N. F. Bd. 5 S. 442 flg. Acceptirt die Ehefrau für eine Schuld ihres Ehemannes einen von diesem ausgestellten Wechsel, so liegt hierin zwar eine Verbürgung für ihren Ehemann, nicht aber eine Leistung im Sinne des Schlußsatzes des § 1650, vergl. Archiv I. S. 29, Annalen, N. F. Bd. 5 S. 442 flg. Entscheidung des Reichs-DHG. Bd. 11 S. 214. Die Bestellung eines Pfandrechtes, insbesondere einer Hypothek fällt nicht unter den Begriff der Leistung, Annalen, N. F. Bd. 4 S. 380.

13) Das, was eine Ehefrau in Folge einer eheweiblichen Verbürgung für ihren Ehemann bezahlt hat, ist nicht schlechthin als dem Ehemann eingebracht anzusehen, Z. f. R. Bd. 37 S. 29.

Zu § 1651. 1) Verschleierte Bürgschaft, vergl. hierüber Annalen, II. F. Bd. 2 S. 358.

2) eine Verpflichtung eingeht.

a) Verbürgung einer Ehefrau für einen Ehemann durch Ausstellung oder Mitvollziehung eines Wechsels ist nichtig, vergl. Abhandlung von Dr. Hagen, den Wechselverkehr der Ehefrauen betreffend, in der Z. f. R. Bd. 31 S. 193 flg. und außerdem Z. f. R. Bd. 30 S. 67, Annalen, A. F. Bd. 4 S. 512. Doch folgt nicht aus der gleichzeitigen Ausstellung eines Wechsels die eheweibliche Verbürgung ohne Weiteres, sondern es haftet zunächst die Ehefrau solidarisch und die Verbürgung muß von ihr erwiesen werden, Annalen, N. F. Bd. 1 S. 252 u. 557, Z. f. R. Bd. 27 S. 62; Bd. 31 S. 218.

b) Eine ungültige eheweibliche Verbürgung ist anzunehmen, wenn eine Ehefrau einen an ihre Ordre ausgestellten eigenen Wechsel an einen Gläubiger ihres Mannes weiter indossirt, W. f. R. 1869 S. 55. Bei einem eigenen Wechsel des Ehemannes dagegen kann das Giro der Ehefrau an sich nicht als formlose eheweibliche Bürgschaft aufgefaßt werden, vergl. Annalen A. F. Bd. 1 S. 435, Z. f. R. Bd. 20 S. 245 u. Bd. 31 S. 218. Die Acceptation eines vom Ehemanne ausgestellten Wechsels muß nicht nothwendig eine verschleierte eheweibliche Bürgschaft enthalten, Annalen, A. F. Bd. 1 S. 436; N. F. Bd. 1 S. 253 u. Bd. 6 S. 222; Z. f. R. Bd. 27 S. 63; Bd. 31 S. 218; Bd. 32 S. 294; W. f. R. 1857 S. 73. Die Weiterindossirung eines vom Ehemanne ausgestellten, auf die Ehe-

welche ihr wegen ihres Einbringens oder wegen anderer Forderungen an ihren Ehemann Sicherheit geben sollen, verzichtet, oder einem Gläubiger des Ehemannes nachzustehen verspricht. (§ 1654.)

frau indossirten Wechsels enthält, wenn die Ehefrau Handelsfrau ist, nicht noth-wendig eine eheweibliche Verbürgung, Annalen, N. F. Bd. 7 S. 285.

3) Ueber die Einrede der eheweiblichen Intercession im Wechselprocesse vergl. W. f. R. 1858 S. 145 u. 151; Annalen, N. F. Bd. 3 S. 225 u. 268, Bd. 5 S. 212; Z. f. R. Bd. 14 S. 460; Bd. 41 S. 67. Die Ehefrau kann übrigens die Einrede der wechselmäßigen Verbürgung jedem Wechselgläubiger gegenüber geltend machen. Erk. des Reichs-OHG. in Entsch. desselben Bd. 6 S. 203; Bd. 11 S. 217; Annalen, N. F. Bd. 3 S. 225; Archiv I. S. 31.

4) Verbürgung einer Handelsfrau, vergl. hierzu im Allgemeinen Annalen, N. F. Bd. 3 S. 209. Eine Handelsfrau kann sich für ihren Ehe-mann ohne die Formen des § 1650 des BGB. nur dann gültig verbürgen, wenn die Bürgschaft in ihren eigenen Handelsangelegenheiten erklärt worden ist. Z. f. R. Bd. 26 S. 512; Bd. 30 S. 146; Bd. 41 S. 67; W. f. R. 1868 S. 241; An-nalen, A. F. Bd. 8 S. 205; N. F. Bd. 3 S. 209. Ob eine Ehefrau sich in ihrer Eigenschaft als Handelsfrau verbürgt habe, wird immer nach den Umständen des einzelnen Falles zu beurtheilen sein, Annalen, N. F. Bd. 3 S. 209. Die Verbürgung einer Handelsfrau für ihren Ehemann ist indeß vom Reichs-OHG. im Zweifel als zu deren Handelsgewerbe gehörig angesehen und für bindend und wirksam erklärt worden, obgleich hierbei den Vorschriften des § 1650 des BGB. nicht entsprochen worden war, vergl. dessen Entsch. Bd. 9 S. 172; Bd. 2 S. 45; Bd. 5 S. 367. Ueber den Fall, wenn eine Ehefrau das Geschäft ihres Ehe-mannes erwirbt und sich einem Gläubiger des letzteren gegenüber zur Berichtigung einer Geschäftsschuld verpflichtet, insbesondere einen Wechsel acceptirt, siehe Z. f. R. Bd. 26 S. 512; Bd. 30 S. 146; Bd. 33 S. 277; Annalen, A. F. Bd. 8 S. 205; W. f. R. 1868 S. 245.

5) Auch ein Anerkenntnißvertrag einer Ehefrau bedarf der Formen des § 1650 und ist ohne dieselben nichtig, wenn die ihm zu Grunde liegende Verpflichtung eine Intercession für den Ehemann enthielt, vergl. Z. f. R. Bd. 39 S. 277 und Annalen, II. F. Bd. 2 S. 1 und 357.

6) Das in der Klage behauptete Bekenntniß einer Ehefrau, daß sie eine Schuld ihres Ehemannes zu bezahlen habe, enthält eine schlüssige Klagbegründung nicht. Z. f. R. Bd. 34 S. 146.

7) wenn sie Darlehne aufnimmt. Die Aufnahme eines Darlehns Seitens einer Ehefrau zur Begründung eines Geschäftes für ihren Ehemann, enthält eine ungültige eheweibliche Intercession, vergl. Z. f. R. Bd. 38 S. 211; Annalen, II. F. Bd. 1 S. 149. Nicht jedes Darlehn einer Ehefrau, welches anfänglich der Ehemann zu erlangen gesucht, ist ohne Weiteres als ungültige Intercession zu betrachten. Z. f. R. Bd. 29 S. 347; Annalen, N. F. Bd. 3 S. 134. Doch läßt sich letztere nach Befinden aus den begleitenden Umständen folgern. Annalen, N. F. Bd. 6 S. 284.

8) oder auf Rechte verzichtet, vergl. Z. f. R. Bd. 40 S. 140. Die Aufgabe einer Einbringenshypothek blos zu dem Zwecke, um dem Ehemanne den

§ 1652. Verpflichtet sich eine Ehefrau mit dem Ehemanne als Gesammtschuldnerin ohne die im § 1650 angegebene Form durch ein Geschäft, aus welchem sie an sich nur antheilig gehalten sein würde, so haftet sie nur zu ihrem Antheile. Ist das ganze Geschäft blos zu Gunsten des Ehemannes geschlossen worden, so wird sie gar nicht verpflichtet.

§ 1653. Der Form im § 1650 bedarf es nicht, wenn die Ehefrau durch die Verpflichtung für den Ehemann nichts von ihrem Vermögen verliert, oder wenn sie Vermögensvortheile erlangt.

§ 1654. Ergiebt sich bei einem Geschäfte die Verpflichtung der Ehefrau für den Ehemann nicht nach der äußeren Erscheinung des Geschäftes, so tritt die Vorschrift im § 1650 nur ein, wenn der Gläubiger das wahre Sachverhältniß gekannt hat.

Verkauf seines Grundstückes zu ermöglichen, fällt nicht unter § 1651, vergl. Annalen, II. F. Bd. 1 S. 381.

Zu § 1652. 1) Ausstellung eines eigenen Wechsels Seiten beider Ehegatten, W. f. R. 1867 S. 385. Vergl. ferner Annalen, N. F. Bd. 1 S. 557 und Z. f. R. Bd. 27 S. 62.

2) Gemeinsame Aufnahme eines Darlehns, Z. f. R. Bd. 33 S. 237.

3) Die Ehefrau, welche gemeinschaftlich mit ihrem Ehemanne eine Sache entliehen hat, haftet als Gesammtschuldnerin, selbst wenn die Formen des § 1650 des BGB. nicht beobachtet worden sind, W. f. R. 1867 S. 453.

4) Abschluß eines Pachtvertrages zugleich mit dem Ehemanne enthält nicht nothwendig eine verschleierte Bürgschaft, Annalen, N. F. Bd. 8 S. 379.

5) Unterzeichnung einer Urkunde zunächst mit dem Namen der Ehefrau, dann mit dem Namen des Ehemannes unter dem Zusatze: „deren Ehemann" verpflichtet letzteren nicht, sondern nur die Ehefrau, Annalen, N. F. Bd. 7 S. 432.

6) so haftet sie nur zu ihrem Antheile, vergl. hierzu Annalen, N. F. Bd. 1 S. 252.

7) so wird sie gar nicht verpflichtet. Annalen, N. F. Bd. 8 S. 380 und Z. f. R. Bd. 34 S. 504.

Zu § 1653. Vergl. überhaupt Annalen, N. F. Bd. 1 S. 430 und Bd. 8 S. 381. 1) Eine an sich ungültige Intercession wird dadurch nicht zu einem gültigen Rechtsgeschäfte, daß die Ehefrau in der Folge einen Vermögensvortheil erlangt hat, Z. f. R. Bd. 38 S. 212.

2) oder wenn sie Vermögensvortheile erlangt: z. B. wenn die neue Schuld lediglich zu Deckung einer älteren Schuld der Ehefrau aufgenommen worden wäre oder wenn die Ehefrau selbst oder beide Ehegatten solidarisch dem Dritten die betreffende Summe geschuldet hätten, die Bezahlung aber in der Weise versprochen worden wäre, daß der Ehemann sich als Hauptschuldner bekannt, die Ehefrau aber für selbigen sich verbürgt hätte, Z. f. R. Bd. 34 S. 506. Die in der Urkunde abgegebene Erklärung der Ehefrau, daß die verschriebene Summe in ihrem Nutzen verwendet worden sei, genügt dagegen nicht. Annalen, N. F. Bd. 1 S. 140.

Zu § 1654. Vergl. hierzu Dr. Hagen in der Z. f. R. Bd. 31 S. 214.

Fünfter Abschnitt.

Wirkungen der Ehe in Beziehung auf das Vermögen der Ehegatten.

§ 1655. Der Ehemann hat an dem Vermögen, welches die Ehefrau zur Zeit der Eheschließung besitzt oder während der Ehe erwirbt, das Recht des Nießbrauches und der Verwaltung. Er haftet dabei für ab-

---

Den Beweis des Vorhandenseins einer eheweiblichen Verbürgung hat die Ehefrau zu führen, Annalen, N. F. Bd. 8 S. 379; II. F. Bd. 2 S. 358.

Zu § 1655. Vergl. auch oben Bd. 1 S. 41 zu § 74. Allgemeines: vergl. Annalen, N. F. Bd. 6 S. 333 und Bd. 7 S. 385; Z. f. R. Bd. 33 S. 418. 1) Natur des ehemännlichen Nutznießungs- und Verwaltungsrechtes: Annalen, N. F. Bd. 8 S. 429.

2) Zum Schutze desselben hat der Ehemann eine Confessorienklage, Z. f. R. Bd. 38 S. 226.

3) Dieses Recht beginnt im Augenblicke der Eheschließung, Annalen, N. F. Bd. 8 S. 429; Z. f. R. Bd. 26 S. 489. Der Ehemann kann nach der Verheirathung von seiner Ehefrau Rechnungslegung und Aushändigung der in ihren Händen befindlichen, ihr Vermögen betreffenden Urkunden fordern, Z. f. R. Bd. 19 S. 348; Bd. 26 S. 489; Annalen, N. F. Bd. 8 S. 429. Vergl. übrigens auch noch Archiv III. S. 26 flg.

4) Der Ehemann ist nicht berechtigt, die reelle Theilung eines seiner Frau und deren Erben angefallenen Nachlaßgrundstückes kraft seines ehemännlichen Nießbrauchsrechtes zu verlangen, Z. f. R. Bd. 33 S. 418.

5) Zeitweiliger Verzicht des Ehemannes auf das ihm zustehende Verwaltungs- und Nießbrauchsrecht ist statthaft, Z. f. R. Bd. 26 S. 256.

6) Verträge zwischen Ehegatten für den Fall der Scheidung sind nur insoweit gültig, als sie nicht contra matrimonium sind, oder sonst ein praemium turpitudinis enthalten, vergl. Annalen, N. F. Bd. 2 S. 235.

7) Die Ehegatten können über die Verwaltung eines Illatengrundstücks besondere Verabredungen treffen, namentlich ist es zulässig, daß die Ehefrau auf ihren Namen mit Genehmigung ihres Ehemannes Miethverträge mit Abmiethern ihres Illatengrundstückes schließt, W. f. R. 1870 S. 435. Das Nämliche ist bezüglich des Abschlusses von Pachtverträgen durch die Ehefrau hinsichtlich ihr gehöriger Grundstücke ausgesprochen worden im W. f. R. 1873 S. 109.

8) Hat die Ehefrau ihr eheweibliches Einbringen selbst verwaltet, so ist sie verpflichtet, über die Verwaltung dieses ihres Vermögens dem Ehemanne Rechnung zu legen, Z. f. R. Bd. 38 S. 266.

9) Bei Geisteskrankheit des Ehemannes dauert sein Nießbrauchsrecht fort, Annalen, N. F. Bd. 5 S. 60; W. f. R. 1802 S. 268; 1865 S. 83. Ob auch sein Verwaltungsrecht und ob und inwieweit dasselbe durch den Zustandsvormund ausgeübt werden könne, darüber vergl. W. f. R. 1865 S. 87 und Z. f. R. Bd. 26 S. 254.

10) Rechte der Gläubigerschaft des Ehemannes auf die Nutzungen des eheweiblichen Vermögens, vergl. Z. f. R. Bd. 35 S. 256.

sichtliche Verschuldung und für Unterlassung des Fleißes, welchen er in eigenen Angelegenheiten anzuwenden pflegt. (§ 730.)

___

11) Klagt der Ehemann eine, ihm wider seine Ehefrau zustehende Forderung ein, so kann die Ehefrau hierauf ihr zustehende Einbringensforderungen aufrechnen, Annalen, A. F. Bd. 4 S. 324.

12) Ueber den Fruchtgenuß des Ehemannes an inferirten frucht-tragenden Sachen mit Rücksicht auf Beginn und Beendigung der Ehe, vergl. im Allgemeinen Annalen, A. F. Bd. 3 S. 480; Bd. 5 S. 478; N. F. Bd. 3 S. 39; Z. f. R. Bd. 9 S. 488 und Bd. 17 S. 429. Vergl. ferner oben zu § 76 Bd. 1 S. 42. Nießbrauch des Ehemannes an einer der Frau gehörigen Brauerei; die Kaufpreisbeträge für aus derselben während der Ehe geliefertes Bier kann der Ehemann einklagen, Annalen, N. F. Bd. 7 S. 176. Früchte von in-ferirten Grundstücken gehören von der Eheschließung an dem Ehemanne, selbst wenn die Bestellungsarbeiten vorher erfolgt waren, Annalen, A. F. Bd. 3 S. 480; Z. f. R. Bd. 9 S. 488; Bd. 17 S. 420. Zinsen des ehe-weiblichen Vermögens kann der Ehemann nur vom Schuldner, nicht von der Ehefrau einklagen, Annalen, A. F. Bd. 7 S. 385. Vertragszinsen von in-ferirten Forderungen ist nur der Ehemann einzuheben berechtigt, Annalen, N. F. Bd. 5 S. 224; W. f. R. 1868 S. 414; Z. f. R. Bd. 31 S. 439. Doch steht Nichts entgegen, daß auch die Ehefrau mit Genehmigung des Ehemannes dergleichen Zinsen einklage, nur muß sie sich solchenfalls Einreden aus der Person ihres Ehemannes gefallen lassen, vergl. Annalen, N. F. Bd. 8 S. 383. Die Ehefrau kann die Zinsen einer ihr wider den Ehemann zustehende Forderung während des Bestehens der Ehe nicht fordern, da diese dem Ehemanne kraft seines ehemännlichen Nießbrauchrechtes gehören, Z. f. R. Bd. 36 S. 27. Eine Ehefrau ist in der Regel nicht befugt, nach Auflösung der Ehe die Zinsen einer zu ihrem Einbringen gehörigen Forderung, welche auf die Zeit vor Auflösung der Ehe zu rechnen sind, von dem Schuldner einzuklagen, selbst wenn diese Zinsen erst nach Auflösung der Ehe fällig geworden sind, Z. f. R. Bd. 31 S. 439 und W. f. R. 1868 S. 414. Rechte des Ehemannes bezüglich einer nach Schließung der Ehe gezogenen Erndte von einem der Ehefrau gehörigen fruchttragenden Grundstücke (älteres Recht). Z. f. R. Bd. 9 S. 488; Bd. 17 S. 420; Bd. 24 S. 72; W. f. R. 1842 S. 24; 1846 S. 176. Der Kohlenzehnte eines der Ehefrau gehörigen Grundstücks gebührt dem Ehemanne als Nutznießer, Annalen, N. F. Bd. 3 S. 39. Ueber das Recht der Concursgläubiger, die Nutzungen des eheweiblichen Vermögens, soweit dieselben mehr betragen, als zur Bestreitung der ehelichen Lasten nöthig ist, zur Concursmasse zu ziehen, vergl. Annalen, A. F. Bd. 7 S. 293; Z. f. R. Bd. 25 S. 256; Bd. 33 S. 98.

13) Illation des eheweiblichen Vermögens. a. Zur Lehre vom Illaten-beweise vergl. Z. f. R. Bd. 31 S. 400; Annalen, N. F. Bd. 4 S. 363; Bd. 5 S. 224.

aa. Der Eidesantrag über die Thatsache des Einbringens ist dann jedenfalls zulässig, wenn es sich um Gegenstände handelt, welche ihrer Beschaffenheit nach durch wirkliche Uebergabe in die Gewalt des Ehemannes nicht gelangen können, vergl. Z. f. R. Bd. 19 S. 226; Bd. 25 S. 110; Annalen, N. F. Bd. 7 S. 252; W. f. R. 1866 S. 143.

bb. Wenn der Erwerb von Vermögen während der Ehe erwiesen wird oder die Frau vor der Ehe nachgewiesenermaaßen Vermögen besaß, wird ihr gestattet, die Illation durch den Bestärkungseid zu bekräftigen, Annalen, N. F. Bd. 1 S. 382; Bd. 2 S. 159.

cc. Frühere Bekenntnisse des Ehemannes sind nicht schlechterdings unbeachtlich, vielmehr kann solchenfalls auf ein purgatorium oder assertorium erkannt werden, Annalen, N. F. Bd. 1 S. 382. S. auch Z. f. R. Bd. 33 S. 493.

b. Zur Entstehung der ehemännlichen Rechte bedarf es nicht noch eines besonderen Actes, durch welchen die bei dem Nießbrauche in Betracht kommenden Vermögensobjecte übergeben, beziehentlich vom Ehemann in eigentlichen Besitz oder in Rechtsbesitz genommen werden, einer sogenannten constitutio oder illatio dotis, Z. f. R. Bd. 31 S. 409; ingleichen Bd. 26 S. 480.

c. Der bloße Nachweis der Existenz des eheweiblichen Vermögens aber reicht nicht aus, um dasselbe als dem Ehemanne eingebracht ansehen zu können, Z. f. R. Bd. 31 S. 409; Annalen, N. F. Bd. 5 S. 223. Es wird daher z. B. wenn es sich um die Rückgewährung von Geld oder Werthpapieren handelt, sich der Nachweis erforderlich machen, daß der Ehemann in die Innehabung des Geldes, beziehentlich der Werthpapiere wirklich gelangt sei, oder wenn es sich um Forderungen handelt, darzuthun sein, daß der Ehemann dieselben eingehoben oder die fraglichen Vermögensbestände sonstwie in seinen Nutzen verwendet habe, Z. f. R. Bd. 31 S. 410.

d. Zur Illation genügt regelmäßig, daß der Ehemann Vermögen, welches seiner Ehefrau gehört, auf Grund seines gesetzlichen Nießbrauchsrechtes an sich nimmt, Annalen, N. F. Bd. 9 S. 452.

e. Die Illation ist ferner anzunehmen, wenn feststeht, daß die Ehefrau durch Einbringung der Gegenstände in die gemeinschaftliche Wohnung dieselben dergestalt in die Macht des Ehemannes gebracht hat, daß dieser daran thatsächlich die ehemännlichen Rechte ausüben konnte, Z. f. R. Bd. 19 S. 226; Bd. 25 S. 110; Bd. 28 S. 46; Annalen, N. F. Bd. 1 S. 514; Bd. 8 S. 87.

f. Das Mindeste, was eintreten muß, um die zur Zeit der Verheirathung einer Frauensperson in ihrem Besitz und Eigenthum befindlichen Gegenstände als eheweibliches Einbringen erscheinen zu lassen, ist: a. daß der Ehemann hinsichtlich jener Güter die Füglichkeit erlange, dieselben zum Tragen der ehelichen Lasten zu verwenden und daß b. wenn ausnahmsweise die fraglichen Sachen schon vor der Eheschließung übergeben sind, entweder die zu a erwähnten factischen Verhältnisse Platz greifen oder daß sofort bei der Hingabe die Betheiligten darüber einig sind, daß diese Ueberlassung wegen der zwischen ihnen bevorstehenden Eheschließung erfolge. Vergl. Z. f. R. Bd. 31 S. 140.

g. Sind dem Ehemanne ohne Wissen der Ehefrau Sachen als Ausstattungsgegenstände übergeben oder Geld mit der Bestimmung eingehändigt worden, damit Ausstattungsgegenstände anzuschaffen und ist er dem nachgekommen, so erwirbt die Ehefrau an derartigen Sachen auch Besitz und Eigenthum ohne Kenntnißnahme von diesen Vorgängen, Z. f. R. Bd. 29 S. 82.

h. Zur Annahme der Illation dagegen reicht das Zugeständniß des Ehemannes, daß vor seiner Verheirathung Gegenstände von der Klägerin, seiner nachmaligen Ehefrau, in seine Behausung gebracht worden seien, nicht aus, Z. f. R. Bd. 31 S. 140.

i. Ueber die Illation von Geld dadurch, daß die Ehefrau damit mit Genehmigung ihres Ehemannes Schulden des letzteren bezahlt, s. Z. f. R. Bd. 25 S. 280; Annalen, A. F. Bd. 4 S. 118. Die Summe, welche eine Ehefrau zur Bezahlung von Schulden des Ehemannes verwendet oder welche sie von einem Dritten erborgt und ihrem Ehemanne einhändigt, nimmt vom Augenblicke der Verwendung oder Einhändigung die Natur des Einbringens an. Z. f. R. Bd. 20 S. 256; Bd. 37 S. 413; W. f. R. 1861 S. 4; Annalen, A. F. Bd. 4 S. 117; II. F. Bd. 1 S. 148. Gelder, welche eine Ehefrau auf ihren Namen mit Genehmigung ihres Ehemannes erborgt und diesem einhändigt, werden im Augenblicke der Uebergabe Einbringen, Z. f. R. Bd. 16 S. 133; Annalen, A. F. Bd. 4 S. 117; II. F. Bd. 1 S. 147. Die bloße Thatsache allein aber, daß die Ehefrau ihrem Ehemanne eine Summe Geldes eingehändigt habe, begründet noch nicht die Annahme, daß sie diese Geldsumme ihrem Ehemanne eingebracht habe, Z. f. R. Bd. 39 S. 341. Das, was eine Ehefrau in Folge einer eheweiblichen Verbürgung für ihren Ehemann bezahlt hat, ist nicht schlechthin als dem Ehemanne eingebracht anzusehen, Z. f. R. Bd. 37 S. 29.

k. Die bloße Hingabe von baarem Gelde vor der Verheirathung vermag der Geldsumme noch nicht den Character des Einbringens zu verleihen, Z. f. R. Bd. 31 S. 143.

l. Der Lotteriegewinn einer Ehefrau gehört dieser und hat der Ehemann hieran nur Nießbrauchs- und Verwaltungsrecht, Annalen, N. F. Bd. 1 S. 513. Darauf, ob die Ehefrau das Lotterieloos mit eigenem oder ihres Mannes Gelde gekauft hat, kommt Nichts an, Annalen, A. F. Bd. 2 S. 159; N. F. Bd. 1 S. 513; W. f. R. 1843 S. 413.

m. Illation von Viehstücken, vergl. Z. f. R. Bd. 25 S. 272.

14) Einbringenshypothek. Die Genehmigung der Eintragung einer solchen Seitens des Ehemannes enthält an sich noch kein Anerkenntniß der Verität des Einbringens, Z. f. R. Bd. 25 S. 249. Das Bekenntniß des Ehemannes, seine Ehefrau habe ihm eine gewisse Summe ein- und zugebracht, wie die Bestellung einer Einbringenshypothek überhebt die Ehefrau dritten Personen gegenüber nicht der Verpflichtung zum Beweise ihres Einbringens, namentlich hat sie denselben den Gläubigern ihres Ehemannes gegenüber zu führen, Z. f. R. Bd. 33 S. 489. Vergl. aber auch Annalen, A. F. Bd. 1 S. 382 und Z. f. R. Bd. 33 S. 493. Klagerecht des Ehemannes bei unbegründeter Eintragung einer Einbringenshypothek, Z. f. R. Bd. 25 S. 249. — Ein Ehemann ist nach Befinden befugt, eine Einbringenshypothek, welche er selbst bestellt hat, zu condiciren, nur muß er dann beweisen, daß ihm die Ehefrau überhaupt Etwas nicht eingebracht habe, Z. f. R. Bd. 26 S. 485. Ueber die Klage einer Ehefrau wegen einer Einbringenshypothek, welche der Käufer des dem Ehemanne gehörigen Grundstücks in partem pretii non soluti übernommen, vergl. Annalen, N. F. Bd. 7 S. 88.

§ 1656. Alle beweglichen Sachen in der Wohnung des Ehemannes gehören im Zweifel dem Ehemanne eigenthümlich, ausgenommen wenn sie zur Bekleidung, zum Schmucke oder sonst zum Gebrauche blos für die Person der Ehefrau bestimmt sind. (§ 1671.)

15) Forderungen. Vergl. übrigens auch zu § 1677; sowie Z. f. R. Bd. 24 S. 18.

a. Ueber die Streitfrage, ob bei Forderungen der Ehefrau an den Ehe= mann der Gegenstand dieser Forderung oder letztere selbst inferirt sei, vergl. Z. f. R. Bd. 24 S. 16; Bd. 30 S. 461; Annalen, A. F. Bd. 5 S. 481 und Bd. 6 S. 481; N. F. Bd. 4 S. 03.

b. Forderungen an den Ehemann, welche die Ehefrau von dessen Gläubigern vor Eingehung der Ehe erworben hat, gelten mit Schließung der Ehe als ein= gebracht und steht hieran dem Ehemanne das gesetzliche Nießbrauchs= und Ver= waltungsrecht zu, Z. f. R. Bd. 24 S. 16.

c. Verwandelung der Darlehnsforderung des Schwiegervaters in eine Ein= bringensforderung seiner Tochter, vergl. Annalen, N. F. Bd. 6 S. 458.

d. Schenkung einer Schuldforderung, welche einem Dritten wider den Ehe= mann zusteht, an die Ehefrau, Annalen, A. F. Bd. 6 S. 484.

e. Illation von Darlehnsforderungen der Ehefrau an den Ehemann, siehe Annalen, N. F. Bd. 4 S. 93.

16) Sachen, welche lediglich für die Person der Ehefrau be= stimmt sind, gelten im Zweifel nicht als eheweibliches Einbringen, Annalen, N. F. Bd. 1 S. 527 unter IV. und Z. f. R. Bd. 34 S. 517.

17) Zum Schlußsatz des § 1655. Ueber die Haftung des Ehemannes bei Ausübung seines Nießbrauchs= und Verwaltungsrechtes, siehe Annalen, N. F. Bd. 1 S. 519.

Zu § 1656. Vergl. Annalen, N. F. Bd. 3 S. 40; Archiv III. S. 480. Erläuterung dieses § siehe im W. f. R. 1868 S. 215.

1) im Zweifel; die Frau also trifft bei Behauptung des Gegentheiles die Beweislast, Annalen, N. F. Bd. 3 S. 41.

2) Beweist die Ehefrau, daß sie bewegliche Sachen im eigenen Namen erkauft und ihrerseits übergeben erhalten habe, so gilt die in § 1656 aufgestellte Regel als ausreichend widerlegt, Annalen, N. F. Bd. 3 S. 40.

3) Darüber, was eine Ehefrau zur Begründung einer Kaufsklage wider ihren Ehemann anzuführen und zu beweisen habe, vergl. Annalen, N. F. Bd. 2 S. 492. Derartigen Klagen werden allerdings vielfach die Vorschriften des Gesetzes vom 30. Juni 1868 § 1, welche auch auf früher abgeschlossene Ver= äußerungsverträge Anwendung zu leiden haben, entgegenstehen. Vergl. Gesetz vom 2. April 1870 (G.= u. BBl. 1870 S. 96) und W. f. R. 1868 S. 509; 1869 S. 33 und 37.

4) Kauft eine Ehefrau Sachen mit Gelde ihres Ehemannes, so hat letzterer regelmäßig nur einen Anspruch auf Ersatz seines Geldes, erwirbt aber nicht die erkauften Sachen ins Eigenthum, Annalen, A. F. Bd. 2 S. 158; N. F. Bd. 3 S. 41; Z. f. R. Bd. 5 S. 172; Bd. 9 S. 498; Bd. 15 S. 247; W. f. R. 1847 S. 379.

§ 1657. Wird von der Ehefrau zu Handlungen, welche ihr Ehemann rücksichtlich des eheweiblichen Vermögens ohne ihre Mitwirkung nicht vornehmen kann, diese aus unzureichenden Gründen verweigert, so kann sie von dem Gerichte ergänzt werden.

§ 1658. Hochzeitsgeschenke gehören, soweit sie nicht für einen Ehegatten besonders bestimmt sind, jedem zur Hälfte.

§ 1659. Ausstattung oder Aussteuer, Brautschatz, Heirathsgut, Ehegeld, Mitgift ist der Inbegriff Desjenigen, was Dritte für die Ehefrau als Beitrag zu Bestreitung der ehelichen Lasten versprechen oder geben.

§ 1660. Sind Gegenstände der Ausstattung vor der Ehe dem künftigen Ehemanne übergeben worden, so gehören die Früchte, welche bis zur Eingehung der Ehe davon gezogen werden, zum Hauptstamme. (§§ 72 bis 75.)

§ 1661. Der Vater ist verpflichtet, seiner Tochter, ohne Unterschied, ob diese in der Ehe geboren ist, oder die Rechte eines ehelichen Kindes durch die nachfolgende Ehe ihrer Eltern oder durch landesherrliche Ehelichsprechung erlangt hat, oder nach § 1578 einem ehelichen Kinde gleich steht, zu Einrichtung des Hausstandes eine nach richterlichem Ermessen mit Rücksicht auf sein Vermögen und den Stand des Ehemannes seiner Tochter zu bestimmende Ausstattung zu geben. (§§ 2354. 2492.)

Zu § 1657. Vergl. oben zu § 1644; ferner Z. f. R. Bd. 33 S. 418.

Zu § 1659. Hat der Ehemann Geld zur Anschaffung von Sachen erhalten, erwirbt letztere die Ehefrau, Annalen, N. F. Bd. 3 S. 42; Z. f. R. Bd. 29 S. 82. Bestellung einer Mitgift für den Fall des Todes der Ehefrau Seitens des Schwiegervaters, Annalen, N. F. Bd. 3 S. 262. Wenn sich der Besteller der Mitgift Verzinsung derselben ausbedungen hat, so schließt dies die Einbringensqualität nicht nothwendig aus, Annalen, N F. Bd. 8 S. 96.

Zu § 1661. Aelteres Recht siehe Z. f. R. Bd. 24 S. 451. 1) Dos necessaria. Ein unvermögender Vater ist nicht zur Gewährung einer Ausstattung verpflichtet, W. f. R. 1871 S. 79. Zur Begründung der Klage auf Gewährung der gesetzlichen Ausstattung gehört daher die Darlegung, daß der Ausstattungspflichtige ausreichendes Vermögen besitze, W. f. R. 1871 S. 80.

2) Nur die Tochter hat ein directes Klagrecht auf Gewährung der den Eltern gesetzlich obliegenden Ausstattung, Z. f. R. Bd. 41 S. 322.

3) Die Klage der Mutter wider den Vater auf Ersatz der von ihr der Tochter gewährten Ausstattung ist als nicht statthaft zurückgewiesen worden, bergl. Annalen, II. F. Bd. 2 S. 545.

4) Hat der Vater um die Zeit der Verheirathung seiner Tochter oder deren Ehemann eine Summe Geldes gegeben, so ist im Zweifel davon auszugehen, daß dies zum Zwecke der Gewährung einer Mitgift geschehen sei, Z. f. R. Bd. 33 S. 110.

5) versprochene Ausstattung. Ueber das Ausstattungsversprechen einer Mutter siehe Z. f. R. Bd. 39 S. 30. Klage des Ehemannes wider die Mutter seiner Ehefrau auf Gewährung einer versprochenen Ausstattung, deren Höhe bei dem Versprechen nicht bestimmt worden ist, Z. f. R. Bd. 39 S. 30. Ueber die

§ 1662. Ist der Vater gestorben oder vermögenslos, oder die Tochter eine außereheliche, so ist die Mutter zur Ausstattung der Tochter in der im § 1661 bestimmten Weise verpflichtet.

§ 1663. Ist die Tochter von einem Dritten an Kindesstatt angenommen, so liegt die Verpflichtung zur Ausstattung in der im § 1661 bestimmten Weise diesem Dritten und nur, wenn er gestorben oder vermögenslos ist, den leiblichen Eltern ob.

§ 1664. Die Verpflichtung der in §§ 1661 bis 1663 erwähnten Personen tritt nicht ein, wenn die Tochter Vermögen besitzt, von welchem die Kosten der Ausstattung bestritten werden können, oder wenn sie sich ohne Einwilligung des zur Ausstattung Verpflichteten verehelicht hat und ein ausreichender Grund zur Verweigerung dieser Einwilligung vorhanden ist. (§ 2576.)

§ 1665. Hat die Tochter von den in §§ 1661 bis 1663 angegebenen Personen eine Ausstattung erhalten, so kann sie eine solche auch im Falle einer anderweiten Ehe nicht zum zweiten Male fordern, selbst wenn die Ausstattung ohne ihre Verschuldung untergegangen sein sollte.

§ 1666. Die Klage auf eine Ausstattung in den in §§ 1661 bis 1663 erwähnten Fällen verjährt in einem Jahre, von Zeit der Eingehung der Ehe an.

§ 1667. Wird eine Ausstattung von Anderen, als den in §§ 1661 bis 1663 erwähnten Personen, ohne Angabe ihrer Größe versprochen, so erfolgt deren Bestimmung nach richterlichem Ermessen in Gemäßheit der Vorschriften im § 1661. (§ 2492.)

§ 1668. An Demjenigen, was die Ehefrau durch Dienste erwirbt,

---

Höhe der Ausstattung entscheidet, wenn bei dem Versprechen eine Summe nicht angegeben worden ist, das richterliche Ermessen, Z. f. R. Bd. 39 S. 31; Annalen, II. F. Bd. 2 S. 177. Ueber die Wirkung eines nicht dem Ehemanne, sondern einem Dritten gegenüber abgegebenen Ausstattungsversprechens, siehe Z. f. R. Bd. 14 S. 181.

Interpretation eines Mitgiftversprechens, Z. f. R. Bd. 36 S. 134. Das Versprechen einer Ausstattung bedarf, selbst wenn es 1000 Thlr. übersteigt, nicht der gerichtlichen Insinuation, um wirksam zu sein, Annalen, N. F. Bd. 9 S. 454; Z. f. R. Bd. 36 S. 511. Vergl. älteres Recht in Z. f. R. Bd. 32 S. 230. Wird eine Ausstattung versprochen, so ist die Wirksamkeit dieses Versprechens an die selbstverständliche Bedingung geknüpft, daß es wirklich zur Eheschließung kommt, Annalen, II. F. Bd. 3 S. 334.

Zu § 1662. oder vermögenslos, vergl. W. f. R. 1871 S. 79.

Zu § 1666. Diese kurze Verjährung greift nur bei der gesetzlichen Ausstattungspflicht Platz, leidet dagegen bei der versprochenen Ausstattung keine Anwendung, Annalen, N. F. Bd. 9 S. 454.

Zu § 1667. Vergl. hierzu Annalen, II. F. Bd. 2 S. 177. Ueber einen Fall stillschweigender Annahme eines Ausstattungsversprechens durch Eingehung der Ehe, Annalen, II. F. Bd. 2 S. 178.

Zu § 1668. Vergl. Annalen, N. F. Bd. 10 S. 301; Z. f. R. Bd. 9

welche weder auf das Hauswesen, noch auf das Gewerbe des Ehemannes Bezug haben, steht ihr das Eigenthum, dem Ehemanne das Recht des Nießbrauches und der Verwaltung zu. Hat die Ehefrau diesen Erwerb dem Ehemanne zur Verwendung in die Wirthschaft gegeben oder selbst in die Wirthschaft verwendet, so kann sie nach Beendigung der Ehe nicht dessen Rückerstattung verlangen. (§ 1631.)

§ 1669. Der Ehemann ist zu einer Sicherheitsleistung, wie sie der Nießbraucher zu bestellen hat, nicht verpflichtet, vorbehältlich der Bestimmung im § 390. (§ 636.)

§ 1670. Zur Wirksamkeit gegen Dritte bedarf der ehemännliche Nießbrauch der im § 646 bestimmten Eintragung in das Grundbuch nicht.

§ 1671. An Gegenständen, welche zur Bekleidung, zum Schmucke oder sonst zum Gebrauche blos für die Person der Ehefrau bestimmt sind, es mögen solche von ihr bei Eingehung der Ehe besessen oder später von dem Ehemanne aus seinem Vermögen angeschafft worden sein, steht der Ehefrau das Eigenthum und das Recht des unbeschränkten Gebrauches während der Ehe zu, und es hat der Ehemann blos das Recht, zu hindern, daß die Ehefrau von diesen Gegenständen einen anderen, als den bezweckten Gebrauch macht. (§ 1656.)

§. 1672. Werden Gegenstände des Vermögens der Ehefrau unter Angabe des Werthes dem Ehemanne zugebracht, so wird er deren Eigenthümer, trägt deren Gefahr und erstattet nach Auflösung der Ehe den angegebenen Werth.

§ 1673. Hat die Angabe des Werthes blos den Zweck, daß wenn die Gegenstände bei der künftigen Rückgabe gar nicht oder nicht in ihrer früheren Beschaffenheit vorhanden sind, deren Werth in Gewißheit beruhen soll, so hat der Ehemann nach Beendigung der Ehe die Gegenstände in der Beschaffenheit zurückzugeben, wie er sie erhalten hat, und wenn dies wegen seiner Verschuldung nicht möglich ist, den angegebenen Werth zu erstatten.

§ 1674. Veräußert der Ehemann während der Ehe mit Einwilligung der Ehefrau nicht vertretbare Gegenstände des eheweiblichen Vermögens, oder erwirbt er selbst solche Gegenstände von der Ehefrau, so ist anzunehmen, daß der Preis an die Stelle dieser Gegenstände treten soll. (§ 1655.)

S. 500; Bd. 13 S. 433; Bd. 14 S. 223. 1) Der Inhalt des § stimmt mit der bisherigen Praxis überein, Annalen, N. F. Bd. 10 S. 301.

2) Der Betrieb einer Schankwirthschaft bei einem Eisenbahnbau Seiten einer Ehefrau fällt unter den Begriff der operae artificiales, Z. f. R. Bd. 32 S. 205.

3) Zum Schlußsatz: Annalen, N. F. Bd. 6 S. 286.

Zu § 1671. Vergl. hierzu Annalen, N. F. Bd. 8 S. 89. Die Sachen, welche lediglich für die Person der Ehefrau bestimmt sind, gelten im Zweifel nicht als eheweibliches Einbringen, Annalen, N. F. Bd. 8 S. 88; N. F. Bd. 1 S. 527 unter IV.; Z. f. R. Bd. 34 S. 517.

Zu § 1674. Vergl. hierzu Annalen, N. F. Bd. 1 S. 514. Daß der

§ 1675. Veräußert der Ehemann dergleichen Gegenstände ohne Einwilligung seiner Ehefrau, so ist die letztere schon während der Ehe zur Anstellung der auf Wiedererlangung dieser Gegenstände gerichteten Klage berechtigt.

§ 1676. Was der Ehemann während der Ehe mit den Mitteln seiner Ehefrau erwirbt, gehört der letzteren nur, wenn die Erwerbung mit ihrer Einwilligung und in ihrem Namen geschehen ist.

§ 1677. Ist der Gegenstand des ehemännlichen Nießbrauches eine Forderung, so bedarf der Ehemann zur Erhebung und Einklagung der Einwilligung der Ehefrau. Eine versprochene Ausstattung kann er ohne Einwilligung der Ehefrau erheben und einklagen. (§§ 625 bis 627.)

Preis an die Stelle dieser Gegenstände treten soll. Bei Staatspapieren tritt an deren Stelle der Erlös, bez. der Kurswerth, Annalen, N. F. Bd. 2 S. 156.

Zu § 1676. 1) Das Nämliche gilt, wenn der Ehemann vom Schwiegervater Geld zur Anschaffung von Ausstattungsgegenständen erhalten hat, denn alsdann werden die mit jenem Gelde angeschafften Sachen Eigenthum der Ehefrau, Annalen, N. F. Bd. 3 S. 42.

2) Hat sich der Ehemann, als er mit den Mitteln seiner Ehefrau Sachen erwarb, sich hierbei dem Dritten nicht als Stellvertreter seiner Ehefrau zu erkennen gegeben, so kann die letztere doch dann Eigenthum an den erkauften Gegenständen erwerben, wenn sie von denselben mit Einwilligung ihres Ehemannes Besitz ergriffen hat, vergl. Archiv I. S. 208. Erk. des AG. Zwickau im Archiv III. S. 416.

3) Hat der Ehemann auf den Namen und aus den Mitteln seiner Ehefrau einem Dritten ein Darlehn gegeben, so hat die Ehefrau wider diesen die Darlehnsklage und zwar selbst dann, wenn das Darlehn ohne ihre Genehmigung gegeben worden war, Z. f. R. Bd. 29 S. 432; Annalen, N. F. Bd. 3 S. 116. Leiht der Ehemann dagegen Geld, welches der Ehefrau gehört, auf seinen Namen aus, so gilt er als der Darleiher und die Klage der Ehefrau ist zurückzuweisen, Z. f. R. Bd. 31 S. 232.

4) Hat der Ehemann für seine Ehefrau ein Grundstück gekauft, so kann er nicht Uebertragung des Grundstücks, sondern nur Erstattung des verlegten Kaufpreises fordern, Z. f. R. Bd. 30 S. 416.

Zu § 1677. Zu Abs. 1: Aelteres Recht vergl. Annalen, N. F. Bd. 6 S. 413; Z. f. R. Bd. 24 S. 465; Bd. 26 S. 127; W. f. R. 1849 S. 277; 1861 S. 158.

1) zur Erhebung und Einklagung: Der Genehmigung der Ehefrau bedarf es auch zur Kündigung der eingebrachten Capitalien Seiten des Ehemannes, Annalen, N. F. Bd. 7 S. 177 und Z. f. R. Bd. 33 S. 103.

2) so bedarf der Ehemann der Einwilligung der Ehefrau: Es ist nur nothwendig, daß der übereinstimmende Wille beider Ehegatten zur Einklagung constatirt werde, Z. f. R. Bd. 34 S. 273; Bd. 41 S. 486; Annalen, N. F. Bd. 7 S. 88; Bd. 8 S. 382; II. F. Bd. 3 S. 335. Es kann daher auch die Ehefrau unter Mitwirkung oder mit Genehmigung ihres Ehemannes eine ihr

§ 1678. Kein Ehegatte ist verpflichtet, aus seinem Vermögen Verbindlichkeiten des anderen zu erfüllen.

§ 1679. Alle vor oder während der Ehe gültig entstandenen Verbindlichkeiten der Ehefrau, vorbehältlich der Bestimmung im § 1640, sind
aus deren Vermögen, selbst aus dem erst während der Ehe erworbenen
zu erfüllen.

§ 1680. Hat eine Ehefrau während der Ehe Schaden zugefügt,
oder ein Verbrechen verübt, so haftet für Schadenersatz, Geldstrafe und
Kosten des Strafverfahrens oder Rechtsstreites nur das vorbehaltene Vermögen und, wenn dieses nicht ausreicht, der Stamm des übrigen Ver-

---

zustehende Forderung einklagen, Annalen, N. F. Bd. 8 S. 382; Z. f. R.
Bd. 34 S. 273 und W. f. R. 1870 S. 300.

3) Obgleich ferner Vertragszinsen von inferirten Forderungen an sich nur
der Ehemann zu beanspruchen und einzuheben hat und hierzu der Mitwirkung
seiner Ehefrau nicht bedarf, vergl. Annalen, N. F. Bd. 5 S. 224, so steht doch
Nichts entgegen, daß auch die Ehefrau mit Genehmigung ihres Ehemannes dergleichen Zinsen einklagen könne; nur muß sie sich solchenfalls Einreden aus der
Person ihres Ehemannes gefallen lassen, Annalen, N. F. Bd. 8 S. 383.

4) Klage der Ehefrau wegen einer Einbringenshypothek, welche der Käufer
des dem Ehemanne gehörigen Grundstückes in partem pretii non soluti übernommen, hierüber siehe Annalen, N. F. Bd. 7 S. 88.

5) Klage des Ehemannes aus einem von dem Erblasser der Bellagten mit
der Ehefrau des Ersteren abgeschlossenen Erbvertrage, Annalen, II. F. Bd. 3
S. 334.

6) Da die Mitwirkung beider Ehegatten zu Einhebung der der Ehefrau zustehenden Forderungen erforderlich ist, so ist es unwirksam, wenn der Ehemann
einseitig zur Tilgung einer eigenen Schuld eine Forderung seiner Ehefrau auf-
giebt, welche er als deren Beauftragter einheben sollte, Annalen, II. F.
Bd. 3 S. 33.

Zum 2. Absatz: Vergl. W. f. R. 1868 S. 214; Z. f. R. Bd. 29 S. 83;
Annalen, N. F. Bd. 3 S. 43; Bd. 8 S. 400; II. F. Bd. 2 S. 177. Aelteres
Recht vergl. Z. f. R. Bd. 24 S. 269. 1) Ueber die Klage der Ehefrau auf
Bezahlung einer dem Ehemanne für sie versprochenen Ausstattung, vergl. An-
nalen, N. F. Bd. 6 S. 332; N. F. Bd. 8 S. 400.

2) Hat der Ehemann mit dem, welcher die Ausstattung versprochen, bezüglich
der versprochenen Mitgift einen Neuerungsvertrag geschlossen, so kann seine
Ehefrau oder deren Erben nicht mehr auf Erfüllung des Mitgiftversprechens
klagen. Z. f. R. Bd. 35 S. 101.

Zu § 1678. Vergl. zu § 1650. Ueber eine actio de in rem verso gegen
eine Ehefrau, auf deren inferirtem Grundstücke der Ehemann gebaut hatte, Annalen, N. F. Bd. 8 S. 230.

Zu § 1679. Vergl. Z. f. R. Bd. 38 S. 239. Der Gläubiger der Ehefrau
hat regelmäßig seine Befriedigung aus der Substanz, nicht aus den Nutzungen
des eheweiblichen Vermögens zu suchen, da letztere dem Ehemanne gehören. Z. f.
R. Bd. 30 S. 147.

mögens der Ehefrau. Der burch den Unterhalt im Gefängnisse und durch die Vertheibigung der Ehefrau verursachte Aufwand ist in Ermangelung eigenen Vermögens berselben aus dem bes Ehemannes zu bezahlen. (§ 1826.)

§ 1681. Wenn in einem Rechtsstreite zwischen ben Ehegatten auf Seiten der Ehefrau Kosten entstehen, so sind sie aus beren vorbehaltenem Vermögen und, soweit dieses nicht ausreicht, aus dem Stamme ihres übrigen Vermögens zu bezahlen.

§ 1682. Führt die Ehefrau ober mit beren Einwilligung der Ehemann wegen des Stammes des eheweiblichen Vermögens mit einem Dritten einen Rechtsstreit, so sind die Kosten aus dem Stamme dieses Vermögens zu bezahlen.

§ 1683. Von dem eheweiblichen Vermögen, an welchem der Ehemann ben Nießbrauch hat, können Gläubiger des Ehemannes zu ihrer Befriedigung die Früchte nur soweit in Anspruch nehmen, als nicht babon die Kosten der Erhaltung bes Gegenstandes bes Nießbrauches und der Unterhalt des Ehemannes und der Familienglieber, zu beren Unterhalt er gesetzlich verpflichtet ist, zu bestreiten sind. (§ 1820.)

§ 1684. Wenn der Ehemann burch unorbentliche Wirthschaft das eheweibliche Vermögen in Gefahr bringt, so kann die Ehefrau verlangen, baß ihr die Verwaltung besselben, unbeschabet bes Nießbrauches des Ehemannes, überlassen wirb.

Zu § 1681. Vergl. W. f. R. 1869 S. 503. Stimmt mit bem früheren Rechte überein, W. f. R. 1869 S. 503. Der Ehemann ist verpflichtet, in einem berartigen Processe vom Vermögen der Frau beren Sachwalter einen Kostenvorstanb zu bestellen. AG. Dresben im W. f. R. 1869 S. 503. Die gegentheilige Meinung findet sich im W. f. R. 1850 S. 184 ausgesprochen.

Zu § 1682. Aus der Bestimmung dieses § erhellt, baß auch eine Ehefrau mit Genehmigung ihres Ehemannes eine Forderung einklagen könne. Annalen, N. F. Bb. 8 S. 383.

Zu § 1683. 1) Der § bezieht sich nur auf künftige, nicht auf rückständige Capitalzinsen, Annalen, II. F. Bb. 2 S. 11; Z. f. R. Bb. 38 S. 414. Die letzteren können die Gläubiger des Ehemannes ohne jebe Einschränkung in Anspruch nehmen. Z. f. R. Bb. 38 S. 414.

2) Der Richter hat, ehe er die Hülfe in die Miethzinsen eines der Ehefrau gehörigen Hausgrundstückes vollstreckt, sich für die Beurtheilung der maaßgebenden Verhältnisse, insbesondere also bes Betrages der auf die Unterhaltung bes Hauses erforberlichen Kosten, sowie der Erwerbsverhältnisse bes Ehemannes und der Ehefrau, der Bebürfnisse beider und ihrer Kinder die nöthigen Unterlagen burch Anstellung geeigneter Erörterungen zu verschaffen und zwar auch ohne Anregung bes Schulbners ober seiner Ehefrau. W. f. R. 1866 S. 382; 1870 S. 10; Z. f. R. Bb. 29 S. 84 flg. Die schließliche Entscheidung hat im Resolutionswege zu erfolgen. W. f. R. 1866 S. 382.

Zu § 1684. Vergl. hierzu im Allgemeinen Annalen, N. F. Bb. 4 S. 93. 1) Die Vorschriften dieses § stimmen im Wesentlichen mit dem gemeinen Rechte

§ 1685. Verfällt der Ehemann in Concurs, so kann die Ehefrau ihr Vermögen aus der Concursmasse zurückfordern; an Dem, was sie aus dem Concurse erhält, besteht das Recht des Ehemannes zur Verwaltung und zum Nießbrauche fort, vorbehältlich der Befugniß der Ehefrau, zu Erhaltung ihres Vermögens etwa nöthige Sicherheitsmaßregeln zu treffen. (§ 1684.)

§ 1686. Der Ehemann kann sich nicht durch Verzicht auf seine Rechte an dem eheweiblichen Vermögen und durch Rückgabe desselben an die Ehefrau von seinen Verbindlichkeiten für die Zukunft einseitig befreien. (§ 650.)

§ 1687. Das Recht des Ehemannes zur Verwaltung und zum

überein, vergl. Z. f. R. Bd. 22 S. 460; Bd. 30 S. 462; Annalen, A. F. Bd. 4 S. 533; N. F. Bd. 4 S. 93.

2) Dieses Recht, die Verwaltung beanspruchen zu können, erstreckt sich selbst auf Forderungen, welche der Ehefrau wider den Ehemann zustehen. Z. f. R. Bd. 30 S. 461.

3) Zu ihrer Sicherstellung kann die Ehefrau provisorische Sicherungs-maaßregeln, namentlich auch die Sequestration eines dem Nießbrauche des Ehe-mannes unterliegenden ihr gehörigen Landgutes beantragen, W. f. R. 1871 S. 25 und Z. f. R. Bd. 14 S. 264; Bd. 30 S. 462; nach Befinden kann sie auch, um später die Verwaltung zu erlangen, gegen den Ehemann auf Anerkennung ihres Einbringens klagen. Z. f. R. Bd. 37 S. 39; W. f. R. 1871 S. 366.

4) Wird der Ehefrau solchenfalls die Verwaltung ihres Vermögens überlassen, so erlangt sie dadurch kein völlig unbeschränktes Verfügungsrecht über ihr Ver-mögen, weil sie dasselbe für die Zwecke der noch bestehenden Ehe verwalten und dem Ehemanne den Bezug der Früchte überlassen muß. Z. f. R. Bd. 30 S. 462.

Zu § 1685. Vergl. hierzu Z. f. R. Bd. 33 S. 97. 1) Sie hat regelmäßig nur die Illation, nicht den Erwerb ihres Vermögens zu beweisen. Annalen, N. F. Bd. 4 S. 363.

2) Der Beweis dem Concurse gegenüber kann nach Befinden durch Ableistung eines Bestärkungseides Seiten der Ehefrau geführt werden. Annalen, A. F. Bd. 1 S. 383; Bd. 6 S. 236; Bd. 7 S. 135. Hierbei ist unter Umständen Geständnissen des Ehemannes, welcher in Concurs verfallen ist, Bedeutung bei-zulegen, namentlich wenn dieselben längere Zeit vor Concursausbruch bewirkt wurden. Annalen, A. F. Bd. 1 S. 382; Bd. 6 S. 236. Wenn der Erwerb von Vermögen während der Ehe erwiesen wird oder die Frau vor der Ver-heirathung nachgewiesenermaßen Vermögen besaß, so wird ihr gestattet, die Illation mittelst eines Bestärkungseides zu bekräftigen. Annalen, A. F. Bd. 2 S. 159.

3) Ueber das Recht des Concurses, die Nutzungen des eheweiblichen Ver-mögens, soweit dieselben mehr betragen, als zur Bestreitung der ehelichen Lasten nöthig ist, zur Concursmasse zu ziehen, vergl. Annalen, A. F. Bd. 7 S. 293; Z. f. R. Bd. 25 S. 256; Bd. 33 S. 98.

Zu § 1687. Vergl. Annalen, N. F. Bd. 1 S. 514; Z. f. R. Bd. 31 S. 440. 1) Die Klage auf Zurückgabe der dos ist eine persönliche Klage. An-

Nießbrauche an dem eheweiblichen Vermögen erlöscht mit Beendigung der Ehe.

---

nalen, N. F. Bd. 1 S. 516. Ueber deren Begründung siehe Annalen, N. F. Bd. 1 S. 516; Z. f. R. Bd. 34 S. 516. Vergl. auch oben zu § 1655. Ueber Jllation und deren Beweis siehe zu § 1655 und 1685.

2) Es kann auch blos auf Rückgabe eines Theiles des eheweiblichen Vermögens geklagt werden, denn die Klage ist keine actio generalis. Annalen, N. F. Bd. 9 S. 453; Z. f. R. Bd. 37 S. 40; W. f. R. 1871 S. 366.

3) Auf Anerkennung der Verpflichtung zur bereinstigen Rückgabe, beziehentlich auf Anerkennung des Einbringens kann die Ehefrau auch bereits während der Ehe klagen. Z. f. R. Bd. 36 S. 27; Bd. 37 S. 39; W. f. R. 1871 S. 366; Annalen, N. F. Bd. 9 S. 452.

4) Umgekehrt hat der Ehemann wider die Ehefrau, welche auf einem ihm gehörigen Grundstücke eine Einbringenshypothek hat eintragen lassen, eine actio negatoria. Annalen, N. F. Bd. 7 S. 309; siehe auch oben zu § 321 des BGB. Diese a. negatoria hat der Ehemann selbst noch nach Veräußerung des betreffenden Grundstücks. Annalen, N. F. Bd. 1 S. 215.

5) Abwendung des Anspruchs auf Naturalrückgabe einzelner Gegenstände, hierüber siehe Annalen, N. F. Bd. 1 S. 522.

6) Behauptet der Ehemann Thatsachen, durch welche er von der Verbindlichkeit zur Rückgabe befreit zu sein glaubt, so hat er dieselben excipiendo anzuführen und zu beweisen. Z. f. R. Bd. 34 S. 517. Zur Rückforderung von res non fungibiles genügt der Beweis der Jllation und ist nicht erforderlich, daß auch noch deren Besitz zur Zeit der Auflösung der Ehe noch erwiesen werde. Behauptet aber der Ehemann deren Untergang, so ist dies eine von ihm zu erweisende Ausflucht. Z. f. R. Bd. 28 S. 46. Zur Begründung dieser Einrede gehört aber auch die Angabe, wie die Sachen zu Grunde gegangen seien. Annalen, N. F. Bd. 1 S. 518; Bd. 8 S. 88.

7) Compensationsrecht des Ehemannes der Klage auf Rückgabe von Einbringen gegenüber, vergl. Annalen, N. F. Bd. 1 S. 527.

8) Werthpapiere, welche die Ehefrau eingebracht hat, sind, soweit nicht eine Ausloosung stattgefunden hat, vom Ehemanne in specie zurückzugeben, da die Frau Eigenthümerin der Werthpapiere trotz der Jllation bleibt und nur im Falle der Veräußerung durch den Ehemann ist von dem letzteren der Erlös, beziehentlich im Zweifel der Kurswerth zur Zeit der Restitution zu gewähren. Z. f. R. Bd. 14 S. 164; Bd. 19 S. 340; Bd. 43 S. 43; Annalen, N. F. Bd. 2 S. 150.

9) und zum Nießbrauche. Ueber die Rechte des Ehemannes bezüglich der Früchte des letzten Jahres, vergl. Z. f. R. Bd. 9 S. 488; Bd. 24 S. 71; W. f. R. 1842 S. 24.

10) Eine Ehefrau ist nicht gehalten, einen von ihrem Ehemanne während der Ehe abgeschlossenen Pachtvertrag über ein Jllatengrundstück nach Lösung der Ehe mit dem Pachter fortzusetzen, vielmehr steht letzterem nur eine Schädenkläge wider den Ehemann zu. Archiv III. S. 613.

§ 1688. Der Ehemann ist verpflichtet, sofort nach Beendigung der Ehe das eheweibliche Vermögen nach den Vorschriften über den Nießbrauch zurückzugeben. (§§ 614. 616.)

§ 1689. Berechtigt, die Rückgabe zu verlangen, ist die Ehefrau, oder wer sich bei Bestellung des Heirathsgutes den Rückfall desselben ausbedungen hat.

§ 1690. Hat der Ehemann, ohne dazu verpflichtet zu sein, auf die zurückzugebenden Gegenstände Etwas verwendet, so kann er dessen Ersatz nach den Vorschriften über die Geschäftsführung vermöge Auftrages oder ohne Auftrag fordern, je nachdem er vermöge Auftrages oder ohne einen solchen gehandelt hat. (§§ 616. 1314. 1352.)

Zu § 1688. Siehe zu § 1687. Vergl. auch Z. f. R. Bd. 43 S. 40. 1) Hat die Ehefrau genehmigt, daß der Ehemann einen Theil ihres Vermögens zu Bezahlung seiner Schulden verwendet, so wird dadurch im Zweifel der Ehemann nicht von der Verpflichtung zur Restitution des Vermögens befreit, sondern es tritt nur der verwendete Erlös an die Stelle der verkauften Vermögensobjecte, vergl. Z. f. R. Bd. 37 S. 413; Bd. 43 S. 46; Annalen, II. F. Bd. 1 S. 147.

2) Der Ehemann ist verpflichtet: Klage einer Ehefrau wider die Erben des Ehemannes, dem sie vor Eingehung der Ehe ihr Grundstück verkauft und angeblich der Wahrheit zuwider über die Kaufgelder quittirt hat, auf Rückgabe der Kaufgelder als Einbringen. Z. f. R. Bd. 37 S. 148.

3) das eheweibliche Vermögen. Die Frau kann auch blos Rückgabe eines Theiles fordern. Z. f. R. Bd. 37 S. 40; W. f. R. 1871 S. 366.

4) nach den Vorschriften über den Nießbrauch. War dem Manne ein Landgut inferirt worden, so muß er bei Trennung der Ehe das zur nächsten Feldbestellung nöthige Saatgetreide und das bis zur nächsten Erndte erforderliche Futter zurücklassen und der Frau übergeben. Z. f. R. Bd. 9 S. 495; Bd. 25 S. 357.

5) Der Einwand des Ehemannes, daß zwischen ihm und seiner Ehefrau eheliche Gütergemeinschaft bestanden habe, ist dann jedenfalls unbeachtlich, wenn die unter ihnen bestandene Ehe als nichtig wieder aufgehoben worden ist. Annalen, II. F. Bd. 3 S. 479.

Zu § 1689. Berechtigt, die Rückgabe zu verlangen, ist die Ehefrau. Der Ehefrau braucht der Ehemann das eheweibliche Vermögen erst nach Trennung der Ehe zurückzugeben; anders bei einem Gläubiger der Ehefrau, dieser kann bereits während des Bestehens der Ehe seine Befriedigung vom Ehemanne aus dem eheweiblichen Vermögen fordern. Annalen, II. F. Bd. 1 S. 377.

Zu § 1690. Vergl. hierzu auch oben Bd. 1 S. 42 zu § 77. Ferner: Annalen, A. F. Bd. 3 S. 486; N. F. Bd. 1 S. 531. 1) Der Ehemann kann, wenn er ohne Auftrag gehandelt hat, etwaige Ersatzansprüche erst nach Beendigung seines Nießbrauchrechtes erheben. Annalen, N. F. Bd. 1 S. 531.

2) Ueber die a. de in rem verso gegen die Ehefrau, deren Ehemann auf einem inferirten Grundstücke gebaut hat, vergl. Annalen, N. F. Bd. 8 S. 230.

Sechster Abschnitt.
Eheftiftungen.

§ 1691. Eheftiftungen, Ehepacten, durch welche die rechtlichen Wirkungen der Ehe näher bestimmt oder geändert werden, können vor und während der Ehe errichtet werden.

§ 1692. Die wesentlichen persönlichen Rechtsverhältnisse der Ehegatten können durch Eheftiftungen nicht aufgehoben oder beschränkt werden.

§ 1693. Hat die Ehefrau mit Einwilligung des Ehemannes sich die freie Verfügung über ihr Vermögen oder über einen Theil desselben vorbehalten, oder hat ein Dritter, welcher der Ehefrau Vermögen zuwendet, bestimmt, daß die Ehefrau die freie Verfügung darüber haben soll, so kann die Ehefrau, in Ermangelung einer anderen Bestimmung, ohne Mitwirkung des Ehemannes über dieses vorbehaltene Vermögen verfügen, dasselbe verwalten, dessen Früchte für sich ziehen und diese für sich verwenden. (§ 1640.)

Zu § 1691. Verträge der Ehegatten für den Fall der Scheidung sind nur insoweit gültig, als sie nicht contra matrimonium sind oder sonst ein praemium turpitudinis enthalten. Annalen, A. F. Bd. 2 S. 235.

Zu § 1692. 1) Zu den Vereinbarungen, durch welche die wesentlichen persönlichen Rechtsverhältnisse der Ehegatten aufgehoben oder beschränkt werden, ist es nicht zu rechnen, wenn die Ehefrau sich verpflichtet, den Unterhalt des Mannes zu bestreiten, Annalen, N. F. Bd. 1 S. 429. Vielmehr ist ein Vertrag, durch welchen die Ehefrau die Alimentation ihres Ehemannes, sei es auch gegen Abtretung eines Theiles von dessen Vermögen, übernimmt, mit dem Wesen der Ehe nicht unvereinbar und daher regelmäßig gültig und rechtswirksam. Z. f. R. Bd. 27 S. 491. Vergl. auch Annalen, N. F. Bd. 1 S. 523.

2) Eine Vereinbarung, wodurch der Ehefrau ein jährlicher bestimmter Betrag zur Beschaffung von Kleidern bewilligt wird, steht mit dem Wesen der Ehe nicht im Widerspruch und ist daher gültig. Z. f. R. Bd. 28 S. 37.

3) Ein Vertrag durch welchen der Ehefrau auf Zeit oder bis auf Widerruf vom Ehemanne getrennt zu leben gestattet wird, ist gültig und wirksam und hebt weder das Recht des Ehemannes, Rückkehr der Ehefrau zu fordern, noch dessen Verpflichtung auf, selbige auf Verlangen bei sich aufzunehmen. Annalen, II. F. Bd. 3 S. 24.

Zu § 1693. Vergl. Annalen, N. F. Bd. 8 S. 287. Hat die Ehefrau die freie Verfügung sich vorbehalten. Vergl. hierzu Archiv III. S. 26. 1) Ein Receptcienvertrag kann auch durch stillschweigende Einwilligung des Ehemannes zu Stande kommen. Annalen, A. F. Bd. 5 S. 55.

2) Die Zusage des Mannes vor der Verheirathung, vom Vermögen seiner Ehefrau und von den Zinsen desselben Nichts zu beanspruchen, vielmehr seiner Ehefrau die freie Verfügung zu überlassen, enthält nach Befinden einen gültigen und bindenden Receptcienvertrag. Annalen, II. F. Bd. 3 S. 335.

3) Die bloße Annahme von Darlehen der Ehefrau Seitens des Ehemannes, giebt den Darlehen noch nicht die Eigenschaft von Receptciengut, Z. f. R. Bd. 23

§ 1694. Während der Ehe können Verträge, durch welche der Ehemann zu Gunsten der Ehefrau auf den Nießbrauch an dem Vermögen derselben schenkungsweise verzichtet, oder die Ehefrau den Nießbrauch an dem vorbehaltenen Vermögen dem Ehemanne schenkungsweise überläßt, über das der Ehefrau angefallene Vermögen nur vor dessen Erwerbung geschlossen werden. (§§ 1647 bis 1649.)

§ 1695. Wird zwischen den Ehegatten eine allgemeine Gütergemeinschaft verabredet, so wird, soweit nicht etwas Anderes bestimmt ist, ihr beiderseitiges gesammtes Vermögen, welches sie zur Zeit der Eheschließung besitzen oder während der Ehe erwerben, von Zeit des Vertragsabschlusses an, und wenn der Vertrag vor der Ehe geschlossen worden ist, von Zeit der Eingehung der Ehe an, ohne Weiteres gemeinschaftlich.

S. 249; Annalen, N. F. Bd. 5 S. 55. Anders dagegen, wenn sich die Ehefrau die Fortverzinsung und außerdem ausbedingt, daß sie frei über die Zinsen verfügen könne. Annalen, N. F. Bd. 5 S. 481.

4) Vor dem BGB. konnten Recepticienverträge während der Ehe selbst in Betreff des zur Zeit des Contractsabschlusses bereits vorhandenen Vermögens mit rechtlichem Erfolge eingegangen werden. W. f. R. 1845 S. 64; 1849 S. 46; Annalen, N. F. Bd. 5 S. 57.

5) Der Umstand, daß der Ehemann der Ehefrau zeitweilig die Verwaltung und den Nießbrauch ihres Vermögens überläßt, steht seinem Rechte nicht entgegen, später von der Frau Ausantwortung ihres Vermögens sowie die gezogenen Früchte, ingleichen Rechnungslegung über die geführte Verwaltung zu verlangen. Archiv III. S. 26.

6) dessen Früchte für sich ziehen und diese für sich verwenden. Der Ehemann, welcher ein Recepticien-Grundstück seiner Ehefrau in Folge Auftrages der letzteren oder als negotiorum gestor der letzteren bewirthschaftet hat, erlangt hierdurch nicht ein Recht auf die Früchte, selbst wenn er das Grundstück bestellt, gedüngt und besät hat, die Früchte gehören vielmehr der Ehefrau. Z. f. R. Bd. 37 S. 429.

Zu § 1694. Vergl. Annalen, N. F. Bd. 8 S. 95 und S. 287; Z. f. R. Bd. 36 S. 483. 1) Rückgabe des eheweiblichen Vermögens während der Ehe ist nicht schon an sich ungültig. Z. f. R. Bd. 38 S. 215; Annalen, II. F. Bd. 1 S. 150. Dieselbe enthält nicht nothwendig eine Schenkung. Z. f. R. Bd. 17 S. 162 und 192; Bd. 38 S. 122; Annalen, N. F. Bd. 1 S. 53 und 358. Namentlich fällt auch die Ueberlassung eines Einbringenscapitales an die Ehefrau nicht schlechthin unter die Vorschriften des § 1694 des BGB., welcher von dem schenkungsweisen Verzichte auf den Nießbrauch des Ehemannes handelt. Z. f. R. Bd. 38 S. 215.

2) schenkungsweise verzichtet. Der § leidet daher keine Anwendung bei onerosem Verzichte des Ehemannes auf sein Nutznießungsrecht. Annalen, N. F. Bd. 9 S. 363; II. F. Bd. 2 S. 10. Daher ist der Verzicht des Ehemannes auf den Nießbrauch gegen Gewährung einer Rente und Uebernahme der Verpflichtung der Alimentirung Seitens seiner Ehefrau nach Befinden gültig und wirksam. Annalen, II. F. Bd. 3 S. 23.

Rücksichtlich der Sachen und Rechte, zu deren Erwerbung eine Eintragung in das Grund- und Hypothekenbuch erforderlich ist, giebt die Verabredung der Gütergemeinschaft blos einen Rechtsgrund zur Eintragung. (§ 1389.)

§ 1696. Die vorhandenen oder später entstehenden Verbindlichkeiten der Ehegatten werden, selbst wenn sie auf unerlaubten Handlungen derselben beruhen, gemeinschaftlich. (§ 1390.)

§ 1697. Rücksichtlich des gemeinschaftlichen Vermögens steht dem Ehemanne die Verfügung und die gerichtliche und außergerichtliche Vertretung zu. Der Ehemann ist zu den in dieser Hinsicht vorkommenden Handlungen ohne Mitwirkung seiner Ehefrau berechtigt und er verpflichtet dadurch auch diese.

§ 1698. Das unbewegliche gemeinschaftliche Vermögen kann der Ehemann ohne Einwilligung der Ehefrau nicht veräußern, verpfänden oder mit Rechten an der Sache belasten.

§ 1699. Die Vorschriften in §§ 1645, 1671 finden auch auf die zwischen den Ehegatten verabredete allgemeine Gütergemeinschaft Anwendung.

§ 1700. Wenn wegen unordentlicher Wirthschaft des Ehemannes die Rechte, welche die Ehefrau an dem gemeinschaftlichen Vermögen hat, gefährdet werden, oder wenn der Ehemann unter Vormundschaft kommt, so kann die Ehefrau verlangen, daß ihr rücksichtlich des gemeinschaftlichen Vermögens die Verfügung und die gerichtliche und außergerichtliche Vertretung überlassen werde. (§ 1684.)

§ 1701. Das unbewegliche gemeinschaftliche Vermögen kann in diesem Falle die Ehefrau ohne Einwilligung des Ehemannes oder des Vormundes desselben nicht veräußern, verpfänden oder mit Rechten an der Sache belasten.

§ 1702. Mit Beendigung der Ehe fällt, soweit nicht etwas Anderes bestimmt ist, an jeden Ehegatten die Hälfte des gemeinschaftlichen Vermögens. (§ 1391.)

§ 1703. Wenn bestimmt ist, daß gewisse Vermögensgegenstände eines Ehegatten von der allgemeinen Gütergemeinschaft ausgeschlossen sein sollen, Einhandsgüter, so sind solche Gegenstände als diesem Ehegatten vorbehalten zu betrachten.

§ 1704. Ehestiftungen, welche Bestimmungen über die Erbfolge enthalten, sind, soweit dies der Fall ist, nach den Vorschriften über Erbverträge zu beurtheilen. (§§ 2542 bis 2558.)

§ 1705. Sind einer Ehefrau gewisse Vortheile auf den Todesfall ihres Ehemannes zu ihrem Unterhalte ausgesetzt, Wittwengehalt, Witthum, Leibgedinge, so finden darauf die Bestimmungen über den Leibrentenvertrag Anwendung. Der Wittwengehalt gebührt der Wittwe von dem Tode ihres Ehemannes an und wird durch Eingehung einer anderweiten Ehe verloren. (§ 2591.)

§ 1706. Ehestiftungen erlöschen, wenn die Ehe in Folge Anfechtung aufgehoben oder geschieden, oder eine Trennung der Ehegatten von Tisch und Bette auf Lebenszeit erkannt wird, soweit nicht Bestimmungen für diese Fälle getroffen worden sind. Schließen die geschiedenen Ehegatten eine zweite Ehe mit einander, oder vereinigen sich die auf Lebenszeit von Tisch und Bette getrennten Ehegatten wieder, so gelten die Ehestiftungen, in Ermangelung einer anderen Verabredung, nicht als erneuert. (§ 1747.)

Siebenter Abschnitt.

Beendigung der Ehe.

§ 1707. Die Ehe endigt mit dem Tode eines der Ehegatten.

§ 1708. Ist ein verschollener Ehegatte in Gemäßheit der §§ 42, 43 rechtskräftig für todt erklärt worden, so kann der andere Ehegatte verlangen, daß die Ehe als von dem im § 43 angegebenen Zeitpunkt an für beendigt erklärt werde, wenn er zuvor eidlich bekräftigt, daß er nicht wisse, daß der abwesende Ehegatte noch am Leben sei.

§ 1709. Hat der andere Ehegatte nach dem im § 43 angegebenen Zeitpunkte eine anderweite Ehe nicht geschlossen, so wird im Falle der Rückkehr des Verschollenen die Ehe mit demselben als fortdauernd betrachtet.

§ 1710. Hat der Ehegatte nach dem angegebenen Zeitpunkte eine anderweite Ehe geschlossen, so kann er im Falle der Rückkehr des Verschollenen die Scheidung der Ehe verlangen. Stellt er innerhalb sechs Monaten den Antrag auf Scheidung nicht, so ist er des Rechtes, dieselbe zu verlangen, verlustig.

§ 1711. Eine Ehe kann nicht durch Uebereinkunft der Ehegatten aufgelöst werden.

Zu § 1708. Nach § 1 des Gesetzes, die Todeserklärung der in Folge des Krieges von 1870/71 vermißten Personen betreffend, vom 25. Juni 1874 (Gesetz u. VBl. S. 101 flg.), gelten Diejenigen, welche an dem in jenen Jahren gegen Frankreich geführten Kriege auf Seiten der Deutschen Truppen Theil genommen haben — sei es, daß sie zum Soldatenstande gehörten oder sich in einem Amts- oder Dienstverhältnisse oder zum Zwecke freiwilliger Hülfeleistung bei der mobilen Armee befanden, unerwartet des Ablaufs der im § 40 des BGB. bestimmten Frist als verschollen, wenn sie in Folge des Krieges vermißt werden und seit dem Friedensschlusse von ihrem Leben Nachricht nicht eingegangen ist. Nach § 2 desselben Gesetzes hat als Todestag der durch richterliches Urtheil für todt erklärten Vermißten, auf welche die Bestimmung in § 1 sich bezieht, der 30. Juni 1871 zu gelten, auch die Vorschrift in § 1708 des BGB. entsprechende Anwendung zu finden.

Zu § 1710. Vergl. hierzu Verordnung des Cultusministeriums vom 27. Januar 1866 in der Z. f. R. Bd. 28 S. 255 flg.

Zu § 1711. Nach dem derzeitigen Sächsischen Eherechte ist von dem Principe auszugehen, daß die Trennung einer vollzogenen Ehe auf keine andere Weise, als wegen eines wirklich constatirten, gesetzmäßig als dazu ausreichend anerkannten Grundes zu gestatten und selbige überhaupt nicht zu erleichtern, daher auch insbesondere gegen dießfalls collidirende Vereinigungen der Parteien unter sich Aufmerksamkeit zu richten sei. Hieraus folgt, daß bei dem sich erforderlich machenden Beweise eines von einer Partei vorgebrachten, an sich

§ 1712. Eine Ehe kann aus nachstehenden Gründen durch richter=
lichen Ausspruch geschieden werden.

§ 1713. Ein Ehegatte kann die Scheidung der Ehe verlangen,
wenn der andere Ehegatte sich eines Ehebruches schuldig gemacht hat.

gesetzmäßigen Grundes der Ehetrennung möglichst darauf zu sehen ist, daß
materielle, durch innere Beglaubigung der Thatsache des Grundes bestärkte
Wahrheit hervorgebracht werde. Archiv III. S. 136. Ueber die Natur und die
Fassung des Collusionseides in Ehesachen vergl. Erk. des K. OAG. vom
2. Juni 1870 in der Z. f. R. Bd. 35 S. 143 flg.

Zu § 1712. Die K. S. Verordnung, die Ausführung des Reichsgesetzes
vom 6. Februar 1876 betreffend, vom 6. November 1875 bestimmt in § 9 (Ges.=
u. VBl. S. 353). „Die Ehegerichte haben jedes Urtheil, durch welches eine bei
dem Standesbeamten geschlossene Ehe für aufgelöst, ungültig oder nichtig erklärt
wird, in einer mit dem Zeugnisse über die eingetretene Rechtskraft und die Zeit
ihres Eintritts versehenen beglaubigten Abschrift dem Standesbeamten kostenfrei
zuzufertigen."

Zu § 1713. 1) Ueber adulterium praesumtum et attentatum, bez. in=
choatum vergl. die älteren Vorgänge in der Z. f. R. ältere F. Bd. 1 S. 262 flg.;
Bd. 10 S. 380; Bd. 19 S. 92; Annalen, A. F. Bd. 1 S. 251 flg.; Bd. 4
S. 454 flg. Vergl. noch zu § 1715.

2) Seit Eintritt der Wirksamkeit des BGB. kann eine Ehe wegen ver=
suchten Ehebruches nicht mehr geschieden werden. Erk. des K. OAG. vom
4. Mai 1865 in der Z. f. R. Bd. 29 S. 393 flg.; identisch mit Annalen,
N. F. Bd. 1 S. 122 flg., vergl. mit Erk. vom 30. September 1809 in der
Z. f. R. Bd. 35 S. 136 flg.

3) Beim (Civil=) Beweise des Ehebruches stehen dem klagenden Ehe=
gatten alle für den Civilproceß gesetzlich anerkannten Beweismittel, insbesondere
auch der Eidesantrag zu, und die Behauptung des klagenden Theils, daß
der beklagte Ehegatte während eines gewissen Zeitraums den Beischlaf mit einer
dritten, namhaft gemachten Frauensperson, bez. Mannsperson ausgeübt habe,
ist für den Gebrauch des Eidesantrages genügend. Z. f. R. Bd. 35 S. 130 flg.
Selbst das allgemeine Anführen, daß die Ehefrau innerhalb der in Frage
stehenden Zeiträume sich wiederholt und in jedem mindestens einmal mit andern
Männern als dem Ehemanne fleischlich vermischt habe, ohne die gleichzeitige
Namhaftmachung der betreffenden Concumbenten, ist als eidesschlüssig er=
achtet worden. Z. f. R. Bd. 30 S. 245 flg., verglichen mit Bd. 32 S. 218 flg.;
Archiv III. S. 130 flg. Mit dem directen Beweise kann in zulässiger
Weise ein künstlicher verbunden werden. Z. f. R. Bd. 21 S. 306; Annalen,
N. F. Bd. 0 S. 101. Auch wurde die Benutzung der nach früherem Rechte (vergl.
§ 1710) im Strafverfahren erbrachten Momente beim Beweise des vollendeten
Ehebruches dadurch nicht für ausgeschlossen erachtet, daß jenes Verfahren nur
zu einer Verurtheilung wegen versuchten Ehebruches geführt hatte. Z. f. R.
Bd. 29 S. 303 flg.; Annalen, N. F. Bd. 1 S. 122 flg. (Ueber die Wirkung
des Beweises des Ehebruches in der Criminalsache für den Scheidungsproceß

§ 1714. Es ist kein Ehebruch, wenn ein Ehegatte in einem unzu=
rechnungsfähigen Zustande den Beischlaf mit einem Dritten vollzogen,

siehe noch W. f. R. 1844 S. 291; 1849 S. 249 flg.; 1862 S. 487; Z. f. R.
Bd. 19 S. 174; Bd. 33 S. 164 flg.; Annalen, N. F. Bd. 1 S. 257.

4) Die Vorschriften der Erläuterten Proceß=Ordnung zu Tit.
XVIII. § 1 sind auf das summarische Verfahren, welches der ersten
Entscheidung im Eheprocesse vorausgeht, nicht anwendbar und sowie daher
die Parteien selbst in diesem Abschnitte des Eheprocesses noch nicht verbunden
sind, sich über den Gebrauch des Eidesantrages als Beweismittel auszusprechen,
so ist auch der Eherichter an die dennoch in dieser Beziehung bereits erfolgten
Erklärungen der ersteren bei der zu ertheilenden Entscheidung nicht gebunden,
es hängt vielmehr von seinem Ermessen ab, ob auf den über die als Scheidungs=
grund vorgebrachten Thatsachen angetragenen, von der Gegenpartei angenommenen
oder zurückgegebenen Eid zu erkennen, oder ob es räthlicher sei, dem klagenden
Theile den förmlichen Beweis jener Thatsache unter Vorbehalt des Eidesantrages
aufzuerlegen. Z. f. R. Bd. 35 S. 130 flg.; Archiv III. S. 133 flg., 138 flg.;
W. f. R. 1872 S. 214 flg.

5) Anlangend die gleichzeitige Verfolgung verschiedener Eheschei=
dungsgründe, so wurde früher in der Praxis (denn die Gesetze selbst bieten
dafür keinen Anhalt) vielfach angenommen, daß bei der Concurrenz mehrerer
verschiedener Scheidungsgründe der auf Ehebruch gestützte prävalire. (An=
nalen, N. F. Bd. 1 S. 136; W. f. R. 1851 S. 5 flg.) Zu dieser Praxis hatte
vornehmlich die Erwägung geführt, daß nach der früheren Gesetzgebung die
Criminaluntersuchung wegen Ehebruches der eherichterlichen Entscheidung voraus=
zugehen hatte und die Ergebnisse der ersteren möglicher Weise von der Beschaffenheit
sein konnten, daß eine weitere kostspielige Beweisführung im Eheprocesse sich
erledigen, mithin mit der auf Ehebruch gestützten Klage am schnellsten zum Ziele
gelangt werden konnte. Es kann auf sich beruhen, ob dieser Grundsatz auch
nach dem Erscheinen des Gesetzes vom 8. Februar 1834 noch für hinreichend
begründet anzusehen, und ob derselbe insbesondere in dem Falle anwendbar
gewesen sei, wenn gleichzeitig von beiden Ehegatten, von dem einen wegen Ehe=
bruches, von dem anderen aus einem anderen Grunde auf Scheidung geklagt
worden. Jedenfalls erledigt sich aber jener Grund, sobald, wie dies der Reichs=
gesetzgebung gegenüber in der Regel der Fall sein wird, der Ehebruch selbst erst
noch des Beweises bedarf. Nach § 172 des Reichsstrafgesetzbuches bildet die Be=
stimmung in § 1716 des BGB., daß die Scheidung wegen Ehebruchs nur erfolgen
könne, wenn auf Antrag des klagenden Ehegatten das Strafverfahren stattge=
funden habe, und darüber rechtskräftig erkannt worden sei, nicht mehr die Regel,
vielmehr steht nach jenen Vorschriften die nur auf Antrag zu bestrafende Ver=
letzung der ehelichen Treue in Bezug auf die formelle Statthaftigkeit der
Scheidungsklage und deren processuale Behandlung jedem anderen, in den Gesetzen
anerkannten Scheidungsgrunde gleich. Ueberhaupt ist die gleichzeitige Anstellung
gegenseitiger, auf verschiedenen Gründen beruhender Scheidungsklagen durch keine
ehe= oder processrechtliche Vorschrift verboten. Archiv III. S. 130 flg., 133.

Zu § 1714. Ehescheidung wegen Ehebruchs in unzurechnungsfähigem

ober wenn er den Dritten, mit welchem er den Beischlaf vollzogen, irrthüm=
lich für seinen Ehegatten gehalten, oder wenn eine Ehefrau Nothzucht
erlitten hat.

§ 1715. Wegen Versuches des Ehebruches kann Scheidung nicht
gefordert werden.

§ 1716. Die Scheidung der Ehe kann wegen Ehebruches nur er=
folgen, wenn auf Antrag des Ehegatten, welcher die Scheidung verlangt,
das Strafverfahren stattgefunden hat und darüber rechtskräftig erkannt
ist. Erfolgt keine Verurtheilung, so wird dadurch der Beweis des Ehe=
bruches im Eheprocesse nicht ausgeschlossen. (§ 172 des DStGB.)

Zustande ist unzulässig. Die Vermuthung für den freien Willensgebrauch und
also der Zurechnungsfähigkeit kann aber einer Person gegenüber nicht Platz
ergreifen, die vor und kurz nach der in Frage gestellten Handlung erwiesener
Maaßen im geisteskranken Zustande sich befunden hat. Erk. des K. OAG. vom
23. März 1867 in der Z. f. R. Bd. 29 S. 380 flg., identisch mit Annalen,
N. F. Bd. 1 S. 122.

Zu § 1715. Vergl. die Bemerkungen zu § 1713 unter 2 und 3 und über
präsumtiven Ehebruch als Ehescheidungsgrund, noch die auf das ältere Recht
bezüglichen Vorgänge in der Z. f. R. ältere F. Bd. 1 S. 263; Bd. 2. S. 15;
W. f. R. 1845 S. 111; 1846 S. 81 flg.; 1849 S. 249 flg.

Zu §§ 1716—1719. Ueber das ältere, vor Inkrafttretung des Strafgesetz=
buches für den Norddeutschen Bund in Geltung gewesene Recht sind hier im
Allgemeinen zu vergleichen Z. f. R. ältere F. Bd. 2 S. 16; N. F. Bd. 8
S. 181; Bd. 17 S. 209; Bd. 30 S. 354 flg.; Bd. 33 S. 107; W. f. R. 1851
S. 6 flg.; 1861 S. 159 flg.; 1867 S. 247 flg.; Annalen, N. F. Bd. 7
S. 102 flg. Siegmann: Kann die Ehe wegen Ehebruchs geschieden werden,
wenn der schuldige Theil die ihm zuerkannte Strafe noch nicht verbüßt hat? In
den Annalen, N. F. Bd. 7 S. 1 flg.

Das Reichsstrafgesetzbuch vom 15. Mai 1871 bestimmt in Art. 172, an
dessen Wortlaut durch die bezügliche Novelle vom 26. Februar 1876 (Reichs=
gesetzblatt S. 73) etwas nicht geändert worden ist:

„Der Ehebruch wird, wenn wegen desselben die Ehe geschieden ist, an dem
schuldigen Ehegatten, sowie dessen Mitschuldigen mit Gefängniß bis zu sechs
Monaten bestraft. Die Verfolgung tritt nur auf Antrag an."

Die K. S. Verordnung zu Ausführung von § 172 des Strafgesetzbuchs
für den Norddeutschen Bund, die Untersuchung und Scheidung wegen Ehebruchs
betreffend, vom 15. December 1870 (vergl. Gesetz= u. VBl. S. 405 flg.) enthält
folgende Vorschriften:

„Das Strafgesetzbuch für den Norddeutschen Bund vom 31. Mai 1870,
welches am 1. Januar 1871 in Kraft tritt, bestimmt in § 172, daß der Ehe=
bruch nur, wenn wegen desselben die Ehe geschieden ist, zu bestrafen sei und
es werden in Folge dessen die Vorschriften des BGB., nach denen eine
Scheidung wegen Ehebruchs nur erfolgen kann, wenn auf den innerhalb eines
Jahres nach erlangter Kenntniß des Ehebruchs gestellten und nicht zurück=
genommenen Antrag des Ehegatten, welcher die Scheidung verlangt, das Straf=

§ 1717. Das Strafverfahren wegen des Ehebruches braucht der Scheidung der Ehe nicht vorauszugehen, wenn es wegen entgegenstehender Hindernisse, insbesondere wegen Entfernung des schuldigen Theiles in das Ausland, nicht möglich ist, oder wenn der inländische Richter die Einleitung des Strafverfahrens verweigert.

verfahren stattgefunden hat und darüber rechtskräftig erkannt ist (§§ 1710, 1719, 1720 a. E.), von dem erwähnten Zeitpunkte an in Bezug auf die Scheidung wegen Ehebruchs unanwendbar. Es wird daher in Betreff derjenigen Untersuchungen wegen Ehebruchs, welche dermalen bei den Strafgerichten anhängig sind, hiermit verordnet, wie folgt:

I. Die Gerichte haben die am 1. Januar 1871 bei ihnen anhängigen Untersuchungen wegen Ehebruchs einstweilen auszusetzen und die Acten an das zuständige Ehegericht einzusenden.

II. Das Ehegericht hat, bafern nicht die Klage auf Scheidung wegen des Ehebruchs bereits angebracht ist, den Antragsteller zu einer Erklärung darüber zu veranlassen, ob er den auf Einleitung der Untersuchung gerichtet gewesenen Antrag nunmehr als Scheidungsantrag aufrecht erhalte, und nach dem Inhalte der Erklärung das Weitere zu verfügen.

III. Ueber die bis zur Einsendung der Acten an das Ehegericht aufgelaufenen Untersuchungskosten ist von dem Strafgerichte Entschließung zu fassen und den Betheiligten zu eröffnen."

Vergl. noch von Schwarze: Das gegenseitige Verhältniß der eherechtlichen und der strafrechtlichen Gesetzesvorschriften in Betreff des Ehebruches in der allgemeinen Gerichtszeitung für das Königreich Sachsen 15. Jahrg. (1871) S. 97—110 und S. 139—142.

Durch die obige Bestimmung in § 172 des Reichsstrafgesetzbuches ist zunächst und unmittelbar nur die Vorschrift in § 1716 des BGB., wonach einer Scheidung wegen Ehebruches das Strafverfahren in der Regel vorauszugehen hatte, betroffen und insofern allerdings sehr wesentlich eingeschränkt worden, als seit der Inkrafttretung des Reichsstrafgesetzbuches mindestens bei der Mehrzahl von Ehescheidungsklagen wegen Ehebruches das Strafverfahren der Ehescheidung nicht mehr vorausgehen kann, und mithin die Bestimmungen in § 1717 des BGB., an denen durch das Reichsstrafgesetz etwas nicht geändert wird, Anwendung zu finden haben. Da übrigens das BGB. die Bedingung, daß dem Scheidungsprocesse ein Strafverfahren wegen Ehebruches vorausgegangen sei, nicht als eine ausnahmslose hinstellt, sondern in § 1717 auf die Möglichkeit Bedacht nimmt, daß die Erfüllung jener Bedingung im concreten Falle auf Hindernisse stoßen könne, und da nun durch die Reichsstrafgesetzgebung ein solches Hinderniß in der Allgemeinheit geschaffen worden ist, daß ein Strafverfahren wegen Ehebruchs der Scheidung nicht mehr vorausgehen kann, so hat damit zugleich die Vorschrift in § 1719 in ihrem ersten Theile insoweit ohne Weiteres sich erlediget, als dem unschuldigen Ehegatten nicht mehr angesonnen werden kann, die Einleitung des Strafverfahrens zu einem Zeitpunkte zu beantragen, zu welchem sie von dem Gesetze für unzulässig erklärt ist, während zugleich eine besondere, an Stelle dieser Aufforderung zu treffende Bestimmung

§ 1718. Hat der eine Ehegatte den Ehebruch des anderen Ehe=
gatten veranlaßt, so fällt sein Recht, Scheidung der Ehe zu verlangen, weg.

§ 1719. Eine Scheidung wegen Ehebruches ist ausgeschlossen, wenn
der unschuldige Ehegatte innerhalb eines Jahres nach erlangter Kenntniß
des Ehebruches den Antrag auf Einleitung des Strafverfahrens zu stellen
unterläßt, oder wenn von der Zeit an, wo der Ehebruch begangen worden
ist, fünfzehn Jahre verflossen sind. (§ 1725.)

---

dahin, daß der unschuldige Ehegatte nunmehr binnen Jahresfrist nach erlangter
Kenntniß des Ehebruches auf Scheidung zu klagen habe, gegenüber der bereits
bestehenden Bestimmung in § 1720 des BGB. nach dem Erscheinen des Reichs=
strafgesetzbuches entbehrlich gewesen ist, in letzterer Beziehung es vielmehr dabei,
daß eine stillschweigende Verzeihung anzunehmen ist, wenn der unschuldige Ehe=
gatte nach erlangter Kenntniß des Ehebruches nicht innerhalb eines Jahres auf
Scheidung klagt, auch fernerhin zu bewenden hat. In gleicher Weise hat auch
die Vorschrift im Schlußsatze des § 1720, verbis „oder den gestellten Strafantrag
zurücknimmt" ohne Weiteres ihre Anwendbarkeit verloren, da von der Zurück=
nahme des Strafantrages vor der Scheidung wegen Ehebruches nicht mehr die
Rede sein kann, wenn ein solcher Antrag nunmehr überhaupt nur nach erfolgter
Ehescheidung zulässig ist. Die sämmtlichen übrigen auf die eherechtliche
Behandlung des Ehebruches sich beziehenden Vorschriften in §§ 1713, 1714, 1715,
1718, 1721 bis mit 1730 des BGB. sind durch die Bestimmungen des Reichs=
strafgesetzbuches nicht berührt worden.

Zu § 1718 insbesondere. (Aelteres Präjudiz in der Z. f. R. Bd. 16 S.
450). Als eine Veranlassung des Ehebruches im Sinne des § 1718 ist unter
Anderem der Fall angesehen worden, wenn die Ehefrau den Ehemann wegen
Befriedigung seines Geschlechtstriebes an eine fremde Frauensperson unter der
Aeußerung verwiesen hatte, „daß er sie selbst in Ruhe lassen solle," sie sei zu alt
für ihn, und seine Natur sei ihr zu stark, er brauche eine junge." In weniger
bestimmten Aeußerungen würde dagegen nur der Ausdruck der Abneigung Seiten
der Ehefrau zu erblicken sein, dem Beischlafe mit dem Ehemanne sich hinzugeben,
ohne die bestimmte Absicht, denselben zu einer Treuverletzung zu verleiten. Im
Uebrigen macht das Gesetz keinen Unterschied, ob der eine Ehegatte den anderen
selbst unmittelbar oder durch einen Dritten zu dem Ehebruche veranlaßt
hat, sondern es erfordert schon seinem Wortlaute nach nur im Allgemeinen, daß
der klagende Theil den Ehebruch veranlaßt habe, und dies ist auch
dann der Fall, wenn er einen Dritten anstiftet, den anderen Theil
dazu zu verleiten. Die dem § 1718 augenscheinlich zum Grunde liegende
Erwägung, daß der Ehegatte, welcher den Fehltritt des anderen Ehegatten ge=
flissentlich mit herbeiführen hilft, dadurch zugleich sein Einverständniß damit zu
erkennen giebt und deshalb durch den nachfolgenden Treubruch sich in seinen
Rechten nicht verletzt finden kann, macht sich hier nicht minder geltend.

Zu § 1719 Abf. 1 vergl. insbesondere Z. f. R. Bd. 30 S. 353 flg., identisch
mit W. f. R. 1867 S. 247 flg., woselbst (Erl. des k. OAG. vom 7. März 1867)
ausgeführt ist, daß einem Uebereinkommen, wodurch blos dem Ehegerichte gegen=
über die Verpflichtung übernommen worden, in kürzerer als der gesetzlich geord=

§ 1720. Eine Scheidung wegen Ehebruches hat nicht statt, wenn der andere Ehegatte den Fehltritt ausdrücklich oder stillschweigend verziehen hat. Als stillschweigende Verzeihung gilt insbesondere, wenn er nach erlangter Kenntniß des Ehebruches nicht innerhalb eines Jahres auf Scheidung der Ehe klagt, oder freiwillig die eheliche Pflicht leistet, oder den gestellten Strafantrag zurücknimmt. (§ 98.)

---

neten Frist den von dem anderen Ehegatten begangenen Ehebruch als Scheidungsgrund geltend zu machen, rechtliche Wirkung nicht beizulegen sei.

Vergl. noch Pechwell in den Annalen, N. F. Bd. 8 S. 49 flg. Die auf die Verjährung des Ehebruchs bezügliche Bestimmung des § 1710 ist auf den Verlöbnißbruch als Grund zur Anfechtung der Ehe nicht angewendet worden. Z. f. R. Bd. 38 S. 263.

Zu § 1720. Vergl. von Schwarze a. a. O. S. 109.

1) Die Worte in § 1720 „Als stillschweigende Verzeihung gilt insbesondere, wenn der andere Ehegatte nach erlangter Kenntniß des Ehebruchs nicht innerhalb eines Jahres auf Scheidung klagt", enthalten nicht die Vorschrift, daß jede einzelne von mehreren zur Kenntniß des anderen Ehegatten gelangte Treuverletzung speciell als Ehescheidungsgrund bei dem Eherichter betont werden müsse, sondern führen nur dahin, daß der unschuldige Ehegatte seine Absicht, die Verletzung der ehelichen Treue nicht zu verzeihen, tempestiv auch dem Ehegerichte gegenüber zu erkennen gegeben haben müsse, um die Vermuthung beabsichtigter Verzeihung auszuschließen. Erk. des OAG. vom 19. Sept. und beziehentlich 13. Dec. 1871 in der Z. f. R. Bd. 37 S. 396 flg. Vergl. noch Annalen, N. F. Bd. 1. S. 341 flg.

2) Die Vorschrift in § 1720 hat nicht die Bedeutung, daß der unschuldige Ehegatte die Zeit, zu welcher er Kenntniß von dem Ehebruche erlangt gehabt, seinerseits beweisen müsse. Vielmehr erscheint die Behauptung des schuldigen Ehegatten, daß der andere Ehegatte ihm verziehen habe, als eine Ausflucht, deren Beweis ihm obliegt. Soll daher die Verzeihung eine stillschweigende gewesen sein, so sind von dem, welcher sich darauf beruft, die Thatsachen, aus welchen er eine solche ableitet, darzuthun, mithin die Thatsache, daß der unschuldige Ehegatte schon früher als innerhalb des letzten Jahres vor Anstellung der Scheidungsklage von dem verhangenen Ehebruche Kenntniß erlangt, während der Versicherung des unschuldigen Ehegatten, daß letzteres nicht der Fall gewesen, bis zum Nachweise des Gegentheils Glauben zu schenken ist. Erk. des OAG. vom 16. Sept. 1869 in der Z. f. R. Bd. 33 S. 503 flg.

3) Die Worte: „nach erlangter Kenntniß des Ehebruchs" sind so aufzufassen, daß es nicht darauf, ob der unschuldige Ehegatte nach den gerade vorliegenden Thatsachen Grund gehabt habe, zu glauben, daß der andere Ehegatte sich eines Ehebruchs schuldig gemacht, sondern lediglich darauf ankommt, ob der unschuldige Ehegatte den Ehebruch gekannt habe und von der Schuld des anderen Ehegatten überzeugt gewesen sei. Erk. des OAG. vom 25. Oct. 1866 in der Z. f. R. Bd. 30 S. 46 flg.

4) freiwillig. Wenn schon nicht in Abrede zu stellen ist, daß sich Fälle denken lassen, in welchen die Leistung der ehelichen Pflicht schon allein deshalb

§ 1721. Eine Verzeihung des Ehebruches unter einer Bedingung oder mit dem Vorbehalte des Rechtes, die Scheidung der Ehe zu verlangen, gilt als eine unbedingte. Ist jedoch die Verzeihung an eine Bedingung geknüpft, welche die Wiederherstellung und Erhaltung der ehelichen Eintracht bezweckt, auch an sich zulässig ist, so wird bei deren Nichterfüllung die Verzeihung als nicht geschehen betrachtet. (§ 1738.)

§ 1722. Haben beide Ehegatten Ehebruch begangen, so sind die beiderseitigen Vergehungen gegen einander aufzurechnen, und es ist kein Theil berechtigt, die Scheidung der Ehe zu fordern.

§ 1723. Die Verzeihung des Ehebruches und die Aufrechnung sind amtswegen zu berücksichtigen, wenn sie aus den Acten erhellen.

§ 1724. Ausdrückliche Verzeihung des Ehebruches schließt nur dann die Aufrechnung aus, wenn sie vor Anstellung der Scheidungsklage erfolgte, und die aus Leistung der ehelichen Pflicht zu folgernde Verzeihung nur dann, wenn sie erfolgte, bevor der klagende Ehegatte den als Scheidungsgrund angeführten Ehebruch erfahren hat.

§ 1725. Ein verjährter Ehebruch kann zur Aufrechnung gebracht werden. (§ 1719.)

§ 1726. Bei der Aufrechnung des Ehebruches ist es gleich, ob der eine Ehegatte die Ehe öfterer gebrochen hat, als der andere.

---

weil sie im Gefühle, durch das eheliche Band dazu verpflichtet zu sein, erfolgte, als eine unfreiwillig bewirkte wird bezeichnet werden können, so ist doch davon auszugehen, daß das Vorhandensein eines solchen Falles nur unter ganz besonderen Verhältnissen angenommen werden darf, da außerdem die Bestimmung in § 1720 geradezu illusorisch gemacht werden würde.

Vergl. noch die Bemerkungen zu § 1737.

Zu § 1721. (Dec. 39 v. J. 1746. Verordnung des Justizministeriums, die Erklärungen wegen Verzeihung begangenen Ehebruchs betr. vom 6. Dec. 1834. Ges.- u. V.-Bl. 1835 S. 6.) Vergl. von Schwarze a. a. O. S. 109 flg.

Ueber den Begriff der bedingten Verzeihung des Ehebruchs vergl. Erk. des DAG. vom 20. Mai 1859 in den Annalen, N. F. Bd. 2 S. 340 flg., vergl. mit W. f. R. 1846 S. 343 flg. Erk. vom 16. Februar 1866 in den Annalen, N. F. Bd. 1 S. 341 flg.

Zu § 1722. Vergl. von Schwarze a. a. O. S. 139, zugleich auch zu den folgenden §§ 1723—1727.

Mandat, die Rechtsfrage, ob bei den wegen Ehebruchs anhängig gemachten Scheidungsprocessen die Ausflüchte der Compensation und der erfolgten Verzeihung von Amtswegen zu berücksichtigen seien, betreffend, vom 30. December 1822. (GS. v. J. 1823 S. 7 flg.). Erk. des DAG. vom 13. Juni 1865 in den Annalen, N. F. Bd. 1 S. 124 flg.

Zu § 1723. Die Vorschrift in § 1723, daß im Eheprocesse die Einrede der Verzeihung Amtswegen zu berücksichtigen sei, bezieht sich nur auf die Scheidung wegen Ehebruches und ist, wegen ihrer Singularität, nicht auf andere Scheidungsgründe auszudehnen. Erk. d. DAG. vom März 1872 in der Z. f. R. Bd. 38 S. 428 flg.

§ 1727. Ein Ehebruch, welcher bereits zur Aufrechnung gebracht worden ist, kann nicht wieder zur Aufrechnung gebracht werden.

§ 1728. Widernatürliche Unzucht mit einem Menschen oder mit einem Thiere, Unzucht mit Kindern unter zwölf Jahren, wissentliche Eingehung einer Doppelehe sind, soweit nicht etwas Anderes bestimmt ist, dem Ehebruche als Scheidungsgrund gleich zu achten.

§ 1729. Ist wegen der im § 1728 angegebenen Verbrechen das Strafverfahren wider den schuldigen Ehegatten vor der Zeit, wo bei dem Ehebruche von dem unschuldigen Ehegatten der Antrag auf Einleitung des Strafverfahrens gestellt werden muß, amtswegen eingeleitet, so bedarf es eines solchen Antrages zur Begründung der Klage auf Scheidung nicht. Dasselbe gilt auch dann, wenn Ehebruch durch Nothzucht oder mit Verwandten, mit welchen eine Ehe nicht geschlossen werden darf, begangen worden ist. (§ 1716.)

Zu § 1726. Ein Ehebruch, welcher schon zu der Zeit verübt war, zu welcher eine Aufrechnung geschah, kann, wenn er auch früher nicht zur Sprache gekommen war, später als Scheidungsgrund nicht geltend gemacht werden. Erk. des OAG. vom 3. Oct. 1865 in der Z. f. R. Bd. 29 S. 396 flg, vergl. mit Erk. vom 13. Juni 1865 in den Annalen, N. F. Bd. 1 S. 124 flg.

Zu § 1728—1729. Vergl. von Schwarze a. a. O. S. 139 flg. und die älteren Präjudicate in den Annalen, N. F. Bd. 1 S. 77 flg.; Bd. 5 S. 142 flg.; Z. f. R. Bd. 10 S. 171 flg.

1) Wenn § 1728 sagt, daß wissentliche Eingehung einer Doppelehe dem Ehebruche als Scheidungsgrund gleich zu achten sei, so ist damit keineswegs gesagt, daß eine unwissentlich eingegangene Doppelehe nach Aufhebung des Irrthums fort bestehen könne. Hätte daher Jemand wirklich außer dem in § 1708 gedachten Falle unwissentlich eine Doppelehe eingegangen, so wird immer eine der beiden Ehen getrennt werden müssen, aber nach Umständen die erste oder die zweite. Verordnung des Cultusministeriums vom 27. Januar 1866 in der Z. f. R. Bd. 28 S. 256.

2) Die Bestimmung in § 1729 ist auf den Fall der ideellen Concurrenz von Ehebruch mit Gewerbsunzucht nicht anzuwenden. Erk. des OAG. vom 28. Mai 1867 in der Z. f. R. Bd. 30 S. 408 flg.

3) Der Thatbestand der widernatürlichen Unzucht ist nach dem Reichsstrafgesetzbuche (ältere Fassung Art. 175) ein beschränkterer, als nach dem sächsischen revidirten Strafgesetzbuche (Art. 357); das Verbrechen der Unzucht mit Kindern (Art. 183 des rev. StGB.) ist auf Kinder bis zum 14. Lebensjahre ausgedehnt (§ 176 unter 3 des Reichsstrafgesetzbuchs) und sowohl wegen dieses Verbrechens, als wegen des der Nothzucht hatte nach dem Reichsstrafgesetzbuch (älterer Fassung) eine Strafverfolgung nicht mehr von Amtswegen, sondern nur auf Antrag des verletzten Theiles einzutreten. In Gemäßheit des Reichsgesetzes v. 26. Februar 1876 § 176 flg. hat indessen die Bestrafung jener Verbrechen wiederum von Amtswegen zu erfolgen. Die Frage, ob nach gegenwärtigem Rechte Scheidung der Ehe verlangt werden könne, weil der andere Ehegatte mit Kindern von

§ 1730. Ehebruch und die in §§ 1728, 1729 erwähnten Verbrechen können gegen Ehebruch und unter einander zur Aufrechnung gebracht werden.

§ 1731. Ein Ehegatte kann die Scheidung verlangen, wenn der
andere seit wenigstens einem Jahre ihn böslicher Weise verlassen oder

---

über 12 Jahren, welche jedoch das 14. Lebensjahr noch nicht erfüllt haben, unzüchtige Handlungen verübt hat, ist zu verneinen, da in § 1728 des
BGB.'s nur Unzucht mit Kindern unter zwölf Jahren dem Ehebruche als
Scheidungsgrund gleichgestellt worden ist und diese eherechtliche Bestimmung noch
heute als in Geltung befindlich angesehen werden muß, weil dieselbe durch ein
neues Gesetz ausdrücklich nicht abgeändert worden ist und, wenn schon für die
Normirung der Altersgrenze des verletzten Kindes, wie solche Grenze in § 1728
cit. festgestellt worden, zweifelsohne seiner Zeit die damals in Geltung gewesene
Vorschrift in Art. 183 des sächsischen Strafgesetzbuchs von Einfluß gewesen, doch
aus der durch § 176 sub 3 des Reichsstrafgesetzbuchs erfolgten Modification der
erwähnten Bestimmung des sächsischen Strafrechts nicht ohne Weiteres dem Eherichter das Befugniß erwachsen ist, die correspondirende Vorschrift des — in der
Hauptsache nach ganz anderen Grundsätzen sich regelnden — Eherechts gegen den
klaren Wortlaut von § 1728 in einer der Bestimmung des Reichsstrafgesetzbuchs
entsprechenden Weise zu modificiren und solchergestalt — entgegen dem Satze,
daß einen Scheidungsgrund sanctionirende Gesetze strict zu interpretiren sind —
die Scheidung der Ehe in einem Falle anzuordnen, welcher durch die einschlagende
eherechtliche Vorschrift in keiner Weise betroffen wird. Vergl. Archiv III.
S. 708 flg.

Zu § 1731. 1) Nach den einschlagenden proceßualen Grundsätzen, welche
durch das BGB. nicht aufgehoben worden sind und auch nicht aufgehoben werden
sollten (vergl. W. f. R. 1865 flg., S. 478 flg., S. 497 flg.) kann in dem Falle,
wenn der eine Ehegatte die eheliche Gemeinschaft, unter eigenmächtiger Wahl
eines getrennten Aufenthaltsortes im Inlande, dem anderen ohne ausreichenden
Grund seit länger als Jahresfrist verweigert, nur dann Seiten des unschuldigen
Ehegatten der Antrag auf Ehetrennung mit Erfolg gestellt werden, wenn der
schuldige Theil über die Unerheblichkeit seiner Weigerungsgründe
verständigt, seines Einwandes ungeachtet zur Ehefortstellung
unter Androhung der gesetzlichen Zwangsmittel rechtskräftig
verurtheilt, auch auf Antrag des unschuldigen Ehegatten das
gesetzliche Zwangsverfahren in der That vergeblich durchgeführt
worden ist; denn nur unter solchen Umständen erscheint für den Richter genügend festgestellt, daß eine grundlose und beharrliche Verweigerung der ehelichen Gemeinschaft vorliege und damit der wesentlichen Voraussetzung für die
Anwendung der Bestimmung in § 1731 Rechnung getragen sei. Eine bösliche Verlassung als selbstständiger Scheidungsgrund im Sinne des § 1731 kann übrigens
nur in solchen Fällen angenommen werden, wo der eine Ehegatte den anderen
aus eigener Entschließung und in der — ausdrücklich oder thatsächlich zu
erkennen gegebenen — Absicht, die Ehe mit demselben nicht fortzusetzen, verlassen hat. Daher kann z. B. die von der Obrigkeit aus polizeilichen Rück-

wenigstens ein Jahr lang die eheliche Gemeinschaft oder die Leistung der ehelichen Pflicht ohne ausreichenden Grund beharrlich verweigert hat.

sichten für räthlich erachtete Unterbringung des einen Ehegatten in einem Armen- oder Arbeitshause diesem Ehegatten als eine bösliche Verlassung des des anderen nicht angerechnet werden. Z. f. R. Bd. 20 S. 522 flg. Aus dem vorstehend Gesagten folgt, daß auch die einjährige Verweigerung der ehelichen Pflicht für sich allein und ohne vorgängiges Zwangsverfahren den Antrag auf Ehescheidung wirksam zu begründen nicht vermag. Annalen, N. F. Bd. 1 S. 125 flg. Ueber die Berechnung der in § 1731 geordneten einjährigen Frist vergl. noch Erk. des DAG. vom 9. Juni 1865 in den Annalen a. a. O. S. 126 flg., identisch mit Z. f. R. Bd. 29 S. 394 flg., Erk. v. 25. Aug. 1865 in der Z. f. R. Bd. 27 S. 160; identisch mit W. f. R. 1865 S. 499 und Erk. vom 4. Oct. 1870 in der Z. f. R. Bd. 37 S. 310 flg. Ueber die Zubilligung von Alimenten im Falle des Zwangsverfahrens s. Erk. des DAG. vom 21. März 1865 in den Annalen, N. F. Bd. 1 S. 134 flg. Ueber die bösliche Verlassung als Enterbungsgrund zwischen Ehegatten nach § 2582 des BGB.'s vergl. Z. f. R. Bd. 31 S. 303 flg.

2) Im Falle der böslichen Verlassung eines Ehegatten ist der verlassene Theil nicht genöthigt, um die gewünschte Ehetrennung zu erlangen, Desertionsklage gegen den Verlasser zu erheben, sondern es bleibt demselben unbenommen, von jedem anderen ihm zur Seite stehenden Ehescheidungs-, oder Eheannullationsgrunde Gebrauch zu machen, mag nun der Aufenthalt des Beklagten bekannt sein oder nicht, und ihn zu diesem Behufe mittelst Requisition seiner ordentlichen Obrigkeit, beziehentlich durch Edictalien vorladen zu lassen. Archiv III. S. 121 flg.

3) Wenn auch die Frage, ob eine Ehefrau wegen Auswanderung ihres Ehemannes in einen anderen Welttheil Scheidung verlangen kann, im Allgemeinen zu bejahen ist, so kann doch aus einer solchen Entfernung nicht unter allen Umständen ein geeigneter Ehetrennungsgrund abgeleitet werden, sondern es wird dabei immer auf die Verhältnisse ankommen, unter denen die Auswanderung erfolgt ist und ein darauf gestützter Scheidungsantrag nicht blos im Falle eines von der zurückgebliebenen Ehefrau dem ausgewanderten Ehemanne ertheilten Versprechens, ihm nachfolgen zu wollen, sondern auch dann für ausgeschlossen erachtet werden müssen, wenn Umstände vorliegen, aus denen die Absicht einer böslichen Verlassung entschieden nicht erkennbar ist. Urthel des AG. Zwickau vom 1. Sept. 1860, und des DAG. vom 29. Nov. 1860 in der Z. f. R. Bd. 20 S. 383 flg.

4) Nach katholischem Kirchenrechte bietet die bösliche Verlassung einen hinreichenden Grund zu einer immerwährenden Scheidung von Tisch und Bett nicht dar. Erk. des DAG. vom 12. Juni 1860 in der Z. f. R. Bd. 30 S. 43 flg.

5) Die Ehefrau ist in der Regel nicht berechtigt, wider den Ehemann Desertionsklage anzustellen, wenn er das vertragsmäßig festgestellte Ehedomicil verläßt. W. f. R. 1857 S. 407 flg.

6) Die Scheidung wegen böslicher Verlassung hat zu erfolgen, wenn der Aufenthalt des schuldigen Ehegatten zwar bekannt ist, das vorschriftsmäßige

§ 1732. Die Scheidungsklage wegen böslicher Verlassung erledigt sich, wenn sich der schuldige Ehegatte vor Bekanntmachung des Erkenntnisses auf Scheidung zu Fortsetzung der Ehe erbietet.

Zwangsverfahren aber gegen ihn nicht zur Ausführung gebracht werden kann. Erk. des OAG. vom 4. Oct. 1870 in der Z. f. R. Bd. 37 S. 310 flg.

7) Die Vollstreckung des durch das Ehegericht angeordneten Gefängnißzwanges ist in der Regel von der ordentlichen Obrigkeit der mit solcher Strafe bedrohten Person zu bewirken. Die durch die Beauftragung einer anderen Behörde mit Vollstreckung des Gefängnißzwangs angestrebte Abschwächung der zwingenden Kraft desselben würde mit dem Zwecke der Androhung der Haft, den beklagten Theil zu Erfüllung seiner Pflichten, die derselbe ohne Angabe eines Grundes verweigert, zurückzuführen, im Widerspruche stehen. Eine Verbüßung des Gefängnißzwanges in Unterbrechungen ist nur in ganz dringenden Fällen zu gestatten, da durch dieselbe der Zweck des Zwangsverfahrens ebenmäßig ganz wesentlich vereitelt werden kann.

8) Mittel- und Erwerbslosigkeit des arbeitsfähigen Ehemannes entschuldigen nicht die Nichtbefolgung des eherichterlichen Injuncts auf Beschaffung einer geeigneten Familienwohnung, Behufs Fortstellung der Ehe. Annalen, A. F. Bd. 4 S. 451 flg.

9) Das Recht des Ehemannes, von seiner Ehefrau Gehorsam zu fordern, ist auch nach fruchtlos wider dieselbe eingeleitetem Zwangsverfahren nicht aufgehoben Verordnung des OAG. vom 24. Februar 1866 in den Annalen, N. F. Bd. 1 S. 529 flg.

Zu § 1732. Vergl. Nehrhoff von Holberberg über das Recht des unschuldigen Ehegatten auf Zurücknahme der Desertionsklage, in der Z. f. R. Bd. 4 S. 105 flg.

1) Beruht die bösliche Verlassung, wegen welcher Ehescheidung beantragt wurde, in Liquidität, so ist der schuldige Theil mit einer Scheidungsklage wegen Ehebruches nicht weiter zu hören. Erk. des OAG. vom 7. April 1865 in der Z. f. R. Bd. 29 S. 301 flg., identisch mit Annalen, N. F. Bd. 1 S. 135 flg.

2) Das blos wörtliche Erbieten zur Fortsetzung der Ehe nach beendigtem Zwangsverfahren ist verspätet und die Scheidung zu hindern nicht geeignet, weil das Gesetz ein Erbieten erfordert, durch welches sich die Klage auf Scheidung wegen böslicher Verlassung erledigt, was nur dann der Fall ist, wenn der renitente Ehegatte seine Weigerung, die Ehe fortzusetzen, aufgegeben und den thatsächlichen Nachweis geliefert hat, daß er ernstlich gewillt sei, seine Verpflichtungen als Ehegatte zu erfüllen. Wollte man das bloße wörtliche Erbieten, dies thun zu wollen, schon an sich für ausreichend erachten, so würde man die Sache wieder in die Lage zurückführen, in der sie sich befand, ehe das ohne Erfolg gebliebene Zwangsverfahren seinen Anfang nahm; damit aber würde man dem Zwecke des Gesetzes geradezu entgegentreten und der Chicane Thor und Thüre öffnen. Erk. des OAG. vom 24. Februar 1870 in der Z. f. R. Bd. 35

§ 1733. Wurde eine Ehe wegen Trunksucht des einen Ehegatten von Tisch und Bette getrennt und dauert die Trunksucht nach Beendigung dieser Trennung wenigstens noch ein Jahr lang fort, so kann wegen unverbesserlicher Trunksucht der andere unschuldige Ehegatte Scheidung verlangen.

S. 140 flg. Vergl. auch Z. f. R. Bd. 16 S. 449 flg., Annalen, A. F. Bd. 2 S. 343; W. f. R. 1840 S. 411 flg. Die Ernstlichkeit des Erbietens ist nach den Umständen des einzelnen Falles zu beurtheilen. Archiv III. S. 113 flg.

Zu § 1733. 1) Trunksucht des einen Ehegatten wurde nach einem in Sachsen bereits vor dem Erscheinen des BGB.'s bestandenen Gerichtsbrauche wenigstens dann als ein ausreichender Ehescheidungsgrund erachtet, wenn dieselbe einen solchen Grad erreicht gehabt, daß sie in ihren Folgen der böslichen Verlassung gleich zu achten war. Erk. des OAG. vom 20. April 1859 in den Annalen, A. F. Bd. 1 S. 253, vergl. mit Z. f. R. ältere F. Bd. 2 S. 24 und Anm. 1 und S. 517, 525; W. f. R. 1845 S. 110. Erk. vom 4. Mai 1850, 20. April und 29. April 1859 in der Z. f. R. Bd. 19 S. 172. Anlangend den Beweis der Trunksucht, so wurde in dieser Hinsicht nicht gerade der Beweis der Unverbesserlichkeit jenes Lasters, da eine solche Behauptung bei deren negativem Character der Natur der Sache nach überhaupt sich direct nicht beweisen läßt, erfordert, sondern schon der Nachweis der Existenz der Trunksucht als eines seit längerer Zeit fortdauernden Zustandes für ausreichend erachtet. Jener Gerichtsbrauch würde sich überhaupt schwerlich haben bilden können, wenn man dabei von der Meinung ausgegangen wäre, daß außer der Thatsache des Vorhandenseins dieses Lasters auch noch die Unmöglichkeit, daß die betreffende Person dasselbe wieder ablegen könne, von dem klagenden Ehegatten voll bewiesen werden müsse. Z. f. R. Bd. 16 S. 456; Bd. 17 S. 452 flg.; Bd. 29 S. 524 flg. Jedenfalls hatte aber nach dem älteren Rechte der Beweisführer solche Thatsachen in Gewißheit zu setzen, aus denen zu folgern war, daß die Trunksucht einen so hohen Grad erreicht habe, daß in dessen Folge die gehörige Erreichung der Ehezwecke gänzlich gehindert werde.

2) Die unter 1 gedachte ältere Praxis ist durch § 1733 wesentlich modificirt worden, indem danach eine definitive Ehetrennung wegen unverbesserlicher Trunksucht nur dann erfolgen kann, wenn a) eine temporäre Scheidung von Tisch und Bett wegen Trunksucht des einen Ehegatten vorausgegangen ist, und b) die Trunksucht nach Beendigung dieser temporären Separation wenigstens noch ein Jahr lang fortgedauert hat, indem unter diesen Voraussetzungen nach den Schlußworten des § 1733 die Unverbesserlichkeit der Trunksucht und die hierdurch herbeigeführte Verletzung der ehelichen Pflichten ohne Weiteres anzunehmen ist, die unter a) erwähnte Trennung von Tisch und Bett aber als eine ehegerichtliche provisorische Zwangsmaßregel erscheint, durch welche dem dem Laster der Trunksucht ergebenen Ehegatten die Gelegenheit geboten werden soll, dieses Laster abzulegen und sich zu bessern und so eine definitive Ehetrennung abzuwenden. Erk. des OAG. vom 18. Mai 1866 in der Z. f. R. Bd. 29 S. 524 flg.

3) Das Kriterium der Unverbesserlichkeit liegt nach § 1733 darin, daß

§ 1734. Hat sich ein Ehegatte zur ehelichen Beiwohnung absicht=
lich unfähig gemacht, so kann der andere Scheidung der Ehe verlangen.

die Ehe wegen Trunksucht bereits von Tisch und Bett getrennt gewesen ist,
die Trunksucht aber nach Beendigung dieser Trennung mindestens ein Jahr lang
fortgedauert hat. Die wegen und auf die Dauer des Eheprocesses ange=
ordnete Trennung vom Tische und Bette kann die Stelle der in § 1733 erforderten
zeitweiligen Trennung wegen Trunksucht nicht ersetzen. Erk. des DAG. vom
8. Mai 1866 in der Z. f. R. Bd. 29 S. 522 flg.

4) Da über die Zeitdauer, während deren eine temporäre Sonderung stattfinden soll, im Gesetze etwas nicht bestimmt ist, so tritt die Vorschrift in § 1755
ein, wonach die Trennung von Tisch und Bett, ausgenommen den Fall ihrer Gestattung auf die Dauer des Ehestreites über die Gültigkeit oder die Scheidung der
Ehe, auf die Zeit von sechs Monaten bis höchstens von einem Jahre aus=
zusprechen ist. Ebenso wenig enthält § 1733 nähere Vorschriften über die formellen
Voraussetzungen, unter denen wegen Trunksucht des einen Ehegatten auf temporäre
Sonderung erkannt werden darf. Im Anschlusse an die diesfalls bereits vor dem
Erscheinen des BGB.'s geübte Praxis, welche durch das GB. nicht aufgehoben
worden ist, sind indessen an den Beweis von Thatsachen, auf Grund deren um
Gestattung temporärer Sonderung nachgesucht wird, nicht so strenge Anforde=
rungen zu stellen, als in den Fällen, bei welchen eine definitive Ehescheidung beantragt worden ist; es genügt daher schon der Nachweis des habituellen Hanges
zum Genusse von Spirituosen; insbesondere wird auch das Geständniß des
schuldigen Ehegatten in dieser Beziehung genügen, dafern nicht aus den Acten
ein bringender Verdacht erhellt, daß dasselbe der Wahrheit zuwider abgelegt
worden sei. Erk. des DAG. vom. 18. Mai 1866 in der Z. f. R. Bd. 29 S. 524 flg.

5) Mit Rücksicht auf die (actenmäßig) feststehende Thatsache, daß Beklagter
schon seit Jahren dem Trunke und einem nachlässigen und liederlichen Leben in
hohem Grade ergeben gewesen ist und daß dies nicht nur zu seiner Unterbringung
im Armenhause, sondern auch zur zeitweiligen Sonderung seiner Ehe geführt hat,
gewinnt jeder spätere Fall der Trunkenheit des Beklagten eine größere Bedeutung, indem derselbe als ein deutlicher Beleg dafür betrachtet werden muß, daß
die Trunksucht noch immer bei ihm fortdauert, und es ist von besonderer Wichtig-
keit, wenn ein solcher Fall im letzten Monate des sogenannten Probejahres
und kurz vor dessen Ablaufe vorgekommen ist; denn derselbe erscheint eben als
Ausbruch des noch bestehenden unverbesserlichen Hanges zum Genusse berauschen-
der Getränke. Erk. des DAG. vom 3. Juni 1860 in der Z. f. R. Bd. 33
S. 168 flg.

6) Die Frage, ob in dem Falle, wenn der beklagte Ehegatte zur Zeit des
Erkenntnisses auf Separation in einer Correctionsanstalt detinirt gewesen, das Probejahr erst mit seiner Entlassung aus der Anstalt zu beginnen
habe, ist als zweifelhaft zu bezeichnen. Archiv I. S. 204 flg., vergl. mit Z. f.
R. Bd. 37 S. 300 flg.

7) Ueber die gleichzeitige Verfolgung des Scheidungsgrundes wegen Ehebruches und Trunksucht vergl. Archiv III. S. 129 flg.

§ 1735. Ein Ehegatte kann Scheidung verlangen, wenn der andere ihm nach dem Leben gestellt oder ihn auf eine sein Leben gefährdende Weise gemißhandelt hat.

Zu § 1735. 1) Nach den in der Natur der Sache liegenden Principien des Eherechtes kommt es keineswegs darauf an, ob die von dem einen Ehegatten dem anderen schuldgegebenen Insidien bereits mehr oder weniger Erfolg gehabt haben, sondern schon jede Handlung, wodurch eine Gefährdung des Lebens des klagenden Theils den Umständen nach als in der Absicht des Handelnden liegend angenommen werden muß, fällt unter diesen Begriff; es ist daher in eherechtlicher Beziehung unter lebensgefährlicher Mißhandlung jede bereits vollbrachte derartige Handlung zu verstehen, ohne Rücksicht darauf, ob dieselbe von dem vorauszusetzendermaaßen beabsichtigten Erfolge begleitet gewesen oder dieser durch Zufälligkeiten oder andere außer dem Willen des Handelnden liegende Ereignisse abgewendet worden. Erk. des K. OAG. vom 30. März 1855 in der Z. f. R. Bb. 14 S. 352 flg. Auf die Absicht, dem Gemißhandelten durch die Thätlichkeiten einen Nachtheil an seiner Gesundheit, bez. seinem Leben zuzufügen, wird sich in der Regel schon aus der Beschaffenheit der Thätlichkeiten selbst schließen lassen. Erk. des K. OAG. vom 12. September 1856 in der Z. f. R. Bb. 16 S. 456 flg.

2) Nach der richtigen, von dem K. OAG. befolgten Meinung kommt es bei Mißhandlungen nicht sowohl auf den wirklich eingetretenen Erfolg, als vielmehr darauf an, ob dieselben so beschaffen gewesen, daß das Leben des andern Ehegatten dadurch gefährdet werden konnte. Dasselbe gilt von den Nachstellungen nach dem Leben; bei diesen ist es nicht gerade nöthig, daß der Handelnde die bestimmte Absicht hatte, das Leben des anderen Theils in Gefahr zu setzen, sondern es genügt, wenn nur die Handlung eine absichtliche und zugleich eine solche war, daß sie einen das Leben des Anderen gefährdenden Erfolg haben konnte. Erk. des K. OAG. vom 6. October 1870 in der Z. f. R. Bb. 37 S. 312 flg., identisch mit W. f. R. 1872 S. 215.

3) Will man selbst annehmen, Beklagter (welcher den an einer Streuhacke anklebenden Schmutz der Klägerin in das Gesicht zu werfen beabsichtigt und das Werkzeug deshalb in der Richtung nach dem Gesichte der Klägerin mit Heftigkeit in Bewegung gesetzt hat) habe dabei die bestimmte Absicht nicht gehabt, mit dem Werkzeuge die Klägerin zu treffen, so lag die Wahrscheinlichkeit, daß er dieselbe dabei treffen und schwer verletzen, ja sogar ihr Leben dadurch gefährden könne, immerhin nahe genug; daß dieser mögliche Erfolg als innerhalb des von ihm Gewollten gedacht werden muß und daß auch eine derartige Handlungsweise unter den Begriff der das Leben gefährdenden Mißhandlungen fällt, dies ergiebt sich aus den Motiven zu § 1735. Erk. des K. OAG. vom 21. Nov. 1867 in der Z. f. R. Bb. 30 S. 410 flg.

4) Für die Beurtheilung der Lebensgefährlichkeit von Sävitien bilden die concreten Verhältnisse den Maßstab. Z. f. R. Bb. 33 S. 345 flg. Das hierbei entscheidende richterliche Ermessen wird die concrete Mißhandlung nach ihrer Schwere, Dauer, etwaigen Wiederholung, die Art und Weise, wie sie verübt worden, das dabei gebrauchte Instrument, sowie die individuelle Natur und

§ 1736. Wegen fortgesetzter Mißhandlungen, welche die Gesundheit des gemißhandelten Ehegatten gefährden, kann, nachdem deshalb Trennung der Ehegatten von Tisch und Bette stattgehabt hat, nach richterlichem Ermessen auf Scheidung erkannt werden.

Beschaffenheit des mißhandelnden und des gemißhandelten Theiles, nicht minder die sonstigen begleitenden Umstände zu berücksichtigen haben. Unter diesem Gesichtspunkte werden nach Befinden zur Begründung der Ehescheidungsklage genügen können: Faustschläge auf den Kopf, selbst ohne den Hinzutritt besonderer, die Gefährlichkeit derselben noch erhöhender Umstände, wiederholte oder auch nur einmalige Schläge und Stöße gegen die Brust der schwangeren Frau, Schläge in den Nacken mit starkem Knüttel, Schläge mit der geballten Faust oder selbst mit der flachen Hand in das Gesicht, wenn letztere so heftig gewesen, daß das Blut aus Mund und Nase des Gemißhandelten geflossen und der getroffene Theil blau angelaufen, Zubodenwerfen und Mitfüßentreten, Stoßen des Kopfes an die Wand, Werfen an die Wand, daß der Kopf geschwollen, insbesondere im hochschwangeren Zustande der Frau, Schläge in's Kreuz während der Schwangerschaft, Anpacken an den Haaren und Herumschleifen in der Stube. Im Uebrigen können beim Beweise lebensgefährlicher Mißhandlungen auch solche Thätlichkeiten, welche den Character der Lebensgefährlichkeit nicht an sich tragen, wenigstens als adminiculirende Momente von Gewicht werden. Z. f. R. Bd. 33 S. 502.

5) Ueber die Klage des evangelischen Theils wider den katholischen Ehegatten auf Scheidung vom Bande wegen lebensgefährlicher Mißhandlungen, gestützt auf die (durch das R. S. Gesetz vom 5. November 1875 § 9 aufgehobene) Vorschrift in § 1769 des BGB., vergl. Z. f. R. Bd. 37 S. 395 flg.

Zu § 1736. Vergl. die auf die ältere, weitergehende Praxis bezüglichen Präjudicate in der Z. f. R. Bd. 19 S. 87, 174; Annalen, A. F. Bd. 1 S. 79; R. F. Bd. 1 S. 127 flg., 130.

1) Als fortgesetzte Mißhandlungen im Sinne des § 1736 sind nur solche zu betrachten, welche stattgefunden haben, nachdem bereits einmal wegen Mißhandlungen eine Scheidung von Tisch und Bett verfügt worden war. Erl. des K. OLG. vom 20. März 1866 in der Z. f. R. Bd. 29 S. 521 flg.

2) Vor dem BGB. ging man in der Praxis von der Ansicht aus, daß zwar auch lebensgefährliche Bedrohungen nach Befinden den Antrag auf Scheidung begründen konnten. Bei den blos in Worten bestehenden Drohungen solcher Art kam es indessen immer zunächst darauf an, daß sie unter Verhältnissen stattgefunden, welche die Absicht einer unmittelbaren Verwirklichung erkennen lassen, oder wenigstens nach der besonderen Gestaltung der Umstände die gerechte Furcht zu erwecken vermögen, daß der bedrohte Theil ohne Gefahr seines Lebens oder seiner Gesundheit die Ehe fortzusetzen sich nicht getraue. Vergl. z. B. Z. f. R. Bd. 19 S. 173, vergl. mit Bd. 9 S. 285; Annalen, A. F. Bd. 1 S. 78. Das BGB. kennt bloße Drohungen nicht als Scheidungsgrund, sie müßten denn unter den Begriff der Lebensnachstellung fallen. Es wird auch hierbei in der Regel das, auf die Erwägung aller concurrirenden Umstände des concreten Falls gestützte, richterliche Ermessen zu entscheiden haben. Es wird daher z. B. das bloße Anführen: es habe der Ehemann die Ehefrau mit

§ 1737. Ausdrückliche oder stillschweigende Verzeihung schließt das Recht, die Scheidung wegen Lebensnachstellungen oder wegen Mißhandlungen zu verlangen, aus. (§ 98.)

§ 1738. Wird die Verzeihung an Bedingungen und Vorbehalte geknüpft, so findet die Vorschrift im § 1721 Anwendung.

---

der Art bedroht, ohne Angabe der näheren Umstände, unter denen dies geschehen, nicht für ausreichend erachtet werden können, um das Vorhandensein einer ernstlichen und gefahrbringenden Drohung als constatirt anzunehmen. Ebensowenig würde die Aeußerung des Mannes: er werde bei wieder vorkommender Uneinigkeit die Frau so schlagen, daß sie zum Krüppel werden solle, für sich allein den Scheidungsantrag rechtfertigen. Wäre dagegen der Ehemann unter Ausstoßen ähnlicher Drohreden mit einem Beile oder sonst einem seiner Beschaffenheit nach gefährlichen Gegenstande auf die Ehefrau losgegangen oder hätte derselbe dabei einen derartigen Gegenstand nach der Ehefrau geworfen, dergestalt, daß sie vielleicht dem Angriffe nur durch die Flucht, oder dem Wurfe durch Ausbiegen des Körpers sich entzogen gehabt, so würde unter so bewandten Umständen allerdings auf Seiten der Frau die Besorgniß gegründet sein können, daß der Ehemann — zumal wenn dessen, zu Gewaltthätigkeiten an sich geneigter Character oder dessen Trunksucht constatirt worden — seine Drohung einmal ausführen, sie selbst also bei Fortsetzung der Ehe ihr Leben oder doch ihre Gesundheit zu verlieren riskire. In Fällen dieser Art kann der Gesichtspunkt der Lebensnachstellung Platz ergreifen.

Zu §§ 1737—1738. 1) In der Duldung des Beischlafs kann für sich allein und ohne das Hinzukommen anderer, eine stattgehabte Aussöhnung der Ehegatten kundgebender Thatsachen eine stillschweigende Verzeihung erlittener Mißhandlungen auf Seiten der Ehefrau nicht gefunden werden; eine stillschweigende Verzeihung ist vielmehr aus jener Thatsache nur dann zu folgern, wenn die Gestattung des Beischlafs freiwillig erfolgt ist. Für eine freiwillige Leistung der ehelichen Pflicht spricht aber die Vermuthung wenigstens dann nicht, wenn es Mißhandlungen waren, welche die eingetretenen Ehedifferenzen herbeigeführt hatten, weil in einem solchen Falle immer die Annahme Platz ergreift, daß der Beischlaf nur aus Furcht vor neuen Mißhandlungen, welchen im Falle der Verweigerung der Gemißhandelte ausgesetzt sein möchte, gestattet wurde. Daher hat in Fällen dieser Art der Ehegatte, welcher auf Grund der Leistung der ehelichen Pflicht der Scheidungsklage des gemißhandelten Theiles mit der Einrede der stillschweigenden Verzeihung wirksam entgegentreten will, auf solche thatsächliche Momente sich zu beziehen, welche mit Sicherheit darauf schließen lassen, daß der Beischlaf freiwillig gestattet worden sei. Diese Grundsätze sind in einer Reihe von Entscheidungen ausgesprochen: vergl. Z. f. R. Aeltere F. Bd. 1 S. 552; N. F. Bd. 29 S. 392 flg.; Bd. 32 S. 248 flg.; Bd. 38 S. 428 flg.; W. f. R. 1803 S. 61 flg.; Annalen, N. F. Bd. 1 S. 129 flg.; Archiv III. S. 140.

2) Lebt der angeblich lebensgefährlich (bedrohte oder) gemißhandelte Ehegatte noch ein Jahr nach der Zeit jener (Drohungen oder) Mißhandlungen mit dem anderen Ehegatten zusammen, so können diese Vorgänge nicht von der

§ **1739.** Das Recht, auf Scheidung wegen Lebensnachstellungen und Mißhandlungen zu klagen, ist ausgeschlossen, wenn der unschuldige Ehegatte nach erlangter Kenntniß davon nicht innerhalb eines Jahres auf Scheidung klagt, oder wenn von der Zeit an, zu welcher die Lebensnachstellungen und Mißhandlungen vorgefallen, fünfzehn Jahre verflossen sind. (§ 1719.)

§ **1740.** Hat ein Ehegatte sich eines vorsätzlichen Verbrechens oder mehrerer Verbrechen, unter welchen wenigstens ein vorsätzliches ist, schuldig

---

Art gewesen sein, daß ersterer ernstlich sein Leben (oder doch seine Gesundheit) für gefährdet angesehen habe. Denn hätte er dieß gethan, so würde er nicht noch ein Jahr lang mit dem anderen Ehegatten zusammengelebt haben. Die frühere Praxis hatte sich daher dahin entschieden, daß dann, wenn mindestens ein Jahr lang noch das Zusammenleben der Eheleute fortgedauert hat, ein Zurückkommen des verletzten Theiles auf die erlittenen Mißhandlungen oder bezüglich Bedrohungen für ausgeschlossen zu erachten sei. Erk. des OAG. vom 11. September 1857 in der Z. f. R. Bd. 17 S. 453 und vom 12. Februar 1859 in den Annalen, A. F. Bd. 1 S. 252 flg.

3) Nach bedingungsweiser Aussöhnung wegen älterer erheblicher Sävitien kommen auch geringere Mißhandlungen, welche an und für sich nicht geeignet sein würden, einen selbstständigen Scheidungsgrund abzugeben, in Betracht. Erk. des OAG. vom 21. März 1865 in den Annalen, N. F. Bd. 1 S. 128 flg., identisch mit Z. f. R. Bd. 29 S. 389. Dagegen haben bloße Schimpf- oder Drohreden diesfalls außer Berücksichtigung zu bleiben.

4) Bei der eigenthümlichen Natur des Eheprocesses sind Ausflüchte dadurch, daß sie nicht sofort im ersten Verfahren vorgeschützt werden, für den Beklagten nicht für verloren zu betrachten, vielmehr können solche nach der vom OAG. mehrfach befolgten Ansicht (vergl. z. B. Annalen, N. F. Bd. 1 S. 256; Bd. 4 S. 453; Z. f. R. Bd. 19 S. 172 flg.; W. f. R. 1873 S. 190), namentlich dann, wenn sie das Klagrecht aufheben und die Aufrechterhaltung der Ehe bezwecken, in jedem Stadium des Processes und zwar bis zur Rechtskraft des Definitiverkenntnisses noch geltend gemacht werden. Zu Einreden der letzteren Art gehört auch die der Verzeihung. Wird die Einrede erst in zweiter Instanz vorgeschützt, so ist die Entscheidung darüber zunächst dem Ehegerichte zuzuweisen. Annalen, N. F. Bd. 1 S. 256; Bd. 4 S. 453. Auch hat der auf der Erl. Proceßordnung zu Tit. 16 § 3 beruhende, als eine Pönalbestimmung der strengsten Interpretation unterliegende Satz: „Negans non excipit jurejurando delato et acceptato", im Eheprocesse überhaupt und namentlich dann keine Anwendung zu leiden, wenn es sich um derartige, schon im öffentlichen Interesse nicht unberücksichtigt zu lassende Ausflüchte handelt. Z. f. R. Bd. 29 S. 527; Archiv III. S. 134. Auch im Eheprocesse dürfen aber neue Thatsachen zur Klagbegründung nicht erst im Beweise vorgebracht werden. Z. f. R. Bd. 9 S. 283.

Zu § 1739 Vergl. die Citate zu dem vorigen Paragraphen, insbesondere unter 2.

Zu § 1740. 1) Vor dem Erscheinen des BGB. hielt das OAG. an der Regel fest, daß eine auf die Dauer von vier Jahren ansteigende

gemacht, weshalb er zu einer Freiheitsstrafe von wenigstens drei Jahren verurtheilt worden ist, so kann der andere Ehegatte, vorausgesetzt, daß er sich bei Begehung des Verbrechens oder eines der mehreren Verbrechen nicht selbst betheiligt hat, Scheidung verlangen. Unter gleicher Voraussetzung ist ein Ehegatte auch dann auf Scheidung anzutragen berechtigt, wenn der andere Ehegatte während der Ehe wiederholt wegen vorsätzlicher Verbrechen in Untersuchung kommt und die Freiheitsstrafen, in die er deshalb verurtheilt worden ist, zusammen die Dauer von drei Jahren erreichen.

Freiheitsstrafe, wenn sie in zwei Urtheln erkannt war oder der Angeschuldigte sich dem ersten, darauf sprechenden Urthel ausdrücklich unterworfen hatte, als ausreichend zu einem Scheidungsantrage des unschuldigen Theiles zu betrachten sei. Hiervon wurden indessen noch Ausnahmen zugelassen, so daß auch bei Freiheitsstrafen von kürzerer als vierjähriger Dauer unter Umständen, welche das gewissenhafte richterliche Ermessen für geeignet erachtete und wohin namentlich die Art des in Frage stehenden Verbrechens und die Individualität des Bestraften, sowie die Lebensverhältnisse der Betheiligten gerechnet wurden, auf Antrag des unschuldigen Theiles zur Ehescheidung gelangt werden konnte. Vergl. Z. f. R. Bd. 17 S. 451 flg.; Bd. 18 S. 323; Bd. 19 S. 171; Bd. 30 S. 244 flg., vergl. mit Z. f. R., Aeltere F. Bd. 2 S. 11, 36 und W. f. R. 1844 S. 237; 1852 S. 300 flg., 500 flg.; 1853 S. 185; 1854 S. 73 flg.; Annalen, A. F. Bd. 1 S. 78 und S. 253 flg. Es war in letzterer Beziehung nicht sowohl der Gesichtspunkt der böslichen Verlassung im engeren Sinne, als vielmehr die Analogie des protestantischen Kirchenrechts entscheidend, nach welcher solche Handlungen eines Ehegatten, die der ehelichen Treue und dem Zwecke der Ehe eben so sehr als der Ehebruch und die bösliche Verlassung entgegenlaufen, ebenfalls den Gründen zur gänzlichen Ehescheidung beizuzählen sind und es prävalirte nicht die Strafe als Grund zeitweiliger Behinderung des ehelichen Beisammenlebens, sondern die verbrecherische Thätigkeit, wegen deren sie erkannt worden, unter dem Gesichtspunkte der sog. quasi desertio. Auch wurde in diesen Fällen eine Zusammenrechnung mehrerer einzelner Freiheitsstrafen als zulässig betrachtet.

2) Der vorstehend unter 1 gedachten älteren Praxis gegenüber hat das BGB. in § 1740 insofern strengere Grundsätze aufgestellt, als nach § cit. die Zeitdauer der Freiheitsstrafe als Ehescheidungsgrund mindestens drei Jahre betragen muß. Es bildet aber dreijährige Freiheitsstrafe einen solchen Grund auch dann, wenn die Bestrafungen, welche in ihrer Zusammenrechnung die Dauer von drei Jahren erreichen, nur zum Theil der Zeit nach Inkrafttretung des BGB. angehören. Erk. des OAG. vom 8. Jan. 1867 in der Z. f. R. Bd. 30 S. 244 flg.

3) Dem Rechte des unschuldigen Ehegatten, auf Grund von § 1740 Scheidung zu verlangen, steht die Verzeihung nicht entgegen, wenn zur Zeit derselben die Freiheitsstrafen, in welche der andere Ehegatte verurtheilt war, die Dauer von drei Jahren noch nicht erreicht hatten. Erk. des OAG. vom 7. Mai 1869 in der Z. f. R. Bd. 31 S. 425 flg. und vom 24. October 1867 in den

§ 1741. Hat der unschuldige Ehegatte in diesen Fällen ausdrücklich oder stillschweigend verziehen, so fällt sein Recht, Scheidung zu verlangen, weg.

§ 1742. Eine Ehefrau kann Scheidung fordern, wenn sich aus einer ärztlichen Untersuchung ergiebt, daß wegen eines unheilbaren Ge-

Annalen, N. F. Bd. 4 S. 169 flg., vergl. mit Erl. vom 17. Februar 1871 in der Z. f. R. Bd. 37 S. 393 flg.

4) Bei einem auf § 1740 gestützten Scheidungsantrage sind nur solche Freiheitsstrafen in Betracht zu ziehen, welche wegen eines oder mehrerer, in das Gebiet des Strafrechts fallender, von dem schuldigen Ehegatten vorsätzlicher Weise verübten Verbrechen erkannt worden sind. Daraus folgt von selbst, daß weder Freiheitsstrafen, welche der beklagte Ehegatte wegen culposer Verbrechen oder wegen anderer nicht unter das Strafgesetzbuch fallender Vergehen, wie z. B. wegen polizeilich zu ahndender Uebertretungen zu erdulden gehabt hat, noch auch Freiheitsentziehungen, die ihn in Folge unordentlichen Lebenswandels durch seine Unterbringung in Besserungs- und Arbeitsanstalten getroffen haben, bei Berechnung der drei Jahre mit zur Berücksichtigung gelangen können. Erl. des OAG. vom 25. Juni 1869 in der Z. f. R. Bd. 33 S. 170.

5) Wenn § 1740 die Verurtheilung des schuldigen Ehegatten in eine Freiheitsstrafe von drei Jahren verlangt, so gestattet diese Vorschrift zwar, von einer etwaigen Strafminderung im Gnadenwege abzusehen, nicht aber, eine in erster Instanz erkannte Verurtheilung zu einer Freiheitsstrafe der vorbezeichneten Dauer zu berücksichtigen, wenn in Folge des dawider ergriffenen Rechtsmittels in zweiter Instanz die zuerkannte Strafe unter das in § 1740 erforderte Maaß herabgesetzt worden ist. Ebensowenig darf die erlittene Untersuchungshaft in die zuerkannte Freiheitsstrafe eingerechnet werden. Erl. des OAG. vom 2. Dec. 1869 in der Z. f. R. Bd. 35 S. 139 flg. So auch Erl. vom Monat September 1871 in der Z. f. R. Bd. 38 S. 135.

Zu § 1741. Vergl. die Rechtsfälle in der Z. f. R. Bd. 31 S. 425 flg.; Bd. 38 S. 135.

Zu § 1742. Vergl. die älteren Präjudicate in der Z. f. R. Bd. 10 S. 457 flg.; Bd. 19 S. 169; Bd. 20 S. 390 flg.; W. f. R. 1857 S. 369 flg.; Annalen, N. F. Bd. 1 S. 79 flg.; N. F. Bd. 1 S. 130 flg.

1) Nach der früheren Praxis wurde das von dem Ehemanne gegebene Versprechen, sich des ehelichen Umganges enthalten zu wollen, berücksichtigt, falls nach dem Ausspruche des Arztes nicht schon die einmalige, sondern erst die wiederholte Ausübung des Beischlafs für das Leben der Ehefrau gefahrbrechend war, dagegen wurde die Erklärung des Ehemannes dann nicht beachtet, wenn schon aus der einmaligen ehelichen Beiwohnung Gefahr für das Leben oder doch die Gesundheit der Ehefrau zu befürchten war. Z. f. R. Bd. 10 S. 457 flg.; Bd. 19 S. 169 flg. Da das BGB. eine dem entgegenstehende Vorschrift nicht enthält und die bisherige Praxis der Natur der Sache und der Bestimmung dieses Scheidungsgrundes entspricht, so unterliegt es keinem Bedenken, dieselben Grundsätze auch gegenwärtig anzuwenden.

brechens, an welchem sie leidet, aus der Ausübung des Beischlafes für sie Lebensgefahr entsteht.

2) Unter den in § 1742 erwähnten unheilbaren Gebrechen ist nicht blos eine bei Ausübung der ehelichen Pflichten und bei einer etwaigen Schwangerschaft in Betracht kommende körperliche Mißgestaltung oder ein namentlich in den Geschlechtsorganen vorhandenes örtliches Leiden, sondern auch eine aus der ganzen Körperbeschaffenheit der Ehefrau herrührende Gebrechlichkeit der Letzteren zu verstehen. Ist nun die Ehefrau (nach dem gerichtsärztlichen Gutachten) zwar zur Ausübung des Beischlafs nicht ganz unfähig, wohl aber nach ihrer zarten und abgeschwächten Körperconstitution nicht fähig, den ehelichen Beischlaf in der Maße zu dulden, wie solches dem auf Seiten des Ehemannes vermöge seiner Körperbeschaffenheit voraussetzlich vorhandenen Geschlechtstriebe entsprechen würde, so ist auch der Ehefrau nicht zuzumuthen, daß sie sich durch die fortgesetzte, von ihr voraussetzlich nicht zu umgehende Leistung der ehelichen Pflicht einer wahrscheinlichen Gefahr für ihr Leben aussetze. Erk. des DAG. vom 31. März 1865 in der Z. f. R. Bd. 29 S. 390 flg.; identisch mit Annalen, N. F. Bd. 1 S. 130 flg.

3) Unter einem unheilbaren Gebrechen im Sinne des § 1742 ist überhaupt ein jeder außergewöhnliche Körperzustand zu verstehen, welcher, ohne irgend sichere Aussicht auf Beseitigung durch ärztliche Kunst zu bieten, nach sachverständigem Ausspruche bei Fortsetzung der Ehe eine Lebensgefährdung der Ehefrau annehmen läßt. Daher ist § 1742 z. B. angewendet worden in Fällen, wo anzunehmen stand, daß bei phthisischen Leiden der Ehefrau die Dauer ihres Lebens durch den Hinzutritt einer etwaigen Schwangerschaft abgekürzt werden würde. Z. f. R. Bd. 37 S. 313 flg.; W. f. R. 1871 S. 312.

4) Die Vorschrift in § 1742 leidet nicht blos auf den Fall Anwendung, wenn der die Gefährdung des Lebens der Ehefrau bei Duldung des Beischlafs bedingende Zustand erst in der Ehe entstanden ist. Erk. des DAG. vom 11. September 1800 in der Z. f. R. Bd. 30 S. 46. Vergl. im Uebrigen noch die Bemerkungen zu § 1743.

5) Nach § 1742 beruht der Scheidungsgrund auf der Lebensgefahr, in welcher sich die Ehefrau befinden würde, wenn sie ungeachtet des Ausspruches des Arztes, zur Fortsetzung der Ehe gezwungen werden sollte. Zwar versteht es sich von selbst, daß auch bei Liquidität dieses Grundes eine Scheidung nicht wider den Willen der Ehefrau ausgesprochen werden kann, sondern es sich dabei um ein Recht handelt, von dessen Ausübung die Ehefrau auch absehen kann. Aber ein Verzicht der Ehefrau auf das Recht selbst, die Scheidung aus diesem Grunde zu fordern, dürfte nicht wohl denkbar sein. Wenigstens besagt § 1742 hiervon nichts. Noch weit weniger kann daraus, daß die Ehefrau sich durch Gestattung des Beischlafs einer Lebensgefahr ausgesetzt hat, gefolgert werden, daß dieselbe dadurch des Rechtes, Scheidung zu fordern, verlustig geworden sei. Erk. des DAG. vom Monat August 1809 in der Z. f. R. Bd. 34 S. 49 flg.

6) Wegen übermäßiger Ausübung des Beischlafes von Seiten des Ehemannes kann die Ehefrau nur dann auf Scheidung klagen, wenn damit

§ 1743. Wegen Geisteskrankheit, in welche ein Ehegatte während der Ehe verfällt, kann der andere Ehegatte Scheidung verlangen, wenn auf Grund einer in einer Landesanstalt stattgefundenen dreijährigen Beobachtung des erkrankten Ehegatten von den Anstaltsärzten bezeugt wird, daß die Geisteskrankheit eine unheilbare ist. (§ 1751.)

§ 1744. Tritt ein Ehegatte zu einer anderen Religion über, so kann der andere Ehegatte Scheidung verlangen. Ausdrückliche und stillschweigende Verzeihung schließt das Recht, die Scheidung aus diesem Grunde zu verlangen, aus. Eine stillschweigende Verzeihung ist nur anzunehmen, wenn der Ehegatte, welcher zu dem Antrage auf Scheidung berechtigt ist, nach erlangter Kenntniß von dem Scheidungsgrunde ein Jahr lang den Antrag auf Scheidung zu stellen unterläßt. Bloßer Confessionswechsel giebt keinen Grund zur Scheidung. (§ 1617.)

§ 1745. Wird eine Ehe aus einem der in §§ 1713, 1728, 1731, 1733, 1734, 1735, 1736, 1740 angegebenen Gründe geschieden, so ist

---

Handlungen des Ersteren verbunden sind, welche das Leben oder die Gesundheit der Ehefrau gefährden. Erk. des OAG. vom September 1870 in der Z. f. R. Bd. 30 S. 55 flg.

7) Ueber die frühere Praxis vor dem BGB., wonach in Fällen der Scheidung wegen sogenannter Gesundheitsnachtheile die anderweite Verehelichung nur „nach Befinden" oder „nach Beschaffenheit der Umstände" nachgelassen wurde, vergl. Z. f. R. Bd. 40 S. 386.

8) Ueber Liquidstellung des auf § 1742 gestützten Scheidungsgrundes vergl. noch die oben zu §§ 1595—1596 S. 13 unter 5 bezogenen Präjudicien und Z. f. R. Bd. 32 S. 437 flg.; Bd. 38 S. 139 flg. (Einholung eines Obergutachtens).

Zu § 1743. Nach der früheren Praxis vor dem BGB. (vergl. die älteren Präjudicate in der Z. f. R. Bd. 8 S. 390, 391; Bd. 10 S. 450; Bd. 18 S. 327 flg.; W. f. R. 1841 S. 113; 1852 S. 359; Annalen, A. F. Bd. 2 S. 343 flg.) wurde zwar als Regel der Grundsatz festgehalten, daß propter malum superveniens eine Ehe nicht zu trennen sei; doch ließ die Praxis auch Ausnahmen zu, insbesondere bei unheilbarer Geisteskrankheit, wovon der eine Ehegatte während der Ehe befallen wurde; nicht minder ließ man Scheidung auch wohl bei anderen während der Ehe eintretenden unheilbaren Krankheiten zu, zumal wenn die Krankheit von der Beschaffenheit war, daß durch dieselbe die Gesundheit auch des andern Theils gefährdet erscheinen mußte, wie namentlich Syphilis. Nach den Bestimmungen des BGB. erscheint eine Scheidung wegen unheilbarer ansteckender Krankheiten, welche erst während der Ehe entstanden sind, nicht zulässig, es müßte denn ein anderer selbstständiger Scheidungsgrund damit concurriren, wie z. B. bei vorhandener Syphilis, welche auf begangenen Ehebruch schließen läßt. Vergl. im Uebrigen noch die Bemerkungen zu § 1754 unter No. 2.

Zu § 1744. Vergl. hierzu Z. f. R. Bd. 28 S. 256 flg.

Zu § 1745. Vergl. Pechwell: zwei Fragen, die Gestattung der anderweiten Verehelichung für den schuldigen Theil betreffend, in den Annalen,

dem schuldigen Ehegatten die anderweite Verehelichung im Scheidungs=
erkenntnisse nicht nachzulassen.

§ 1746. Durch Scheidung der Ehe werden, von der Rechtskraft
des dieselbe aussprechenden Erkenntnisses an, die rechtlichen Wirkungen
der Ehe aufgehoben.

A. F. Bd. 4 S. 1 flg. und die Präjudicien in der Z. f. R. Bd. 29 S. 304 flg.;
Annalen, N. F. Bd. 1 S. 126 flg. Siehe noch Z. f. R. Bd. 40 S. 386.

Die Vorschrift des § 1745 ist aufgehoben durch das K. S. Gesetz vom
5. November 1875, welches in § 9 bestimmt:

„Die Bestimmungen in §§ 1619, 1745, 1760, 1769 und 1770 des BGB.
werden, soweit sie nicht mit dem Inkrafttreten des Reichsgesetzes vom 6. Februar 1875 von selbst zur Erledigung kommen, und zwar auch in Bezug auf
bereits bestehende Ehen hiermit aufgehoben."

Die Motiven nurgedachten Gesetzes (S. 33) besagen hierzu:

„Die Vorschrift in § 1745 des BGB. verliert in Folge der Erledigung
der materiell rechtlichen Bestimmung in § 1000 ihren Zweck. Behufs Verhütung
von Umgehungen des in § 33 unter 5 des Reichsgesetzes enthaltenen Eheverbotes (zwischen einem wegen Ehebruches Geschiedenen und seinem Mitschuldigen) soll in der Ausführung reglementäre Bestimmung getroffen werden."

Es schlagen hier ferner ein die Bestimmungen in §§ 8 und 9 der K. S.
Verordnung, die Ausführung des Reichsgesetzes über die Beurkundung des
Personenstandes und die Eheschließung vom 6. Februar 1875 betreffend, vom
6. November 1875 (Gesetz- u. VBl. S. 351):

§ 8. „In jedem Erkenntnisse, durch welches eine Ehe wegen Ehebruch
geschieden wird, ist die Person, mit welcher der Ehebruch begangen worden,
dafern dieselbe ermittelt ist, namhaft zu machen."

§ 9. Die Ehegerichte haben jedes Urtheil, durch welches eine bei dem
Standesbeamten geschlossene Ehe für aufgelöst, ungültig oder nichtig erklärt
wird, in einer mit dem Zeugnisse über die eingetretene Rechtskraft und die
Zeit ihres Eintritts versehenen beglaubigten Abschrift dem Standesbeamten
kostenfrei zuzufertigen."

Der Zusatz, welcher den auf Ehescheidung lautenden Erkenntnissen in den
Fällen des § 1745 früher zu ertheilen war und nach dem Urtheilstyle dahin
lautete, „daß dem unschuldigen Theile die anderweite Verehelichung nachzulassen
sei", und das hierin liegende stillschweigende Verbot der Wiederverehelichung für
den schuldigen Theil, ist somit in Gemäßheit § 39 des Reichsgesetzes vom 6. Februar 1875 verb. mit § 9 des K. S. Gesetzes vom 5. November 1875 mit dem
ersten Januar 1876 in Wegfall gekommen. Nun konnten aber auch Fälle eintreten, wo auf ein vor dem gedachten Tage publicirtes und daher mit jenem
Zusatze versehenes Erkenntniß in einem nach diesem Zeitpunkte zu fällenden
anderweiten Erkenntnisse Bezug zu nehmen war, wohin insbesondere diejenigen
vor dem 1. Januar 1876 eröffneten Erkenntnisse gehören, in denen unter der
Bedingung einer noch zu bewirkenden Eidesleistung auf Scheidung gesprochen
war, die Abnahme des Eides aber erst nach dem 1. Januar 1876 erfolgte. Wird
in solchen Fällen noch ein purificatorisches Erkenntniß abgefaßt, wie bei einigen

§ 1747. Wollen die geschiedenen Ehegatten die geschiedene Ehe wieder herstellen, so bedarf es der Wiederholung der zu Eingehung einer Ehe erforderlichen Form. Einer nochmaligen Nachsichtsertheilung wegen der Eheverbote, welche der ersten Ehe entgegenstanden, bedarf es nicht. (§ 1588.)

§ 1748. Die Ehefrau behält nach der Scheidung den Familien= namen und den Stand des Ehemannes.

§ 1749. Die Scheidung hat auf die in der Ehe erzeugten oder geborenen Kinder sowohl rücksichtlich ihrer ehelichen Geburt, als auch rück= sichtlich ihres Rechtsverhältnisses zu ihren Eltern keinen Einfluß. Kinder unter sechs Jahren sind der Mutter, Kinder über sechs Jahren dem Vater zur Erziehung zu überlassen, dafern nicht nach dem Ermessen des Vor= mundschaftsgerichtes bei dem anderen Ehegatten für das Wohl der Kinder besser gesorgt ist. Der Vater hat in jedem Falle den Unterhalt der Kinder zu bestreiten. (§ 1837.)

Ehegerichten constante Praxis ist, so macht sich bei dem späteren zurückver= weisenden Erkenntnisse ein erläuternder Zusatz nöthig, welcher am zweckmäßigsten in die Worte einzukleiden ist, daß die im ersten Urthel enthaltenen Worte: „daß auch dem Kläger, als dem unschuldigen Theile die anderweite Verehelichung nach= gelassen werde", in Wegfall zu stellen sind.

Zu § 1747. Vergl. hierzu die in der Z. f. R. Bd. 28 S. 257 mitgetheilte Verordnung des Cultusministeriums vom 27. Januar 1866.

Zu § 1749. 1) Darüber, ob und nach welcher Höhe zum Unterhalte der etwa bei der Mutter sich aufhaltenden, über sechs Jahre alten Kinder vom Vater ein Beitrag zu gewähren sei, hat das Ehegericht auch für die Dauer einer zeitweiligen Sonderung der Ehegatten nicht zu cognosciren, sondern diese Cognition fällt dem Vormundschaftsgerichte anheim. Ebenso gebührt dem Letzteren die Cognition darüber, ob ein Kind, jenachdem es das sechste Altersjahr überschritten hat oder nicht, ausnahmsweise dem Vater oder der Mutter zu überlassen sei. Erk. des K. OAG. vom 17. Januar 1868 in der Z. f. R. Bd. 31 S. 419 flg.

2) Die Entscheidung der Frage, ob im Falle eines Ehestreites die Kinder über sechs Jahre der Mutter zu überlassen seien, sowie der weiteren Frage, welchen Unterhaltsbeitrag solchenfalls der Vater für dieselben zu gewähren habe, gehört zur Competenz nicht des Ehegerichtes, sondern des Vor= mundschaftsgerichtes. Erk. des K. OAG. vom Februar 1860 in der Z. f. R. Bd. 33 S. 332 flg.

3) Der Ehemann ist nicht verpflichtet, auf die Dauer des gestatteten Ge= trenntlebens auch für solche Kinder Alimente zu gewähren, welche seine Ehefrau vor Eingehung der Ehe mit ihm geboren und ihm zugebracht hatte. Erk. des K. OAG. vom 28. October 1869 in der Z. f. R. Bd. 33 S. 501 flg.

4) Die Frage, welchem der Aeltern nach erfolgter Ehescheidung die Erziehung der ehelichen Kinder zu überlassen sei, eignet sich nicht zur Entscheidung durch richterliches Erkenntniß, sondern bildet einen Gegen=

§ 1750. Die Scheidung mag erfolgt sein, aus welchem Grunde es sei, so steht dem unschuldigen Ehegatten an den schuldigen ein Schäden= anspruch wegen der etwaigen Vortheile, welche er bei Fortbauer der Ehe gehabt hätte, nicht zu. Vermag der unschuldige Ehegatte sich nicht stan= desgemäß zu unterhalten, so kann er Unterhalt von dem schuldigen Ehe= gatten nach richterlichem Ermessen fordern. Dieses Recht fällt weg, wenn das Bedürfniß aufhört, oder der unschuldige Ehegatte sich anderweit verehelicht.

§ 1751. Ein Recht auf Unterhalt nach richterlichem Ermessen steht, wenn die Ehe wegen unheilbarer Geisteskrankheit geschieden worden ist, dem geisteskranken Ehegatten, welcher sich nicht standesgemäß zu unter= halten vermag, gegen den anderen Ehegatten so lange zu, als das Be= dürfniß dauert. (§ 1743.)

stand der vormundschaftlichen Vorsorge über die Kinder. Das wohlver= standene Interesse der Kinder ist die Hauptsache und darüber hat nach erfolgter Erörterung aller Verhältnisse und nach Hörung eines für die Kinder zu bestellenden Specialvormundes das Vormundschaftsgericht Entschließung zu fassen, nicht aber ein Prozeßgericht oder ein Spruchcollegium rechtlich zu entscheiden. Eine eigentliche Rechtskraft kann bei derartigen Fragen nie eintreten, da, sobald verän= derte Umstände eintreten, auch anderweite Entschließung von Seiten des Vor= mundschaftsgerichts zu fassen ist. Auf etwaige, gegen die Entschließung der Vor= mundschaftsbehörde eingewendete Rechtsmittel hat in letzter Instanz das K. Justizministerium zu entscheiden. Erk. des K. OAG. vom 5. April 1870 in den Annalen, N. F. Bd. 7 S. 479 flg., identisch mit Z. f. R. Bd. 35 S. 157 flg. Siehe auch Z. f. R. Bd. 43 S. 144 flg.

5) Grundsätze über die Alimentationspflicht des ehelichen Vaters in den Fällen des § 1749 und Alimentationsklage eines Dritten als Verleger der Alimente: vergl. Annalen, N. F. Bd. 7 S. 216 flg., identisch mit Z. f. R. Bd. 34 S. 106 flg. Begründung der Klage der geschiedenen Ehefrau gegen den früheren Ehemann auf Ersatz des Aufwandes für den Unterhalt solcher Kinder, welche zur Zeit der Scheidung bereits das sechste Lebensjahr erfüllt gehabt und in ihrer Obhut gelassen worden sind: vergl. Z. f. R. Bd. 43 S. 144 flg.

Vergl. auch die Bemerkungen zu § 1758 und § 1763.

Zu § 1750. Der Ausspruch darüber, ob ein Anspruch der geschiedenen Ehefrau an ihren Ehemann auf den Unterhalt begründet sei, bildet keinen inte= grirenden Theil des Scheidungsurtheils. Hieraus folgt von selbst, daß letzteres nicht die Grundlage abgiebt für die Entscheidung über das Recht der geschiedenen Ehefrau auf den Unterhalt, der Civilrichter daher ganz selbstständig zu beurtheilen hat, ob nach den Verhältnissen, wie sie gewesen sind, anzunehmen sei, daß der Ehemann die Scheidung verschuldet habe. Die Bedürftigkeit der Ehefrau kann durch ein bloßes Armuthszeugniß nicht bewiesen werden. Erk. des K. OAG. vom 21. April 1870 in der Z. f. R. Bd. 35 S. 310, identisch mit Annalen, N. F. Bd. 7 S. 473 flg. Vergl. auch die Bemerkungen zu §§ 1763, 1764.

Zu § 1751. 1) Aus der Vorschrift in § 1751 folgt von selbst, daß eine Verbindlichkeit des gesunden Ehegatten, dem von ihm geschiedenen geisteskranken

§ 1752. Der Ehegatte, welcher zu dem Antrage auf Scheidung berechtigt ift, kann, unbeschadet seines Rechtes auf Scheidung, vorerst bloße Trennung von Tisch und Bette verlangen.

§ 1753. Eine Trennung der Ehegatten von Tisch und Bette ist zu gestatten während der Dauer eines bei Gericht anhängig gemachten Rechtsstreites über die Gültigkeit oder die Scheidung der Ehe.

§ 1754. Nach richterlichem Ermessen kann Trennung der Ehegatten von Tisch und Bette erkannt werden, wenn ernste Zerwürfnisse zwischen den Ehegatten bestehen, wenn durch das Zusammenleben die Gesundheit oder das Leben des einen oder anderen Ehegatten oder der Kinder gefährdet erscheint, oder wenn der eine Ehegatte einen unsittlichen Lebenswandel führt. In allen diesen Fällen kann die Trennung von Tisch und Bette versagt werden, wenn die Ehegatten bereits längere Zeit von einander getrennt lebten.

Ehegatten Unterhalt zu gewähren, so lange nicht eintritt, als der Letztere eigenes Vermögen besitzt, von welchem dessen Unterhalt sich bestreiten läßt, müßte auch zu diesem Behufe der Stamm des Vermögens angegriffen werden, und daß jene Verbindlichkeit erst dann Platz ergreift, wenn das eigene Vermögen des geisteskranken Ehegatten aufgezehrt ist. Keineswegs ist aber die Annahme statthaft, daß eine Verpflichtung des gesunden Ehegatten zu Gewährung des Unterhalts bereits dann vorhanden sei, wenn die Nutzungen des eigenen Vermögens des geisteskranken Ehegatten zu dessen Bestreitung nicht ausreichen. Erk. des OAG. vom 31. März 1870 in der Z. f. R. Bd. 35 S. 106 flg.

2) In Betreff des Vorhandenseins des Bedürfnisses im Falle des § 1751 trifft die Beweislast den Kläger, wie aus den allgemeinen Voraussetzungen der Alimentationspflicht folgt. Es sind aber nicht allein die Vermögensverhältnisse des geisteskranken, sondern die beider Ehegatten zu erörtern. Erk. des OAG. vom 2. Oct. 1873 in den Annalen, II. Folge Bd. 3 S. 35 flg., identisch mit Z. f. R. Bd. 41 S. 215 flg.

Zu § 1752. In dem Antrage auf Scheidung vom Bande ist im Zweifel auch der Antrag auf Trennung von Tisch und Bett mit enthalten. Erk. des OAD. vom 24. August 1869 in der Z. f. R. Bd. 33 S. 502. Vergl. noch Z. f. R. Bd. 11 S. 389; W. f. R. 1854 S. 286.

Zu § 1754. 1) Wenn schon unversöhnlicher Haß der Ehegatten gegen einander oder ein kränkendes und Aerger bereitendes Verhalten eines Ehegatten gegen den anderen, sowohl nach älterem Rechte (vergl. Annalen, N. F. Bd. 2 S. 345 flg. Z. f. R. Bd. 19 S. 93 u. 175, Bd. 9 S. 112, 284 flg.; W. f. R. 1845 S. 110), als nach dem BGB. den Antrag auf Trennung der Ehe vom Bande nicht rechtfertigen können, so sind derartige Verhältnisse doch nach § 1754 nach Befinden geeignet, den Antrag auf Trennung von Tisch und Bett zu begründen. Das Vorhandensein von Zerwürfnissen und einer gereizten Stimmung kann sowohl durch die unmittelbaren Wahrnehmungen des Ehegerichts constatirt, als auch aus dem Inhalte der Sühnezeugnisse gefolgert werden. Annalen, N. F. Bd. 1 S. 132, vergl. mit Annalen, N. F. Bd. 2 S. 345, Z. f. R. Bd. 19 S. 175 flg.

2) Ein erst nach Eingehung der Ehe entstandenes körperliches Leiden der Ehefrau, welches nicht so beschaffen ist, daß schon durch das

§ 1755. Die Trennung von Tisch und Bette ist, ausgenommen den Fall ihrer Gestattung auf die Dauer des Rechtsstreites über die Gültigkeit oder die Scheidung der Ehe, auf eine Zeit von sechs Monaten bis höchstens von einem Jahre auszusprechen.

§ 1756. Die Trennung von Tisch und Bette hebt die häusliche Gemeinschaft und das Recht auf Leistung der ehelichen Pflicht auf. Die übrigen rechtlichen Wirkungen der Ehe dauern fort. Die Ehefrau kann in der Zeit der Trennung von Tisch und Bette, soweit es in Folge derselben für sie nöthig ist, ohne Einwilligung ihres Ehemannes Verträge eingehen. Schließt sie während dieser Zeit Verträge, welche auf den Haushalt Bezug haben, so wird dadurch ihr Ehemann Dritten gegenüber nicht verpflichtet. (§ 1645.)

§ 1757. Ist auf Trennung von Tisch und Bette erkannt worden, so ist die Ehefrau berechtigt und verpflichtet, eine von der ihres Ehegatten gesonderte Wohnung zu nehmen. Dem Ehemanne steht die Wahl zu, ob er

---

bloße Zusammenleben der Ehegatten das Leben oder die Gesundheit des Ehemannes gefährdet erscheint (Vorfall der Gebärmutter), berechtigt den Ehemann nicht, auf Scheidung von Tisch und Bett anzutragen, da es lediglich von ihm abhängt, ob er mit der Ehefrau den Beischlaf ausüben und dadurch nach Befinden seine Gesundheit gefährden will. Erk. des DAG. vom 1. März 1867 in der Z. f. R. Bd. 30 S. 352 flg.

3) Rasch sich wiederholende Schwangerschaft und dadurch herbeigeführte Schwächung der Gesundheit der Ehefrau ist Grund zur Gestattung zeitweiligen Getrenntlebens. Erk. des DAG. vom 7. Februar 1868 in der Z. f. R. Bd. 31 S. 421 flg.

4) Die Frage, von welchem Zeitpunkte an eine Trennung von Tisch und Bett wegen Trunksucht und unsittlichen Lebenswandels dann anzuordnen sei, wenn der schuldige Ehegatte sich wegen dieser Fehler in einer Besserungsanstalt befindet, fällt dem richterlichen Ermessen anheim. Sowohl an sich, als insbesondere mit Rücksicht auf die Möglichkeit einer blos versuchsweise eintretenden Entlassung des betinirten Ehegatten kann der unschuldige Ehegatte ein berechtigtes Interesse daran haben, daß ihm das gesonderte Leben von dem Detinirten schon jetzt nicht blos factisch während der Dauer seiner Detention, sondern auch rechtlich durch den Ausspruch des Eherichters gesichert sei. Z. f. R. Bd. 37 S. 309 flg. Archiv I. S. 204 flg.

Zu § 1755. Der Eherichter ist berechtigt, eine nochmalige Trennung von Tisch und Bett zu verfügen, wenn der Grund der bereits gestattet gewesenen Separation sich noch nicht erledigt hat. Erk. des DAG. vom 12. Juli 1870 in der Z. f. R. Bd. 35 S. 146.

Vergl. noch angez. Z. Bd. 29 S. 525.

Zu § 1756. Der Sachwalter der mit Genehmigung des Ehegerichtes vom Ehemanne getrennt lebenden Ehefrau ist für Prozesse mit Dritten, in welchen seine Constituentin Beklagte ist, durch die ihm von derselben ertheilte Vollmacht auch ohne den Beitritt des Ehemannes genügend gerechtfertigt. Erk. des DAG. vom 29. September 1870 in der Z. f. R. Bd. 36 S. 43 flg

der Ehefrau ein angemessenes Unterkommen verschaffen oder die Mittel dazu geben will. Die angegebene Verpflichtung der Ehefrau tritt ein, selbst wenn das von ihr und ihrem Ehemanne gemeinschaftlich bewohnte Grundstück ihr eigenthümlich gehört und dem Ehemanne blos das Recht der Verwaltung und des Nießbrauches daran zusteht. (§§ 1655. 1693.)

§ 1758. Der Ehemann ist verpflichtet, der Ehefrau während der Trennung von Tisch und Bette die ihrem Stande und Bedürfnisse entsprechenden Kleider, Betten, Wäsche und andere zum getrennten Leben nöthigen Sachen herauszugeben und zu gewähren.

§ 1759. Das Gericht bestimmt nach seinem Ermessen unter Berücksichtigung der Standes- und Vermögensverhältnisse der Ehegatten den Betrag, welchen der Ehemann während der Trennung von Tisch und Bette zu dem Unterhalte der Ehefrau und der Kinder, soweit letztere nach § 1749 der Ehefrau zu überlassen sind, zu gewähren hat.

§ 1760. Aendern sich während der Trennung von Tisch und Bette die Vermögensverhältnisse des Ehemannes in einer Weise, welche auf die Feststellung des Betrages von Einfluß ist, so kann eine Erhöhung oder Herabsetzung des zu dem Unterhalte der Ehefrau und der Kinder bestimmten Betrages verlangt werden.

§ 1761. Wird die Ehefrau während der Trennung von Tisch und Bette von einem Kinde entbunden, oder erkrankt sie, so hat ihr der Ehemann

---

Zn §§ 1758—1759. 1) Die Höhe der Alimente, welche der Ehemann während des Getrenntlebens der Ehefrau und beziehentlich seinen ehelichen Kindern zu gewähren hat, ist nicht schlechthin, und unter allen Umständen nur nach dem jeweiligen Baareinkommen des Ehemanns (als eines gewöhnlichen Handarbeiters oder Dienstknechtes) zu bemessen, sondern es kann dabei auch auf die Vermögens- und Standesverhältnisse derer, von denen der Sohn im Mangel eigener Erwerbsfähigkeit die Mittel seiner Subsistenz zu beziehen pflegt, Rücksicht genommen werden. Erk. des OAG. vom 8. Mai 1868 in der Z. f. R. Bd. 31 S. 426 flg., vergl. mit Bd. 26 S. 284, letzteres identisch mit Annalen, N. F. Bd. 8 S. 422 flg. Fernere Grundsätze im Erk. vom 1. Sept. 1870 in der Z. f. R. Bd. 37 S. 307 flg. Cessiren der ehemännlichen Alimentationspflicht im Falle der eigenen Erwerbsfähigkeit der uxor: Z. f. R. Bd. 19 S. 94.

2) In Betreff der Execution ehegerichtlicher Erkenntnisse wegen zu gewährender Alimente, und insbesondere über das processuale Verfahren, welches bei Einwendungen, die der Beklagte innerhalb jenes Verfahrens vorbringt, einzutreten hat, vergl. die Ausführungen bei Wengler: Das königlich sächsische Executionsgesetz 1871 S. 16 flg. und W. f. R. 1854 S. 286; 1873 S. 145 flg.

Ueber die Vollstreckung eines ehegerichtlichen Erkenntnisses gegen den Ehemann auf Ausantwortung der zum getrennten Leben der Seinigen erforderlichen Sachen vergl. außerdem noch Z. f. R. Bd. 15 S. 354 flg.; W. f. R. 1860 S. 349, 1862 S. 453 flg.

Vergl. noch wegen Einklagung verfallener Alimente nach bereits erfolgter Ehescheidung die Bemerkungen zu §§ 1763—1764 und im Allgemeinen auch die Bemerkungen zu §§ 1763 flg.

die Entbindungs- und Taufkosten, ingleichen den mit der Pflege und Heilung verbundenen Aufwand zu gewähren.

§ 1762. Wird Trennung von Tisch und Bette ausgesprochen, so ist auf die von dem Ehemanne während derselben zu gewährenden Leistungen, auch ohne Antrag der Ehefrau, zu erkennen.

§ 1763. Das Recht zum getrennten Leben beginnt mit der Be- kanntmachung des die Trennung aussprechenden Erkenntnisses. Im Falle einer vor diesem Erkenntnisse erfolgten thatsächlichen Trennung kann eine Ehefrau von Beginn der Trennung an Unterhalt fordern, wenn sie sich aus gerechten Gründen von ihrem Ehemanne entfernte, oder wenn dieser sich von ihr entfernte, ohne ihr den erforderlichen Unterhalt zu geben.

§ 1764. Die Ansprüche in §§ 1757, 1759 bis 1761 können von

Zu §§ 1763—1764. 1) Die Ehefrau ist berechtigt, sofort nach Bekannt- machung des die Sonderung von Tisch und Bett aussprechen- den Urthels die ihr ausgesetzten Alimente vom Ehemanne zu fordern, ohne daß sie erst vorher nachzuweisen hätte, daß sie von dem Rechte, getrennt zu leben, auch Gebrauch gemacht habe. Erk. des OAG. v. 2. Februar 1866 in der Z. f. R. Bd. 28 S. 465 flg. identisch mit Annalen, N. F. Bd. 2 S. 287 flg. Die Behauptung des Ehemannes, daß er wegen besonderer Umstände, z. B. weil die Frau sich von ihm nicht getrennt, vielmehr die Naturalverpflegung genossen habe, zu Gewährung des Alimentationsquantums nicht verpflichtet sei, ist als Ausflucht zu behandeln, welche der Ehemann gehörig zu begründen und nach- zuweisen hat. Annalen, am zuletzt a. O.

2) Der Ehefrau können Alimente schon von dem Zeitpunkte der fac- tischen Trennung an zugebilligt werden, wenn sie vorher von dem Ehe- manne in einer Weise gemißhandelt worden, daß sich annehmen läßt, sie habe sich so- dann von dem Ehemanne getrennt, um ihr Leben oder wenigstens ihre Gesundheit vor weiteren Angriffen desselben zu schützen. Erk. des OAG. vom 28. Februar 1865 in der Z. f. R. Bd. 29 S. 387 flg., identisch mit Annalen, N. F. Bd. 1 S. 133.

3) So lange die Eheleute noch in häuslicher Gemeinschaft leben und noch keine zur Competenz des Ehegerichts gehörigen Irrungen eingetreten sind, ist eine Klage der Ehefrau auf Gewährung eines anderen oder besseren Unterhaltes vor dem Civilrichter des Ehemanns nur unter besonderen Umständen zulässig, auch überhaupt eine die Einzelheiten des ehelichen Lebens ein für allemal regelnde und vollstreckbare richterliche Entscheidung nicht denkbar. Der richtige Weg, auf welchem Beschwerden über mangelhafte Gewährung oder gänzliche Verweigerung des Unterhalts zur richterlichen Entscheidung gebracht und Abhülfe für die Zu- kunft gefordert werden kann, ist daher, wenigstens in der Regel, nicht eine Klage bei dem Civilrichter des Ehemanns, sondern bei dem zuständigen Ehegerichte, zu dessen Competenz die Erörterung ehelicher Zerwürfnisse jeder Art gehört. Erk. des OAG. vom 21. Oct. 1869 in den Annalen, N. F. Bd. 7 S. 214 flg., identisch mit Z. f. R. Bd. 34 S. 134 flg. Vergl. noch Z. f. R. Bd. 5 S. 467; W. f. R. 1845 S. 15; 1847 S. 257, 317.

4) Zur Entscheidung der Frage, ob eine Ehefrau im Falle einer, vor dem die Gestattung des Getrenntlebens aussprechenden Erkenntnisse erfolgten that- sächlichen Trennung schon von Beginn der letzteren an Unterhalt

der Ehefrau auch nach Beendigung der Ehe für die Vergangenheit geltend gemacht werden.

---

fordern könne, ist das Ehegericht competent. Erk. des OAG. vom 17. Januar 1808 in der Z. f. R. Bd. 31 S. 420 flg.; Erk. vom April 1870 in der Z. f. R. Bd. 35 S. 308 flg., identisch mit Annalen, N. F. Bd. 7 S. 473 flg. Dasselbe [gilt hinsichtlich der zukünftigen Alimente. Erk. vom 16. Januar 1873 in der Z. f. R. Bd. 39 S. 420 flg. Erk. vom 21. Oct. 1869 in den Annalen, N. F. Bd. 7 S. 214 flg.; Z. f. R. Bd. 34 S. 134; W. f. R. 1862 S. 202. Denn nach § 1763 darf die Ehefrau im Falle einer thatsächlichen Trennung während der Ehe nur dann Unterhalt von ihrem Ehemann fordern, wenn sie sich aus gerechten Gründen von demselben entfernte, oder wenn er sich von ihr entfernt hat, ohne ihr den erforderlichen Unterhalt zu gewähren. Die Entscheidung der Frage aber, ob eine solche thatsächliche Trennung auf Seiten der Ehefrau eine berechtigte, oder die Entfernung des Ehemannes von derselben eine unberechtigte gewesen, fällt der Zuständigkeit des Ehegerichts anheim, weil sie nur unter Berücksichtigung der materiell eherechtlichen Grundsätze erfolgen kann, über welche die gewöhnlichen Civilgerichte nicht· zu entscheiden haben. Vergl. noch Annalen, N. F. Bd. 2 S. 238 flg.; Z. f. R. Bd. 10 S. 472 flg. — Ein Anspruch auf Alimente dagegen, welcher unter den Gesichtspunkt einer reinen Schadenklage fällt, kann unter den hierzu erforderlichen Voraussetzungen beim Civilrichter ausgeführt werden. Annalen, N. F. Bd. 7 S. 216, Bd. 8 S. 385; Z. f. R. Bd. 34 S. 134 flg.

5) Eine Ehefrau kann für die Vergangenheit von ihrem Ehemanne nur dann Alimente fordern, wenn sie sich darauf zu beziehen vermag, daß der Ehemann sich ohne Grund geweigert habe, sie in die eheliche Gemeinschaft aufzunehmen und daß sie wegen dieser Weigerung des Ehemannes Schulden habe machen müssen. Einer diesfallsigen Klage der Ehefrau, womit Alimente auf einen mehrjährigen Zeitraum gefordert werden, fehlt es an der schlüssigen Begründung, wenn darin auf einen mehrjährigen Zeitraum nur eine, nach Jahren in Bausch und Bogen berechnete Aversionalsumme für jedes Jahr gefordert wird. Erk. des OAG. v. 13. Juni 1871 in den Annalen, N. F. Bd. 8 S. 385 flg.

6) Eine von ihrem Ehemanne getrennt lebende Ehefrau kann bei dem Civilgerichte gegen ihren Ehemann darauf, daß ihr derselbe zukünftige oder bereits bezahlte Alimentengelder für das gemeinschaftliche Kind bezahle, beziehentlich erstatte, nicht klagen. Erk. des AG. Leipzig vom 17. April 1808. W. f. R. 1860 S. 5 flg.

7) Ueber das Recht der geschiedenen, bez. eigenmächtig getrennt lebenden Ehefrau, den Erziehungsaufwand für ein bei ihr befindliches Kind von dem Ehemanne erstattet zu verlangen, vergl. Annalen, N. F. Bd. 1 S. 49; Bd. 4 S. 43 flg.; W. f. R. 1868 S. 369 flg.

8) Ansprüche aus dem getrennten Leben können zwar auch nach der Scheidung für die Vergangenheit noch geltend gemacht werden, dieß ist jedoch nur dann statthaft, wenn das Ehegericht entweder schon während des Eheprocesses über diese Ansprüche cognoscirt hat, oder, wenn dieß nicht geschehen sein sollte, die Cognition darüber nachholt (§ 1704). Erk. des OAG. vom 13. Juni 1871 in

§ 1765. Die rechtlichen Wirkungen der Trennung von Tisch und Bette hören auf, wenn die Zeit, auf welche die Trennung erkannt worden, abgelaufen ist, oder wenn die Ehegatten sich vor dem Ablaufe dieser Zeit wieder vereinigen.

§ 1766. Gehören beide Ehegatten der katholischen Kirche an, so tritt

den Annalen, N. F. Bd. 8 S. 385 flg. Vergl. im Uebrigen den älteren Vorgang im W. f. R. 1854 S. 310; Z. f. R. Bd. 14 S. 130 flg.

9) Die Entscheidung darüber, ob und in welcher Höhe der Ehemann während der Dauer des Ehestreites oder einer zeitweiligen Separation der Eheleute verbunden sei, die Ehefrau und die bei derselben befindlichen Kinder zu alimentiren, gehört auch in dem Falle zur Competenz der Ehegerichte, wenn die Ehefrau e r s t n a c h e r f o l g t e r B e e n d i g u n g d e s E h e p r o c e s s e s A l i m e n t e a u f d i e g e - d a c h t e Z e i t fordert. Erk. des AG. Zwickau vom 10. April 1874 im A r c h i v I. S. 327 flg. Vergl. jedoch Z. f. R. Bd. 14 S. 136, 139; W. f. R. 1854 S. 310.

10) Wenn schon nach § 1763 das Recht der Ehefrau zum getrennten Leben bereits mit der Bekanntmachung des die Separation aussprechenden Erkenntnisses beginnt, so hat doch durch diese Vorschrift an dem allgemeinen proceßrechtlichen Grundsatze, daß aus einem Erkenntnisse erst dann, w e n n e s d i e R e c h t s - k r a f t b e s c h r i t t e n, d i e E x e c u t i o n n a c h g e s u c h t w e r d e n k ö n n e, e t w a s n i c h t geändert werden sollen. Es bleibt der Ehefrau beim Vorhanden- sein der Voraussetzungen des § 1763 des BGB.'s unbenommen, unter Bezug- nahme auf ihre Mittellosigkeit, zur Erlangung der zum gesonderten Leben ihr nöthigen Sachen und Alimente bei dem Ehegerichte e i n e p r o v i s o r i s c h e V e r - f ü g u n g auf Gewährung der letzteren zu beantragen und das Ehegericht ist mit Rücksicht auf die Dringlichkeit der Sache, einer Seitens des Ehemanns etwa gegen eine solche provisorische Verfügung eingewendeten Berufung die Suspensivkraft zu versagen befugt. A r c h i v III. S. 118 flg.

11) Ueber das gegenseitige Verhältniß der Vorschriften in §§ 1763 und 1764 vergl. insbesondere noch Annalen, N. F. Bd. 7 S. 474 flg., identisch mit Z. f. R. Bd. 35 S. 309.

12) Ueber das Recht der Ehefrau auf Zubilligung von Alimenten im Z w a n g s v e r f a h r e n gegen den Ehemann vergl. Annalen, N. F. Bd. 1 S. 134.

Zu § 1765. Da die durch eherichterliches Erkenntniß verfügte zeitweilige Separation demjenigen Ehegatten, auf dessen Verlangen sie ausgesprochen wurde, ein wohlerworbenes Recht auf das Getrenntleben während des vom Eherichter bestimmten Zeitraumes gewährt, welches ihm wider seinen Willen nicht wieder entzogen werden darf, hiernächst der Zweck einer solchen Trennung darin besteht, die Gemüther der Eheleute gegen einander wieder versöhnlich zu stimmen und für den Zeitpunkt der Wiedervereinigung ein beiderseits angemessenes Verhalten anzubahnen, so kann in einer bloßen geschlechtlichen Annäherung, welche vor Ablauf jenes Zeitraumes zwischen den Eheleuten stattfindet, ein Grund für das Aufhören des Getrenntlebens und der rechtlichen Wirkungen desselben nicht erblickt werden; eine Vereinigung, wie sie der Schlußsatz des § 1765 erfordert, liegt hier nicht vor.

Zu § 1766. Vergl. Z. f. R. Bd. 41 S. 359, 302.

Das Reichsgesetz vom 6. Februar 1875 bestimmt in § 77:

an die Stelle der Scheidung der Ehe Trennung der Ehegatten von Tisch und Bette auf Zeit oder auf Lebenszeit, nach den in dieser Hinsicht allein maßgebenden Bestimmungen des canonischen Rechtes. (§ 1770.)

§ 1767. Wird die Trennung von Tisch und Bette auf Lebenszeit erkannt, so hat sie alle Wirkungen einer Scheidung der Ehe, ausgenommen daß kein Theil während des Lebens des anderen eine anderweite Ehe eingehen kann. (§ 2557.)

§ 1768. Die rechtlichen Wirkungen einer Trennung von Tisch und Bette auf Lebenszeit hören auf, wenn die Trennung von der zuständigen Behörde aufgehoben wird.

§ 1769. Bei gemischten Ehen finden in Scheidungsfällen die Grundsätze des Rechtes der Kirche Anwendung, zu welcher der Beklagte gehört. Ist der Beklagte katholischen Glaubens und muß nach canonischem Rechte nur zeitige Scheidung von Tisch und Bette erkannt werden oder gänzliche Abweisung erfolgen, wo nach den Grundsätzen des evangelischen Kirchenrechtes Scheidung vom Bande stattfinden kann, so ist der klagende evangelische Theil nach Ablauf eines Jahres, von der Rechtskraft des Erkenntnisses an, berechtigt, die Scheidung vom Bande zu verlangen, wenn ein

---

„Wenn nach dem bisherigen Rechte auf beständige Trennung der Ehegatten von Tisch und Bett zu erkennen sein würde, ist fortan die Auflösung des Bandes der Ehe auszusprechen.

Ist vor dem Tage, an welchem dieses Gesetz in Kraft tritt, auf beständige Trennung von Tisch und Bett erkannt worden, so kann, wenn eine Wiedervereinigung der getrennten Ehegatten nicht stattgefunden hat, jeder derselben auf Grund des ergangenen Urtheils die Auflösung des Bandes der Ehe im ordentlichen Proceßverfahren beantragen."

Das K. S. Gesetz vom 5. Novbr. 1875 enthält in § 9 folgende Vorschrift:

„Die Bestimmungen in §§ 1619, 1745, 1766, 1769 und 1770 des BGB. werden, soweit sie nicht mit dem Inkrafttreten des Reichsgesetzes vom 6. Februar 1875 von selbst zur Erledigung kommen, und zwar auch in Bezug auf bereits bestehende Ehen hiermit aufgehoben."

Anlangend das Verfahren, welches in denjenigen Fällen von dem Ehegerichte einzuschlagen ist, in welchem eine gemischte Ehe nach § 1769 des BGB. in dem Maaße getrennt worden war, daß diese Trennung für den evangelischen Theil als Scheidung vom Bande, für den katholischen Theil dagegen als lebenslängliche Scheidung von Tisch und Bette zu gelten hatte, nunmehr aber der katholische Theil auf Grund des § 77 des Reichsgesetzes vom 6. Februar 1875 beantragt, daß auch für ihn die Scheidung vom Bande nachträglich ausgesprochen werde, so ist über einen solchen Antrag mittels förmlichen Erkenntnisses nach vorgängiger Anberaumung eines Inrotulationstermins zu entscheiden.

Zu §§ 1767—1768. Mit der nach Vorstehendem erfolgten Aufhebung des § 1766 sind auch die Vorschriften in §§ 1767 und 1768 als erledigt zu betrachten.

Zu § 1769. Vergl. hierzu die Erk. in der Z. f. R. Bd. 30 S. 43 flg. (über die Frage, ob nach katholischem Kirchenrechte die bösliche Verlassung einen hinreichenden Grund einer immerwährenden Scheidung von Tisch und Bett dar-

vorher abzuhaltender anderweiter Sühneversuch erfolglos geblieben ist. Eine Scheidung der Ehe gilt für den katholischen Ehegatten als Trennung von Tisch und Bette auf Lebenszeit, und eine Trennung von Tisch und Bette auf Lebenszeit gilt für den evangelischen Ehegatten als Scheidung. (§ 1767.)

§ 1770. Wenn bei einer von dem Staate anerkannten anderen Religionsgesellschaft, als der evangelisch-lutherischen und reformirten, außer den in §§ 1710, 1713 bis 1744 angegebenen Scheidungsgründen noch andere bestehen, so gelten sie für die Mitglieder derselben. Werden nach den Grundsätzen einer solchen Religionsgesellschaft einzelne dieser Gründe nicht anerkannt, so gelten sie für die Mitglieder derselben nicht.

Zweite Abtheilung.
Von dem Verhältnisse zwischen Eltern und Kindern.

Erster Abschnitt.
Rechtsverhältnisse ehelicher Kinder.

§ 1771. Für ehelich zu achten sind Kinder, welche von einer Ehefrau nach dem einhundertzweiundachtzigsten Tage von Eingehung der Ehe an bis zum Ende des dreihundertundzweiten Tages nach Beendigung der Ehe geboren werden. Dies gilt, selbst wenn die Ehe nichtig ist, ausgenommen wenn der die Nichtigkeit begründende Thatumstand beiden Ehegatten zur Zeit der Eingehung der Ehe bekannt war. (§ 1859.)

§ 1772. Der Ehemann kann seine Vaterschaft nur bestreiten, wenn er in der Zeit vom dreihundertundzweiten bis zum einhundertzweiundachtzigsten Tage vor der Geburt des Kindes, den Tag derselben unge-rechnet, seiner Ehefrau nicht ehelich beigewohnt hat.

---

biete?) und Bd. 37 S. 395 flg. (Klage des evangelischen Theiles wider den katholischen Ehegatten auf Scheidung vom Bande wegen lebensgefährlicher Mißhandlungen); angez. Z. f. R. Bd. 25 S. 253 flg. (Ungültigkeit der Ehe eines Katholiken mit einem geschiedenen Protestanten, so lange der geschiedene Theil noch lebt). S. noch Z. f. R. Bd. 41 S. 360.

§ 1769 ist durch § 9 des K. S. Gesetzes vom 5. November 1875 (vergl. den Abdruck desselben oben bei § 1766) aufgehoben.

Zu § 1770. Aufgehoben durch das zu § 1769 bezogene Gesetz (§ 9).

Zu § 1771. Vergl. Annalen, N. F. Bd. 1 S. 63. 1) Ueber Berechnung der Conceptionsfrist siehe Annalen, N. F. Bd. 7 S. 145 flg.

2) Ist das Kind vor dem oder am 182. Tage nach Eingehung der Ehe geboren, so enthält die Behauptung eines Dritten, welcher als außerehelicher Vater des Kindes in Anspruch genommen wird, es habe der Ehemann bereits vor Eingehung der Ehe mit seiner Ehefrau concumbirt, eine Einrede und kein Leugnen des Klaggrundes. Z. f. R. Bd. 42 S. 488. Vergl. ferner Z. f. R. Bd. 30 S. 164 und W. f. R. 1867 S. 412.

Zu § 1772. 1) Der Inhalt dieses § entspricht im Wesentlichen dem gemein-

§ 1773. Das Zugeständniß der Ehefrau, Ehebruch begangen zu haben, oder ein sonstiger Beweis eines von der Ehefrau innerhalb der Schwangerschaftstermine begangenen Ehebruches genügt nicht, dem Kinde die Rechte der ehelichen Geburt zu entziehen.

§ 1774. Hat der Ehemann die Vaterschaft ausdrücklich oder stillschweigend anerkannt, so kann er dieselbe aus dem im § 1772 bezeichneten Grunde nicht bestreiten. (§ 98.)

§ 1775. Ein stillschweigendes Anerkenntniß ist nur anzunehmen, wenn der Ehemann innerhalb einer neunzigtägigen Frist von der Zeit an, zu welcher er Kenntniß von der Geburt des Kindes erhalten, bei dem Gerichte seines Wohnsitzes die Erklärung, daß er die Vaterschaft nicht anerkenne, abzugeben unterläßt. Stirbt der Ehemann vor Ablauf der neunzigtägigen Frist, ohne diese Erklärung abgegeben zu haben, so läuft seinen Erben eine neue neunzigtägige Frist von der Kenntniß des Todes ihres Erblassers an.

§ 1776. Wird ein Kind während der Ehe am einhundertzweiundachtzigsten Tage nach Eingehung der Ehe oder vorher geboren, so gilt dasselbe als ein eheliches, wenn der Ehemann seine Vaterschaft ausdrücklich oder stillschweigend anerkennt. (§ 98.)

rechtlichen Grundsatze: pater est quem nuptiae demonstrant, vergl. Annalen, N. F. Bd. 7 S. 80; N. F. Bd. 1 S. 63; Z. f. R. Bd. 33 S. 441.

2) Behauptet der Ehemann, seiner Ehefrau nicht ehelich beigewohnt zu haben, so ist hierin eine von ihm zu erweisende Ausflucht enthalten. Z. f. R. Bd. 33 S. 440.

Zu § 1775. Annalen, N. F. Bd. 10 S. 302; Z. f. R. Bd. 37 S. 498. 1) Der § stellt eine aus dem Stillschweigen des Ehemannes zu folgernde Rechtsvermuthung auf. Annalen, N. F. Bd. 10 S. 303. Zweck dieser Bestimmung ist, die nach der früheren Praxis zu Gunsten einer solchen stillschweigenden Anerkennung, z. B aus dem Geschehenlassen der Eintragung des Ehemannes in das Taufregister, aus der Ausrichtung eines Kindtaufsschmauses u. s. w. abgeleiteten factischen Vermuthungen einzuschränken und zu beseitigen. Z. f. R. Bd. 37 S. 500.

2) die Erklärung, daß er die Vaterschaft nicht anerkenne. Derselben ist gleichgeachtet worden, wenn der Ehemann erklärt hat, daß er niemals mit seiner Ehefrau den Beischlaf vollzogen habe. Z. f. R. Bd. 37 S. 501 und Annalen, N. F. Bd. 10 S. 306. Hat der Ehemann diese Erklärung abgegeben, so ist allerdings die Annahme eines stillschweigenden Anerkenntnisses ausgeschlossen, um aber von dem Anspruche auf Alimentation des nach dem 182. Tage nach Eingehung der Ehe von seiner Ehefrau geborenen Kindes befreit zu sein, muß er außerdem noch beweisen, daß er mit seiner Frau innerhalb der gesetzlichen Conceptionszeit nicht concumbirt habe. Annalen, N. F. Bd. 7 S. 381.

Zu § 1776. 1) Stimmt mit dem älteren Rechte überein, vergl. Annalen N. F. Bd. 3 S. 473 und Z. f. R. Bd. 21 S. 273, sowie W. f. R. 1861 S. 201.

2) Wird das Kind am oder vor dem 182. Tage geboren, so ist es an sich als ein eheliches nicht zu betrachten, sondern eben nur dann, wenn es der Ehe-

§ 1777. Ein stillschweigendes Anerkenntniß ist nur anzunehmen, wenn der Ehemann vor Eingehung der Ehe Kenntniß von der Schwanger=schaft seiner Ehefrau hat und sich bei Eingehung der Ehe gegen die Annahme seiner Vaterschaft nicht verwahrt, oder wenn er oder seine Erben innerhalb der nach § 1775 zu berechnenden neunzigtägigen Frist die dort erwähnte gerichtliche Erklärung abzugeben unterlassen.

§ 1778. Ein Anerkenntniß der Vaterschaft von Seiten des Ehe=mannes thut weder den Rechten Dritter, noch den Rechten des Kindes Eintrag.

§ 1779. Hat sich eine Wittwe oder geschiedene Ehefrau zu einer Zeit, wo die Geburt eines Kindes aus der ersten Ehe noch möglich ist, anderweit verehelicht und entsteht Zweifel, ob ein in der neugeschlossenen Ehe geborenes Kind aus dieser oder aus der früheren Ehe abstamme, so ist anzunehmen, daß das Kind, wenn es innerhalb zweihundertund=siebenzig Tagen, von Beendigung der ersten Ehe an, geboren wird, der ersten, außerdem der zweiten Ehe angehört.

§ 1780. Außereheliche Kinder erwerben durch die nachfolgende Ehe ihrer Eltern, von Eingehung der Ehe an, alle Rechte ehelicher Kinder. (§ 2018.)

---

mann ausdrücklich oder stillschweigend als solches anerkennt. Z. f. R. Bd. 30 S. 164.

3) so gilt dasselbe als ein eheliches ꝛc. und zwar selbst dann, wenn die Mutter innerhalb der Conceptionszeit noch mit einem Dritten concumbirt hat. W. f. R. 1867 S. 412; 1869 S. 113; Z. f. R. Bd. 33 S. 296; Annalen, N. F. Bd. 3 S. 502.

4) Wird ein Dritter als außerehelicher Vater eines von einer Ehefrau vor oder am 182. Tage nach Eingehung der Ehe geborenen Kindes belangt, so muß sein Einwand, es habe der Ehemann seiner Ehefrau bereits während der Con=ceptionszeit beigewohnt, berücksichtigt und ihm, dem Dritten, zum Beweise nach=gelassen werden. Z. f. R. Bd. 30 S. 164 und W. f. R. 1867 S. 412.

Zu § 1777. Vergl. Hartmann in der Z. f. R. Bd. 27 S. 325. Hat der Ehemann ein vor dem 182. Tage nach Eingehung der Ehe von seiner Ehefrau geborenes Kind auf seinen Namen taufen lassen, so kann er nicht als negotiorum gestor gegen den angeblichen Schwängerer klagen. Annalen, II. F. Bd. 3 S. 37.

Zu § 1778. Vergl. Z. f. R. Bd. 36 S. 28. Ein solches Anerkenntniß ver=pflichtet vielmehr nur den Ehemann, Z. f. R. Bd. 32 S. 448; Annalen, N. F. Bd. 9 S. 455; Bd. 10 S. 287, und es kann daher trotz eines solchen Anerkennt=nisses wider den außerehelichen Vater auf Alimentirung geklagt werden, da das Kind im Falle des § 1776 des BGB. nicht genöthigt werden kann, sich als ein eheliches betrachten zu lassen. Z. f. R. Bd. 32 S. 448 und Annalen, N. F. Bd. 10 S. 288. Hieraus folgt fernerweit, daß der Dritte, welcher als außer=ehelicher Vater von dem Vormunde des Kindes verklagt wird, sich nicht auf ein Anerkenntniß der Vaterschaft Seiten des Ehemannes der Mutter des Kindes berufen kann. Z. f. R. Bd. 32 S. 448; Annalen, N. F. Bd. 10 S. 288.

Zu § 1780. Vergl. Annalen, N. F. Bd. 3 S. 504; Bd. 5 S. 11. 1) Dies

§ 1781. Die durch nachfolgende Ehe begründete eheliche Verwandt=
schaft erstreckt sich auf die eheliche und, soviel die außereheliche Tochter
betrifft, auch auf die außereheliche Nachkommenschaft der außerehelichen
Kinder, selbst wenn diese letzteren vor der Verehelichung ihrer Eltern ge=
storben sind.

§ 1782. Ist die nachfolgende Ehe nichtig, so treten die in §§ 1780,
1781 angegebenen rechtlichen Folgen ein, wenn wenigstens ein Ehegatte
zur Zeit der Eingehung der Ehe in redlichem Glauben gestanden hat.
(§ 1771.)

§ 1783. Außerehelichen Kindern können auf Ansuchen ihres Vaters
die Rechte ehelicher Kinder durch Ehelichsprechung vom Landesherrn ver=
liehen werden, vorbehältlich der Bestimmungen in §§ 1841, 2023. Sind
sie gestorben, so kann dies in Bezug auf ihre ehelichen Abkömmlinge
stattfinden.

§ 1784. Hat der Vater den Wunsch, daß die Ehelichsprechung er=
folge, in seinem letzten Willen ausgesprochen, so können die Abkömmlinge
oder deren Mutter darum ansuchen.

§ 1785. Wenn Personen, welche ehelich gesprochen werden sollen,
unter Vormundschaft stehen, so bedarf es der Einwilligung der Vormünder
und der Genehmigung des Vormundschaftsgerichtes und, wenn sie das
vierzehnte Jahr erfüllt haben, ihrer eigenen Einwilligung. (§ 1794.)

§ 1786. Im Ehebruche erzeugte Kinder können, wenn die Ehefrau
des Ehebrechers mit diesem noch in der Ehe lebt, nur mit Einwilligung
der Ehefrau ehelich gesprochen werden.

Zweiter Abschnitt.
Annahme an Kindesstatt.

§ 1787. Die Annahme an Kindesstatt, Adoption, kann nur durch
einen vor Gericht geschlossenen oder anerkannten und von dem Landes=
herrn des Annehmenden genehmigten Vertrag erfolgen. (E.=u. A.=V. § 13.)

§ 1788. Eine Annahme an Enkelsstatt ist unzulässig.

gilt auch bei im Ehebruch erzeugten Kindern, Z. f. R. Bd. 23 S. 42; Annalen,
A. F. Bd. 5 S. 279; W. f. R. 1845 S. 405; ingleichen selbst dann, wenn die
Mutter während der Conceptionszeit noch mit einem Dritten concumbirt hat.
Z. f. R. Bd. 33 S. 206; W. f. R. 1867 S. 412; 1869 S. 113.

2) Eine Legitimation durch nachfolgende Ehe ist natürlich nur dann denkbar,
wenn der nachherige Ehegatte überhaupt mit seiner späteren Ehefrau innerhalb
der Conceptionszeit des Kindes concumbirt hat. Z. f. R. Bd. 32 S. 448.

3) Außereheliche Kinder und zwar gleichviel, ob sie bereits vor der
Eheschließung geboren oder vor derselben nur erzeugt und nach der Verheirathung
geboren sind. W. f. R. 1867 S. 417.

Zu § 1783. Außereheliche Kinder, welche durch Gnadenrescript ehelich ge=
sprochen worden sind, werden dadurch des Adels ihres außerehelichen Vaters
nicht theilhaftig. Z. f. R. Bd. 38 S. 380.

7*

§ 1789. Aus einem Vertrage über die Annahme an Kindesstatt findet eine Klage auf Einholung der landesherrlichen Genehmigung nicht statt. (§ 1787.)

§ 1790. Außereheliche Väter können ihre außerehelichen Kinder an Kindesstatt annehmen.

§ 1791. Der Annehmende muß das fünfzigste Lebensjahr erfüllt haben und wenigstens achtzehn Jahre älter sein, als der Anzunehmende. Es findet jedoch in beiden Beziehungen landesherrliche Nachsichtsertheilung statt.

§ 1792. Niemand kann gleichzeitig das angenommene Kind Mehrerer, außer eines Ehepaares, sein.

§ 1793. Leben die Eltern des Anzunehmenden noch, so ist die Einwilligung derselben zu der Annahme an Kindesstatt erforderlich; es gelten dabei die in §§ 1571, 1572 angegebenen Vorschriften.

§ 1794. Wenn Personen, welche an Kindesstatt angenommen werden sollen, unter Vormundschaft stehen, so bedarf es der Einwilligung der Vormünder und der Genehmigung des Vormundschaftsgerichtes und, wenn sie das vierzehnte Jahr erfüllt haben, ihrer eigenen Einwilligung. (§ 1785.)

§ 1795. Verheirathete können nur mit Einwilligung des anderen Ehegatten an Kindesstatt annehmen. Eine Ehefrau kann ohne die Einwilligung ihres Ehemannes nicht an Kindesstatt angenommen werden.

§ 1796. Das angenommene Kind kann seinem Familiennamen den Familiennamen des Annehmenden und, im Falle der Annahme von Seiten eines Ehepaares, den Familiennamen des Ehemannes beifügen.

§ 1797. Die gegenseitigen Rechtsverhältnisse zwischen einem angenommenen Kinde und dem Annehmenden sind, soweit nicht in dem über die Annahme an Kindesstatt errichteten Vertrage etwas Anderes bestimmt ist, den zwischen einem ehelichen Kinde und seinen Eltern gleich. Der Annehmende hat jedoch an dem Vermögen des Angenommenen weder Verwaltung und Nießbrauch, noch Erbrecht, auch kann er von ihm im Falle des Bedürfnisses Unterhalt nicht fordern. (§§ 2044 bis 2048. 2601.)

§ 1798. Ein an Kindesstatt angenommenes Kind bedarf zu seiner Verehelichung der Einwilligung seiner leiblichen Eltern; es bestehen auch das gegenseitige gesetzliche Erbrecht zwischen ihm und seinen leiblichen Verwandten und das gegenseitige Recht auf Unterhalt zwischen ihm und seinen leiblichen Eltern und Voreltern mit der Beschränkung im § 1840 fort.

§ 1799. Die übrigen Mitglieder der Familie des Annehmenden und der Angenommene erwerben durch die Annahme gegenseitig keine Rechte.

§ 1800. Die Annahme an Kindesstatt kann auf gemeinschaftliches Verlangen der Betheiligten unter Beobachtung der in §§ 1787, 1794 enthaltenen Vorschriften aufgehoben werden und es tritt dann das Verhältniß zwischen dem Kinde und dessen leiblichen Eltern, soweit dasselbe aufgehoben gewesen ist, wieder in Kraft. Der Einwilligung der leiblichen Eltern des Angenommenen bedarf es zu der Aufhebung der Annahme an Kindesstatt nicht. (§ 2048.)

Dritter Abschnitt.

Rechte und Pflichten beider Eltern.

§ 1801. Eheliche Kinder führen den Familiennamen ihres Vaters, außereheliche den ihrer Mutter.

§ 1802. Die Eltern sind verpflichtet, ihren Kindern Unterhalt zu gewähren. Bei einer Meinungsverschiedenheit der Eltern über die Erziehung ihrer Kinder entscheidet der Vater.

§ 1803. Wenn die Eltern in erheblicher Weise die Erziehung ihrer Kinder vernachlässigen oder deren körperliches oder geistiges Wohl in Gefahr bringen, so kann das Vormundschaftsgericht, soweit es nach den von den Verwaltungsbehörden etwa getroffenen Maßregeln überhaupt noch erforderlich ist, und, nachdem es die Eltern gehört hat, nach Befinden unter Zuziehung von Verwandten der Kinder, das Nöthige verfügen, insbesondere auch eine Vormundschaft eintreten lassen.

§ 1804. Nach erfülltem vierzehnten Jahre kann das Kind, wenn es mit der von den Eltern getroffenen Wahl seines künftigen Berufes nicht einverstanden ist, und sein Verlangen nach einem anderen, seiner Neigung und seiner Fähigkeit angemessenen Berufe den Eltern fruchtlos vorgetragen hat, sich an das Vormundschaftsgericht wenden, welches nach Prüfung der Einwendungen der Eltern mit Rücksicht auf Stand, Vermögen und sonstige Verhältnisse das Nöthige zu verfügen hat.

§ 1805. Beide Eltern können von ihren Kindern, so lange diese noch ihrer Erziehung bedürfen oder in der häuslichen Gemeinschaft stehen, Gehorsam verlangen und, wenn sie das Kind durch angemessene Mittel häuslicher Zucht nicht zum Gehorsam zu bringen vermögen, obrigkeitliches Einschreiten veranlassen.

§ 1806. Die Kinder sind, so lange sie in der häuslichen Gemein-

Zu § 1801. Vergl. hierzu Z. f. R. Bd. 27 S. 513. 1) außereheliche den Namen ihrer Mutter, und zwar selbst dann, wenn der außereheliche Vater sich zu dem Kinde ausdrücklich bekannt haben sollte. Z. f. R. Bd. 27 S. 514; Bd. 28 S. 257. Die außerehelichen Kinder einer Wittwe oder geschiedenen Ehefrau haben den Namen zu führen, welchen ihre Mutter vor ihrer Verheirathung als Ledige geführt hat. Z. f. R. Bd. 27 S. 516; Bd. 28 S. 261. Außereheliche Kinder einer adeligen Mutter dürfen nicht deren adeligen Namen führen. W. f. R. 1873 S. 487.

2) Brautkinder führen den Namen ihres Vaters. Z. f. R. Bd. 27 S. 514 Bd. 28 S. 257. Vor dem Verlöbnisse erzeugte, aber erst nach demselben geborene Kinder sind nicht als Brautkinder anzusehen. Z. f. R. Bd. 33 S. 353.

Zu § 1802. Zum 2. Absatz: Vergl. Z. f. R. Bd. 26 S. 521. Die Entscheidung der Frage übrigens, wem im Falle eines Ehestreites die Kinder über 6 Jahre zu überlassen sind, gehört nicht vor das Civil-, sondern vor das Vormundschaftsgericht. Z. f. R. Bd. 33 S. 332.

Zu § 1806. Aelteres Recht siehe Z. f. R. ältere F. Bd. 1 S. 05 flg.
1) Werden von einem Kinde den Eltern in deren Hauswesen oder in deren

schaft stehen, verpflichtet, die Eltern in deren Hauswesen und Gewerbe zu unterstützen. (§ 1811.)

§ 1807. Die Eltern können die Herausgabe ihres Kindes von jedem Dritten verlangen, welcher ihnen dasselbe widerrechtlich vorenthält.

Vierter Abschnitt.
Väterliche Gewalt.

§ 1808. In der Ehe erzeugte und bei Lebzeiten ihres Vaters geborene Kinder kommen mit ihrer Geburt in die väterliche Gewalt. Dasselbe tritt ein bei außerehelichen Kindern mit der nachfolgenden Ehe ihrer Eltern und mit der landesherrlichen Ehelichsprechung, und bei an Kindesstatt angenommenen Kindern mit der landesherrlichen Genehmigung der Annahme an Kindesstatt, ausgenommen wenn sie in Verhältnissen stehen, welche nach §§ 1832, 1833 die väterliche Gewalt aufheben würden. (§ 1787.)

§ 1809. Ueber Brautkinder, ingleichen über Kinder, die in einer Ehe geboren sind, die für nichtig zu achten oder in Folge Anfechtung aus einem Grunde aufgehoben worden ist, bei welchem einem Theile eine Verschuldung zur Last fällt, steht dem Vater, wenn er bei der nichtigen oder in unredlichem Glauben gestanden hat, oder bei der angefochtenen Ehe der schuldige Theil gewesen ist, die väterliche Gewalt nicht zu. (§ 2039.)

§ 1810. Alles, was ein in väterlicher Gewalt stehendes Kind durch selbstständige Arbeiten, Dienste oder Kunstfertigkeiten erwirbt, ist sein Eigenthum.

§ 1811. Der Vater hat vermöge der väterlichen Gewalt an dem gesammten Vermögen seiner Kinder, mit Ausnahme der an Kindesstatt angenommenen, das Recht der Verwaltung und des Nießbrauches. Dieses

---

Gewerbe Dienste geleistet, so ist, so lange das Kind in der häuslichen Gemeinschaft mit den Eltern steht, anzunehmen, daß dies in Gemäßheit der ihm, dem Kinde, nach § 1806 obliegenden Verpflichtung geschehen sei. J. f. R. ältere F. Bd. 1 S. 95; R. F. Bd. 20 S. 184; Bd. 31 S. 225; Bd. 33 S. 113; Annalen, A. F. Bd. 2 S. 445; R F. Bd. 4 S. 287; Bd. 5 S. 13. Besondere Verabredungen zwischen Eltern und Kind sind indessen nicht ausgeschlossen, es müssen aber solchenfalls die bezüglichen Verabredungen klar und deutlich getroffen sein. Annalen, A. F. Bd. 2 S. 445; R. F. Bd. 5 S. 13; J. f. R. Bd. 20 S. 184; Bd. 31 S. 225.

2) Ueber die Einrede der remuneratorischen Schenkung aus Anlaß der von Kindern geleisteten Dienste: Annalen, R. F. Bd. 7 S. 224 flg.

Zu § 1807. Die Klage der Mutter gegen einen Dritten auf Ueberlassung ihres ehelichen Kindes ist nur ausnahmsweise zulässig. J. f. R. Bd. 26 S. 520.

Zu § 1808. Den Müttern außerehelicher Kinder stehen die Rechte der väterlichen Gewalt nicht zu. Annalen, A. F. Bd. 3 S. 218.

Zu § 1811. Aus Miethverträgen, welche der Vater zum Zwecke der Unterbringung der seinen Kindern gehörigen, seinem Nießbrauche unterworfenen Ge-

Recht findet nicht statt an Gegenständen, welche den Kindern von einem Dritten mit der Bestimmung zugewendet worden sind, daß der Vater daran keine Rechte haben soll, sowie an dem Erbtheile, welcher den Kindern anfällt, weil ihr Vater sich seines Erbrechtes unwürdig gemacht hat, oder weil er rechtmäßig enterbt worden ist. (§§ 2278. 2599.)

§ 1812. Personen, welche ihren Abkömmlingen den Pflichttheil zu hinterlassen verbunden sind, können nicht verfügen, daß deren Vater von der Verwaltung und dem Nießbrauche des Pflichttheiles ausgeschlossen sein soll. (§ 2565.)

§ 1813. Sind Kinder zu der Zeit, wo sie Vermögen erwerben, minderjährig, so hat der Vater innerhalb zweier Monate, von der Erwerbung an, ein Verzeichniß ihres Vermögens, wie er es auf Erfordern eidlich bestärken kann, bei dem Vormundschaftsgerichte einzureichen.

§ 1814. Der Vater hat wegen des Vermögens der Kinder, an welchem ihm die Verwaltung und der Nießbrauch zusteht, in der Regel keine Sicherheit zu leisten. (§ 391.)

§ 1815. Wenn durch Verschlimmerung der Vermögensverhältnisse des Vaters, oder durch unordentliche Wirthschaft, oder durch Auswanderung desselben das Vermögen der Kinder in Gefahr kommt, so kann von ihm Sicherheitsleistung gefordert werden und es tritt, wenn derselbe Grundstücke besitzt, die Vorschrift im § 391 ein. Vermag der Vater die Sicherheit nicht zu leisten, so können die Kinder und, sofern sie minderjährig sind oder ihre Bevormundung sich sonst nöthig macht, die ihnen zu bestellenden Vormünder, verlangen, daß ihnen die Verwaltung des Vermögens, unbeschadet des Nießbrauches des Vaters, überlassen wird. (G.-O. § 81.)

genstände abschließt, wird er lediglich allein verpflichtet. Annalen, N. F. Bd 3 S. 98.

Zu § 1814. Ist aber den Kindern vom Vater einmal eine Hypothek ohne zwingende Ursachen bestellt worden, so darf selbige nur nach vorgängigem Gehör eines Specialvormundes gelöscht werden. Annalen, N. F. Bd. 5 S. 482.

Zu § 1815. Aelteres Recht vergl. Archiv I. S. 580. 1) Die Prüfung, ob die Voraussetzungen vorhanden seien, unter welchen einem Vater wegen des in seiner Verwaltung belassenen Vermögens der Kinder Sicherheitsleistung angesonnen oder sogar die Verwaltung dieses Vermögens entzogen werden kann, sowie die Beschlußfassung wegen Ergreifung oder Ausführung der einen oder anderen Maßregel, gehört vor den Vormundschafts- und nicht vor den Civilrichter. Es ist daher auch darüber nicht im Rechtswege zu verhandeln. Anders aber ist es, wenn die Verwaltung dem Vater entnommen und dem bestellten Vormunde übertragen werden soll, zu dem Behufe aber Maßregeln ergriffen werden sollen, welche den Vater zur Rückgabe des Kindesvermögens zu nöthigen bezwecken. Hier kann ein Zwangsverfahren wider den Vater nur auf Grund vorgängiger rechtskräftiger richterlicher Entscheidung erfolgen. Archiv I. S. 584 und Annalen, II. F. Bd. 3 S. 278.

2) die ihnen zu bestellenden Vormünder, denn solchenfalls müssen

§ 1816. Wegen des Vermögens der Kinder, an welchem der Vater weder die Verwaltung, noch den Nießbrauch, oder blos die Verwaltung ohne Nießbrauch, oder blos den Nießbrauch ohne Verwaltung hat, ist, in dem letzteren Falle unbeschadet des Nießbrauches des Vaters, den Kindern, wenn sie minderjährig sind, ein Vormund zu bestellen. (G.=O. § 81.)

§ 1817. Der Vater haftet rücksichtlich des Vermögens seiner Kinder, an welchem ihm die Verwaltung und der Nießbrauch oder blos die Verwaltung zusteht, für absichtliche Verschuldung und für Unterlassung des Fleißes, welchen er in seinen eigenen Angelegenheiten anzuwenden pflegt. (§ 730.)

§ 1818. Der Vater ist berechtigt, bewegliche Sachen der minderjährigen Kinder zu veräußern. Unbewegliche Sachen, ingleichen Kostbarkeiten, Gold= und Silbergeräthe, Gesammtsachen, öffentliche Creditpapiere und Actien kann er, wenn die Kinder minderjährig sind, nur mit Genehmigung des Vormundschaftsgerichtes veräußern, welches dieselbe nur im Nothfalle, oder wenn die Veräußerung unter besonderen Verhältnissen zum Vortheile der Kinder gereicht, ertheilen darf. Haben die Kinder die Volljährigkeit erreicht, so kann der Vater bewegliche und unbewegliche Sachen derselben nur mit deren Einwilligung veräußern. (§§ 1941 bis 1945.)

§ 1819. Die Bestimmungen in §§ 1670, 1674, 1676 finden auf den Nießbrauch des Vaters an dem Vermögen seiner Kinder analog Anwendung.

§ 1820. Von dem Vermögen der Kinder, an welchem der Vater den Nießbrauch hat, können Gläubiger des Vaters zu ihrer Befriedigung die Früchte nur soweit in Anspruch nehmen, als nicht davon die Kosten der Erhaltung des Gegenstandes des Nießbrauches und der Unterhalt des Vaters und der Familienglieder, zu deren Unterhalte er gesetzlich verpflichtet ist, zu bestreiten sind. (§ 1683r)

§ 1821. Der Vater vertritt seine in väterlicher Gewalt stehenden minderjährigen Kinder rücksichtlich ihrer Person und ihres Vermögens vor und außer Gericht, soweit nicht gesetzliche Ausnahmen bestehen. Volljährige Kinder handeln selbst für sich, vorbehältlich des ihrem Vater zustehenden Rechtes der Verwaltung und des Nießbrauches. (§ 1818.)

---

den minderjährigen Kindern Specialvormünder bestellt werden. Annalen, N. F. Bd. 4 S. 165.

Zu § 1817. Der Vater hat also namentlich auch für die den Nießbrauch gewährenden Objecte Sorge zu tragen, also z. B. bei Maschinen, welche seinen Kindern gehören, für deren Unterbringung zu sorgen. Z. f. R. Bd. 29 S. 396. Den dadurch entstehenden Aufwand hat regelmäßig der Vater zu tragen. Z. f. R. Bd. 29 S. 396; Annalen, N. F. Bd. 3 S. 98.

Zu § 1818. Zu den in § 1818 aufgezählten Sachen, welche der Vater nur mit obervormundschaftlicher Genehmigung veräußern darf, sind Herbergs- und Auszugsrechte der Kinder nicht zu rechnen. W. f. R. 1873 S. 21.

Zu § 1821. Werden minderjährige Kinder während des Processes volljährig,

§ 1822. Gehen Minderjährige, welche in väterlicher Gewalt stehen, Geschäfte unter Lebenden ein, so bedürfen sie der Einwilligung des Vaters. Ohne diese Einwilligung sind die Geschäfte nichtig, vorbehältlich der Bestimmungen in §§ 693, 787.

§ 1823. Wenn ein Minderjähriger, welcher in väterlicher Gewalt steht, sich betrügerischer Weise durch Worte oder Handlungen für volljährig ausgegeben und dadurch einen Anderen, ohne daß diesen eine Verschuldung trifft, zu Schließung eines Vertrages verleitet hat, so steht diesem die Wahl zu, ob er die Erfüllung des Vertrages fordern, oder von dem Vertrage abgehen und Rückgabe des in dessen Folge Geleisteten aus dem Vermögen des Minderjährigen verlangen will. (§ 1912.)

§ 1824. In Fällen, in welchen Verbindlichkeiten ohne Willenshandlung, oder aus unerlaubten Handlungen, oder unmittelbar aus gesetzlichen Gründen entstehen, werden Minderjährige, welche in väterlicher Gewalt stehen, ohne Einwilligung des Vaters verpflichtet. (§ 1914.)

§ 1825. Verbindlichkeiten der Kinder gegen Dritte, soweit sie nicht zum Zwecke des Unterhaltes der ersteren eingegangen sind, ist der Vater aus seinem Vermögen zu erfüllen nicht verbunden. (§ 1355.)

§ 1826. Hat ein Kind Schaden zugefügt oder ein Verbrechen verübt, so haftet für Schadenersatz, Geldstrafe und Kosten des Strafverfahrens oder Rechtsstreites der Stamm des Vermögens des Kindes. Der Vater kann verlangen, daß hierzu zunächst das Vermögen, an welchem er das Recht der Verwaltung und des Nießbrauches nicht hat, verwendet wird. Der durch den Unterhalt im Gefängnisse und durch die Vertheidigung des Kindes verursachte Aufwand ist, in Ermangelung eigenen Vermögens des Kindes, aus dem des Vaters zu bezahlen. (§ 1680.)

§ 1827. Rechtsgeschäfte zwischen dem Vater und den in seiner väterlichen Gewalt stehenden Kindern sind nach den allgemeinen Vorschriften zu beurtheilen. Minderjährigen Kindern sind zu Rechtsgeschäften und Rechtsstreiten mit dem Vater, namentlich zur Theilung gemeinschaftlichen Vermögens, besondere Vormünder zu bestellen, welche vorzugsweise aus den Verwandten mütterlicher Seite zu nehmen sind.

§ 1828. Führt der Vater wegen des Stammes des Vermögens des

---

so muß sich der frühere Sachwalter, der auch ihnen dient, neu legitimiren. **An-nalen, R. F. Bd. 4 S. 94.**

Zu § 1824. Verbindlichkeiten ohne Willenshandlung, z. B. in Folge einer negotiorum gestio. **Annalen, R. F. Bd. 6 S. 501.**

Zu § 1827. Vergl. W. f. R. 1868 S. 465. 1) Der Vater ist nicht berechtigt, einseitig die Löschung eines seinen Kindern an seinem Grundstücke bestellten Pfandrechtes zu verlangen, ein solches kann vielmehr nur nach Gehör des Vormundes und des Vormundschaftsgerichtes gelöscht werden. Z. f. R. Bd. 32 S. 251 und W. f. R. 1868 S. 459.

2) **besondere Vormünder zu bestellen,** vergl. hierzu **Annalen,** R. F. Bd. 5 S. 482; Archiv II. S. 45. So übrigens schon nach älterem Rechte, vergl. W. f. R. 1868 S. 465.

Kindes mit Dritten einen Rechtsstreit, so sind die Kosten aus dem Stamme dieses Vermögens zu bezahlen.

§ 1829. Die väterliche Gewalt erlöscht mit dem Tode des Vaters oder des Kindes.

§ 1830. Die väterliche Gewalt erlöscht, wenn sie ein Anderer durch Annahme an Kindesstatt erwirbt. (§ 1797.)

§ 1831. Die väterliche Gewalt erlöscht, wenn der Vater deren Aufhebung vor Gericht erklärt. Ist das Kind minderjährig, so kann die väterliche Gewalt von dem Vater nur mit Einwilligung eines dem Kinde hierzu bestellten Vormundes aufgehoben werden. (G.=O. § 79.)

§ 1832. Die väterliche Gewalt erlöscht, wenn das Kind eine be= sondere Haushaltung gründet. Ist das Kind minderjährig, so bedarf es dazu der Einwilligung des Vaters und eines dem Kinde hierzu bestellten Vormundes. Volljährige Kinder können ohne die Einwilligung des Va= ters eine besondere Haushaltung gründen; widerspricht jedoch der Vater, so hat das Gericht über die Erheblichkeit des Widerspruches zu entscheiden. (G.=O. § 80.)

§ 1833. Die väterliche Gewalt über die Tochter erlöscht, wenn sich dieselbe verheirathet. Nach Beendigung der Ehe lebt die väterliche Gewalt nicht wieder auf.

§ 1834. Kommt der Vater unter Vormundschaft, so kann er, so lange diese dauert, die väterliche Gewalt über die Person seiner Kinder nicht ausüben, das Vermögen der Kinder aber, an welchem ihm die Ver= waltung und der Nießbrauch zusteht, hat der ihm bestellte Vormund zu verwalten. Sind die Kinder minderjährig, so ist denselben für ihre Person ein Vormund zu bestellen.

§ 1835. Nach Erlöschung der väterlichen Gewalt hat der Vater das ihm zur Verwaltung und zum Nießbrauche überlassene Vermögen an das Kind herauszugeben; es gelten dabei die Vorschriften in §§ 1688, 1690.

§ 1836. Wegen des Aufwandes für den Unterhalt des Kindes kann der Vater einen Abzug machen, wenn er zu dessen Bestreitung wegen eigener Vermögenslosigkeit Schulden machen mußte, oder, wenn der Auf= wand mit Einwilligung des Kindes, oder, bafern dieses minderjährig war, mit Einwilligung des ihm hierzu bestellten Vormundes von dem Stamme des Vermögens des Kindes bestritten wurde; es darf jedoch der Vormund des Kindes seine Einwilligung nur dann geben, wenn der von dem Vater beabsichtigte Aufwand über das hinausgeht, wozu er gesetzlich verpflichtet ist. (§ 1851.)

Fünfter Abschnitt.
Wechselseitige Verpflichtung der ehelichen Eltern, Voreltern und Abkömmlinge zu Gewährung des Unterhaltes.

§ 1837. Zunächst ist der Vater verpflichtet, seinen Kindern den erforderlichen Unterhalt zu gewähren. (§ 1749.)

Zu § 1832. Vergl. hierzu Z. f. R. Bd. 41 S. 232.

§ 1838. Ist der Vater gestorben, oder unvermögend, oder kann er in den deutschen Bundesstaaten nicht belangt werden, so liegt die Ver=

Zu § 1837 und den folg. § vergl. überhaupt Annalen, N. F. Bd. 9 S. 456. Eine Gemeinde, welche einem Armen Unterstützung gewährt hat, kann dann, wenn andere unterhaltungspflichtige Personen vorhanden waren, sich nicht ohne Weiteres an den Unterstützten halten, wenn dieser nachher zu besserem Vermögen kommt. W. f. R. 1871 S. 117 flg. und Z. f. R. Bd. 36 S. 12.

Zu § 1837. 1) Dessen Inhalt entspricht dem gemeinen Rechte. Z. f. R. Bd. 36 S. 508.

2) Die Verpflichtung des Vaters erlischt auch nicht durch Auflösung der häuslichen Gemeinschaft. Z. f. R. Bd. 36 S. 508 und Annalen, N. F. Bd. 9 S. 456. Ebensowenig durch Scheidung der zwischen den Eltern bestandenen Ehe. Z. f. R. Bd. 34 S. 106.

3) Der Vater ist ausnahmsweise nicht unterhaltspflichtig in den Fällen des § 1634 und 1637, wo der des Unterhalts bedürftige Ehegatte zunächst an den andern Ehegatten gewiesen wird, sowie im Falle des § 1840, wo die Unterhalts= pflicht der Adoptiveltern vor der der leiblichen Eltern und Voreltern Platz zu greifen hat. Annalen, N. F. Bd. 9 S. 457.

4) Eine Klage der von ihrem Ehemanne geschiedenen Mutter auf Erstattung des von ihr für den Unterhalt ihrer Kinder bestrittenen Aufwandes ist statthaft, selbst wenn diese Kinder seit der Ehetrennung das sechste Lebensjahr zurückgelegt haben, so lange der Vater ihr die Kinder thatsächlich zur Erziehung überläßt. Z. f. R. Bd. 43 S. 144. Waren die Kinder dagegen zur Zeit der Ehetrennung bereits 6 Jahr alt, so gehört zur Begründung einer derartigen Ersatzklage der Mutter wider ihren früheren Ehemann die Bezugnahme auf besondere Umstände, aus welchen sich ergiebt, daß die Mutter ungeachtet des eigenen Erziehungsrechtes des Vaters berechtigt oder genöthigt gewesen sei, den Unterhalt für die Kinder selbst zu bestreiten. Annalen, II. F. Bd. 1 S. 129; Z. f. R. Bd. 43 S. 146.

5) Klage einer Gasthofsbesitzerin gegen den Vater, dessen Söhne sie Speisen und Getränke verabreicht hatte. Archiv III. S. 542. (AG. Leipzig.)

6) Der Einwand des Vaters, daß er seinen Sohn mit zum Unterhalte be= stimmten Geldmitteln im Voraus ausreichend versehen habe ist, vom AG. zu Leipzig für ausreichend angesehen worden, um die Klage wider den Vater auf Erstattung des dem Sohne gewährten Unterhaltes zu entkräften. Archiv III. S. 543.

7) Ueber die Frage, inwieweit der Vater berechtigt sei, von ihm für sein Kind bestrittene Alimente aus dessen Vermögen ersetzt zu verlangen, vergl. Z. f. R. Bd. 14 S. 171.

Zu § 1838. Die Vorschriften in § 1838 und 1839 stimmen mit dem ge= meinen Rechte überein, vergl. W. f. R. 1866 S. 322. 1) unvermögend, Er= läuterung dieses Wortes siehe im W. f. R. 1866 S. 321 und Annalen, N. F. Bd. 3 S. 44.

2) So lange die Eltern noch leben, sind sie zunächst stets unterhaltspflichtig. W. f. R. 1866 S. 321.

pflichtung zum Unterhalte des Kindes der Mutter ob, in dem letzten Falle vorbehältlich des Rückanspruches an den Vater. (§§ 138. 1462. 1839. 1840.)

§ 1839. Ist auch die Mutter gestorben, oder unvermögend, oder kann sie in den deutschen Bundesstaaten nicht belangt werden, so trifft, in dem letzten Falle vorbehältlich des Rückanspruches an die Mutter, die Unterhaltspflicht die in den entfernteren Graden stehenden Voreltern von väterlicher und mütterlicher Seite nach der Nähe des Grades. Mehrere desselben Grades, welche den Unterhalt zu leisten vermögen, haften zu gleichen Theilen. Können einige der mehreren Verpflichteten in den deutschen Bundesstaaten nicht belangt werden, so haften für deren Antheile die übrigen, vorbehältlich des Rückanspruches an ihre Mitverpflichteten.

§ 1840. Rücksichtlich der an Kindesstatt Angenommenen tritt die Unterhaltungspflicht der leiblichen Eltern und Voreltern nur ein, wenn der Annehmende gestorben oder unvermögend ist, oder in den deutschen Bundesstaaten nicht belangt werden kann, in dem letzten Falle vorbehältlich des Rückanspruches an den Annehmenden.

§ 1841. Bei ehelich gesprochenen Kindern trifft die Unterhaltungspflicht die Voreltern von väterlicher Seite nicht. (§§ 1783 bis 1786.)

§ 1842. Wenn Eltern und Voreltern außer Stande sind, sich selbst zu erhalten, so sind die Abkömmlinge in der Reihenfolge, in welcher sie zur gesetzlichen Erbfolge berechtigt sind, zum Unterhalte verpflichtet. Im Falle des Zusammentreffens mehrerer zum Unterhalte ihrer Eltern und Voreltern verpflichteten Abkömmlinge findet die Vorschrift in § 1839 Anwendung. (§§ 2034. 2035.)

§ 1843. Gegen Brautkinder, ingleichen gegen Kinder, welche in einer Ehe geboren sind, die für nichtig zu achten oder aus einem Grunde aufgehoben worden ist, bei welchem einem Theile eine Verschuldung zur Last fällt, steht dem Vater, wenn er bei der nichtigen Ehe in unredlichem Glauben gestanden hat, oder bei der angefochtenen Ehe der schuldige Theil gewesen ist, ein Anspruch auf den Unterhalt nicht zu. (§ 1578.)

§ 1844. Die Verpflichtung zum Unterhalte setzt voraus, daß Derjenige, welcher den Unterhalt fordert, weder eigenes Vermögen besitzt, von welchem er erhalten werden kann, noch sich seinen Unterhalt zu verdienen vermag.

Zu § 1839. Vergl. Annalen, N. F. Bd. 9 S. 460.
Zu § 1842. Ueber die Concurrenz der Alimentationspflicht der Ascendenten und Descendenten vergl. Annalen, N. F. Bd. 9 S. 456. Sind Eltern und Kinder des Unterhaltsbedürftigen vorhanden, so trifft erstere die Unterhaltspflicht zunächst, Z. f. R. Bd. 36 S. 508, W. f. R. 1866 S. 321.
Zu § 1844. Vergl. hierzu Archiv III. S. 23. 1) Daß die Voraussetzungen des § vorliegen, muß der den Unterhalt Fordernde beweisen, Annalen, N. F. Bd. 9 S. 459. Doch müssen eintretenden Falls vom Processgerichte nach dieser Richtung Erörterungen angestellt werden, Annalen, N. F. Bd. 9 S. 460 Note.
2) Die Unterhaltspflicht ist als nicht vorhanden angenommen worden in dem

§ 1845. Die Unterhaltspflicht der Eltern gegen die Kinder tritt schon ein, wenn die Früchte des Vermögens der Kinder zu deren Unter= halte nicht ausreichen.

§ 1846. Der Unterhalt umfaßt Alles, was zur standesmäßigen Erhaltung des Lebens und im Todesfalle zur Beerdigung nöthig ist. Bei Kindern sind darunter auch die Kosten der Erziehung, des Unterrichtes und der Ausbildung zu einem Berufe begriffen. (§ 2473.)

§ 1847. Für den Umfang des Unterhaltes ist der Stand und das Bedürfniß des Berechtigten und der Stand und das Vermögen des Ver= pflichteten maßgebend.

§ 1848. Im Falle des Unvermögens des Verpflichteten besteht auf die Dauer desselben eine Verpflichtung zum Unterhalte nicht. Kommt er

---

Falle, wenn der Vater seinem Sohne zur Bestreitung des Unterhalts im Voraus ausreichende Geldmittel eingehändigt hatte, indem es alsdann an der Mittellosig= keit des Kindes gebreche. Erk. des AG. Leipzig im Archiv III. S. 542. Zur Entkräftung dieser Einrede würde jedoch genügen, wenn der Kläger zu erweisen vermöchte, daß der Sohn die Gelder bereits herausgabt habe oder dieselben sonst zu Grunde gegangen seien, Archiv III. S. 542.

3) noch sich seinen Unterhalt zu verdienen vermag.

a. Unter Unterhalt ist hier der Unterhalt in standesgemäßer Weise zu verstehen, Z. f. R. Bd. 35 S. 290.

b. Die Unterhaltspflicht cessirt daher. wenn die Möglichkeit eigenen Verdienstes vorhanden ist, Archiv II. S. 521.

c. Ist dies bei einem 15jährigen Mädchen anzunehmen und wann erscheint diese Annahme gerechtfertigt? Z. f. R. Bd. 35 S. 289.

Zu § 1846. Zur standesgemäßen Erhaltung des Lebens, vergl. hierzu Annalen, N. F. Bd. 1 S. 50.

Zu § 1847. Und zwar zur Zeit der nothwendigen Verpflegung, nicht der Klagerhebung, Z. f. R. Bd. 41 S. 143.

Zu § 1848. Zu Abf. 1 vergl. Z. f. R. Bd. 10 S. 283; Bd. 18 S. 143, W. f. R. 1841 S. 51, 1855 S. 37, 1871 S. 80.

1) Die Zahlungsfähigkeit des Verpflichteten ist Bedingung der Zahlungspflicht, W. f. R. 1855 S. 37; Annalen, N. F. Bd. 3 S. 143. Die Behauptung, daß der Unterhaltspflichtige hierzu vermögend sei, gehört daher zur Begründung der Klage, Archiv III. S. 94 (AG. Leipzig). Den Beweis der Zahlungsfähigkeit hat der Kläger zu führen, doch sind an diesen keine zu weit gehenden Anforderungen zu stellen, Annalen, N. F. Bd. 3 S. 143.

2) Maßgebend ist nicht der Zeitpunkt der Klagerhebung, sondern die Zeit des Bedürfnisses, Annalen, N. F. Bd. 2 S. 351.

3) Namentlich ist er dann nicht verpflichtet, wenn er nicht soviel Mittel besitzt, um unbeschadet seines eigenen Unterhalts jener Verpflichtung genügen zu können, Annalen, N. F. Bd. 2 S. 230; Z. f. R. Bd. 10 S. 283.

Zu Abf. 2 vergl. Z. f. R. Bd. 10 S. 284.; Bd. 41 S. 143; Annalen, N. F. Bd. 2 S. 230; W. f. R. 1872 S. 503; Annalen, N. F. Bd. 2 S. 352.

später zu Vermögen, so ist er für die Vergangenheit nachzuzahlen nicht verbunden. (§ 1836.)

§ 1849. Für die Vergangenheit kann der Unterhalt nur gefordert werden, wenn der Berechtigte, um sich zu erhalten, Schulden machen mußte.

§ 1850. Der Verpflichtete hat die Wahl zwischen der Gewährung des Unterhaltes in Natur und der Leistung in Gelde. (§ 697.)

§ 1851. Der Verpflichtete kann die Erstattung des gewährten Unterhaltes nicht fordern, wenn der Berechtigte später zum Vermögen kommt.

§ 1852. Auf das Recht, den Unterhalt zu fordern, kann für die Zukunft nicht verzichtet werden.

§ 1853. Die Unterhaltspflicht hört mit dem Tode des Verpflichteten auf.

§ 1854. Hat der des Unterhaltes Bedürftige sich gegen den zu Gewährung des Unterhaltes Verpflichteten so betragen, daß dieser ihn zu enterben berechtigt wäre, so kann er nicht den standesmäßigen, sondern blos den nothdürftigen Unterhalt in der Weise fordern, wie solchen die öffentliche Armenanstalt gewährt. (§ 2575.)

Sechster Abschnitt.
Klagen wegen des Familienstandes.

§ 1855. Wird Jemandem der Familienstand als Vater als Mutter, als Kind, oder als Ehegatte bestritten, oder verneint Jemand, daß er den ihm angesonnenen Stand als Vater, als Mutter, als Kind oder als Ehe=

Zu § 1849. Vergl. Annalen, N. F. Bd. 7 S. 217.

1) Hierin ist der Grundsatz: „in praeteritum non vivitur" ausgesprochen, vergl. hierzu Z. f. R. Bd. 1 S. 130; Annalen, A. F. Bd. 4 S. 89.

2) Den Rechtssatz: „in praeteritum non vivitur" ist auf solche Fälle zu beschränken, wo Alimente ex officio pietatis vel sanguinis gefordert werden, Annalen, A. F. Bd. 2 S. 28; Z. f. R. Bd. 1 S. 130; Bd. 18 S. 277; Entsch. des Reichs-OHG. im Archiv II. S. 523. Derselbe ist daher nicht anwendbar auf die Fälle, wo die Unterhaltspflicht auf einem Verschulden des Unterhaltspflichtigen beruht, Archiv II. S. 522.

3) Dem Großvater eines ehelichen Kindes, welcher zugleich dessen Specialvormund war, ist wider den Vater, welcher von der Mutter des Kindes geschieden worden war, ein Klagrecht für die von ihm bestrittenen Alimente zugestanden worden, Z. f. R. Bd. 34 S. 106.

Zu § 1850. Der Verpflichtete kann die Gewährung des Unterhaltes in Natur nicht wählen, wenn ihm die Erziehung des Kindes von der obervormundschaftlichen Behörde untersagt worden ist, Annalen, N. F. Bd. 7 S. 221; Z. f. R. Bd. 34 S. 109.

Zu § 1855. 1) Vergl. über diese Präjudicialklagen im Allgemeinen Z. f. R. Bd. 37 S. 47. Ueber die Provocation zu Anstellung einer Präjudicialklage siehe Annalen, N. F. Bd. 9 S. 344.

2) Brautkind. Dasselbe kann gegen seinen Vater auf Anerkennung der

gatte habe, so hat er eine Klage im ersten Falle auf Anerkennung des Familienstandes, im zweiten Falle auf Anerkennung des Nichtvorhandenseins des behaupteten Familienstandes, in beiden Fällen auf Unterlassung von Störungen und auf Ersatz des etwa zugefügten Schadens. (§§ 321. 532.)

§ 1856. Wider den Vater, welcher das Anerkenntniß eines ehelichen Kindes verweigert, hat auch die Mutter eine Klage auf Anerkennung und Ernährung des Kindes. (§§ 1865 bis 1867.)

§ 1857. Rechtskräftige Entscheidungen, welche zwischen Ehegatten über die Ehe, zwischen Vater und Kind über die eheliche Geburt oder väterliche Gewalt, und zwischen Mutter und außerehelichem Kind über die Kindschaft ertheilt werden, gelten auch gegen Dritte, ausgenommen wenn sie auf einem Versäumnisse im Rechtsstreite oder auf einem unerlaubten Einverständnisse der streitenden Theile beruhen. (§ 177.)

Siebenter Abschnitt.
Verhältniß zwischen außerehelichen Eltern und Kindern.

§ 1858. Wer eine Frauensperson außer der Ehe schwängert, ist verpflichtet, die Geburts- und Taufkosten zu bezahlen, ingleichen zu dem Unterhalte des Kindes einen Beitrag zu geben.

Vaterschaft klagen, Z. f. R. Bd. 33 S. 353; dagegen nicht wider die Großeltern oder gegen die Erben des Vaters, denn gegen diese hat es lediglich die Erbtheilungs- oder die Erbschaftsklage. Annalen, N. F. Bd. 7 S. 181 und Z. f. R. Bd. 33 S. 353.

3) Der Vater eines Brautkindes kann nicht bei Lebzeiten desselben auf Anerkennung der Vaterschaft klagen, Z. f. R. Bd. 41 S. 481.

4) Die Klage der Braut wider den früheren Bräutigam auf Anerkennung und Ernährung eines Brautkindes ist vom K. OAG. für zulässig erachtet worden, W. f. R. 1867 S. 321.

Zu § 1856. Vergl. Annalen, N. F. Bd. 1 S. 63. 1) Die Mutter kann nicht gezwungen werden, ihr Kind in einem Processe zu vertreten, in welchem der Vater seine Vaterschaft bestreitet, Annalen, N. F. Bd. 8 S. 91.

2) Eine Ehefrau, welche von ihrem Ehemanne getrennt lebt, kann wegen Erstattung des Unterhalts für ihr gemeinschaftliches Kind, beziehentlich wegen Gewährung zukünftiger Alimente für selbiges, nicht vor dem Civil-, sondern nur vor dem Ehericher klagen, Erk. des AG. Leipzig, im W. f. R. 1869 S. 5.

3) Wider den Vater. Gegen einen Dritten, bei dem sich ihr eheliches Kind befindet, kann die Mutter regelmäßig nicht auf Ueberlassung des Kindes klagen, Z. f. R. Bd. 20 S. 520.

Zu § 1858. Vergl. hierzu noch § 21 der Publicationsverordnung und oben Bd. 1 S. 7 u. 8. Aelteres Recht s. Annalen, N. F. Bd. 3 S. 215; Bd. 4 S. 190. Vergl. ferner die Abhandlung von Dr. Hartmann, das Verhältniß zwischen außerehelichen Eltern und Kindern nach neuestem Sächsischen Rechte, Z. f. R. Bd. 27 S. 309 flg. 1) Die Verbindlichkeit zur Alimentirung ist auf das natürliche Verwandtschaftsband zurückzuführen, Z. f. R. Bd. 19 S. 130; Bd 24 S. 355; Bd. 29 S. 122; W. f. R. 1866 S. 106 u. 415; Annalen, R. F. Bd. 3 S. 46.

2) Das Kind ist der zunächst forderungsberechtigte Theil, Annalen, A. F. Bd. 3 S. 214; W. f. R. 1809 S. 431; Z. f. R. Bd. 30 S. 85.

3) Ein Dritter, welcher die Alimente für ein uneheliches Kind bestritten hat, kann dieselben von dem Erzeuger ersetzt verlangen, Z. f. R. Bd. 14 S. 183; W. f. R. 1855 S. 190. Vergl. jedoch oben zu § 1354.

4) Hat der außereheliche Vater für die Alimentenforderungen ein Bauschquantum gewährt, so kann er dieses im Falle des Todes des Kindes weder ganz noch theilweise zurückfordern, Z. f. R. Bd. 27 S. 332.

5) Alimentenansprüche wider den außerehelichen Vater, welcher nach der Geburt des Kindes in Concurs verfallen ist, sind wegen der verfallenen Alimente unbedingt, wegen der zukünftigen als bedingte Forderungen und überdies letztere nach dem Minimalsatze von 36 Mark jährlich bei dem Concurse zu lociren, Erk. des AG. Zwickau, Archiv I. S. 75.

6) Ueber das Recht, Verzugszinsen von im Rückstand gelassenen Alimenten zu fordern, vergl Annalen, A. F. Bd. 8 S. 58; Z. f. R. Bd. 13 S. 273.

7) Collision inländischer und ausländischer Gesetzgebung in Bezug auf privatrechtliche Folgen der außerehelichen Schwängerung, Annalen, A. F. Bd. 2 S. 520; R. F. Bd. 1 S. 408 und oben Bd. 1 S. 21 zu § 12. Siehe auch unten zu Nr. 14.

8) Zahlung von Alimenten über das gesetzliche Maaß hinaus oder statt dessen die Gewährung eines außergewöhnlich großen Vergleichsquantums ist wegen der concurrirenden causa pietatis nicht als Schenkung anzusehen, Annalen, R. F. Bd. 8 S. 260; W. f. R. 1870 S. 425; Z. f. R. Bd. 35 S. 328.

0) Die Alimentenforderungen sind der kurzen Verjährung nicht unterworfen, Annalen, A. F Bd. 7 S. 384.

10) Gegen laufende Alimente ist die Aufrechnung von Gegenansprüchen unstatthaft, Archiv II. S. 100 (AG. Dresden).

11) Die Verkümmerung des Arbeitslohnes ist wegen außerehelicher Alimente nicht statthaft, Archiv I. S. 192.

12) Die Hülfsvollstreckung in laufende Alimente ist ausgeschlossen, wenn die Mutter die Schuldnerin der Forderung ist, wegen deren die Hülfe vollstreckt werden soll; W. f. R. 1845 S. 407; Archiv II. S. 553 (AG. Zwickau).

13) Den Müttern unehelicher Kinder stehen die Rechte der väterlichen Gewalt nicht zu, Annalen, A. F. Bd. 3 S. 218.

14) Die Vorschriften des § gelten einem Sachsen gegenüber auch dann, wenn die Geschwängerte eine Ausländerin ist, in deren Heimath ähnliche Grundsätze nicht gelten, W. f. R. 1842 S. 344; Z. f. R Bd. 11 S. 460; Annalen, A. F. Bd. 2 S. 526.

15) Zur Begründung einer Alimentationsklage bedarf es nicht der Bezugnahme darauf, daß das Kind, dessen Geburt erwiesen ist, noch am Leben sei, vielmehr hat der Gegentheil den Tod zu behaupten und zu beweisen, Annalen, N. F. Bd. 2 S. 179.

16) Der Klage der Geschwängerten auf Alimente kann von dem Stuprator nicht mit Erfolg der Einwand entgegengesetzt werden, daß sie, die stuprata, früher eine andere Mannsperson als außerehelichen Vater vor Gericht bezeichnet habe

§ 1859. Als Schwängerer gilt derjenige, welcher mit der Ge=
schwängerten in dem Zeitraume zwischen dem einhundertzweiundachtzigsten
und dem dreihundertundzweiten Tage vor deren Niederkunft, den Tag der=
selben ungerechnet, den Beischlaf vollzogen hat. (§ 1771.)

---

oder im Kirchenbuche habe eintragen lassen, W. f. R. 1863 S. 137 und Z. f. R.
Bd. 24 S. 273.

17) Die im Widerspruche mit einer rechtskräftigen Entscheidung Seiten des
Gerichts beliebte Beschränkung der Eidesnotul auf einen bestimmten Tag der Con=
ceptionsfrist enthält einen ungerechtfertigten Eingriff in die Parteirechte zum Nach=
theile der Klägerin und gilt der Eid deshalb, weil die Klägerin ihn in der
solchergestalt abgeänderten Fassung nicht zu schwören vermag, nicht für versäumt,
sondern es ist der Klägerin die anderweite Eidesleistung unbedenklich zu gestatten,
W. f. R. 1864 S. 137 flg. Ueber die Frage, wie diesfalls der Eid zu förmeln
sei, siehe W. f. R. 1864 S. 141.

Zu § 1859. Vergl. Annalen, N. F. Bd. 3 S. 135; Z. f. R. Bd. 27 S. 317.
1) Ueber die Berechnung der Conceptionsfrist vergl. die höchst praktische und
sorgfältige Tabelle von Pöschmann in den Annalen, A. F. Bd. 7 S. 145 flg.
Vergl. ferner Annalen, A. F. Bd. 7 S. 478.

2) Ueber das Verhältniß von § 1859 zu § 1771 des BGB. Annalen, N. F.
Bd. 3 S. 130.

3) Als Schwängerer gilt derjenige. Die Vorschrift in § 1859 be=
gründet eine praesumtio juris et de jure, liegen daher die Voraussetzungen des
§ vor, so ist jeder Gegenbeweis ausgeschlossen, Z. f. R. Bd. 27 S. 321;
Bd. 29 S. 421. — Der Concumbent ist daher mit der Behauptung, daß die Ge=
schwängerte zur Zeit des concubitus bereits schwanger gewesen sei, nicht zu
hören, Annalen, N. F. Bd. 3 S. 135; ebensowenig mit der Behauptung, daß
er, der Concumbent, zeugungsunfähig sei, Annalen, N. F. Bd. 3 S. 508;
W. f. R. 1867 S. 222; Z. f. R. Bd. 31 S. 279. Die erwähnte Vermuthung kann
auch durch den Nachweis nicht ausgeschlossen werden, daß das Kind zufolge seiner
körperlichen Beschaffenheit bei der Geburt zu der Zeit schon concipirt gewesen sein
müsse, wo der Beischlaf stattgefunden hat. Annalen, A. F. Bd. 1 S. 43; Z. f. R.
Bd. 16 S. 119.

4) Daß die Mutter einen Anderen als den Verklagten hat im Kirchenbuche
als Vater eintragen lassen oder daß der Ehemann ein im Ehebruche erzeugtes oder
zufolge Beischlafes mit einem Dritten vor der Ehe erzeugtes Kind als das seinige
hat im Kirchenbuche eintragen lassen, steht der Alimentationsklage nicht entgegen,
W. f. R. 1854 S. 312; 1863 S. 137; Z. f. R. Bd. 13 S. 352; Bd. 24 S. 273;
Annalen, A. F. Bd. 6 S. 327.

5) den Tag derselben ungerechnet, vergl. Z. f. R. Bd. 25 S. 356;
Annalen, A. F. Bd. 7 S. 478.

6) den Beischlaf vollzogen hat. Was zur Vollziehung des Beischlafes
gehöre, darüber siehe W. f. R. 1866 S. 153; Z. f. R. N. F. Bd. 1 S. 409. Ob es
zur immissio seminis gekommen ist, erscheint bei der Alimentationsklage bedeutungs=
los, Z. f. R. N. F. Bd. 1 S. 409; Annalen, A. F. Bd. 5 S. 55; W. f. R.
1867 S. 222. Dagegen genügt auch nicht der bloße Nachweis des Zusammen=

§ 1860. Lebt die Geschwängerte in der Ehe, so gilt Derjenige, welcher mit ihr innerhalb des im § 1859 angegebenen Zeitraumes den Beischlaf vollzogen hat, nur dann als Schwängerer, wenn der Ehemann der Geschwängerten mit dieser während desselben Zeitraumes den Beischlaf nicht ausgeübt hat. (§ 1808.)

§ 1861. Verlangt die Geschwängerte an Geburts- und Taufkosten nicht mehr als sieben Thaler, so bedarf es keines Nachweises, daß dieser Aufwand nothwendig gewesen ist.

§ 1862. Der Schwängerer hat zu dem Unterhalte des außerehelichen Kindes bis zu dessen erfülltem vierzehnten Jahre einen Beitrag von wenigstens zwölf bis höchstens einhundertundzwanzig Thalern für das Jahr zu geben.

§ 1863. Der Beitrag ist monatlich vorauszubezahlen. Hört die Verbindlichkeit zu dem Beitrage im Laufe eines Monates auf, so wird dessenungeachtet der vorauszahlbare einmonatliche Betrag voll geschuldet. (§ 1154.)

§ 1864. Die Größe des Beitrages innerhalb des niedrigsten und höchsten Satzes ist unter gleichmäßiger Berücksichtigung des Standes der

---

liegens nudus cum nuda, Annalen, A. F. Bd. 8 S. 80. Den Beweis des concubitus kann unter Umständen der Nachweis eines Anerkenntnisses der Vaterschaft ersetzen, dafern der außereheliche Vater, wenngleich ohne bestimmtes Summenversprechen seine Verbindlichkeit zu Gewährung der gesetzlichen Unterhaltsbeiträge der Mutter gegenüber unumwunden anerkannt und letztere sich damit zufrieden erklärt hat; solchenfalls ist die Höhe der Alimente nach richterlichem Ermessen festzusetzen. Anders dagegen, wenn gleichzeitig vom Vater ein bestimmter Betrag der Alimente offerirt, dieser aber abgelehnt wird, Archiv II. S. 118.

Zu § 1860. Vergl. hierzu Z. f. R. Bd. 27 S. 324; W. f. R. 1867 S. 412; 1869 S. 113. 1) Ueber die Alimentationsklage einer Wittwe, siehe Erk. des AG. Leipzig im Archiv I. S. 272.

2) wenn der Ehemann den Beischlaf nicht ausgeübt hat. Klagt eine Ehefrau gegen einen Dritten unter dem Anführen, er habe mit ihr das Kind im Ehebruche erzeugt, so muß der Klage die Replik inserirt sein, daß der Ehemann innerhalb der Conceptionszeit der Klägerin nicht beigewohnt hat; Z. f. R. Bd. 1 S. 92; W. f. R. 1848 S. 100; Annalen, A. F. Bd. 3 S. 90.

Zu § 1861. Vergl. hierzu Dr. Hartmann in der Z. f. R. Bd. 27 S. 328.

Zu § 1862. Vergl. Z. f. R. Bd. 27 S. 334. 1) Und zwar selbst dann ist ein Beitrag zu gewähren, wenn das Kind ausreichendes Vermögen besitzt oder noch vor dem 14. Lebensjahre in die Lage kommt, sich seinen Lebensunterhalt selbst zu verdienen, Z. f. R. Bd. 27 S. 330. Bewilligt der außereheliche Vater höhere Alimente, als er an sich verpflichtet wäre, oder ein außergewöhnlich großes Bauschquantum, so ist hier eine Schenkung regelmäßig nicht enthalten, vielmehr die betreffende Vereinbarung auch ohne gerichtliche Insinuation über den Betrag von 3000 Mark oder 150 Mark jährlich gültig und bindend, Annalen, N. F. Bd. 8 S. 200; W. f. R. 1870 S. 425; Z. f. R. Bd. 35 S. 328.

Zu § 1863. Vergl. zu Abs. 2: Z. f. R. Bd. 27 S. 331.

Zu § 1864. Behufs Erörterung der Vermögensverhältnisse des

Mutter, der etwaigen besonderen Bedürfnisse des Kindes und des Vermögens des Vaters zu bestimmen. Aendern sich die Vermögensverhältnisse des Vaters in einer Weise, welche auf die Feststellung des Beitrages von Einfluß ist, so kann zu jeder Zeit eine Erhöhung oder Herabsetzung des Beitrages verlangt werden. (§§ 1759. 1760.)

§ 1865. Auf den Beitrag für die Zukunft kann die Mutter nur mit Genehmigung des Vormundschaftsgerichtes klagen. Der Ausgang eines solchen Rechtsstreites gilt auch für und gegen das Kind, ausgenommen wenn er auf einem Versäumnisse im Rechtsstreite oder auf einem unerlaubten Einverständnisse der streitenden Theile beruht. (§ 177.)

Vaters kann der Richter Sachverständige befragen. Ein förmliches Beweis- und Gegenbeweisverfahren findet hierbei jedoch nicht statt; auch kommt die Wahl der Sachverständigen ausschließlich dem Richter zu, Archiv III. S. 91. Bei den Erörterungen selbst ist das Gericht nicht an die Anträge der Parteien gebunden, es ist zwar nicht ausgeschlossen, daß das Gericht hierbei die Anträge und Bemerkungen der Parteien mit beachte, allein ein Recht derselben, daß allen ihren Anträgen gefügt werde, existirt nicht, Verordn. des AG. Dresden vom 20. Sept. 1875, Archiv III. S. 446 flg.

2) und des Vermögens des Vaters. Ueber die Bemessung der Alimente bei Haussöhnen, vergl. Annalen, N. F. Bd. 8 S. 422. Regelmäßig kommen hierbei die Vermögensverhältnisse der Eltern des Schwängerers nicht in Betracht, doch darf bei Söhnen vermögender Eltern für gewöhnlich nicht der niedrigste Satz gewählt werden. Z. f. R. Bd. 26 S. 284.

3) Bestimmung durch den Richter. Diese Nothwendigkeit richterlicher Festsetzung schließt nicht die Befugniß der Kläger aus, von den im Rückstande gelassenen Alimenten Verzugszinsen zu fordern. Z. f. R. Bd. 13 S. 273; Annalen, N. F. Bd. 8 S. 58.

4) Erhöhung oder Herabsetzung des Beitrages kann auch gefordert werden, wenn die Höhe der Alimente durch Vergleich festgesetzt worden ist, Annalen, II. F. Bd. 2 S. 307; Archiv III. S. 63; Z. f. R. Bd. 40 S. 313. Dagegen nicht in dem Falle, wenn durch Vergleich ein Bauschquantum für die Alimente überhaupt vereinbart worden ist, Archiv III. S. 63.

Zu § 1865. Vergl. oben Bd. 1 S. 81 unter 12.

1) Die Mutter klagt auf die Alimente für die Zukunft nicht kraft eigenen Rechtes, sondern als Vertreterin ihres Kindes. Z. f. R. Bd. 30 S. 85. Vergl. auch Annalen, N. F. Bd. 3 S. 214; W. f. R. 1869 S. 431.

2) mit Genehmigung des Vormundschaftsgerichtes. Die Beschaffung dieser Genehmigung ist als Beschaffung der Sach-, nicht der Prozeßlegitimation aufzufassen, daher die Formel: „vor allen Dingen beizubringen" zu brauchen. Annalen, N. F. Bd. 2 S. 334, desgl. AG. zu Zwickau, Archiv II. S. 655. — Klagt übrigens die Mutter ohne obervormundschaftliches Decret, so steht es zwar dem Gegentheile frei, dies zu rügen, es ist aber hierin lediglich ein bilatorischer Einwand enthalten und Beklagter deshalb nicht von der Einlassungspflicht befreit. Z. f. R. Bd. 33 S. 441.

3) Klagt die Mutter mit Decret für ihr Kind, so muß sie trotz dem die

8*

§ 1866. Klagt der Vormund des Kindes auf den Beitrag für die Zukunft, so gilt der Ausgang des Rechtsstreites auch für und gegen die Mutter, ausgenommen wenn er auf einem Versäumnisse im Rechtsstreite oder auf einem unerlaubten Einverständnisse der streitenden Theile beruht. (§ 177.)

§ 1867. Verträge über den Unterhalt des Kindes für die Zukunft kann die Mutter mit dem außerehelichen Vater nur mit Genehmigung des Vormundschaftsgerichtes schließen.

§ 1868. Den Beitrag zu dem Unterhalte des Kindes für die Ver-

---

Kosten eines derartigen Rechtsstreites aus eigenen Mitteln erstatten. AG. zu Bautzen, Archiv II. S. 59.

Zu § 1866. auch für und gegen die Mutter, vergl. Z. f. R. Bd. 29 S. 411. Nach Ansicht des AG. Bautzen soll dies auch hinsichtlich der alimenta praeterita gelten, so daß diese solchenfalls auch die Mutter nicht fordern könne, W. f. R. 1866 S. 456. Anderer Meinung ist hierüber das OAG., vergl. W. f. R. 1867 S. 181; Annalen, N. F. Bd. 1 S. 535; Z. f. R. Bd. 29 S. 411.

Zu § 1867. Vergl. Annalen, N. F. Bd. 3 S. 210; W. f. R. 1870 S. 231 und 484.

1) Ueber Vergleiche über Alimente s. namentlich Z. f. R. Bd. 23 S. 1 flg. Verträge zwischen der Mutter einerseits und dem außerehelichen Vater andererseits über Alimente für die Zukunft gelten zwar inter contrahentes, verbinden aber das Kind nur dann, wenn sie obervormundschaftlich genehmigt worden sind. Annalen, N. F. Bd. 3 S. 210; W. f. R. 1869 S. 197; 1872 S. 261; Z. f. R. Bd. 14 S. 224, Bd. 35 S. 54. — Dem mit Genehmigung des Vormundschaftsgerichts klagenden Vormunde kann daher nicht ohne Weiteres ein mit der Mutter ohne obervormundschaftliches Decret abgeschlossener Vergleich entgegengesetzt werden. Z. f. R. Bd. 14 S. 224; Bd. 27 S. 339; Annalen, N. F. Bd. 5 S. 240. — Ebenso ist daher die Erklärung der Mutter, daß sie vom Beklagten (dem außerehelichen Vater) abgefunden sei und die Vertretung des außerehelichen Vaters dem Vormunde gegenüber übernehme, einer von dem letzteren angestellten Klage gegenüber wirkungslos. Z. f. R. Bd. 30 S. 85. — Wird der außereheliche Vater, welcher sich mit der Mutter verglichen hat, vom Vormunde des Kindes in Anspruch genommen, so kann er seinen Regreß an die Mutter nehmen. Z. f. R. Bd. 35 S. 54; W. f. R. 1872 S. 261.

2) Ein zwischen dem Vormunde und der Mutter einerseits und dem Schwängerer andererseits abgeschlossener Vergleich gilt als unter der Bedingung geschlossen, daß er obervormundschaftswegen genehmigt werden würde. Wird die Genehmigung nicht ertheilt, so fällt der Vergleich in allen seinen Theilen zusammen. W. f. R. 1869 S. 497.

3) Ist das Kind nach dem Vergleichsabschlusse gestorben, so muß der Schwängerer die Vergleichssumme nichtsdestoweniger bezahlen. Z. f. R. Bd. 35 S. 55; Bd. 37 S. 512. Ist das Kind dagegen bereits vor dem Vergleichsabschlusse gestorben, so kann der Vergleich mit der conditio indebiti promissi angefochten werden. Z. f. R. Bd. 37 S. 513; W. f. R. 1872 S. 261.

Zu § 1868. Vergl. Annalen, N. F. Bd. 1 S. 534.

gangenheit ist Derjenige zu fordern berechtigt, welcher das Kind unterhalten hat. Fordert die Mutter den Beitrag, so ist zu vermuthen, daß
sie den Unterhalt gewährt habe.

§ 1869. Ist die Geschwängerte verheirathet, so ist zu vermuthen,
daß deren Ehemann während der Dauer der Ehe die Kosten des Unterhaltes des Kindes für die Vergangenheit bestritten habe; wegen des von
dem außerehelichen Vater zu leistenden Beitrages für die Zukunft gelten
die Bestimmungen in §§ 1862 bis 1865.

---

1) Der Paragraph entspricht dem bisherigen Rechte. Vergl. W. f. R. 1854
S. 313; Z. f. R. Bd. 18 S. 250; Bd. 27 S. 336.

2) Fordert die Mutter zc. Vergl. Annalen, A. F. Bd. 1 S. 141;
Bd. 3 S. 214; Bd. 7 S. 79. Es ist regelmäßig ohne Bedeutung, ob sich die
Mutter der Erziehung ihres Kindes selbst unterzogen oder dieselbe durch Andere
auf ihre Kosten bewerkstelligt hat. W. f. R. 1864 S. 425.

3) so ist zu vermuthen, vergl. Annalen, A. F. Bd. 6 S. 325. Der
Beklagte kann dieser Vermuthung nicht durch den Einwand begegnen, die Mutter
habe schon einen Dritten deshalb in Anspruch genommen und Verurtheilung
desselben erlangt, vielmehr bedarf es noch des Nachweises, daß der Dritte auch
Zahlung geleistet habe. Annalen, A. F. Bd. 8 S. 260.

4) Behauptet der Beklagte, nicht die Mutter, sondern ein Dritter habe die
Alimente gewährt, so trifft ihn die Beweislast. Annalen, II. F. Bd. 1 S. 150

5) Ueber den Einfluß auf die Entscheidung bei der Klaganstellung Seiten
der Mutter, wenn liquidermaßen ein Dritter das außereheliche Kind ernährt
hat, s. Z. f. R. Bd. 27 S. 494. — Die Einrede des Schwängerers, daß nicht die
klagende Mutter, sondern ein Dritter die Ernährung des Kindes für ihn, den
Beklagten, bestritten, erscheint beachtlich, dagegen nicht die bloße Behauptung,
daß ein Dritter dem Kinde Unterhalt gewährt habe. Annalen, A. F. Bd. 1
S. 141.

Zu § 1869. Vergl. Annalen, A. F. Bd. 1 S. 355; Bd. 6. S. 320; Bd. 7
S. 79; R. F. Bd. 1 S. 534; Z. f. R. Bd. 13 S. 352; Bd. 16 S. 158 und 327;
Bd. 17 S. 280; Bd. 18 S. 218; Bd. 21 S. 62.

1) Stimmt mit dem bisherigen Rechte überein. Annalen, A. F. Bd. 1
S. 355; W. f. R. 1854 S. 313; Z. f. R. Bd. 18 S. 250; Bd. 24 S. 144; Bd. 27
S. 337.

2) Diese Vermuthung wird dadurch allein nicht widerlegt, daß die Mutter
klagt und der Ehemann die bezügliche Proceßvollmacht mit unterschreibt. Annalen, A. F. Bd. 1 S. 355.

3) Diese Vermuthung greift nicht Platz, wenn die Mutter ihr außereheliches
Kind außerhalb des Hauses ihres Ehemannes unterhalten läßt, Z. f. R. Bd. 24
S. 346, oder sich selbst mit dem Kinde außerhalb der Behausung ihres Ehe-
mannes aufhält, Z. f. R. Bd. 24 S. 346; Annalen, A. F. Bd. 6 S. 326.

4) Die Alimente für die Zukunft kann nur die Mutter oder der Vormund, nie der Ehegatte der ersteren einklagen, Annalen, R. F. Bd. 4 S. 95;
Bd. 8 S. 118; Z. f. R. Bd. 31 S. 74, und zwar der letztere selbst nicht mit
obervormundschaftlichem Decrete, Z. f. R. Bd. 31 S. 74.

§ 1870. Der außereheliche Vater kann, wenn das Kind das sechste Jahr erfüllt hat, sich von der Leistung des Beitrages für die Zukunft dadurch befreien, daß er den Unterhalt des Kindes übernimmt, dasern nicht nach dem Ermessen des Vormundschaftsgerichtes für das Wohl des Kindes bei der Mutter besser gesorgt ist. (G.-O. § 82.)

§ 1871. Stirbt das Kind vor erfülltem vierzehnten Jahre, so hat der Vater die durch dessen Beerdigung entstehenden nothwendigen Kosten zu bezahlen.

§ 1872. Hat die Mutter innerhalb des im § 1859 angegebenen Zeitraumes mit Mehreren den Beischlaf gepflogen, so haften diese wegen der außerehelichen Schwängerung als Gesammtschuldner. (§§ 1019 bis 1036.)

§ 1873. Die Verbindlichkeiten aus der außerehelichen Schwängerung gehen auf die Erben des Schwängerers über. Hinterläßt er eheliche Kinder, so hört die Verpflichtung zu dem Unterhaltsbeitrage für das außereheliche Kind auf, wenn dasselbe von Zeit des Todes des Erblassers an aus dessen Nachlasse soviel erhalten hat, als der gesetzliche Erbtheil eines ehelichen Kindes beträgt.

---

5) Klagerecht des Ehemannes, wenn die Ehefrau außerehelich geschwängert worden ist. Annalen, A. F. Bd. 7 S. 70.

6) Hat der Ehemann ein von der Ehefrau vor dem 182. Tage von Eingehung der Ehe an gerechnet geborenes Kind auf seinen Namen taufen lassen, so kann er nicht als negotiorum gestor gegen den angeblichen Schwängerer klagen. Annalen, II. F. Bd. 3 S. 37.

7) Zum Schlußsatze vergl. die Abhandlung von Dr. Winzer in den Annalen, N. F. Bd. 8 S. 117 flg.

Zu § 1870. 1) **dasern nicht nach dem Ermessen des Vormundschaftsgerichtes** 2c. Vergl. hierzu Z. f. R. N. F. Bd. 1 S. 511 und Bd. 27 S. 333.

2) **bei der Mutter.** Das Vormundschaftsgericht kann nach Befinden dem Vater die Erziehung des Kindes selbst dann abschlagen, wenn das Kind mit der Mutter nicht in häuslicher Gemeinschaft sein kann. Archiv I. S. 351.

Zu § 1872. Vergl. Annalen, A. F. Bd. 4 S. 190; Bd. 8 S. 261. Ferner Dr. Hartmann in der Z. f. R. Bd. 27 S. 322.

1) Diese Bestimmung ist zu Gunsten des Kindes getroffen worden. Vergl. W. f. R. 1867 S. 418.

2) Ein Regreßrecht findet unter den mehreren constupratores nicht statt. W. f. R. 1866 S. 413; Annalen, N. F. Bd. 3 S. 45. Einen besonderen Fall, wo der eine stuprator vor Inkrafttreten des BGB. verurtheilt worden war, nachher aber Klage erhob, f. W. f. R. 1866 S. 413.

Zu § 1873. Vergl. Z. f. R. Bd. 27 S. 327; Archiv I. S. 77. **Auf die Erben des Schwängerers.** Daher sind die Eltern des Schwängerers, wenn sie nicht seine Erben sind, nicht verpflichtet, denn das BGB. kennt eine subsidiäre Verbindlichkeit der Eltern des außerehelichen Vaters zur Unterhaltung

§ 1874. Zwischen einem außerehelichen Kinde, sowie seiner Mutter und seinen Verwandten von mütterlicher Seite bestehen alle Rechte und Verbindlichkeiten, wie bei einem ehelichen Kinde, insbesondere auch rück= sichtlich der Unterhaltspflicht. (§§ 1838. 1839.)

Dritte Abtheilung.
Von der Vormundschaft.

Erster Abschnitt.
Vormundschaft über Minderjährige.

I. Allgemeine Bestimmungen.

§ 1875. Minderjährige sind zu bevormunden, wenn sie sich nicht in väterlicher Gewalt befinden, oder die väterliche Gewalt über sie in besonderen Fällen nicht ausgeübt werden kann. (§§ 1808. 1809.)

des außerehelichen Kindes nicht. W. f. R. 1866 S. 165; 1867 S. 183; Annalen, N. F. Bd. 1 S. 535; Z. f. R. Bd. 27 S. 326 und Bd. 28 S. 354.

Zu § 1875. Ueber die Vormundschaft im Allgemeinen. Vergl. Dr. Siebenhaar in den Annalen, N. F. Bd 6 S. 99: Man würde irren, wenn man die Thätigkeit des Vormundes wegen der Concurrenz des Gerichtes bei seiner Bestellung und bei der Führung der Vormundschaft auf einen dem Vormunde ertheilten Auftrag zurückführen wollte. Die Function des Vormundes beruht vielmehr auf dem Gesetze, welches gewissen Personen eine besondere Für= sorge für ihre Person und für ihr Vermögen zu Theil werden läßt. Ein Rechts= verhältniß besteht nur zwischen dem Vormunde und dem Pflegbefohlenen, während dem Vormundschaftsgerichte nur die Aufsicht über den Vormund und die oberste Leitung der vormundschaftlichen Angelegenheiten zukommt. Vergl. ferner Abhand= lung von Merbach, das Verfahren in Vormundschaftssachen betr., in der Z. f. R. Bd. 27 S. 1 flg. Siehe außerdem W. f. R. 1864 S. 143 und unten zu § 1926. Vergl. ferner zu § 16 des BGB. oben Bd. 1 S. 23. Ein Verzeichniß der Fälle, in denen früher vom Vormundschaftsgerichte die Entschließung der vorgesetzten Behörde eingeholt werden mußte, s. in der Z. f. R. Bd. 27 S. 5. Dieselben sind größtentheils beseitigt durch das Gesetz vom 3. August 1868, die fernere Gültigkeit der Verordnung vom 9. Januar 1865, sowie einige andere Bestimmungen über das Verfahren in der= gleichen Rechtssachen betreffend, Ges.= u. V.=Bl. S. 504 § 3 flg.

Zu § 1875 im Besonderen: 1) Außereheliche Kinder sind jederzeit zu bevormunden und ist nicht erst abzuwarten, ob ihnen Vermögen anheim falle oder ob eine Klage gegen den außerehelichen Vater angestrengt sei. Z. f. R. Bd. 7 S. 535. Bei der Bevormundung außerehelicher Kinder richtet sich die Zustän= digkeit nach dem persönlichen Gerichtsstande der Mutter. Als solcher aber ist nicht der actuelle Aufenthaltsort, sondern, bafern die Mutter seit dem Verlassen des Elternhauses noch keinen selbstständigen Wohnsitz erworben, der Wohnort des Vaters, beziehentlich wenn sie selbst außerehelich geboren ist, der Mutter zu be=

§ 1876. Hat sich eine in väterlicher Gewalt stehende Minderjährige verheirathet, so ist ihr ein Vormund zu bestellen für alle Fälle, in welchen es ihrer Mitwirkung neben der ihres Ehemannes bedarf. (§§ 1928 bis 1930.)

§ 1877. Die Vormundschaft erstreckt sich auch auf das im Auslande befindliche Vermögen, wenn nicht dazu ein besonderer Vormund bestellt ist.

§ 1878. Hat ein im Auslande Bevormundeter im Inlande unbewegliches Vermögen, so ist dazu ein besonderer Vormund zu bestellen, wozu auch der ausländische allgemeine Vormund bestimmt werden kann. (G.-D. § 30.)

§ 1879. Bedarf ein im Auslande Bevormundeter oder ein in der väterlichen Gewalt eines Ausländers stehender Minderjähriger zu einem Rechtsgeschäfte oder Rechtsstreite im Inlande eines Vormundes, so kann dazu ein solcher von dem inländischen Gerichte bestellt werden. (G.-D. § 31.)

§ 1880. Ueber der Vormundschaft steht als Obervormundschaft das zuständige Gericht. (G.-D. §§ 22 bis 29. 32. 33. 35. 36 bis 40. 45. 61. 62.)

trachten, eine Regel, welche namentlich bei Dienstboten und Fabrikarbeiterinnen Anwendung zu leiden hat. Archiv I. S. 480; Z. f. R. Bd. 20 S. 328; Bd. 24 S. 158; Bd. 27 S. 1. Ueber die Bevormundung der von einer Sächsischen Staatsangehörigen im Auslande geborenen außerehelichen Kinder vergl. Z. f. R. Bd. 20 S. 326 flg.; Bd. 27 S. 160 und namentlich Bd. 38 S. 385 flg.

2) Brautkinder sind zu bevormunden. A.G. Dresden, Archiv II. S. 336.

Zu § 1880. 1) Ueber die Stellung des Vormundschaftsgerichts zum Vormunde vergl. Abhandlung von Dr. Wend in der Z. f. R. Bd. 25 S. 289. Ferner Z. f. R. Bd. 27 S. 32; Bd. 32 S. 251; W. f. R. 1865 S. 310; 1868 S. 459. Insbesondere s. W. f. R. 1864 S. 143 und unten zu § 1926 unter 2. Ueber die Vertheilung der Functionen zwischen Vormund und Vormundschaftsgericht, Z. f. R. Bd. 32 S. 251; W. f. R. 1868 S. 450. Der Vormund ist nicht so selbstständig, wie nach römischem Rechte, er hat aber auch das Vormundschaftsgericht nicht zu überwachen. W. f. R. 1865 S. 311. Die Anordnungen des Vormundschaftsgerichts überheben regelmäßig den Vormund jeder Verantwortung, Z. f. R. Bd. 27 S. 32; W. f. R. 1865 S. 310.

2) Das Vormundschaftsgericht ist keineswegs berechtigt, über das Vermögen der Minderjährigen selbstständig zu verfügen. W. f. R. 1868 S. 465.

3) Für die ihm zur Verwahrung übergebenen Papiere haftet das Vormundschaftsgericht nicht, wie ein bloßer Depositar, sondern in ausgedehnterem Maaße, wie ein Beauftragter, daher für omnis culpa. Z. f. R. Bd. 40 S. 231.

4) Ueber die Haftpflicht des Staates für seine Beamten vergl. Z. f. R., N. F. Bd. 3 S. 361; W. f. R. 1851 S. 185; 1852 S. 161; 1868 S. 289. Haftpflicht des Staates für die Nichteintragung einer dem Unmündigen angelobten Hypothek, Z. f. R. Bd. 31 S. 126; W. f. R. 1868 S. 289. Ueber den Fall einer ohne Concurrenz des Vormundes erfolgten Löschung einer Hypothek, welche einem Minderjährigen bestellt worden war, Seitens des Vormundschaftsgerichtes, W. f. R. 1868 S. 450.

§ 1881. Das Vormundschaftsgericht ist berechtigt, Personen, welche ohne ausreichenden Grund die Uebernahme der Vormundschaft verweigern oder ihren Pflichten als Vormünder zuwiderhandeln, mit Geldstrafen bis zu fünfzig Thalern oder im Falle der Vermögenslosigkeit mit Gefängniß bis zu vierzehn Tagen zu belegen, auf ihre Gefahr und Kosten die Vormundschaft einstweilen einem Anderen zu übertragen oder auch ihre gänzliche Entfernung anzuordnen. (G.-O. § 21.)

§ 1882. Bei wichtigen Angelegenheiten kann das Vormundschaftsgericht nach seinem Ermessen im Inlande wohnende Verwandte und Verschwägerte des Bevormundeten zu Rathe ziehen. Diese dürfen den Rath nicht ohne erhebliche Gründe verweigern, können aber Ersatz des durch Ertheilung des Rathes entstandenen Aufwandes fordern.

§ 1883. Wer in väterlicher Gewalt steht, oder bereits einen Vormund hat, erhält nur in den gesetzlich bestimmten Fällen einen besonderen Vormund. (G.-O. § 34.)

Zu § 1881. Vergl. W. f. R. 1872 S. 206.

1) Die Vorschriften des § stimmen mit dem früheren Rechte überein, W. f. R. 1872 S. 208.

2) Der § ermächtigt das Vormundschaftsgericht, den Vormund wegen einer von ihm verhangenen Pflichtvernachlässigung nachträglich zu bestrafen. Eine solche Ordnungsstrafe kann für verwirkt angesehen und auferlegt werden, ohne daß eine Auflage wegen Erfüllung der betreffenden Obliegenheit und eine Androhung von Strafe für den Ungehorsamsfall vorausgegangen zu sein braucht. Verordnung des Justizministeriums vom 2. August 1871 im W. f. R. 1873 S. 40.

3) Ueber den Fall, wenn der Vormund andauernd die Einreichung der Vormundschaftsrechnung verabsäumt, vergl. W. f. R. 1872 S. 206 und 1873 S. 40.

4) mit Geldstrafen bis zu fünfzig Thalern rc. Damit ist aber nur der Höchstbetrag der Anfangs anzudrohenden Strafe gemeint, es steht diese Angabe also nicht einer Steigerung der Strafandrohung über jenen Betrag hinaus entgegen, wenn der ersten Strafandrohung nicht nachgekommen ist; namentlich wird dies zu gelten haben, wenn der Vormund seiner Verpflichtung zur Rechnungslegung nicht nachkommt, vergl. W. f. R. 1872 S. 207 (AG. Zwickau).

Zu § 1883. Vergl. Annalen, A. F. Bd. 5 S. 24 und W. f. R. 1868 S. 469.

1) Ueber die Fälle der Bestellung eines Specialvormundes im Allgemeinen, vergl. Z. f. R. Bd. 23 S. 389 und 405; Annalen, A. F. Bd. 5 S. 24, N. F. Bd. 5 S. 14.

2) Ob ein Fall der Specialbevormundung vorliege, muß zumeist dem pflichtmäßigen richterlichen Ermessen überlassen bleiben. W. f. R. 1868 S. 400 und 470; Annalen, N. F. Bd. 5 S. 13; Z. f. R. Bd. 31 S. 275.

3) Beim Vorhandensein eines allgemeinen Vormundes soll nur ganz ausnahmsweise ein Specialvormund bestellt werden. Annalen, A. F. Bd. 5 S. 24, N. F. Bd. 5 S. 14; Z. f. R. Bd. 23 S. 154.

4) Das, was ein ohne ausreichenden Grund bestellter Specialvormund in

II. Bestellung der Vormünder.

§ 1884. Für die Bestellung des Vormundes hat das Vormund=
schaftsgericht amtswegen zu sorgen. In der Regel ist für einen Minder=
jährigen blos ein Vormund zu bestellen.

§ 1885. Unfähig zur Vormundschaft sind: 1) Frauenspersonen,
mit Ausnahme der Mutter und der Großmütter des Minderjährigen, 2)
Diejenigen, welche das fünfundzwanzigste Lebensjahr noch nicht erfüllt
haben, 3) Diejenigen, welche selbst eines Vormundes bedürfen, 4) Ehe=
männer für ihre Eheweiber, 5) Stiefväter für ihre Stiefkinder.

§ 1886. Bei Bestellung der Vormünder hat das Vormundschafts=
gericht auf die von den Eltern des zu Bevormundenden in Ehestiftungen,
letzten Willen oder sonst getroffenen Anordnungen, sowohl was die Person
als was die Zahl der Vormünder betrifft, soweit nicht ein Bedenken ent=
gegensteht, Rücksicht zu nehmen. Die Anordnungen des Vaters haben den
Vorzug vor den Anordnungen der Mutter. (G.=O. § 43.)

§ 1887. Haben Eltern bestimmte Personen von der Führung der
Vormundschaft über ihre Kinder ausgeschlossen, so können diese Personen
nicht zu Vormündern bestellt werden.

§ 1888. Haben Eltern einen Gläubiger oder einen Schuldner ihres
Kindes zu dessen Vormunde berufen, so ist wegen dieses Schuldverhält=
nisses ein besonderer Vormund zu bestellen.

§ 1889. Die Berufung eines Vormundes durch andere Personen,
als durch die Eltern, ist, sofern nicht ein Bedenken entgegensteht, in An=
sehung des von diesen Personen herrührenden Vermögens zu berücksichtigen.
(G.=O. § 43.)

§ 1890. In Ermangelung einer Anordnung über die Berufung zur
Vormundschaft sind die Verwandten des zu Bevormundenden in der Reihen=
folge, wie sie zur gesetzlichen Erbfolge berufen sind, zu Vormündern zu
bestellen, sofern gegen deren Bestellung kein Bedenken vorliegt. Unter
mehreren gleich nahen Verwandten wählt das Vormundschaftsgericht den
geeigneten. (G.=O. § 43.)

Vertretung seines Pflegbefohlenen verhandelt hat, ist deshalb allein, weil kein
Grund zu einer Specialvormundschaft vorlag, nicht anfechtbar oder nichtig. Z.
f. R. Bd. 31 S. 275; Annalen, N. F. B. 5 S. 14.

5) **Einzelne Fälle der Specialvormundschaft:**

a. Ein Specialvormund ist namentlich zu bestellen, wenn der Vater zu
seinen Kindern in ein Schuldverhältniß tritt. W. f. R. 1868 S. 204.

b. Bestellung eines Specialvormundes für unbekannte Erbanwärter, Ar=
chiv II. S. 42 (AG. Dresden).

c. Bestellung eines Specialvormundes in dem Falle, wo der Vormund eines
Geisteskranken entgegen der Ansicht des Vormundschaftsgerichtes sich der Klag=
anstellung weigerte. Z. f. R. Bd. 23 S. 154, Bd. 25 S. 380; Annalen, N.
F. Bd. 5 S. 24; W. f. R. 1862 S. 268.

d. Bestellung eines Specialvormundes für einen handlungsunfähigen oder
abwesenden Fideicommißinhaber. Annalen, II. F. Bd. 3 S. 558.

§ 1891. Sind die Mutter oder andere Verwandte Miterben des zu Bevormundenden, so können sie nicht eher, als bis die Erbschaft getheilt ist, zu Vormündern bestellt werden.

§ 1892. Hat sich die Mutter mit einem Manne, welcher nicht der Vater ihres minderjährigen Kindes ist, verheirathet, so kann sie nicht zum Vormunde desselben bestellt werden, dafern nicht das Vormundschaftsgericht die Bevormundung durch die Mutter besonders vortheilhaft für das Kind findet. (§ 1781.)

§ 1893. Wenn gegen den zur Vormundschaft zunächst Berufenen Bedenken vorhanden sind, oder derselbe, nachdem er zum Vormunde bestellt worden, vor Beendigung der Vormundschaft abgeht, so hat das Vormundschaftsgericht den weiter zur Vormundschaft Berufenen zum Vormunde zu bestellen, wenn gegen denselben kein Bedenken vorhanden ist.

§ 1894. Wenn kein nach den vorstehenden Bestimmungen zur Vormundschaft Berufener vorhanden ist, so hat das Vormundschaftsgericht nach seinem Ermessen einen Vormund zu bestellen und dabei, soweit möglich, auf angesessene und seiner Gerichtsbarkeit unterworfene Personen Rücksicht zu nehmen.

§ 1895. Das Vormundschaftsgericht kann auch Personen, welche an die zu Bevormundenden, oder an welche diese Ansprüche haben, wenn sie vor Anderen zur Vormundschaft geeignet sind, zu Vormündern bestellen; es findet in diesem Falle, sowie dann, wenn die Ansprüche erst nach angetretener Vormundschaft entstehen oder bekannt werden, die Vorschrift im § 1888 Anwendung.

§ 1896. Wird ein Mitinhaber eines Handels- oder Gewerbsgeschäftes dem Kinde eines anderen Mitinhabers zum Vormunde bestellt, so ist ein Mitvormund zu bestellen.

§ 1897. Die Uebernahme einer Vormundschaft können ablehnen: 1) Diejenigen, welche eine oder zwei umfangreiche oder drei Vormundschaften auf sich haben; die Vormundschaft über mehrere Geschwister, deren Vermögen ungetheilt ist, wird nur als eine Vormundschaft gerechnet; 2) Personen, welche das sechszigste Lebensjahr erfüllt haben; 3) Diejenigen, welchen die Erziehung von fünf Abkömmlingen obliegt; 4) Staatsdiener, öffentliche Beamte, Kirchen- und Schuldiener, Militärpersonen; 5) die Großmutter des Minderjährigen; 6) Diejenigen, welche mit einem oder mehreren Anderen zur ungetheilten Verwaltung einer Vormundschaft bestellt werden sollen. Bei eintretenden besonderen Umständen, namentlich in Ermangelung anderer geeigneter Personen, kann das Vormundschaftsgericht auch Diejenigen, welchen Entschuldigungsgründe zur Seite stehen, zur Uebernahme der Vormundschaft anhalten. (G.-D. § 41.)

§ 1898. Wer eine Vormundschaft ablehnen will, hat sämmtliche Gründe, welche er für sich geltend machen zu können glaubt, innerhalb acht Tagen von Zeit der ihm zur Uebernahme der Vormundschaft geschehenen gerichtlichen Aufforderung an, bei deren Verlust, dem Vormundschaftsgerichte anzuzeigen.

§ 1899. Wer die Uebernahme einer Vormundschaft ohne ausreichenden Grund verweigert, ist verpflichtet, dem zu Bevormundenden allen aus der Weigerung entstandenen Schaden zu ersetzen, auch für den beson- deren Vormund zu haften, dessen Bestellung das Vormundschaftsgericht für angemessen befunden hat.

§ 1900. Findet das Vormundschaftsgericht, daß die zur Vormund- schaft berufene und zu deren Ablehnung nicht berechtigte Person sich zur Führung derselben eignet, so ist diese Person, gleichviel auf welche Weise sie berufen ist, als Vormund zu bestellen. Ergeben sich gegen die sofor- tige Bestellung Bedenken, so ist für die Zwischenzeit ein Anderer zum Vormunde zu bestellen.

§ 1901. Ueber die erfolgte Bestellung hat das Vormundschaftsgericht eine Urkunde, Vormundschaftsschein, in welcher insbesondere auch die Zeit, auf welche der Vormund bestellt worden ist, und die etwaigen Beschrän- kungen der Rechte desselben anzugeben sind, auszufertigen, und diese Ur- kunde dem Vormunde zu seiner Rechtfertigung auszuhändigen. (G.-O. § 42.)

III Führung der Vormundschaft.
1) Pflicht zur Sicherheitsleistung.

§ 1902. Vormünder haben, soweit sie werthvolle bewegliche Ver- mögensgegenstände ihres Pflegbefohlenen in die Hände bekommen, oder Gelder einnehmen, welche den ungefähren Betrag der jährlichen Aus- gaben für ihren Pflegbefohlenen übersteigen, eine Sicherheit zu leisten, welche nach richterlichem Ermessen zu bestimmen ist und zu jeder Zeit erhöht oder gemindert werden kann. Haben die Eltern des Minderjährigen dem Vormunde die Bestellung der Sicherheit erlassen, so kann, sofern nicht Bedenken entgegenstehen, die Sicherheitsleistung wegfallen. Für die Sicher- heitsleistung gelten die Bestimmungen in §§ 136 bis 138; doch kann der Vormund, welcher Forderungen an seine Pflegbefohlenen hat, auch damit Sicherheit leisten. Bei Vormündern, welche unbewegliche Sachen besitzen, kommt die Vorschrift im § 392 zur Anwendung. (G.-O. § 48.)

§ 1903. Kosten, welche durch die Sicherheitsleistung erwachsen, sind aus dem Vermögen des Pflegbefohlenen zu entrichten.

§ 1904. Das Vormundschaftsgericht kann Werthpapiere, Schuldver- schreibungen und andere Urkunden des Bevormundeten in Verwahrung nehmen, und der Vormund kann verlangen, daß dies geschieht.

§ 1905. Von der Verbindlichkeit zur Sicherheitsleistung sind Mütter, welche die Vormundschaft über ihre Kinder führen, frei, sofern das Vor- mundschaftsgericht kein Bedenken hat.

2) Pflicht zur Einreichung eines Vermögensverzeichnisses.

§ 1906. Die Vormünder sind verpflichtet, nach ihrer Bestellung ein

---

Zu § 1901. Dieser Nachweis gehört nicht zur activen Sachlegitimation, sondern bildet einen Theil der Rechtfertigung zum Processe (OAG.), W. f. R. 1867 S. 185; Z. f. R. Bd. 14 S. 190, Bd. 29 S. 424.

Zu § 1902. Vergl. hierzu W. f. R. 1864 S. 114 (AG. Leipzig).

Verzeichniß des Vermögens der Pflegbefohlenen, wie sie es auf Erfordern eidlich zu bestärken im Stande sind, beim Vormundschaftsgerichte einzureichen. Dieselbe Verpflichtung tritt ein, wenn den Pflegbefohlenen später Vermögen zufällt. (G.-O. § 47.)

§ 1907. Ist von Eltern die Aufnahme eines Vermögensverzeichnisses verboten worden, so hat der Vormund dessenungeachtet ein solches aufzunehmen, dasselbe jedoch dem Vormundschaftsgerichte versiegelt zu übergeben; dieses darf das Vermögensverzeichniß eröffnen, wenn erhebliche Gründe dies fordern, hat aber solchen Falles das Bekanntwerden der Vermögensumstände des Pflegbefohlenen zu verhüten.

§ 1908. Wenn der Inhaber eines Handels- oder Gewerbsgeschäftes verfügt hat, daß Waaren, Forderungen und Schulden des Geschäftes nur nach den Hauptbeträgen in dem Verzeichnisse angegeben werden sollen, so hat der Vormund diese Anordnung zu befolgen, und es kann das Vormundschaftsgericht nur aus erheblichen Gründen nähere Anzeige fordern.

§ 1909. Ist ein Vormund Gläubiger oder Schuldner seines Pflegbefohlenen, so hat er innerhalb vier Wochen, von Zeit seiner Bestellung an, oder, wenn die Forderung später entstanden oder ihm bekannt geworden ist, von Zeit der Entstehung oder erlangten Kenntniß an, das Schuldverhältniß bei dem Vormundschaftsgerichte anzuzeigen.

3) Vertretung der Minderjährigen.

§ 1910. Die Vormünder haben ihre Pflegbefohlenen in allen gerichtlichen und außergerichtlichen Geschäften, sofern solche nicht rein persönlich sind, zu vertreten. Sie haben dabei nicht in ihrem Namen, sondern im Namen ihrer Pflegbefohlenen zu handeln. (G.-O. § 20.)

§ 1911. Gehen Bevormundete Geschäfte unter Lebenden ein, so bedürfen sie der Einwilligung des Vormundes. Ohne diese Einwilligung sind die Geschäfte nichtig, vorbehältlich der Bestimmungen in §§ 693, 787.

§ 1912. Wenn sich ein Minderjähriger betrügerischer Weise durch Worte oder Handlungen für volljährig ausgegeben und dadurch einen

---

Zu § 1910. Vergl. Annalen, N. F. Bd. 4 S. 561.

1) Der Vormund kann jedoch zur Eidesleistung für seinen Pflegbefohlenen nicht genöthigt werden. Z. f. R. Bd. 33 S. 516.

2) Der Nachweis der Bestätigung als Vormund gehört nicht zur Sach-, sondern zur Proceßlegitimation, Z. f. R. Bd. 14 S. 190, Bd. 29 S. 424; W. f. R. 1867 S. 185.

3) Ueber die Legitimation eines von einem Vormunde beauftragten Sachwalters vergl. Annalen, N. F. Bd. 3 S. 63; Z. f. R. Bd. 29 S. 424.

4) Die eheliche Mutter, welche neben eigenen Ansprüchen solche der Kinder auf Unterhalt erhebt, ist und zur Klaganstellung Decret erhalten hat, Z. f. R. Bd. 33 S. 22.

Zu § 1912. Vergl. Annalen, N. F. Bd. 8 S. 388.

1) Ueber die Beweislast des Klägers vergl. Annalen, N. F. Bd. 8 S. 388

Anderen, ohne daß diesen eine Verschuldung trifft, zu Schließung eines Vertrages verleitet hat, so steht diesem die Wahl zu, ob er die Erfüllung des Vertrages fordern oder von dem Vertrage abgehen und Rückgabe des in dessen Folge Geleisteten aus dem Vermögen des Minderjährigen ver= langen will. (§ 1823.)

§ 1913. Bevormundete können ohne Einwilligung ihrer Vormünder und ohne Genehmigung des Vormundschaftsgerichtes Erbschaften weder antreten noch ausschlagen. Dasselbe gilt bei Annahme von Vermächt= nissen und Anwartschaften, welche mit Auflagen beschwert sind, und bei Ausschlagung eines jeden Vermächtnisses und einer jeden Anwartschaft.

§ 1914. In Fällen, in welchen Verbindlichkeiten ohne Willenshand= lung, oder aus unerlaubten Handlungen, oder unmittelbar aus gesetzlichen Gründen entstehen, werden Bevormundete ohne Einwilligung ihrer Vor= münder verpflichtet. (§ 1824.)

§ 1915. Sind für Bevormundete Verträge, durch welche sie ver= pflichtet werden, auf bestimmte Jahre zu schließen, so sollen die Vor= münder die Verträge nicht auf länger als ein Jahr nach der Volljäh= rigkeit der Pflegbefohlenen eingehen, ausgenommen wenn bei Pacht= oder Miethverträgen über Grundstücke der Vortheil der Pflegbefohlenen oder bei Pachtverträgen die Bewirthschaftungsart etwas Anderes erfordert, welchenfalls die Vormünder mit Genehmigung des Vormundschaftsgerichtes auf längere Zeit dergleichen Verträge schließen können.

§ 1916. Die Vormünder können wegen solcher Gegenstände, welche unschätzbar sind, oder einen Werth über einhundert Thaler haben, nur mit Genehmigung des Vormundschaftsgerichtes Rechtsstreite führen. (§ 1938.)

---

und W. f. R. 1864 S. 342. Der Kläger hat hauptsächlich nur zu beweisen, daß sich der Unmündige für volljährig ausgegeben hat, ob dies in betrüglicher Weise geschehen sei, ob der andere Contrahent dadurch zum Abschlusse des Vertrages verleitet worden sei und ob ihm eine eigene Verschuldung bei Abschluß des schäd= lichen Vertrages zur Last falle, wird in der Regel aus dem Zusammenhange der Verhältnisse sich von selbst ergeben und beurtheilen lassen, Z. f. R. Bd. 35 S. 215.

2) für volljährig ausgegeben hat. Ein bloßes Verschweigen der Minderjährigkeit reicht nicht aus, um ein betrügerisches Gebahren anzu= nehmen, Z. f. R. Bd. 42 S. 194 und Annalen, II. J. Bd. 3 S. 290.

3) Die Vorschriften in § 1912 sind auch auf den Fall anzuwenden, wenn ein erklärter Verschwender sich betrügerischerweise für dispositionsfähig ausgegeben und hierdurch den Gegentheil zum Vertragsabschlusse bestimmt hat, Annalen, II. J. Bd. 3 S. 289.

Zu § 1914. Verbindlichkeiten ohne Willenshandlung, z. B. in Folge einer negotiorum gestio, Annalen, N. F. Bd. 6 S. 501.

Zu § 1916. 1) Dies ist selbst dann erforderlich, wenn der Unmündige die Rolle des Beklagten einnimmt, Annalen, N. F. Bd. 3 S. 212, Bd. 7 S. 183, Bd. 9 S. 259.

§ 1917. Zu Vergleichen und Uebereinkommen auf Schiedsspruch bedürfen die Vormünder der Genehmigung des Vormundschaftsgerichtes.

§ 1918. Haben Vormünder in Fällen, in welchen die Genehmigung des Vormundschaftsgerichtes nöthig ist, Verträge ohne letztere geschlossen, so wird dadurch zwar Derjenige, mit welchem sie das Geschäft geschlossen haben, nicht aber der Pflegbefohlene verpflichtet. Es finden dabei die Vorschriften im § 787 Anwendung.

§ 1919. Zu Verträgen zwischen dem Vormunde und dem Pflegbefohlenen, durch welche der Letztere verpflichtet werden soll, ist die Bestellung eines besonderen Vormundes für den Pflegbefohlenen und die Genehmigung des Vormundschaftsgerichtes erforderlich.

§ 1920. Entstehen zwischen mehreren Pflegbefohlenen, welche einen und denselben Vormund haben, Rechtsstreite, oder sind zwischen denselben Verträge zu schließen, so darf der Vormund keinen seiner Pflegbefohlenen vertreten, vielmehr sind den Letzteren besondere Vormünder zu bestellen.

§ 1921. Der Vormund kann zu Eingehung einer Ehe des Pflegbefohlenen seine Einwilligung nur mit Genehmigung des Vormundschaftsgerichtes ertheilen. (§ 1599.)

2) Die Decretsertheilung erledigt sich, wenn der Unmündige bereits rechtskräftig verurtheilt worden ist, Annalen, N. F. Bd. 9 S. 259.

3) Dieses Decret ist als stillschweigend ertheilt anzusehen, wenn der Prozeßrichter zugleich der Vormundschaftsrichter ist, Annalen, II. F. Bd. 1 S. 151. Dies gilt jedoch dann nicht, wenn aus der Klage nicht klar zu ersehen ist, ob der Kläger für sich oder in Vertretung eines Bevormundeten klage, Annalen, II. F. Bd. 3 S. 556.

4) Die Beibringung dieser Genehmigung gehört zur Proceß- und nicht zur activen Sachlegitimation. OAG. im W. f. R. 1867 S. 185; Z. f. R. Bd. 29 S. 424.

5) Der § 1916 bezieht sich nur auf den Beginn von Rechtsstreitigkeiten, nicht aber auf die Einwendung von Rechtsmitteln; wenn daher das Prozeßgericht, welches zugleich Vormundschaftsgericht ist, den Vormund zum Liquidiren einer Forderung des Unmündigen im Concurse zugelassen hat, so kann nicht bei Einwendung eines Rechtsmittels Seiten des Vormundes noch besonders die Beibringung der obervormundschaftlichen Genehmigung erfordert werden, Z. f. R. Bd. 30 S. 78; Annalen, N. F. Bd. 3 S. 212.

6) Bei Weigerung des allgemeinen Vormundes, einen Proceß zu führen, ist ein Specialvormund zu bestellen, Z. f. R. Bd. 23 S. 154.

Zu § 1917. Vergl. hierzu W. f. R. 1869 S. 196.

Die Genehmigung kann auch stillschweigend durch concludente Handlungen erfolgen, Archiv III. S. 63.

Zu § 1921. Die Genehmigung des Vormundschaftsgerichtes muß beigebracht sein, ehe zur Verkündigung des Aufgebotes überhaupt verschritten werden kann. Z. f. R. Bd. 20 S. 182.

Nach § 20 des Reichsgesetzes, die Beurkundung des Personenstandes und die Eheschließung betreffend, vom 6. Februar 1875, bedürfen minderjährige Kinder, dafern der Vater oder beide Eltern verstorben

4) Erziehung der Minderjährigen.

§ 1922. Die Art der Erziehung, den Betrag der Unterhaltskosten und den künftigen Beruf bestimmt das Vormundschaftsgericht nach Gehör des Vormundes, unter Berücksichtigung der Anordnungen der Eltern und der sonstigen Verhältnisse und, bei der Wahl des Berufes, der Wünsche des Pflegbefohlenen.

§ 1923. Kinder, deren Mutter lebt, sind, sofern kein Bedenken vorhanden, dieser zur Erziehung zu überlassen, und zwar wenn die Kinder Vermögen besitzen, gegen eine angemessene Vergütung.

§ 1924. Die Vormünder können von ihren Pflegbefohlenen Gehorsam fordern und bei anhaltender übler Aufführung derselben mit Genehmigung des Vormundschaftsgerichtes obrigkeitliches Einschreiten veranlassen. (G.=O. § 46.)

§ 1925. Wenn die Früchte des Vermögens des Pflegbefohlenen zur Bestreitung der Erziehungskosten oder eines Aufwandes, wodurch demselben ein gesicherter Lebensunterhalt verschafft werden soll, nicht ausreichen, so kann mit Genehmigung des Vormundschaftsgerichtes das Stammvermögen angegriffen werden.

5) Vermögensverwaltung.

§ 1926. Die Verwaltung des Vormundes erstreckt sich, wenn nicht etwas Anderes bestimmt ist, auf das gesammte Vermögen des Pflegbe=

---

oder sie, die Kinder, außerehelich geboren sind, der Einwilligung des Vormundes gleichfalls zur Eheschließung. Nach § 45 desselben Gesetzes ist diese zustimmende Erklärung des Vormundes in beglaubigter Form vor Anordnung des Aufgebotes dem Standesbeamten beizubringen.

Zu § 1922. Vergl. W. f. R. 1873 S. 1 flg.

1) Ueber die solchenfalls anzustellenden Erörterungen vergl. W.f.R. 1873 S. 4.

2) Dem Vormunde ist es unbenommen, glaubt er durch den Gerichtsbeschluß das Wohl seines Mündels gefährdet, im Wege der Beschwerde das Einschreiten der Aufsichtsbehörde zu veranlassen, AG. Leipzig, W. f. R. 1873 S. 2.

Zu § 1923. sofern kein Bedenken vorhanden; einen Fall, in dem die Mutter sich anderweit verheirathet hatte und ihr deshalb die Erziehung ihres Kindes abgenommen worden war, siehe in W. f. R. 1873 S. 2.

Zu § 1924. In der im W. f. R. 1840 S. 239 mitgetheilten Verordnung hat es das AG. zu Dresden für statthaft erklärt, daß das Vormundschafts= gericht selbst eine Disciplinarstrafe wider den Unmündigen verfüge. Dagegen siehe aber Dr. Siebenhaar, Commentar zum BGB. 2. Aufl. Bd. 3 S. 194 zu § 1924, woselbst die Ansicht ausgesprochen wird, daß ein Einschreiten gegen den Pflegbefohlenen nur von Seiten der Polizeibehörde vorkommen könne. Vergl. übrigens auch § 46 der Gerichtsordnung.

Zu § 1926. Vergl. die Abhandlung von Dr. Wenck, die Ausgleichung von Differenzen zwischen Vormund und Vormundschaftsgericht über Verwaltung des Vermögens der Minderjährigen, in der Z. f. R. Bd. 25 S. 385 flg.

1) Das Vormundschaftsgericht ist keineswegs befugt, über das Vermögen des

fohlenen. Bei der Art der Verwaltung ist, soweit nicht Bedenken ent=
gegenstehen, auf die Anordnungen der Eltern des Pflegbefohlenen Rücksicht
zu nehmen. (G.=O. §§ 49 bis 56. 59.)

§ 1927. Steht dem Pflegbefohlenen, als Ehemann oder Vater, die
Verwaltung und der Nießbrauch an dem Vermögen seiner Ehefrau oder
seiner Kinder zu, so hat der Vormund auch dieses Vermögen zu verwalten.
(§§ 1655. 1811.)

§ 1928. Wenn eine minderjährige Frauensperson sich verheirathet,
so geht die Verwaltung und der Nießbrauch ihres Vermögens auf den
Ehemann über. (§§ 1655. 1811.)

§ 1929. Wenn zu den Verfügungen des Ehemannes über das Ver=
mögen der Ehefrau die Mitwirkung der letzteren nöthig ist, so bedarf es
dazu der Einwilligung des Vormundes der Ehefrau. (§ 1646.)

§ 1930. Der Ehemann kann die Ausantwortung der der Ehefrau

Minderjährigen selbstständig zu verfügen, ist vielmehr an die Mitwirkung
des Vormundes gebunden, W. f. R. 1868 S. 465 und Z. f. R. Bd. 32
S. 251.

2) Die Frage, ob der Schuldner, welcher an das Vormundschafts=
gericht ohne Mitwirkung des Vormundes zahle, hierdurch liberirt
werde, wird von Dr. Wenck in der Z. f. R. Bd. 25 S. 295, und wurde früher
auch vom OAG. verneint, vergl. W. f. R. 1845 S. 31. Neuerdings dagegen
wird dieselbe vom OAG. bejaht, vergl. Z. f. R. Bd. 25 S. 293; Bd. 26 S.
124; W. f. R. 1864 S. 143. In der an letzter Stelle angezogenen Entscheidung
hat das OAG. ausgeführt:

Es ist allerdings richtig, daß der Vormund der gesetzliche Vertreter des Un=
mündigen und in dieser Eigenschaft zunächst dazu berufen ist, das Vermögen des
Unmündigen zu verwalten und die hierauf bezüglichen ge= und außergerichtlichen
Geschäfte zu besorgen. Allein nach den Vorschriften der Allgemeinen Vormund=
schaftsordnung vom 10. October 1782 über die Art und Weise, wie diese Ver=
mögensverwaltung unter fortwährender Concurrenz der obervormundschaftlichen
Behörde zu erfolgen hat und da der Vormund in allen wichtigeren Angelegen=
heiten an die Zustimmung und beziehentlich Anweisung des Vormundschafts=
richters verwiesen wird, ist die Stellung des Vormundes bei den an diese Zu=
stimmung gebundenen Geschäften mehr die eines ausführenden Organes für
den Richter, als die eines selbstständigen Vertreters und es läßt sich bei der=
gleichen Geschäften nicht annehmen, daß die Thätigkeit der Vormundschaftsbe=
hörde auf die bloße Prüfung und Genehmigung oder Ablehnung der vom Vor=
munde beschlossenen oder beantragten Maaßregeln beschränkt sei. Bei diesem über=
wiegenden Einflusse des Richters und der dem Vormunde angewiesenen unterge=
ordneten Stellung ist nach der Meinung des OAG.'s eine an den Vormund=
schaftsrichter selbst zum gerichtlichen Deposito geleistete und von diesem ange=
nommene Zahlung ebenso geeignet, den Schuldner zu liberiren, als eine im
Beisein des Richters an den Vormund bewirkte.

3) Einfluß der Justification der Vormundschaftsrechnung auf die vom Vor=
munde eigenmächtig vorgenommenen Verwaltungsacte, Archiv II. S. 048.

gehörigen baaren Gelder, öffentlichen Creditpapiere und Actien erst fordern, wenn die Ehefrau volljährig geworden ist.

§ 1931. Der ·Vormund ist verpflichtet, Grundstücke, welche dem Pflegbefohlenen gehören, in Stand zu erhalten. Baue, welche über eine solche Erhaltung hinausgehen, kann er nur mit Genehmigung des Vormundschaftsgerichtes vornehmen.

§ 1932. Zu Verpachtung eines ganzen Gutes und einer ganzen gewerblichen Einrichtung, und zu Vermiethung eines ganzen Hauses bedarf der Vormund der Genehmigung des Vormundschaftsgerichtes.

§ 1933. Kostbarkeiten sind in gerichtliche Verwahrung abzuliefern, doch können solche mit Genehmigung des Vormundschaftsgerichtes auch dem Pflegbefohlenen, unter Berücksichtigung seines Alters und Standes und der sonstigen Verhältnisse, zum Gebrauche und zur Aufbewahrung über= lassen werden.

§ 1934. Geldvorräthe sind zu Ankauf inländischer Staatspapiere oder diesen gesetzlich gleichgestellter Creditpapiere zu verwenden, oder gegen ausreichende Hypothek oder sonstige Sicherheit zinsbar auszuleihen.

§ 1935. Eine Hypothek ist ausreichend, wenn durch dieselbe allein oder unter Hinzurechnung der vorgehenden Hypotheken ein Grundstück, welches bürgerliche Früchte trägt, nicht über die Hälfte, oder ein Grund= stück, welches natürliche Früchte trägt, nicht über zwei Drittheile seines Werthes beschwert wird. Als ausreichende Sicherheit gilt auch die Ein= legung in eine vom Staate bestätigte Sparcasse. (G.=O. § 57.)

§ 1936. Kann der Vormund die Anlegung der Geldvorräthe nicht in zwei Monaten von der Zeit an bewirken, wo er dieselben in die Hände bekam, so hat er sie an das Vormundschaftsgericht abzuliefern.

Zu § 1933. 1) Die Niederlegung von Werthpapieren bei einem Vormund= schaftsgerichte ist nicht eine Hinterlegung im juristischen Sinne des Wortes, viel= mehr haben hierbei die Vorschriften über den Auftrag Anwendung zu leiden. Es haftet daher auch das Vormundschaftsgericht für geringe Fahrlässigkeit, culpa omnis, Annalen, N. F. Bd. 10 S. 284 und Z. f. R. Bd. 40 S. 231.

2) Ueber die Haftpflicht des Staates für deposita vergl. außerdem An= nalen, N. F. Bd. 7 S. 203.

Zu § 1934. 1) Will der Vormund Papiere der in § 1934 erwähnten Art ankaufen, so bedarf er der Genehmigung des Ehemannes der Bevormundeten nicht, wohl aber bei Werthpapieren anderer Art, vergl. Archiv III. S. 205.

2) Das Vormundschaftsgericht kann den Vormund nicht zwingen, Sächsische Staatspapiere anzukaufen, wenn er andere der in § 1934 gedachten Werthpapiere anschaffen will. Archiv III. S. 205.

Zu § 1935. Vergl. Annalen, N. F. Bd. 7 S. 470 flg. und Z. f. R. Bd. 35 S. 163. Schadenklage wegen Ausleihung von Mündelgeldern gegen un= zureichende Sicherheit, Annalen, N. F. Bd. 7 S. 408; W. f. R. 1871 S. 313. Eine Auslagung des Hypothekenschuldners ist, wenn der Unmündige bei der Zwangsversteigerung leer ausgegangen ist, nicht erst erforderlich. Annalen, N. F. Bd. 4 S. 107 und N. F. Bd. 7 S. 409, sowie W. f. R. 1871 S. 313.

§ 1937. Hat der Vormund Geld des Pflegbefohlenen in seinen Nutzen verwendet, oder nicht zeitig abgeliefert, so ist er zu Entrichtung von Zinsen zu sechs vom Hundert auf das Jahr, von Zeit der Verwendung in seinen Nutzen oder der unterlassenen zeitigen Ablieferung an, verpflichtet. (§ 677.)

§ 1938. Wird ein außenstehender Stamm, welcher über einhundert Thaler beträgt, gezahlt, so wird der Schuldner durch die Zahlung an den Vormund nur befreit, wenn darüber von diesem unter Genehmigung des Vormundschaftsgerichtes quittirt wird. (§ 1916.)

§ 1939. Der Vormund kann nur mit Genehmigung des Vormundschaftsgerichtes Darlehne für den Pflegbefohlenen aufnehmen.

6) Vermögensveräußerungen.

§ 1940. Bewegliche Sachen des Pflegbefohlenen, welche ohne Gefahr oder Schaden nicht aufbewahrt werden können, ist der Vormund zu veräußern verpflichtet.

§ 1941. Andere bewegliche Sachen kann der Vormund veräußern. Zu der Veräußerung von Kostbarkeiten, Gold= und Silbergeräthen, Gesammtsachen, öffentlichen Creditpapieren und Actien bedarf es der Genehmigung des Vormundschaftsgerichtes. (G.=O. § 58.)

§ 1942. Der Vormund darf nur mit Genehmigung des Vormundschaftsgerichtes unbewegliche Sachen des Pflegbefohlenen verpfänden oder auf andere Weise veräußern, Rechte des Pflegbefohlenen an unbeweglichen Sachen Dritter aufgeben, oder Rechte Dritter an unbeweglichen Sachen des Pflegbefohlenen anerkennen. (G.=O. §§ 59. 60.)

§ 1943. Das Vormundschaftsgericht soll die nach § 1942 erforderliche Genehmigung nur im Nothfalle ertheilen, oder wenn es unter besonderen Verhältnissen zum Vortheile des Pflegbefohlenen gereicht.

§ 1944. Mangelt die Genehmigung des Vormundschaftsgerichtes, so ist die Veräußerung nichtig. Der Umstand, daß dieser Genehmigung keine

---

Zu § 1940. Vergl. hierzu im Allgemeinen die Abhandlungen von Dr. Beck in der Z. f. R. Bd. 23 S. 216 flg.

Ueber die Klage des Käufers eines einem Volljährigen und einem Minderjährigen gemeinschaftlich gehörigen Grundstückes wider den Volljährigen auf Kaufserfüllung der ideellen Hälfte, wenn das Vormundschaftsgericht zu dem mit dem Vormunde abgeschlossenen Kaufe das Decret versagt, s. Annalen, N. F. Bd. 9 S. 538.

Zu § 1942. 1) Ueber den Fall der Löschung einer dem Unmündigen eingeräumten Hypothek Seiten des Vormundschaftsgerichtes ohne Gehör und Mitwirkung des Vormundes vergl. W. f. R. 1868 S. 450.

2) Die Justification einer Vormundschaftsrechnung enthält zugleich eine Genehmigung der Rechtsgeschäfte, deren finanzielle Ergebnisse in der betreffenden Rechnung enthalten sind. Z. f. R. Bd. 42 S. 413; Archiv II. S. 648.

Zu § 1944. Zu Abs. 2 vergl. Annalen, N. F. Bd. 5 S. 15 und W. f. R. 1868 S. 467.

Untersuchung der Gründe vorausgegangen, oder daß die Gründe nicht gehörig erwogen worden sind, bewirkt keine Nichtigkeit. (§ 155.)

§ 1945. Die Vorschriften in §§ 1942, 1943, 1944 finden keine
Anwendung auf Veräußerungen, zu welchen eine Verpflichtung besteht.

§ 1946. Der Vormund kann Forderungen seines Pflegbefohlenen
ohne Genehmigung des Vormundschaftsgerichtes Anderen nicht abtreten,
ausgenommen wenn zu der Abtretung eine Verpflichtung besteht.

§ 1947. Schenkungen aus dem Vermögen des Pflegbefohlenen, mit
Ausnahme der gewöhnlichen Gelegenheitsgeschenke, sind dem Vormunde
nicht gestattet.

§ 1948. Das Recht des Pflegbefohlenen, die Nichtigkeit der für ihn
geschlossenen Geschäfte geltend zu machen, verjährt in drei Jahren, von
der Zeit an, wo er die Volljährigkeit erreicht. (§ 155.)

**7) Haftpflicht der Vormünder und Verbindlichkeit zur
Rechnungsablegung.**

§ 1949. Der Vormund haftet für absichtliche Verschuldung und
für Unterlassung des Fleißes, welchen er in seinen eigenen Angelegenheiten anzuwenden pflegt. (§ 730.)

§ 1950. Jeder Vormund, welcher Verwaltung hat, ist verpflichtet,
dem Vormundschaftsgerichte jährlich Rechnung abzulegen, welche von demselben zu prüfen und festzustellen ist. (G.-O. §§ 63 bis 72.)

§ 1951. Eltern können nicht anordnen, daß dem Vormunde ihres
Kindes die Rechnungsablegung erlassen sein soll.

§ 1952. Der Vormund hat nach Beendigung seiner Vormundschaft
dem bestellten neuen Vormunde, oder wenn der Pflegbefohlene unbeschränkt
handlungsfähig geworden ist, diesem das Vermögen, welches er zu verwalten gehabt hat, auszuantworten und eine Schlußrechnung innerhalb
zweier Monate abzulegen. (G.-O. § 78.)

Zu § 1948. Vergl. hierzu Archiv II. S. 648.
Diese Bestimmung bezieht sich übrigens lediglich auf das Verhältniß
des Unmündigen zu dem dritten Acquirenten, nicht aber auf das Verhält-
niß des Mündels gegenüber dem Vormunde und dem Vormundschaftsgerichte.
Hier gelten vielmehr die gewöhnlichen Verjährungsgrundsätze, vergl. Archiv II.
S. 653.

Zu § 1949. 1) Die obervormundschaftliche Justification einer Vormundschaftsrechnung enthält die Genehmigung der Geschäfte, deren finanzielle Ergebnisse in die betreffende Rechnung aufgenommen worden sind. Archiv II. S. 648
und Z. f. R. Bd. 42 S. 413.

2) Das Vormundschaftsgericht haftet bei Aufbewahrung von Mündelgeldern
für culpa levis, Annalen, N. F. Bd. 10 S. 284. Vergl. übrigens zu § 1880.

Zu § 1950. Kommt der Vormund dieser Verpflichtung nicht nach, so ist ihm
die Rechnungslegung unter Strafandrohung aufzugeben und im Unterlassungs-
falle der Vormundschaftsrichter sogar ermächtigt, über den in § 1881 des BGB.'s
festgesetzten Betrag hinauszugehen, W. f. R. 1872 S. 207 und 1873 S. 40.

§ 1953. Nach berichtigter Schlußrechnung und Erfüllung aller seiner Verbindlichkeiten ist dem Vormunde die bestellte Sicherheit zurückzugeben und Alles, was er bei Führung der Vormundschaft nothwendiger oder nützlicher Weise aufgewendet oder verlegt hat, soweit es nicht bereits geschehen, zu erstatten. Den Vormundschaftsschein hat der Vormund zurückzugeben. (§ 1901.)

8) Honorar der Vormünder.

§ 1954. Die Vormundschaft ist in der Regel unentgeltlich zu führen. (§§ 1954 bis 1956.)

§ 1955. Der Vormund kann ein Honorar nur fordern, wenn ihm ein solches von Demjenigen, von welchem das Vermögen des Pflegebefohlenen herrührt, ausgesetzt oder von dem Vormundschaftsgerichte zugebilligt worden ist. (G.-O. § 73.)

§ 1956. Hat der Vormund zur Verwaltung der Vormundschaft einen Sachwalter zugezogen oder ist er selbst Sachwalter, so kann er Ersatz des Aufwandes oder Bezahlung seiner Arbeiten nur verlangen, wenn nach der Natur oder Beschaffenheit des Geschäftes die Arbeiten durch einen Sachwalter zu fertigen waren.

9) Verbindlichkeit mehrerer Vormünder.

§ 1957. Sind für eine Vormundschaft mehrere Vormünder bestellt, so haben sie gemeinschaftlich zu handeln. Der einzelne Vormund ist berechtigt, gegen die Beschlüsse der übrigen Vormünder Widerspruch zu erheben und das Vormundschaftsgericht hat über den Widerspruch zu entscheiden. (§ 1959.)

§ 1958. Mehrere Vormünder, selbst wenn sie die Vormundschaft

Zu § 1954. Nach dem Aufhören der Vormundschaft kann ein Honorar nicht mehr zugebilligt werden, W. f. R. 1865 S. 294.

Zu § 1955. Bei der Zubilligung Seitens des Vormundschaftsgerichtes wird namentlich auf den Ertrag der jährlichen reinen Einkünfte, sowie auf die mit der Vermögensverwaltung verbundenen Mühwaltungen und Versäumnisse zu sehen sein, W. f. R. 1865 S. 294.

Zu § 1956. Vergl. hierzu Merbach's Abhandlung über das Verfahren in Vormundschaftssachen, in der Z. f. R. Bd. 27 S. 11.

Zu § 1957. Vergl. hierzu Z. f. R. Bd. 25 S. 405 und Annalen, N. F. Bd. 6 S. 318. Der von einem Vormunde ohne Mitwirkung der anderen abgeschlossene Vertrag ist dann gültig, wenn die Vormünder nicht rechtzeitig, d. h. ehe das Geschäft vollzogen wird, widersprechen. Doch soll bei Veräußerung unbeweglicher Mündelgüter und bei allen gerichtlichen Handlungen insofern eine Ausnahme gelten, als hier die sämmtlichen Vormünder mitzuwirken haben. Z. f. R. Bd. 24 S. 239 u. 240. (Aelteres Recht.) Die Bestimmungen des BGB. dagegen entsprechen dem § 1313 des BGB. und müssen letztere daher hierbei als Richtschnur dienen; vergl. die Citate zu § 1313.

unter sich getheilt haben, haften als Gesammtschuldner. Ein Vormund haftet nicht aus einer Handlung der übrigen, wenn er derselben bei dem Vormundschaftsgerichte zeitig widersprochen hat. (§§ 1019 bis 1036.)

§ 1959. Von mehreren Vormündern ist jeder einzelne verpflichtet, Anzeige bei dem Vormundschaftsgerichte zu machen, wenn er erfährt, daß von seinen Mitvormündern Etwas versehen wird. (§ 1957.)

§ 1960. Ist von Demjenigen, welcher die mehreren Vormünder berufen, oder von dem Vormundschaftsgerichte, welches sie bestellt hat, die Verwaltung getheilt worden, so haftet der einzelne blos für die ihm zugetheilte Verwaltung.

§ 1961. Wird ein Vormund blos als Ehrenvormund bestellt, so ist er zur Aufsicht über den Vormund verpflichtet. Er haftet nur wegen absichtlicher Verschuldung und grober Fahrlässigkeit, und zwar im Falle der Fahrlässigkeit erst nach vergeblicher Ausklagung des Vormundes, welcher das Vermögen verwaltet.

§ 1962. Wer, ohne als Vormund bestellt zu sein, vormundschaftliche Geschäfte besorgt, haftet wie ein Vormund und muß im Falle der Genehmigung seiner Geschäftsführung aus dem Vermögen des Pflegbefohlenen wegen des Aufwandes, welchen er gehabt hat, schadlos gehalten werden. Weiß er, daß er nicht Vormund ist, so haftet er für geringe Fahrlässigkeit. (§ 1347.)

§ 1963. Durch Geschäfte des Nichtvormundes wird der Pflegbefohlene einem Dritten gegenüber nur verpflichtet, wenn das Vormundschaftsgericht die Geschäfte genehmigt. Der Nichtvormund hat dem Dritten, mit welchem er Geschäfte schließt, im Falle redlichen Glaubens, soweit er bereichert ist, im Falle unredlichen Glaubens vollen Ersatz zu leisten.

IV. Beendigung der Vormundschaft.

§ 1964. Die Vormundschaft endigt mit dem Tode des Pflegbefohlenen. Hat der Vormund zu der Zeit, wo er den Tod erfährt, ein Geschäft so weit geführt, daß die Erben des Pflegbefohlenen es nicht mehr selbst besorgen oder einem Anderrn übertragen können, oder hat er zur Ausführung desselben solche Vorkehrungen getroffen, daß ein Zurückgehen für die Erben des Pflegbefohlenen nachtheilig sein würde, so hat er das Geschäft zu Ende zu führen. (§ 1324.)

§ 1965. Die Vormundschaft endigt, wenn der Pflegbefohlene unter väterliche Gewalt kommt. (§ 1808.)

§ 1966. Die Vormundschaft endigt, wenn der Pflegbefohlene volljährig wird.

§ 1967. Die Vormundschaft endigt, wenn der Pflegbefohlene von dem Landesherrn für volljährig erklärt wird.

§ 1968. Das Gesuch um Volljährigkeitserklärung setzt voraus, daß der Pflegbefohlene das achtzehnte Lebensjahr erfüllt hat, das Vormundschaftsgericht nach Gehör des Vormundes ihn zur selbstständigen Verwaltung seines Vermögens für geeignet hält, und er selbst einwilligt.

§ 1969. Wer für volljährig erklärt worden ist, hat das Recht, über seine Person und sein Vermögen frei zu verfügen; unbewegliche Sachen kann er vor erfülltem einundzwanzigsten Lebensjahre, wenn nicht in der über die Volljährigkeitserklärung ausgefertigten Urkunde etwas Anderes bestimmt ist, nur mit Genehmigung des Vormundschaftsgerichtes nach den Vorschriften in §§ 1942 bis 1945 veräußern.

§ 1970. Ein für volljährig Erklärter kann vor erfülltem einundzwanzigstem Lebensjahre nur gerichtlich und mit Genehmigung des Vormundschaftsgerichtes die Erklärung abgeben, daß er die Ablegung und gerichtliche Prüfung der Schlußrechnung des Vormundes nicht verlange.

§ 1971. Auf Rechte und Verbindlichkeiten eines Minderjährigen, welche durch Privatverfügungen von der Volljährigkeit abhängig gemacht sind, hat die Volljährigkeitserklärung keinen Einfluß.

§ 1972. Die Vormundschaft eines Vormundes endigt mit dem Tode desselben. Seine Erben sind verpflichtet, von dem Ableben dem Vormundschaftsgerichte ohne Verzögerung Anzeige zu machen, das Vermögen, welches ihr Erblasser verwaltet hat, herauszugeben, über die Verwaltung innerhalb zweier Monate, vom Todestage an gerechnet, Rechnung abzulegen, auch angefangene Geschäfte, wenn sie nicht ohne Nachtheil abgebrochen werden können, so lange fortzusetzen, bis das Vormundschaftsgericht andere Anordnung getroffen hat. (§ 1325.)

§ 1973. Sind für eine Vormundschaft mehrere Vormünder bestellt, so endigt mit dem Tode des einen die Vormundschaft der übrigen nicht. Die Ueberlebenden sind verpflichtet, von dem Todesfalle dem Vormundschaftsgerichte Anzeige zu machen.

§ 1974. Wird der Vormund zur Führung der Vormundschaft unfähig, so ist er zu entlassen. (§ 1885.)

§ 1975. Ist ein Vormund blos auf Zeit oder bis zum Eintritte einer Bedingung bestellt, so endigt seine Vormundschaft, wenn nach Ablauf der Zeit oder nach Eintritt der Bedingung ein anderer Vormund bestellt worden ist.

§ 1976. Entstehen während der Vormundschaft Gründe, aus welchen die Uebernahme der Vormundschaft abgelehnt werden kann, oder ist von einem Vormunde die Vormundschaft zehn Jahre geführt worden, so kann um die Entlassung von der Vormundschaft nachgesucht werden und dieselbe endigt durch Bestellung eines anderen Vormundes. (§ 1897.)

§ 1977. Verehelicht sich die Mutter oder die Großmutter des Pflegbefohlenen während ihrer Vormundschaft, so hat das Vormundschaftsgericht sie zu entlassen, ausgenommen wenn dasselbe die Fortdauer ihrer Vormundschaft angemessen findet.

§ 1978. Das Vormundschaftsgericht ist berechtigt, einen Vormund zu entlassen, wenn derselbe sich pflichtwidrig, nachlässig oder ungeschickt erweist, oder sonst des Vertrauens verlustig wird. (G.-D. § 77.)

§ 1979. Ein Vormund kann, wenn nicht besondere Gründe zu seiner sofortigen Entlassung vorhanden sind, nur am Ende eines Rechnungsjahres, nachdem sein Nachfolger die Verwaltung des Vermögens übernommen hat, entlassen werden.

§ 1980. Die für einzelne Angelegenheiten angeordnete Vormundschaft endigt mit Erledigung dieser Angelegenheiten.

Zweiter Abschnitt.
Besondere Arten der Vormundschaft.

I. Vormundschaft über Geisteskranke und Gebrechliche.

§ 1981. Volljährige, bei welchen eine gerichtsärztliche Untersuchung ergiebt, daß sie des Vernunftgebrauches beraubt sind, müssen, sofern sie nicht in väterlicher Gewalt stehen, unter Vormundschaft gestellt werden. (G.-D. § 74.)

§ 1982. Taubstumme, welche sich durch verständliche Zeichen nicht ausdrücken können, sind, sofern sie nicht in väterlicher Gewalt stehen, zu bevormunden. Taubstummen, welche sich durch verständliche Zeichen ausdrücken können, ingleichen blos tauben und blos stummen, blinden und anderen gebrechlichen oder geistesschwachen Personen sind, sofern sie nicht in väterlicher Gewalt stehen, nur auf ihr Verlangen, oder wenn das Vormundschaftsgericht nach gerichtsärztlicher Untersuchung es für nöthig hält, im Allgemeinen oder für einzelne Angelegenheiten Vormünder zu bestellen. (G.-D. § 75.)

§ 1983. Die Vormünder über die in §§ 1981, 1982 angegebenen

Zu § 1981. Vergl. hierzu die Abhandlung von Spitzner in der Z. f. R. Bd. 28 S. 193 flg.

1) Ueber die Haftpflicht unzurechnungsfähiger Personen siehe oben zu § 81 Bd. 1 S. 44 unter 4. Vergl. außerdem Annalen, A. F. Bd. 8 S. 196 und W. f. R. 1865 S. 29.

2) wenn sich ergiebt, daß sie des Vernunftgebrauches beraubt sind, vergl. Z. f. R. Bd. 28 S. 198 und über den Beweis der Geisteskrankheit im Executions- und Executivprocesse vergl. oben zu § 89 Bd. 1 S. 45 unter 1.

3) Ueber Darlehne an Geisteskranke siehe Annalen, A. F. Bd. 8 S. 196.

4) Der Zustandsvormund eines Geisteskranken hat nicht das Recht, wider den Ehegatten seines Mündels wegen Ehebruchs auf Scheidung der Ehe zu klagen. Z. f. R. Bd. 14 S. 359; Bd. 32 S. 438; Annalen, N. F. Bd. 4 S. 560; W. f. R. 1855 S. 147 und 149. Dagegen hat er das Recht, auf Nichtigkeitserklärung der Ehe anzutragen, Annalen, N. F. Bd. 4 S. 560 und Z. f. R. Bd. 32 S. 438. Vergl. auch oben zu § 89 Bd. 1 S. 45.

Zu § 1982. 1) Die in diesem § aufgeführten Personen bedürfen nicht der vorgängigen Untersuchung ihres Zustandes, um ein Testament gültig errichten zu können, Annalen, A. F. Bd. 1 S. 159.

2) und anderen gebrechlichen, das Wort „gebrechlich" ist im weitesten Sinne zu verstehen, Z. f. R. Bd. 28 S. 199.

3) oder geistesschwachen Personen, vergl. Z. f. R. Bd. 28 S. 199.

4) wenn das Vormundschaftsgericht es für nöthig hält, vergl. Z. f. R. Bd. 28 S. 199 und 200.

Personen haben Sorge zu tragen, daß die Pflegbefohlenen weder sich, noch Anderen schaden können, auch im Falle des Bedürfnisses in einer Heil- oder Versorgungsanstalt untergebracht werden.

§ 1984. Personen, welche des Vernunftgebrauches beraubt sind, können in lichten Zwischenräumen gültig handeln, wenn das Vormund= schaftsgericht auf Grund gerichtsärztlicher Untersuchung ihres Zustandes sich überzeugt hat, daß sie sich zu dieser Zeit in dem Gebrauche ihrer Vernunft befunden haben. (§ 2069.)

§ 1985. Vormünder über die im § 1981 angegebenen Personen sind zu entlassen, wenn eine gerichtsärztliche Untersuchung ergiebt, daß diese Personen sich in dem Gebrauche ihrer Vernunft befinden.

§ 1986. Vormünder über Taubstumme, ingleichen über andere im § 1982 angegebene Gebrechliche und Geistesschwache sind zu entlassen, wenn das Bedürfniß der Vormundschaft aufhört.

II. Vormundschaft über Verschwender.

§ 1987. Personen, welche ihr Vermögen auf leichtsinnige Weise durchbringen und hierdurch sich und ihre Familie der Gefahr eines Noth= standes aussetzen, sind nach Untersuchung der Verhältnisse zu bevormunden, in der Regel nach vorgängiger fruchtloser Verwarnung, jedoch, wenn Gefahr im Verzuge ist, auch ohne diese. Die Bevormundung ist öffent= lich bekannt zu machen. (G.=O. § 76.)

Zu § 1987. Vergl. hierzu Merbach in der Z. f. R. Bd. 27 S. 12 flg.

1) Ueber den Unterschied der cura prodigorum von der cura furiosorum s. Annalen, N. F. Bd. 6 S. 378.

2) Die Frage, ob eine Person für einen Verschwender zu erklären und zu bevormunden sei, ist nach sächsischen Gesetzen nicht der Gegenstand eines privat= rechtlichen Parteistreites, welcher durch die Rechtskraft einer richterlichen Ent= scheidung zu formellem Abschlusse gelangt, sondern es betrifft dieselbe eine dem öffentlichen Rechte angehörige Verfügung, welche der zuständige Vormundschafts= richter nach pflichtmäßigem Ermessen zu erwägen und, wenn er sie für nöthig befindet, kraft seines Amtes zu verfügen hat. Z. f. R. Bd. 43 S. 149.

3) Regelmäßig wird zwar eine Benachrichtigung des für einen Ver= schwender Erklärten von der Anlegung der Vormundschaft zu erfolgen haben, dieselbe ist indeß nicht ausdrücklich vorgeschrieben. Z. f. R. Bd. 43 S. 152.

4) Die Wirkung der cura prodigorum beschränkt sich regelmäßig nur auf seine Handlungen im Inlande. Annalen, N. F. Bd. 6 S. 379; Z. f. R. Bd. 34 S. 26.

5) Im Auslande gerichtlich für Verschwender erklärte Personen sind zwar auch in Sachsen für handlungsunfähig zu betrachten, doch ist, wenn es sich um in Sachsen vorgenommene Handlungen handelt, ihre Handlungs= und Wechselfähigkeit nach Sächsischen Gesetzen zu beurtheilen. Z. f. R. Bd. 34 S 25; Annalen, N. F. Bd. 6 S. 377; W. f. R. 1870 S. 137.

6) Die Eide in bürgerlichen Rechtsstreitigkeiten hat auf Verlangen des Vormundes der Verschwender selbst zu schwören. Annalen, N. F. Bd. 1 S. 171.

§ 1988. Der Vormund hat den Verschwender zu einem ordent=
lichen und regelmäßigen Leben anzuhalten.

§ 1989. Die Vormundschaft über Verschwender endigt, wenn das
Vormundschaftsgericht dieselben wieder für handlungsfähig erklärt, von
der Zeit der öffentlichen Bekanntmachung dieser Erklärung an.

III. Vormundschaft über Abwesende.

§ 1990. Wenn Volljährige, welche nicht in väterlicher Gewalt
stehen, abwesend sind und über deren Leben oder Aufenthalt keine Nachricht
vorhanden ist, so sind denselben zur Verwaltung des von ihnen zurück=
gelassenen Vermögens oder, falls ihnen nach ihrer Entfernung Vermögen
anfällt, zu dessen Erwerbung und Verwaltung Vormünder zu bestellen.

7) Die Vorschriften in § 1912 des BGB. sind auch in dem Falle zur Anwendung zu bringen, wenn sich ein erklärter Verschwender betrügerischerweise für dispositionsfähig ausgegeben und hierdurch den Gegentheil zur Eingehung des Geschäftes verleitet hat. Annalen, II. F. Bd. 3 S. 289.

8) nach vorgängiger fruchtloser Verwarnung. Dieselbe ist nicht
ein unbedingtes Erforderniß der Anlegung und Rechtswirksamkeit der Vormundschaft, sie kann vielmehr bei Gefahr im Verzuge unterbleiben. Z. f. R. Bd. 43
S. 151.

9) öffentliche Bekanntmachung. Vergl. oben Bd. 1 S. 44 zu § 81.
Erst vom Augenblicke der Bekanntmachung an tritt die Beschränkung der Handlungsfähigkeit des Verschwenders ein, Entsch. des R. OHG. Bd. 11 S. 205 flg.;
Z. f. R. Bd. 42 S. 193; Bd. 34 S. 25 und Annalen, R. F. Bd. 6 S. 378;
II. F. Bd. 3 S. 280; W. f. R. 1870 S. 137. Gegentheiliger Meinung war das
AG. Leipzig, vergl. Erk. vom 8. März 1872 im W. f. R. 1873 S. 8. Es hängt
aber von dem Erlasse der Bekanntmachung nicht das Bestehen der Vormundschaft,
sondern nur die Wirksamkeit derselben in Bezug auf dritte Personen
ab, welche mit dem erklärten Verschwender Rechtsgeschäfte abschlossen, Z. f. R.
Bd. 43 S. 153. Ueber die ratio der Schlußbestimmung des § 1987 siehe Annalen, II. F. Bd. 3 S. 292.

10) Ueber die Form der Bekanntmachung enthält das BGB. keine Vorschriften,
es ist daher auch die einmalige Bekanntmachung für genügend angesehen
worden. Z. f. R. Bd. 43 S. 153.

Zu § 1990. 1) Abwesenheitsvormundschaften bestehen jederzeit nur
als Vermögenscuratelen. Z. f. R. Bd. 25 S. 553.

2) In der Bestellung eines Abwesenheitsvormundes liegt nicht eine Verfügungsbeschränkung für den Abwesenden selbst. Z. f. R. Bd. 39 S. 42.

3) Das Vorhandensein von Passiven, welche möglicherweise die vorhandenen
Activen erschöpfen können, steht der Einleitung der Abwesenheitsvormundschaft
nicht unbedingt entgegen. Archiv III. S. 350 (AG. Dresden).

4) Einem Abwesenden, welcher nicht Sächsischer Staatsunter-
than ist, sich aber in Sachsen aufgehalten hat, ist kein Abwesenheitsvormund
von dem Sächsischen Richter zu bestellen. Der § 28 der Gerichtsordnung steht
nicht entgegen, denn dieser kann nur da Anwendung leiden, wo überhaupt die

§ 1991. Hat ein Abwesender zu Besorgung seiner gesammten Angelegenheiten Auftrag gegeben, so bedarf es der Bestellung eines Vormundes für denselben nur, wenn das Gericht in Folge erhobener Beschwerde der nächsten gesetzlichen Erben oder sonst Betheiligten, oder in Folge eigener Wahrnehmung findet, daß der Beauftragte zur Besorgung der Angelegenheiten außer Stande ist, oder daß erhebliche Einwendungen gegen dessen Verwaltung vorliegen, oder wenn der Beauftragte den Auftrag zurückgiebt.

§ 1992. Hat der Abwesende blos zu bestimmten Angelegenheiten Auftrag gegeben, so ist zu den Angelegenheiten, auf welche sich der Auftrag nicht bezieht, ein besonderer Vormund zu bestellen.

§ 1993. Die Vormundschaft über Abwesende endigt, wenn dieselben zurückkehren, oder zu Verwaltung ihres Vermögens Auftrag geben, wenn deren Tod bewiesen wird, oder wenn sie für todt erklärt werden. (§§ 35 bis 44.)

§ 1994. Die Bestellung und die Aufhebung einer Vormundschaft über einen Abwesenden sind öffentlich bekannt zu machen.

IV. Vormundschaft über eine ungeborene Leibesfrucht.

§ 1995. Stirbt Jemand mit Hinterlassung einer schwangeren Wittwe, so ist der Leibesfrucht auf Antrag der Wittwe, oder, wenn es die Umstände erfordern, amtswegen ein Vormund zu bestellen. (G.-O. § 44.)

§ 1996. Die Vormundschaft über die Leibesfrucht ist vorzüglich Demjenigen, welchen der Vater dazu berufen hat, und, in Ermangelung einer solchen Berufung, einem Verwandten, welcher jedoch nicht der nächste Erbe sein darf, zu übertragen.

§ 1997. Die Vormundschaft über die Leibesfrucht endigt mit der Geburt oder mit der Gewißheit darüber, daß eine Geburt nicht zu erwarten ist.

V. Gemeinschaftliche Bestimmungen.

§ 1998. Bei den bisher erwähnten besonderen Arten der Vormundschaft finden die Bestimmungen über die Vormundschaft über Minderjährige Anwendung, soweit es die Natur der Verhältnisse zuläßt und nicht andere Vorschriften vorhanden sind. Die im § 1948 festgesetzte Verjährung von drei Jahren wird hier von der Zeit an gerechnet, wo die Vormundschaft beendigt wird.

Voraussetzungen für eine durch den Sächsischen Richter einzuleitende Bevormundung gegeben sind (AG. Leipzig), W. f. R. 1871 S. 135. Anderer Meinung ist das AG. Dresden, vergl. Archiv III. S. 349.

Zu § 1991. Vergl. Annalen, N. F. Bd. 6 S. 51.

Zu § 1993. 1) wenn deren Tod bewiesen wird. Es genügt hierzu eine relative Gewißheit des Todes, eine an die formellen Regeln des Civilprocesses gebundene Beweisführung kann vom Vormundschaftsrichter nicht erfordert werden. Verordg. des Justizmin. W. f. R. 1864 S. 198; Archiv II. S. 224.

2) Vergl. noch Erk. des AG. Leipzig im Archiv III. S. 790.

Zu § 1998. Vergl. hierzu Annalen, II. J. Bd. 3 S. 289.

Fünfter Theil.

Das Erbschaftsrecht.

Erste Abtheilung.
Allgemeine Bestimmungen.

§ 1999. Mit dem Tode einer Person gehen deren Vermögensrechte auf Andere über.

§ 2000. Das auf Andere übergehende Vermögen eines Verstorbenen in seiner Gesammtheit ist die Erbschaft. Die Erbschaft umfaßt die Rechte und die Verbindlichkeiten des Verstorbenen. (§§ 2281 bis 2286.)

§ 2001. Das Erbrecht ist das Recht, in die Erbschaft als in ein Ganzes unmittelbar einzutreten. Der wirkliche Eintritt in die Rechte eines Verstorbenen kraft des Erbrechtes ist die Erbfolge.

Zu § 1999. 1) Der römische Begriff der Universalsuccession, kraft deren der Erbe die Person des Erblassers in Beziehung auf die Vermögensverhältnisse vollständig vertritt, ist im Sächsischen Rechte nicht zur vollen Ausbildung gelangt, vielmehr ist vermöge des Grundsatzes, daß der Erbe nicht über den Bestand der Erbschaft hinaus haftet, jeder Erbschaftsantritt gewissermaaßen mit dem benefic. inventarii selbst verbunden. W. f. R. 1866 S. 271.

2) Der Zeitpunkt des Todes ist maaßgebend für den Bestand des Nachlasses, namentlich auch bezüglich der Berechnung des Pflichttheiles. Annalen, N. F. Bd. 7 S. 368.

Zu § 2000. 1) Vergl. Annalen, N. F. Bd. 5 S. 405. Ueber den Gegenstand und Umfang der Erbschaft vergl. Z. f. R. Bd. 38 S. 311.

2) Eine Lebensversicherungssumme gehört im Zweifel mit zum Nachlasse, Z. f. R. Bd. 37 S. 332; W. f. R. 1871 S. 446. Bei einer auf den Inhaber lautenden Versicherungspolice aber ist der Erbe nicht als solcher schon berechtigt, er muß überdies noch darthun, daß er Inhaber der Police sei, W. f. R. 1870 S. 46. Ist in einer Lebensversicherungspolice bestimmt, daß die Versicherungssumme beim Tode des Versicherten an dessen Frau und Kinder gezahlt werden solle, so enthält dies nach Befinden einen Vertrag zu Gunsten dieser Dritten, durch welchen dieselben ein selbstständiges Forderungsrecht erwerben können (Aelteres Recht), Z. f. R. Bd. 20 S. 516.

3) Unterstützungsgelder, welche ein Dritter für den Erblasser eingesammelt, an diesen aber noch nicht abgeliefert hat, sind nicht als zur Erbschaft gehörig zu betrachten (AG. Leipzig), Archiv III. S. 580.

4) Eine Forderung, auf welche der Erblasser bei Lebzeiten verzichtet hat, kann der Erbe nicht zur Aufrechnung benützen. Z. f. R. Bd. 39 S. 47.

5) Ueber die Veräußerung von Erb- und Familienbegräbnissen f. Z. f. R. Bd. 20 S. 531.

Zu § 2001. Vergl. Annalen, N. F. Bd. 5 S. 465.

§ 2002. Derjenige, welcher in die Erbschaft als in ein Ganzes unmittelbar eintritt, ist Erbe. Mehrere können zu gleichen oder ungleichen Theilen Erben einer und derselben Erbschaft, Miterben, sein.

§ 2003. Den Erben beruft das Gesetz, der letzte Wille des Erblassers oder ein Erbvertrag.

§ 2004. Wer in Vermögensrechte eines Verstorbenen, als einzelne, kraft letzten Willens oder Erbvertrages eintritt, ist Vermächtnißnehmer.

§ 2005. Wer in Folge letzten Willens oder Erbvertrages erst nach einem Anderen die Erbschaft oder ein Vermächtniß erhält, ist Anwärter.

§ 2006. Wer in Folge einer letztwilligen Verfügung Etwas erhält, ist der Bedachte. Wer in Folge einer solchen Verfügung einem Anderen Etwas zu leisten hat, ist der Beschwerte.

§ 2007. Eine Erbschaft einer Person ist nur vorhanden, wenn diese gestorben oder für todt erklärt worden ist. Kann nicht nachgewiesen werden, welche von mehreren Personen zuerst gestorben sei, so wird angenommen, daß sie zu gleicher Zeit gestorben sind. (§§ 36 bis 44.)

§ 2008. Nur wer bei dem Tode des Erblassers lebt, kann dessen Erbe werden. Von einer Leibesfrucht, welche bei dem Tode des Erblassers empfangen war und lebend zur Welt kommt, wird angenommen, daß sie bei dem Tode des Erblassers gelebt hat. (§ 2396.)

§ 2009. Die Erbschaft fällt dem Erben mit dem Tode des Erblassers an. Ist das Erbrecht von einer Bedingung abhängig, so fällt die Erbschaft dem Erben erst mit dem Eintritte der Bedingung an und er muß, um Erbe zu werden, diesen erlebt haben.

§ 2010. Derjenige, welchem die Erbschaft angefallen ist, kann dieselbe antreten oder ausschlagen. Dieses Recht geht, soweit nicht etwas Anderes bestimmt ist, auf die Erben des Erben über.

Zweite Abtheilung.
Von der gesetzlichen Erbfolge.

Erster Abschnitt.
Allgemeine Bestimmungen.

§ 2011. Die gesetzliche Erbfolge tritt ein, soweit der Erblasser weder durch letzten Willen, noch durch Erbvertrag gültig verfügt hat, oder

---

Zu §§ 2002—2004. Ueber den Unterschied des Vermächtnißnehmers vom Vermächtnißanwärter vergl. Annalen, N. F. Bd. 5 S. 466.

Zu § 2007. wenn diese gestorben: Daher kann die Mutter nicht das Testament des Vaters in der Hinsicht anfechten, daß sie durch dasselbe in dem ihr wider ihr Kind zustehenden Intestaterbrechte geschädigt wird, so lange das Kind noch lebt. Annalen, II. F. Bd. 3 S. 43.

Zu § 2008. Vergl. Z. f. R. Bd. 32 S. 446.

Zu § 2009. Vergl. hierzu oben Bd. 1 S. 111 zu § 259, ingl. oben zu § 1099.

Zu § 2011. nicht verfügt hat, vergl. W. f. R. 1873 S. 270. Die

eine solche Verfügung aus irgend einem Grunde nicht zur Wirksamkeit gelangt. (§ 2005.)

§ 2012. Sind Mehrere durch letzten Willen oder durch Erbvertrag zu Erben ernannt und kann oder will einer derselben nicht Erbe werden, so kommt, dafern nicht ein Nacherbe ernannt ist, der erledigte Theil der Erbschaft an die gesetzlichen Erben, ausgenommen wenn ein Anwachsungsrecht nach Maßgabe von §§ 2269 bis 2271 eintritt.

§ 2013. Ist Jemand von einem Zeitpunkte an oder unter einer aufschiebenden Bedingung zum Erben eingesetzt, so findet bis zum Eintritte des Zeitpunktes oder der Bedingung die gesetzliche Erbfolge statt. Soll Jemand bis zu einem Zeitpunkte oder bis zum Eintritte einer auflösenden Bedingung Erbe sein, so findet die gesetzliche Erbfolge statt, sobald der Zeitpunkt oder die Bedingung eintritt.

§ 2014. Ist der in einem letzten Willen oder in einem Erbvertrage eingesetzte Erbe zugleich zur gesetzlichen Erbfolge berechtigt, so erbt er, soweit die letztere eintritt, auch als gesetzlicher Erbe.

§ 2015. Die gesetzliche Erbfolge steht den Verwandten und dem Ehegatten des Erblassers, ingleichen den im Gesetze genannten öffentlichen Anstalten zu.

Zweiter Abschnitt.
Erbfolge der Verwandten.

I. Erbfolge der Verwandten im Allgemeinen.

§ 2016. Den im § 1771 bezeichneten ehelichen Kindern gebührt ein gesetzliches Erbrecht: 1) an dem Vermögen ihres Vaters und ihrer Mutter, 2) an dem Vermögen ihrer entfernteren Voreltern von väterlicher und mütterlicher Seite, ausgenommen wenn eine der Personen, durch welche sie mit dem Erblasser verwandt sind, wegen ihrer außerehelichen Geburt an dem in Frage stehenden Nachlasse kein gesetzliches Erbrecht gehabt haben würde.

§ 2017. Die ehelich Geborenen haben ein gesetzliches Erbrecht an dem Vermögen sämmtlicher Seitenverwandten von väterlicher und mütter= licher Seite, dafern der ihnen und dem Erblasser gemeinschaftliche Stamm= vater oder die gemeinschaftliche Stammmutter, falls von dessen oder von

---

gesetzliche Erbfolge tritt daher auch dann ein, wenn der nächste Intestaterbe auf eine bestimmte Summe und in gleicher Weise ein Dritter als Erbe eingesetzt worden ist, von dem Nachlasse aber noch etwas übrig bleibt; solchenfalls erhält der Intestaterbe dasjenige Vermögen, über welches nicht verfügt worden ist, ab intestato. Annalen, N. F. Bd. 4 S. 411.

Zu § 2012. Vergl. hierzu Annalen, II. F. Bd. 2 S. 477. Zum Schluß= satze siehe Z. f. R. Bd. 41 S. 252.

Zu § 2013. Der sub conditione oder sub die incerto eingesetzte Erbe ist als Erbanwärter zu betrachten. Z. f. R. Bd. 40 S. 427.

Zu § 2014. Vergl. hierzu Annalen, N. F. Bd. 4 S. 411.

deren Nachlasse die Rede wäre, sowohl von ihnen, als von dem Erblasser nach § 2016 beerbt werden würde.

§ 2018. Den ehelich Geborenen stehen rücksichtlich des gesetzlichen Erbrechtes gleich die außerehelich Geborenen, deren Eltern sich geehelicht haben, und die Abkömmlinge solcher außerehelich Geborenen nach Maßgabe von §§ 1781, 1782, ingleichen die nach dem Verlöbnisse ihrer Eltern Gezeugten oder Geborenen unter den im § 1578 angegebenen Voraussetzungen.

§ 2019. Andere außerehelich Geborene haben ein Erbrecht nur an dem Vermögen ihrer Mutter und der entfernteren Voreltern und sämmtlicher Seitenverwandten von mütterlicher Seite, soweit diese Personen nach §§ 2016, 2017 von ehelich Geborenen beerbt werden würden. Dieses Erbrecht steht ihnen zu, sie mögen allein vorhanden sein oder mit ehelich Geborenen zusammentreffen.

§ 2020. Außereheliche Geschwister gelten, selbst wenn sie denselben Vater und dieselbe Mutter haben, nur als halbbürtige Geschwister. (§ 2031.)

§ 2021. Außerehelich Geborene, welche durch den Landesherrn ehelich gesprochen worden sind, haben, wenn nicht in der über ihre Ehelichsprechung ausgefertigten Urkunde etwas Anderes bestimmt ist, ein gesetzliches Erbrecht an dem Vermögen ihres Vaters, wie Eheliche, und es steht den zur Zeit ihrer Ehelichsprechung vorhanden gewesenen ehelichen Kindern vor ihnen kein Vorzug zu. (§§ 1783 bis 1786.)

§ 2022. Außerehelich Geborene, welche ehelich gesprochen worden sind, beerben: 1) die ehelichen, gleichviel ob vor oder nach ihrer Ehelichsprechung geborenen Kinder ihres Vaters und zwar wie Halbgeschwister, 2) andere ehelich gesprochene Kinder ihres Vaters wie vollbürtige oder halbbürtige Geschwister, je nachdem sie mit diesen dieselbe Mutter haben oder nicht, 3) die ehelichen Abkömmlinge ihrer unter Nr. 1 und 2 erwähnten Brüder, ingleichen die ehelichen und außerehelichen Abkömmlinge ihrer unter denselben Nummern gedachten Schwestern.

§ 2023. Außerehelich Geborene, welche ehelich gesprochen worden sind, haben kein gesetzliches Erbrecht an dem Vermögen der Voreltern und Seitenverwandten ihres Vaters. Haben diese Personen der Ehelichsprechung zugestimmt, so steht den Ehelichgesprochenen gegen sie und gegen ihre Abkömmlinge ein gesetzliches Erbrecht zu. (§ 1783.)

§ 2024. Das den Ehelichgesprochenen zustehende Erbrecht gebührt auch deren ehelichen, ingleichen wenn eine Tochter ehelich gesprochen worden ist, auch deren außerehelichen Abkömmlingen.

§ 2025. Diejenigen, welche von den in §§ 2016 bis 2024 er-

Zu § 2018. Bei Lebzeiten des Brautkindes kann jedoch dessen Vater nicht auf Anerkennung seiner Vaterschaft zu dem Behufe, um später einmal sein Erbrecht geltend zu machen, klagen. Z. f. R. Bd. 41 S. 481.

Zu § 2019. Rücksichtlich des Erbschaftsstempels wird ein Unterschied zwischen legitimer und illegitimer Verwandtschaft nicht gemacht. Z. f. R. Bd. 29 S. 186.

wähnten Verwandten beerbt werden können, sind auch rücksichtlich dieser Verwandten, soweit nicht etwas Anderes bestimmt ist, zur Erbfolge berechtigt. (§§ 2039. 2045.)

§ 2026. Die Verwandten gelangen in folgenden vier Classen zur Erbfolge: 1) die Abkömmlinge, 2) die Eltern und Voreltern, 3) die Geschwister und deren Abkömmlinge, 4) die übrigen Seitenverwandten des Erblassers. So lange Personen vorhanden sind, welche in einer früheren Classe stehen, sind die zu einer späteren Classe gehörigen nicht zur Erbfolge berufen.

§ 2027. Entferntere Verwandte gelangen zur Erbfolge, selbst wenn sie nicht Erben der Person geworden sind, welche zwischen ihnen und dem Erblasser stand. (§§ 2261. 2282. 2537. 2561.)

§ 2028. Die Berufung der gesetzlichen Erben ist nach der Todeszeit des Erblassers zu beurtheilen. (§ 2008.)

§ 2029. Sind Personen einer früheren Classe, welchen die Erbschaft angefallen war, ohne daß sie oder deren Erben dieselbe erworben, weggefallen, so gelangt die Erbschaft, sofern in derselben Classe Niemand vorhanden ist, an die Personen der folgenden Classe.

§ 2030. In keiner Classe kann ein Verwandter erben, so lange zwischen ihm und dem Erblasser ein näherer Verwandter vorhanden ist. Wenn der Nähere, welchem die Erbschaft anfiel, ohne daß er oder seine Erben dieselbe erwerben, wegfällt, so gelangt der entferntere Verwandte derselben Classe, welchem der Weggefallene im Wege stand, zur Erbfolge. (§ 2008.)

§ 2031. Treffen in der dritten oder in der vierten Classe vollbürtige und halbbürtige Verwandte des Erblassers zusammen, so ist jeder vollbürtige für zwei Personen zu rechnen und erhält einen doppelten Erbtheil. (§ 2043.)

§ 2032. Ist Jemand mit dem Erblasser mehrfach verwandt, so erhält er, wenn nach Stämmen geerbt wird, in jedem Stamme den ihm gebührenden Erbtheil. Die mehrfache Verwandtschaft bleibt unberücksichtigt, wenn nach Köpfen geerbt wird. Wer mit dem Erblasser zugleich leiblich und durch Annahme an Kindesstatt verwandt ist, hat die Wahl, ob er vermöge dieser oder jener Verwandtschaft erben will.

§ 2033. Wie weit in einzelnen Fällen durch das Zusammentreffen der Verwandten mit dem Ehegatten des Erblassers das Erbrecht der ersteren beschränkt wird oder wegfällt, ist nach §§ 2049 bis 2056 zu beurtheilen.

II. Erbfolge der Abkömmlinge.

§ 2034. Hinterläßt Jemand blos ein Kind, so erhält dieses die Erbschaft allein. Mehrere Kinder erben zu gleichen Theilen.

§ 2035. Entferntere Abkömmlinge erben mit den näheren, durch

Zu § 2030. Zu Absatz 2: Daher erben Enkel, deren noch am Leben befindliche Mutter auf den Nachlaß ihres, der Mutter, Vaters verzichtet hat, ohne den Verzicht zugleich für ihre Kinder zu erklären, den großväterlichen Nachlaß. Annalen, II. F. Bb. 3 S. 38.

welche sie nicht mit dem Erblasser verwandt sind, und es gilt in diesem Falle, sowie wenn blos entferntere Abkömmlinge vorhanden sind, Erbfolge nach Stämmen, so daß die entferneren den Erbtheil erhalten, den Diejenigen erhalten haben würden, durch welche sie mit dem Erblasser verwandt sind. Auf mehrere Geschwister werden gleiche Theile gerechnet.

III. Erbfolge der Eltern und Voreltern.

§ 2036. Bei der Erbfolge der Eltern und Voreltern schließt der dem Erblasser dem Grade nach Nähere den dem Grade nach Entferteren aus.

§ 2037. Sind beide Eltern am Leben, so erben sie zu gleichen Theilen. Ist nur eines von ihnen vorhanden, so erhält dieses die Erbschaft allein.

§ 2038. Sind beide Eltern nicht mehr am Leben, so erben die Voreltern väterlicher und mütterlicher Seite, so daß die dem Grade nach Nächsten jeden Entferneren ausschließen, selbst wenn er auf einer anderen Seite steht. Mehrere desselben Grades theilen, wenn sie derselben Seite angehören, nach gleichen Theilen. Gehören sie verschiedenen Seiten an, so fällt die Erbschaft zu der einen Hälfte an die väterliche und zu der anderen Hälfte an die mütterliche Seite und die mehreren zu jeder Seite Gehörigen erhalten gleiche Theile.

§ 2039. Wenn der Vater bei einer nach §§ 1620, 1621 für nichtig zu achtenden Ehe das Hinderniß gekannt, oder bei einer nach §§ 1622 bis 1625 in Folge Anfechtung aufgehobenen Ehe der schuldige Theil gewesen ist, oder bei einem nichtigen Verlöbnisse in unredlichem Glauben gestanden oder die Auflösung des Verlöbnisses verschuldet hat, so sind er und die Voreltern von väterlicher Seite von der Erbfolge in das Vermögen der in einer solchen Ehe oder in einem solchen Verlöbnisse erzeugten und geborenen Kinder und der Abkömmlinge derselben ausgeschlossen und es werden diese so beerbt, als ob Vater und Voreltern von väterlicher Seite vor ihnen gestorben wären. (§ 2025.)

IV. Erbfolge der Geschwister und der Abkömmlinge derselben.

§ 2040. Geschwister des Erblassers theilen die Erbschaft unter sich nach gleichen Theilen, vorbehältlich der Vorschrift im § 2031.

§ 2041. Abkömmlinge von Geschwistern erben mit den Geschwistern, durch welche sie nicht mit dem Erblasser verwandt sind. In diesem Falle, sowie wenn blos Abkömmlinge vorhanden sind, gilt Erbfolge nach Stämmen, wie im § 2035.

V. Erbfolge der übrigen Seitenverwandten.

§ 2042. Von den Seitenverwandten in der vierten Classe gebührt Demjenigen der Vorzug, welcher einen näheren gemeinschaftlichen Stammvater oder eine nähere gemeinschaftliche Stammmutter mit dem Erblasser hat, als die Uebrigen.

§ 2043. Unter mehreren Seitenverwandten in der vierten Classe schließt Derjenige die Anderen aus, welcher dem Erblasser dem Grade nach am nächsten steht; mehrere auch in dieser Hinsicht gleich Nahe erben zu gleichen Theilen, vorbehältlich der Vorschrift im § 2031.

VI. Erbfolge der an Kindesstatt Angenommenen.

§ 2044. An Kindesstatt Angenommene beerben, soweit nicht in dem über die Annahme an Kindesstatt errichteten Vertrage etwas Anderes bestimmt ist, den Annehmenden wie eheliche Kinder, mit der Beschränkung im § 2568. (§§ 1787 bis 1800.)

§ 2045. Den Ehegatten, die Kinder und andere Verwandte des Annehmenden beerben die an Kindesstatt Angenommenen nicht. Auch werden sie von dem Annehmenden, dessen Ehegatten und Verwandten nicht beerbt. (§ 2025.)

§ 2046. Ist ein als Sohn Angenommener mit Hinterlassung ehelicher oder eine als Tochter Angenommene mit Hinterlassung ehelicher oder außerehelicher Abkömmlinge vor dem Annehmenden gestorben, so bekommen diese Abkömmlinge den Erbtheil, welcher ihrem Vater oder ihrer Mutter gebührt hätte.

§ 2047. An Kindesstatt Angenommene behalten ihr gesetzliches Erbrecht an dem Vermögen ihrer leiblichen Verwandten.

§ 2048. Das Erbrecht eines an Kindesstatt Angenommenen an dem Vermögen des Annehmenden fällt weg, wenn die Annahme an Kindesstatt nach § 1800 aufgehoben worden ist.

Dritter Abschnitt.

Erbfolge der Ehegatten.

§ 2049. Bei dem Ableben eines Ehegatten erbt von dessen Vermögen der überlebende Ehegatte ein Viertheil, wenn er mit Abkömmlingen des Erblassers zusammentrifft. (§§ 2578 bis 2582.)

§ 2050. Hinterläßt der gestorbene Ehegatte keine anderen zur gesetzlichen Erbfolge berechtigten Abkömmlinge als solche, welche er während der Ehe an Kindesstatt angenommen hat, so erhält der überlebende Ehegatte ein Drittheil der Erbschaft.

§ 2051. Ein Drittheil der Erbschaft gebührt der Ehefrau, wenn sie nur mit Kindern zusammentrifft, welche auf Ansuchen ihres Ehemannes während der Ehe ehelich gesprochen worden sind, ingleichen dem Ehemanne, wenn die Ehefrau nur Kinder aus einem Ehebruche hinterläßt, dessen sie sich während der Ehe mit ihm schuldig gemacht hat.

§ 2052. Wenn der Ehegatte mit Eltern, Voreltern, Geschwistern, oder mit Abkömmlingen der Geschwister des Erblassers zusammentrifft, so erhält er die Hälfte der Erbschaft. (§§ 2575 bis 2582.)

§ 2053. Hinterläßt ein Ehegatte nur Verwandte der im § 2026 unter Nr. 4 genannten Classe, so erhält der überlebende Ehegatte die ganze Erbschaft.

§ 2054. Ist die Ehe nach §§ 1620, 1621 nichtig, so hat der über=

lebende Ehegatte blos dann ein Erbrecht, wenn er bis zum Tode des anderen Ehegatten in redlichem Glauben gestanden hat. (§ 1628.)

§ 2055. Das Erbrecht des überlebenden Ehegatten besteht, obschon ein Grund zur Anfechtung der Ehe oder zur Scheidung derselben, oder zur Trennung der Ehegatten von Tisch und Bette auf Lebenszeit vorhanden gewesen ist, ausgenommen wenn der gestorbene Ehegatte die Klage deshalb bei Gericht angebracht und dieses eine Aussöhnung vergeblich versucht hat.

§ 2056. Ist der überlebende Ehegatte mit dem gestorbenen verwandt, so erbt er in Fällen, wo er nach den Vorschriften über die Erbfolge der Verwandten mit diesen zusammentrifft, als Ehegatte und auch als Verwandter. (§ 1609.)

Vierter Abschnitt.

Erbfolge öffentlicher Anstalten.

§ 2057. Wenn ein in eine Landesversorgungs- oder Landesheilanstalt Aufgenommener darin stirbt und keine zur gesetzlichen Erbfolge berechtigten Verwandten der im § 2026 unter Nr. 1, 2 und 3 genannten Classe hinterläßt, so erbt von dessen Vermögen die Anstalt, dafern er sich darin über vier Jahre aufgehalten hat, die Hälfte, bei einem kürzeren Aufenthalte ein Drittheil, selbst wenn ein Ehegatte des Erblassers vorhanden ist. (E.- u. A.-B. § 18.)

§ 2058. Es ist gleich, ob der Erblasser die vollen in der Anstalt üblichen Ansätze für seinen Unterhalt bezahlt hat oder nicht, dafern nicht vor dessen Aufnahme in die Anstalt oder nachher etwas Anderes ausgemacht worden ist.

§ 2059. Steht einer anderen Versorgungs- oder Heilanstalt vermöge ihrer bestätigten Statuten ein Erbrecht an dem Vermögen der darin Aufgenommenen zu, so kann dasselbe nur geltend gemacht werden, wenn der Erblasser oder dessen Stellvertreter davon vor der Aufnahme in die Anstalt in Kenntniß gesetzt und darüber ein gerichtliches Protocoll aufgenommen worden ist.

§ 2060. Die Ortsarmen-, Kranken- und Waisenhäuser haben rücksichtlich der Personen, welche darin unentgeltlich aufgenommen werden müssen, ein gesetzliches Erbrecht, wie die im § 2057 angegebenen Anstalten.

Zu § 2059. Vergl. Annalen, N. F. Bd. 7 S. 404.

Zu § 2060. Nach § 68 der Armenordnung vom 22. October 1840 haben die öffentlichen Armenhäuser ein Erbrecht an den Sachen, welche die in derartigen Anstalten aufgenommenen Personen mit dahin bringen, jedenfalls aber nur unter der Voraussetzung, daß jene Sachen Eigenthum der aufgenommenen Person und nicht Eigenthum Dritter waren, da letzterenfalls diese ihr Eigenthum zurückfordern können. W. f. R. 1871 S. 397. Vergl. Z. f. R. Bd. 11 S. 297 flg.

Siehe ferner § 68 der Armenordnung vom 22. October 1840.

Dritte Abtheilung.

Von der Erbfolge aus letzten Willen.

Erster Abschnitt.

Allgemeine Bestimmungen.

§ 2061. Ein letzter Wille ist die einseitige Verfügung einer physischen Person über Das, was nach ihrem Tode, insbesondere rücksichtlich ihres Vermögens, geschehen soll.

§ 2062. Ein letzter Wille erlangt mit dem Tode des Erblassers Kraft und kann bis dahin widerrufen werden. (§ 2211.)

§ 2063. In einem letzten Willen können Erben ernannt und neben der Erbeinsetzung, oder ohne eine solche, Vermächtnisse oder Anwartschaften angeordnet werden.

§ 2064. Ein letzter Wille kann von dem Erblasser nur in Person errichtet werden. (§ 2099.)

§ 2065. Die Erbfolge aus einem letzten Willen tritt blos soweit ein, als die darin getroffene Verfügung reicht. Es gelten in dieser Hinsicht die Vorschriften in §§ 2011 bis 2014.

Zweiter Abschnitt.

Fähigkeit zur Errichtung eines letzten Willens.

§ 2066. Fähig, einen letzten Willen zu errichten, sind Personen, welche das vierzehnte Lebensjahr erfüllt haben, und zwar, selbst wenn sie in väterlicher Gewalt oder unter Altersvormundschaft stehen, ohne ihre Väter oder Vormünder.

§ 2067. Personen, welche das vierzehnte Lebensjahr nicht erfüllt haben, können selbst nicht mit ihren Vätern oder Vormündern einen letzten Willen errichten. (§ 2203.)

Zu § 2061. Die formelle Gültigkeit der im Auslande errichteten letzten Willen ist nach dem Orte der Errichtung zu beurtheilen, Z. f. R. Bd. 14 S. 39.

Zu § 2062. Vergl. Z. f. R. Bd. 30 S. 440; W. f. R. 1873 S. 269. Auf Anerkenntniß eines letzten Willens kann von dem einen Erben gegen einen anderen Miterben geklagt werden, Archiv II. S. 241; W. f. R. 1860 S. 355; Annalen, N. F. Bd. 5 S. 227.

Zu § 2063. Die Vinculation eines in einem letzten Willen Honorirten, aus dem Testamente keine Rechte geltend zu machen, muß ohne die Zurücknahme oder Aenderung des Testamentes für völlig wirkungslos betrachtet werden. W. f. R. 1873 S. 269.

Zu § 2066. Der Richter hat in dem Protocolle die Handlungsfähigkeit zu bestätigen, vergl. § 5 der Gerichtsordnung vom 9. Januar 1805.

Zu § 2067. Ueber einen besonderen Fall, wo der Errichter des Testamentes

§ 2068. Ehefrauen können ohne ihre Ehemänner einen letzten Willen errichten.

§ 2069. Des Vernunftgebrauches Beraubte können in lichten Zwischen= räumen, wenn das Gericht, welches ihnen den Vormund bestellt hat, sich auf Grund gerichtsärztlicher Untersuchung ihres Zustandes überzeugt, daß sie sich in dem Gebrauche ihrer Vernunft befinden, einen letzten Willen vor diesem Gerichte errichten. (§§ 1981. 1984.)

§ 2070. Taubstumme sind unfähig, einen letzten Willen zu errichten, ausgenommen wenn sie ihre Gedanken verständlich auszudrücken vermögen, welchenfalls sie ihren letzten Willen gerichtlich errichten können, und zwar schriftlich, wenn sie schreiben und Geschriebenes lesen können, unter Be= obachtung der im § 2098 angegebenen Form, und mündlich, wenn sie eine im Allgemeinen verpflichtete oder zu dieser Handlung zu verpflichtende Vertrauensperson mitbringen, welche ihre Zeichen zu erklären vermag.

§ 2071. Blinde, blos Taube, ingleichen blos Stumme können nur gerichtlich einen letzten Willen errichten, die Stummen unter Beobachtung der im § 2098 angegebenen Form.

§ 2072. Verschwender, welche gerichtlich dafür erklärt worden sind, können, während sie unter Vormundschaft stehen, keinen letzten Willen er= richten. (§ 1987.)

§ 2073. Die Fähigkeit zu Errichtung eines letzten Willens muß zur Zeit der Errichtung desselben vorhanden sein. (P.=A. § 23.)

Dritter Abschnitt.
Fähigkeit zur Erwerbung aus einem letzten Willen.

§ 2074. Juristische Personen sind fähig, aus einem letzten Willen zu erwerben, selbst wenn sie zur Zeit der Errichtung desselben noch nicht bestanden haben, dafern sie später, gleichviel ob vor oder nach dem Tode des Erblassers, vom Staate anerkannt werden. (§ 52.)

§ 2075. Werden erlaubte Vereine oder Gesellschaften, welche keine

---

nach französischem Rechte unmündig, nach Sächsischem Rechte mündig war, siehe Annalen, II. J. Bd. 1 S. 463.

Zu § 2069. 1) Das Nämliche gilt nicht von gebrechlichen Personen. Annalen, N. F. Bd. 1 S. 159.

2) Der Richter muß sich davon überzeugen, daß derjenige, welcher einen letzten Willen errichten oder aufheben will, nicht des Vernunftgebrauches beraubt ist. In dem Protocolle ist die Handlungsfähigkeit zu bestätigen, Gerichtsordnung vom 9. Januar 1865 § 5.

Zu § 2072. 1) Es kommt hierbei lediglich auf das Vorhandensein der ge= richtlichen Erklärung und der Bevormundung als Verschwender an, dagegen nicht darauf, ob die Anlegung der cura prodigi ausreichend gerechtfertigt sei. Z. f. R. Bd. 43 S. 148.

2) Die Testirfähigkeit eines Verschwenders tritt daher erst dann wieder ein, wenn die cura prodigi aufgehoben ist, Z. f. R. Bd. 43 S. 148.

juristische Persönlichkeit haben, als Erben eingesetzt oder sonst in einem letzten Willen bedacht, so gelten die einzelnen Mitglieder, welche zur Zeit des Anfalles den Verein oder die Gesellschaft bilden, als eingesetzt oder bedacht; doch haben dieselben Das, was sie erhalten, in Ermangelung anderer Bestimmung, zum Zwecke ihres Vereines oder ihrer Gesellschaft zu verwenden.

§ 2076. Personen, welche bei Errichtung eines letzten Willens als Gerichts- oder Urkundspersonen, oder als Zeugen thätig gewesen sind, ferner die Ehegatten, sowie die Verwandten und Verschwägerten dieser Personen, und zwar in der ganzen auf- und absteigenden Linie und in der Seitenlinie bis zum dritten Grade einschließlich, können aus diesem letzten Willen nicht erwerben, ausgenommen bei außergerichtlichen letzten Willen, wenn rücksichtlich der zu Gunsten solcher Personen getroffenen Verfügungen die erforderliche Zahl von Zeugen noch außerdem gegenwärtig gewesen ist. (Bek. v. 22. Febr. 1865.)

§ 2077. Das Verbot im § 2076 findet auch Anwendung auf Diejenigen, welche zur Niederschrift des letzten Willens gebraucht worden sind, ferner auf deren Ehegatten, Verwandte und Verschwägerte in dem im § 2076 angegebenen Umfange, ausgenommen wenn der Erblasser die Stelle, in welcher die zu Gunsten solcher Personen gereichende Verfügung enthalten ist, eigenhändig geschrieben oder diese Verfügung eigenhändig unterschrieben, oder die Genehmigung derselben später vor Gericht oder in Gegenwart von zwei Zeugen erklärt hat.

Vierter Abschnitt.
Errichtung letzter Willen.

I. Allgemeine Bestimmungen.

§ 2078. Ein letzter Wille, zu welchem der Erblasser durch körperliche Ueberwältigung oder durch Furcht bestimmt wurde, ist nichtig. Es ist gleich, ob die körperliche Ueberwältigung oder die Furcht erregende Handlung von dem in dem letzten Willen Bedachten oder von einem Dritten, mit oder ohne Vorwissen des Bedachten, ausgegangen ist. (§§ 830 bis 832.)

§ 2079. Ein letzter Wille, zu welchem der Erblasser durch eine irrige Voraussetzung bestimmt wurde, ist nichtig. Die Unrichtigkeit eines von ihm angegebenen Beweggrundes hat die Nichtigkeit des letzten Willens nur zur Folge, wenn anzunehmen ist, daß der Erblasser die Verfügung nicht getroffen haben würde, falls er das wahre Sachverhältniß gekannt hätte.

§ 2080. Hat der Erblasser eine andere Person, als die, welche er bedenken wollte, oder einen anderen Gegenstand, als den, welchen er zu-

---

Zu § 2077. Vergl. hierzu Z. f. R. Bd. 37 S. 247. Der § giebt im Wesentlichen die Vorschriften der Decisio 9 von 1746 wieder.

Zu § 2078—2116. Vergl. Annalen, N. F. Bd. 9 S. 190. Siehe ferner die Bestimmungen in § 2 bis 9 der Gerichtsordnung vom 9. Januar 1865.

wenden wollte, angegeben, oder sonst etwas Anderes, als er gewollt, aus=
gesprochen, so ist der letzte Wille nichtig.

§ 2081. Es ist gleich, ob der Erblasser den Bedachten oder den
Gegenstand ausdrücklich benannt oder durch Angabe von Merkmalen und
Eigenschaften bezeichnet hat. Im letzteren Falle macht eine Unrichtigkeit
in der Bezeichnung den letzten Willen nur nichtig, wenn sich die wahre
Absicht des Erblassers nicht erkennen, auch sonst nicht ermitteln läßt.

§ 2082. Hat der Erblasser eine Bedingung, welche er beifügen wollte,
nicht beigefügt, so ist der letzte Wille nichtig. Hat er eine Bedingung
beigefügt, welche er nicht beifügen wollte, so ist die Bedingung als nicht
beigefügt zu betrachten.

§ 2083. Bezieht sich der Grund der Nichtigkeit blos auf einzelne
Verfügungen, so sind blos diese nichtig. (§ 103.)

§ 2084. Der Erblasser kann bei Errichtung des letzten Willens
zur Bezeichnung des Bedachten oder des Gegenstandes seiner Verfügung
auf eine besondere Schrift verweisen und es bedarf solchenfalls, wenn sich
bei seinem Tode eine von ihm eigenhändig geschriebene und eigenhändig
mit seinem Familiennamen unterschriebene Schrift findet, in welcher der
Bedachte mit dem Familiennamen und wenigstens einem voll ausgeschriebenen
Vornamen, und die Erbtheile oder Summen mit Worten angegeben, auch
Ort, Jahr und Tag der Abfassung der Schrift beigefügt sind, zu deren
Gültigkeit keiner weiteren Form. (E.= u. A.=B. § 19.)

§ 2085. Hat der Erblasser in dem Falle von § 2084 neben der
daselbst bestimmten Form für die besondere Schrift noch eine andere Form
vorgeschrieben oder einen Ort bestimmt, an welchem sie sich finden soll,
so wird zur Gültigkeit der Schrift noch erfordert, daß sie die vorgeschrie=
bene Form habe und an dem bestimmten Orte sich finde.

§ 2086. Der Erblasser kann die Person des Bedachten oder den
Gegenstand seiner Verfügung von dem Willen eines oder mehrerer be=
stimmten Dritten abhängig machen.

§ 2087. Der letzte Wille ist, wenn der Erblasser die Bestimmung
der Person des Bedachten oder des Gegenstandes seiner Verfügung dem
Ausspruche eines bestimmten Dritten überläßt, durch diesen Ausspruch be=
bingt und fällt weg, wenn der Dritte sich nicht erklären kann oder will.
Ist die Bestimmung der Person des Bedachten oder der Gegenstand der
letztwilligen Verfügung auf den Ausspruch mehrerer bestimmten Dritten
gestellt, so entscheidet nur eine übereinstimmende Erklärung Aller und die
letztwillige Verfügung fällt weg, wenn eine solche nicht erfolgt. (§§ 804
bis 806.)

Zu § 2081. Eine Namhaftmachung des Bedachten ist hiernach nicht
unbedingt erforderlich. Z. f. R. Bd. 34 S. 530.

Zu § 2084. Vergl. Annalen, II. J. Bd. 1 S. 151. Jahr und Tag:
die Weglassung des Tages macht das Codicill hinfällig, Annalen, II. J.
Bd. 1 S. 152. Vergl. ferner § 19 der Ausführungsverordg. z. B'GB. vom 9.
Januar 1865.

§ 2088. Den Gegenstand der letztwilligen Verfügung kann der Dritte nur aus der Erbschaft wählen. Soll durch die mehreren Dritten eine Summe bestimmt werden und weichen die von denselben angegebenen Summen von einander ab, so ist die Durchschnittssumme maßgebend.

§ 2089. Hat der Erblasser die Bestimmung des Gegenstandes seiner letztwilligen Verfügung auf das Ermessen des Bedachten oder des Beschwerten gestellt, so ist anzunehmen, daß das billige Ermessen gemeint sei, und Derjenige, dessen Ermessen entscheiden soll, ist verbunden, die Erklärung abzugeben.

§ 2090. Haben Diejenigen, von welchen nach §§ 2087 bis 2089 die Erklärung abzugeben ist, dies gethan, so sind sie nicht berechtigt, von der getroffenen Bestimmung abzugehen.

§ 2091. Soll aus mehreren zugleich benannten Personen der Bedachte von einem Dritten oder von mehreren Dritten gewählt werden, so sind, wenn die Wahl nicht erfolgt, jene Personen sämmtlich als Bedachte zu betrachten.

II. Gerichtlich errichteter letzter Wille.

§ 2092. Wer einen letzten Willen gerichtlich errichten will, kann bei Gericht denselben zu Protocoll erklären oder in einer Schrift übergeben. (G.-O. §§ 2 bis 9.)

§ 2093. Die Erklärung des letzten Willens zu Protocoll oder die Uebergabe des schriftlichen letzten Willens kann vor jedem Gerichte an ordentlicher Gerichtsstelle oder vor Abgeordneten des Gerichtes außerhalb derselben und selbst außerhalb des Gerichtsbezirkes erfolgen. Es müssen während der ganzen Verhandlung ein mit dem Richtereide verpflichteter Beamter und ein Protocollführer oder, wenn das Amt des Richters und des Protocollführers in einer Person vereinigt ist, außer dieser eine Urkundsperson gegenwärtig sein. (Bek. v. 22. Febr. 1865.)

§ 2094. Wird der letzte Wille mündlich zu Protocoll erklärt, so muß dieses dem Erblasser vorgelesen und nach erfolgter Genehmigung von ihm unterschrieben und, daß dieses Alles geschehen, im Protocolle bemerkt

---

Zu § 2092. Vergl. Annalen, N. F. Bd. 7 S. 223 flg. Auch ein des Lesens und Schreibens Unkundiger kann einen schriftlichen letzten Willen gerichtlich niederlegen. Annalen, N. F. Bd. 1 S. 225.

Zu § 2093. Vergl. im Allg. Annalen, N. F. Bd. 7 S. 223 flg.

Die Erklärung des letzten Willens zu Protocoll: Ueber die Erfordernisse eines derartigen letzten Willens vergl. Annalen, N. F. Bd. 10 S. 313.

während der ganzen Verhandlung, vergl. hierzu Annalen, N. F. Bd. 10 S. 308; Z. f. R. Bd. 38 S. 130.

und ein Protocollführer: Die Weglassung des Namens des Gerichtsbeisitzers im Protocolle ist unschädlich, wenn derselbe nur unterzeichnet hat, Annalen, N. F. Bd. 10 S. 307 und Z. f. R. Bd. 38 S. 130.

Nach § 3 der Gerichtsordnung vom 9. Januar 1865 kann das Gericht die Testamentserrichtung nicht deshalb ablehnen, weil der Testator oder einer seiner Hausgenossen von einer ansteckenden Krankheit befallen ist.

werden. Erklärt der Erblasser, daß er nicht schreiben könne, so ist auch dies und die dabei angegebene Behinderungsursache in dem Protocolle zu bemerken.

§ 2095. Kann das Protocoll dem Erblasser wegen dessen Taubheit nicht vorgelesen werden, so muß es ihm zum Durchlesen vorgelegt und, daß und warum dies geschehen, darin bemerkt werden.

§ 2096. Der Erblasser kann seinen letzten Willen, welchen er dem Gerichte übergeben will, selbst niederschreiben oder durch einen Anderen niederschreiben lassen. Es ist gleich, auf welchem Stoffe und in welcher Schrift oder Sprache der letzte Wille geschrieben ist, doch ist Zeichenschrift ausgeschlossen. Der Mangel der Unterschrift und der Angabe des Ortes, des Jahres und Tages schadet der Gültigkeit des letzten Willens nicht. Die letztwillige Urkunde muß, ohne Unterschied, ob sie versiegelt oder unversiegelt übergeben worden ist, mit dem Gerichtssiegel verschlossen werden. (§ 2104; siehe unten Gesetz vom 26. Febr. 1870.)

§ 2097. Der Erblasser hat bei der Uebergabe seines letzten Willens

Zu § 2094. Vergl. oben Bd. 1 S. 52 unter 4. Ferner Annalen, N. F. Bd. 7 S. 183; Bd. 9 S. 260; II. F. Bd. 2 S. 13.

1) so muß dieses dem Erblasser vorgelesen werden: Vergl. Annalen, N. F. Bd. 10 S. 316. Es genügt übrigens, daß das Vorlesen des Protocolles bei einem Testamente in derselben Weise im Protocolle bemerkt worden ist, wie dies überhaupt bei Protocollen der Natur der Sache nach zu erfolgen hat. Z. f. R. Bd. 37 S. 493. Wenn also gesagt worden ist, daß der Erblasser erklärt habe, die Niederschrift enthalte seinen letzten Willen und genehmige er dieselbe, so wird die Weglassung der Bemerkung, daß das Protocoll vorgelesen worden sei, das Testament nicht nichtig machen. Z. f. R. Bd. 37 S. 493 und W. f. R. 1872 S. 377.

2) von ihm unterschrieben: Nöthig ist nur, daß entweder das Protocoll vom Erblasser unterschrieben ist, oder sonst sein Einverständniß mit dem Inhalte des Testamentes erhelle und das Fehlen der Unterschrift auf einem anderen Grunde beruhe, als auf dem Mangel des Einverständnisses. Annalen, II. F. Bd. 2 S. 15; Z. f. R. Bd. 40 S. 221; W. f. R. 1873 S. 425. Die Bemerkung im Protocolle: daß die Erblasserin zur Unterschrift zu schwach gewesen sei, vermag die Erklärung der Erblasserin, daß sie sich zu schwach fühle, um zu unterschreiben, nicht zu ersetzen. Z. f. R. Bd. 32 S. 454. Die „mit geführter Hand" oder „mit geführter Feder" bewirkte unterschriftliche Vollziehung des Testamentsprotocolles genügt, wenn nur feststeht, daß der Erblasser den Willen gehabt habe, in dieser Weise seinen Namen zu unterzeichnen. Z. f. R. Bd. 36 S. 227.

3) und daß dies Alles geschehen, im Protocolle bemerkt worden. Annalen, II. F. Bd. 2 S. 14.

4) Nachträgliche Beseitigung eines Zweifels darüber, ob das Testamentsprotocoll vorgelesen worden sei, durch Befragung der betheiligten Personen ist zulässig. W. f. R. 1872 S. 377; Z. f. R. Bd. 37 S. 405.

Zu §§ 2096 u. 2097. 1) Vergl. älteres Recht Annalen, N. F. Bd. 7

bei dem Gerichte zu erklären, daß in der Urkunde, welche er übergiebt, sein letzter Wille enthalten sei. Das Gericht hat über diese Erklärung des Erblassers und darüber, daß der letzte Wille von demselben persönlich übergeben und das Gerichtssiegel aufgedrückt worden, ein Protocoll aufzunehmen. (Gesetz vom 26. Febr. 1870.)

§ 2098. Uebergiebt ein Stummer seinen letzten Willen dem Gerichte, so muß er in Gegenwart des Gerichtes entweder eigenhändig schreiben, daß die Urkunde, welche er übergiebt, seinen letzten Willen enthalte, oder durch eine mit ihm vor Gericht anwesende, im Allgemeinen verpflichtete oder zu dieser Handlung zu verpflichtende Vertrauensperson erklären, daß in der Urkunde sein letzter Wille enthalten sei, und das Gericht hat, daß das Eine oder Andere geschehen sei, im Protocolle zu bemerken. (§ 2071.)

§ 2099. Will Jemand, welcher der deutschen Sprache nicht mächtig ist, einen letzten Willen errichten, so ist ein verpflichteter Dollmetscher zuzuziehen. (§ 2064.)

III. Außergerichtlich errichteter letzter Wille.

§ 2100. Ein letzter Wille kann außergerichtlich vor fünf Zeugen errichtet werden. Die Errichtung muß von Anfang bis zu Ende ununterbrochen ohne Einmischung fremdartiger Geschäfte vor sich gehen.

S. 223; W. f. R. 1869 S. 452 und Z. f. R. Bd. 33 S. 262. Eine wesentlich verschiedene Meinung ist dagegen ausgesprochen worden in dem Gesetze vom 26. Februar 1870, eine authentische Erklärung der Schlußsätze von §§ 2096 und 2097 des BGB. betreffend (G.- u. V.-Bl. 1870 S. 43). Hiernach ist der Verschluß des dem Gerichte zur Aufbewahrung übergebenen letzten Willens mit dem Gerichtssiegel und die Aufnahme eines Protocolles über die Versiegelung nur zur möglichsten Feststellung der Identität der übergebenen Urkunde vorgeschrieben, die Gültigkeit des letzten Willens hingegen von der Beobachtung dieser Vorschrift nicht abhängig. Die Vorschrift dieses Gesetzes ist übrigens auch auf frühere Fälle anzuwenden. Annalen, N. F. Bd. 9 S. 266.

2) Die durch das Gericht bewirkte vorzeitige Entsiegelung eines letzten Willens und nachherige fortgesetzte Aufbewahrung in unverschlossenem Zustande hebt die Rechtsbeständigkeit des letzten Willens nicht auf. Z. f. R. Bd. 41 S. 418; Archiv I. S. 401; Annalen, II. F. Bd. 3 S. 302.

3) daß der letzte Wille von demselben persönlich übergeben. Feststellung der Personenidentität durch Zeugen oder gerichtliches Zeugniß, wie bei einer Recognitionsregistratur, ist hier nicht erforderlich, Annalen, N. F. Bd. 2 S. 243. Vergl. namentlich auch die Abhandlung von Pöschmann in den Annalen, N. F. Bd. 6 S. 1 flg. Siehe ferner § 4 der Gerichtsordnung vom 9. Januar 1865. Darnach hat sich der Richter den Umständen nach thunlichst über die Personenidentität dessen, welcher die Handlung vornehmen will, Gewißheit zu verschaffen, und hat im Protocolle ferner zu bemerken, was er zur Feststellung der Personenidentität gethan habe.

§ 2101. Die Zeugen müssen zum Zeugnisse aufgefordert und bei der Errichtung des letzten Willens gleichzeitig gegenwärtig sein.

§ 2102. Unfähig zum Zeugnisse bei einem letzten Willen sind Frauenspersonen, Personen unter einundzwanzig Jahren, Blinde, Taube, Stumme, Personen, welche des Vernunftgebrauches beraubt, gerichtlich für Verschwender erklärt oder sonst bevormundet sind, Personen, welche wegen Meineides bestraft worden und, bei schriftlichen letzten Willen, jede des Schreibens unfähige Person. (§§ 2112. 2113.)

§ 2103. Zeuge kann auch Derjenige sein, welcher zur Niederschrift des letzten Willens gebraucht worden ist.

§ 2104. Wer einen außergerichtlichen letzten Willen schriftlich errichten will, muß in Gegenwart der fünf Zeugen in einer denselben verständlichen Sprache vernehmlich erklären, daß die den letzten Willen enthaltende Urkunde sein letzter Wille sei, und die Urkunde in Gegenwart der Zeugen unterschreiben. Kann er aus Unkunde oder aus einer anderen Ursache nicht unterschreiben, so muß den letzten Willen ein sechster Zeuge mit der Bemerkung unterschreiben, daß er anstatt des Erblassers unterschreibe. Der Mangel der Angabe des Ortes, des Jahres und des Tages schadet der Gültigkeit des letzten Willens nicht. Es ist gleich, auf welchem Stoffe und in welcher Schrift oder Sprache der letzte Wille geschrieben ist, doch ist Zeichenschrift ausgeschlossen. (§ 2096.)

§ 2105. Die Zeugen haben die Urkunde, welche den letzten Willen enthält, mit Bemerkung ihrer Eigenschaft als Zeugen zu unterschreiben. Die Aufzeichnung ihrer Namen auf dem Umschlage genügt nicht. Der Inhalt des letzten Willens braucht den Zeugen nicht bekannt gemacht zu werden.

§ 2106. Wer außergerichtlich seinen letzten Willen mündlich errichten will, muß denselben den Zeugen in einer diesen verständlichen Sprache vernehmlich vortragen.

§ 2107. Die Handlung der Errichtung eines außergerichtlichen letzten Willens endigt bei einem mündlichen mit der Vollendung der Erklärung des Erblassers, bei einem schriftlichen mit der Unterschrift des Zeugen, welcher zuletzt unterschreibt.

§ 2108. Vor Notaren können letzte Willen in den für die Aufnahme von Notariatsprotocollen über Rechtsgeschäfte bestimmten Formen errichtet werden. Die Errichtung eines solchen letzten Willens ist mit Abschluß des Protocolles vollendet.

Zu § 2108. Ein derartiges Testament kann daher vor einem Notar und zwei Zeugen oder zwei Notaren errichtet werden, vergl. Verordg. des Kgl. Justizministerium in d. Z. f. R. Bd. 33 S. 387. Die nämliche Ansicht ist vertheidigt in der Abhandlung von Dr. Müller i. d. Z. f. R. Bd. 34 S. 385 flg. und von Dr. Marschner i. d. Z. f. R. Bd. 34 S. 481 flg. Zuziehung von 5 Zeugen ist daher zur Gültigkeit eines derartigen Testamentes nicht erforderlich. Z. f. R. Bd. 33 S. 387; Bd. 34 S. 385 und 481; Annalen, N. F. Bd. 9 S. 190. W. f. R. 1871 S. 457; Z. f. R. Bd. 37 S. 481. Vergl. außerdem Notariatsordnung vom 3. Juni 1859, § 16—23 und 26 flg.

IV. Außerordentliche Formen der letzten Willen.

§ 2109. Militärpersonen können zur Kriegszeit, wenn sie sich im Felde oder in einem belagerten Platze befinden, ihren letzten Willen vor drei Zeugen errichten, wenn darunter ein Offizier oder ein Unteroffizier oder ein Militärbeamter sich befindet, welcher wenigstens den Rang eines Unteroffiziers hat.

§ 2110. Im Felde befinden sich Militärpersonen von der Zeit an, wo die in Kriegsbereitschaft gesetzte Truppenabtheilung, zu welcher sie gehören, aus ihrem Standquartiere ausgerückt oder zu Bekämpfung eines inneren Feindes aufgestellt worden ist. Als belagert ist ein Platz zu betrachten, wenn in Folge äußerer oder innerer feindlicher Bewegungen die Verbindung nach außen unterbrochen ist.

§ 2111. Die Vorschriften in §§ 2109, 2110 gelten auch für andere, als die im § 2109 bezeichneten Personen, wenn sie sich Berufswegen oder als Kriegsgefangene oder als Geiseln bei der Armee befinden.

§ 2112. Die in §§ 2109, 2111 bezeichneten Personen können während eines Treffens oder wenn sie in dem Treffen verwundet worden sind, so lange sie nicht in ein Lazareth gebracht worden, ihren letzten Willen durch dessen Erklärung gegen irgend eine Person oder mittelst einer von ihnen eigenhändig oder durch einen Dritten geschriebenen, jedenfalls aber eigenhändig mit dem Familiennamen unterschriebenen Schrift errichten.

§ 2113. Wer sich an einem Orte befindet, an welchem eine Epidemie oder ansteckende Krankheit herrscht, kann, wenn er selbst oder Jemand in dem Hause, in welchem er wohnt, von der Epidemie oder ansteckenden Krankheit befallen ist, einen letzten Willen vor drei Zeugen errichten. Es können in diesem Falle auch Frauenspersonen und Minderjährige, welche das achtzehnte Lebensjahr erfüllt haben, Zeugen sein. (§ 2102.)

§ 2114. Ein nach §§ 2109 bis 2113 errichteter letzter Wille verliert seine Wirksamkeit, wenn der Erblasser nach Ablauf von neunzig Tagen

---

Zu § 2109—2114. Vergl. hierzu jedoch Verordnung, den Gerichtsstand der Militärpersonen u. s. w. betreffend, vom 4. December 1867 (Ges.- u. B.-Bl. S. 560) unter VII, § 38 bis 45.

VII. Vorschriften über die privilegirten militärischen Testamente.

§ 38. Unbeschadet der Bestimmungen in §§ 2109 bis mit 2113 des Bürgerlichen Gesetzbuchs können in Kriegszeiten oder während eines Belagerungszustandes diejenigen Personen, welche nach Maßgabe der Militärstrafgerichtsordnung in Kriegszeiten den Militärgerichtsstand haben, unter den im § 39 bemerkten Voraussetzungen, letztwillige Verfügungen auch in den im § 40 angegebenen Formen gültig errichten (privilegirte militärische Testamente).

§ 39. Die Befugniß, in Kriegszeiten oder während eines Belagerungszustandes privilegirte militärische Testamente zu errichten, beginnt für die im § 38 bezeichneten Personen von der Zeit, wo sie entweder ihre Standquartiere oder, falls ihnen solche nicht angewiesen sind, ihre bisherigen Wohnorte im Dienste verlassen oder in demselben angegriffen oder belagert werden.

von der Zeit an gerechnet stirbt, wo der Grund zur letztwilligen Verfügung in außerordentlicher Form weggefallen ist. (§ 2217.)

Kriegsgefangene und Geiseln haben diese Befugniß, so lange sie sich in der Gewalt des Feindes befinden.

§ 40. Privilegirte militärische Testamente sind, außer in den in dem Bürgerlichen Gesetzbuche angegebenen Formen, in gültiger Form auch errichtet:

1) wenn sie von dem Testator eigenhändig geschrieben und unterschrieben sind,

2) wenn sie von dem Testator eigenhändig unterschrieben und von zwei Zeugen oder einem Auditeur oder Offizier mit unterzeichnet sind,

3) wenn von einem Auditeur oder Offizier, unter Zuziehung zweier Zeugen oder eines zweiten Auditeurs oder Offiziers über die mündliche Erklärung des Testators eine schriftliche Verhandlung aufgenommen und diese dem Testator vorgelesen, sowie von dem Auditeur oder Offizier und den Zeugen unterschrieben ist.

Bei verwundeten oder kranken Militärpersonen können die unter Nr. 2 und 3 erwähnten Auditeure oder Offiziere durch Militärärzte oder höhere Lazarethbeamte oder Militärgeistliche vertreten werden.

§ 41. Die im § 40 unter Nr. 2 und 3 erwähnten Zeugen und Offiziere brauchen weder als Urkundspersonen vereidet zu sein, noch die Eigenschaften von Notariatszeugen zu haben. Auch dem alleinstehenden Zeugnisse nur Eines derselben, sowie dem des den Auditeur vertretenden Offiziers über den Testamentserrichtungsact kann in einem späteren Rechtsstreite volle Beweiskraft beigelegt werden, wenn diese Person nach allgemeinen prozeßrechtlichen Grundsätzen als ein zuverlässiger und glaubwürdiger Zeuge anzusehen ist.

§ 42. Die nach Maßgabe von § 40 unter 3 aufgenommene Verhandlung hat die Beweiskraft einer öffentlichen Urkunde.

Ist in dem eigenhändig geschriebenen, oder in dem eigenhändig unterschriebenen Testamente (§ 40, Nr. 1 und 2) die Zeit der Errichtung angegeben, so streitet die Vermuthung bis zum Beweise des Gegentheils für die Richtigkeit dieser Angabe.

Gleiche Vermuthung streitet dafür, daß das Testament während des die privilegirte Form zulassenden Ausnahmezustandes errichtet ist, wenn dasselbe während dieser Zeit oder innerhalb vierzehn Tagen nach deren Aufhören einer vorgesetzten Militärbehörde zur Aufbewahrung übergeben ist, oder wenn dasselbe in dem Feldnachlasse des Testators aufgefunden wird.

§ 43. Privilegirte militärische Testamente verlieren ihre Wirksamkeit in dem im § 2114 des Bürgerlichen Gesetzbuchs angegebenen Falle.

Der Lauf der daselbst bemerkten Frist wird jedoch suspendirt durch anhaltende Unfähigkeit des Testators zu Errichtung einer anderweiten letztwilligen Verfügung.

Wenn der Testator innerhalb dieser Frist vermißt und in einem Verfahren auf Todeserklärung festgestellt wird, daß er seit jener Zeit verschollen ist, so tritt die Ungültigkeit des Testaments nicht ein.

§ 44. Das privilegirte militärische Testament verliert durch Desertion

§ 2115. Eltern, Voreltern und Ehegatten können, wenn sie unter ihren zur gesetzlichen Erbfolge berechtigten Abkömmlingen und Ehegatten letztwillig verfügen, ihren letzten Willen durch einen schriftlichen Aufsatz errichten, welchen sie eigenhändig geschrieben und eigenhändig mit ihrem Familiennamen unterschrieben haben, und in welchem die bedachten Ab= kömmlinge und Ehegatten mit dem Familiennamen und wenigstens einem voll ausgeschriebenen Vornamen benannt, und die Erbtheile oder Summen mit Worten angegeben, auch Ort, Jahr und Tag der Errichtung des Auf= satzes beigefügt sind. (§ 2084.)

§ 2116. Es ist gleich, ob der Erblasser in dem im § 2115 er= wähnten Falle rücksichtlich aller Personen, welche zur gesetzlichen Erbfolge berechtigt sind, oder blos rücksichtlich einzelner derselben letztwillige Ver= fügungen trifft; Verfügungen, welche er für andere Personen, als die zur gesetzlichen Erbfolge berechtigten Abkömmlinge und seinen Ehegatten in der angegebenen Weise trifft, sind nichtig. (§§ 103. 104.)

Fünfter Abschnitt.
Nebenbestimmungen eines letzten Willens.

§ 2117. Ist eine letztwillige Verfügung bedingungsweise von Um= ständen abhängig gemacht, welche sich nach der Natur derselben oder nach der Beschaffenheit des Gegenstandes von selbst verstehen, so gilt sie als unbedingte. (§ 108 bis 114.)

§ 2118. Hat ein Erblasser verfügt, daß der Bedachte das ihm Zu= gedachte erhalten soll, wenn er es haben will, so ist anzunehmen, daß die Verfügung von der Bedingung abhängen soll, wenn der Bedachte sich über die Annahme erklärt.

§ 2119. Ist ein in die Vergangenheit oder in die Gegenwart fallendes Ereigniß zur aufschiebenden Bedingung gemacht, so gilt die Verfügung, wenn das Ereigniß zutrifft, sie fällt aber weg, wenn das Gegentheil der Fall ist. (§ 113.)

§ 2120. Ist ein in die Vergangenheit oder in die Gegenwart fallendes Ereigniß zur auflösenden Bedingung gemacht, so fällt die Ver= fügung sofort weg, wenn das Ereigniß zutrifft, sie gilt aber, wenn das Gegentheil der Fall ist.

§ 2121. Wird eine letztwillige Verfügung von einem künftigen Ereignisse abhängig gemacht, von dem gewiß ist, daß es eintreten wird, aber ungewiß, zu welcher Zeit, so gilt die Verfügung als eine bedingte. (§ 114.)

des Testators seine Gültigkeit und es wird die letztere auch durch einen etwa erhaltenen Pardon nicht wieder hergestellt.

§ 45. Privilegirte militärische Testamente sind, sobald dies den Umständen nach mit Sicherheit geschehen kann, dem ordentlichen persönlichen Gerichte des Testators zur Aufbewahrung und weiteren Veranlassung zu übersenden.

Zu § 2115. Vergl. Z. f. R. N. F. Bd. 3 S. 280.

Zu § 2117. Vergl. oben zu § 108 flg. Bd. 1 S. 54 flg.

§ 2122 Wird eine letztwillige Verfügung von einer aufschiebenden Bedingung abhängig gemacht, so wird der Anfall der Zuwendung bis zum Eintritte der Bedingung hinausgeschoben und es fällt die Verfügung weg, wenn die Bedingung nicht eintritt.

§ 2123. Eine letztwillige Verfügung, welcher eine auflösende Bedingung beigefügt ist, tritt sofort mit dem Tode des Erblassers in Wirksamkeit und fällt weg, wenn die Bedingung eintritt. Der Bedachte hat dann Alles, was er aus der Verfügung erhalten hat, an Denjenigen herauszugeben, zu dessen Gunsten die auflösende Bedingung gereicht, doch bleiben ihm die Früchte der Zwischenzeit.

§ 2124. Eine letztwillige Verfügung, welche von dem bloßen Wollen des dadurch Beschwerten abhängig gemacht wird, ist nichtig. Dagegen kann die Bedingung eine äußere Handlung des Beschwerten zum Gegenstande haben, obschon die Handlung von dessen Willkür abhängt. (§ 876.)

§ 2125. Besteht eine aufschiebende oder auflösende Bedingung in dem Eintritte oder Nichteintritte eines unmöglichen Ereignisses, so gilt sie als nicht beigefügt.

§ 2126. Es ist gleich, ob das zur Bedingung gemachte künftige Ereigniß überhaupt oder blos rücksichtlich Desjenigen, in dessen Person es eintreten soll, unmöglich ist und ob der Erblasser die Unmöglichkeit kannte oder nicht.

§ 2127. War das Ereigniß, welches zur Bedingung gemacht wurde, zur Zeit der Errichtung des letzten Willens möglich, wurde es aber später unmöglich, so ist die Bedingung als nicht eingetreten zu betrachten.

§ 2128. Unverständliche oder im Verhältnisse zu dem Inhalte des letzten Willens widersinnige Bedingungen aufschiebender oder auflösender Art sind als nicht beigefügt zu betrachten. (§ 2160.)

§ 2129. Ist eine letztwillige Verfügung von der aufschiebenden Bedingung abhängig gemacht, wenn der Bedachte eine den Gesetzen oder den guten Sitten widerstreitende Handlung begehen, oder eine durch die Gesetze oder durch die guten Sitten gebotene Handlung unterlassen werde', so ist die Bedingung als nicht beigefügt anzusehen. Ist eine letztwillige Verfügung von der aufschiebenden Bedingung abhängig gemacht, wenn der Bedachte eine den Gesetzen oder den guten Sitten widerstreitende Handlung nicht begehen, oder eine durch die Gesetze oder durch die guten Sitten gebotene Handlung nicht unterlassen werde, so kann der Bedachte das ihm Zugewendete fordern, er verliert aber dasselbe, wenn er der Bedingung zuwider handelt. (§§ 877. 878.)

§ 2130. Ist eine letztwillige Verfügung von der auflösenden Bedingung abhängig gemacht, wenn der Bedachte eine den Gesetzen oder den guten Sitten widerstreitende Handlung begehen, oder eine durch die Gesetze oder durch die guten Sitten gebotene Handlung unterlassen werde, so ist die Bedingung gültig. Die auflösende Bedingung, wenn der Bedachte eine den Gesetzen oder den guten Sitten widerstreitende Handlung nicht begehen, oder eine durch die Gesetze oder durch die guten Sitten gebotene Handlung nicht unterlassen werde, ist als nicht beigefügt zu betrachten. (§§ 877. 878.)

§ 2131. Ist eine letztwillige Verfügung von der aufschiebenden Bedingung abhängig gemacht, wenn der Beschwerte eine den Gesetzen oder
den guten Sitten widerstreitende Handlung begehen, oder eine durch die
Gesetze oder durch die guten Sitten gebotene Handlung unterlassen werde,
so ist die Bedingung gültig. Die aufschiebende Bedingung, wenn der Beschwerte eine den Gesetzen oder den guten Sitten widerstreitende Handlung
nicht begehen, oder eine durch die Gesetze oder durch die guten Sitten
gebotene Handlung nicht unterlassen werde, hat die Wirkung, daß die
Verbindlichkeit des Beschwerten zur Entstehung gelangt, wenn derselbe der
Bedingung zuwiderhandelt. (§ 877. 878.)

§ 2132. Ist eine letztwillige Verfügung von der auflösenden Bedingung
abhängig gemacht, wenn der Beschwerte eine den Gesetzen oder den guten
Sitten widerstreitende Handlung begehen, oder eine durch die Gesetze oder
durch die guten Sitten gebotene Handlung unterlassen werde, so ist die
Bedingung als nicht beigefügt anzusehen. Die auflösende Bedingung,
wenn der Beschwerte eine den Gesetzen oder den guten Sitten widerstreitende
Handlung nicht begehen, oder eine durch die Gesetze oder durch die guten
Sitten gebotene Handlung nicht unterlassen werde, hat die Wirkung, daß
der Beschwerte verbindlich wird, wenn er der Bedingung zuwiderhandelt.
(§§ 877. 878.)

§ 2133. War die Handlung, welche der Erblasser zur Bedingung
seiner letztwilligen Verfügung machte, zur Zeit der Errichtung des letzten
Willens erlaubt, wird sie aber später durch Gesetz verboten, so gilt die
Bedingung als nicht eingetreten.

§ 2134. Eine Bedingung, welche den bedingt Bedachten lächerlich
zu machen geeignet ist, wird wie eine Bedingung gegen die guten Sitten
betrachtet.

§ 2135. Die Bedingung, wenn der Bedachte im ehelosen Stande
bleiben oder nach der Willkür eines Dritten heirathen werde, ist als eine
den guten Sitten widerstreitende zu betrachten. Der Nießbrauch oder der
Genuß von Renten oder von Zinsen eines Hauptstammes kann auf die
Dauer des ehelosen Standes zugewendet werden. (§ 2471.)

§ 2136. Die von einem Ehegatten seiner letztwilligen Verfügung
beigefügte Bedingung, wenn der überlebende Ehegatte nicht wieder heirathen
werde, ist gültig.

§ 2137. Die Bedingung, wenn der Bedachte oder der Beschwerte
oder ein Dritter die Religion oder Confession ändern oder nicht ändern
werde, ist als nicht beigefügt zu betrachten. Anwartschaften zu Gunsten
von Familiengliedern, sofern sie einer gewissen Confession angehören, sind
zulässig. (§ 879.)

§ 2138. Sind einer letztwilligen Verfügung mehrere Bedingungen
in der Weise beigefügt, daß blos die eine oder die andere erfüllt werden
soll, so sind, dafern eine derselben als nicht beigefügt anzusehen ist, die
anderen zu erfüllen.

§ 2139. Sind mehrere Personen unter einer Bedingung, deren
Gegenstand theilbar ist, letztwillig bedacht und ist auch der Gegenstand der

letztwilligen Zuwendung theilbar, so braucht der Einzelne, um seinen Antheil an der Zuwendung zu erhalten, die Bedingung blos zu seinem Antheile zu erfüllen. Ist der Gegenstand der Bedingung untheilbar, so muß der Einzelne, um seinen Antheil an der Zuwendung zu erhalten, die Bedingung ganz erfüllen. Ist der Gegenstand der Zuwendung un= theilbar, so kann der Einzelne die Zuwendung, wenn er sie überhaupt abgesondert von den anderen Mitbedachten zu erwerben vermag, nur dann erwerben, wenn er die Bedingung, ohne Unterschied, ob sie theilbar oder untheilbar ist, ganz erfüllt. (§§ 1037. 1038.)

§ 2140. Ist die Bedingung in Beziehung auf mehrere Personen zu erfüllen und kann sie ohne Verschulden des Bedachten rücksichtlich einer Person nicht erfüllt werden, so hat der Bedachte, um den verhältniß= mäßigen Theil der Zuwendung zu erhalten, die Bedingung, wenn ihr Gegenstand theilbar ist, blos theilweise, wenn derselbe untheilbar ist, rücksichtlich der anderen Personen ganz zu erfüllen. Bei Untheilbarkeit des Gegenstandes der letztwilligen Zuwendung ist die Bedingung, selbst wenn ihr Gegenstand theilbar ist, ganz zu erfüllen.

§ 2141. Eine Bedingung gilt nur dann als erfüllt, wenn die Thatsache eintritt, welche der Erblasser zur Bedingung seiner Verfügung gemacht hat, ausgenommen wenn die muthmaßliche Absicht des Erblassers bei der Bedingung nur auf einen bestimmten Zweck gerichtet gewesen ist, welchenfalls es genügt, wenn dieser durch eine andere Thatsache erreicht wird. (§ 2158.)

§ 2142. Wird die Erfüllung der Bedingung durch einen Zufall unmöglich, nachdem der Bedachte sich zur Erfüllung bereit gezeigt hatte, so gilt die Bedingung als erfüllt, ausgenommen wenn der Erblasser die Erfüllung der Bedingung schlechterdings gewollt hat. (§ 1009.)

§ 2143. Ist die Vornahme einer Handlung von Seiten des Be= dachten innerhalb eines bestimmten Zeitraumes zur Bedingung gemacht worden, so wird die Zeit, wo derselbe ohne seine Verschuldung an der Vornahme der Handlung gehindert war, in den Zeitraum nicht ein= gerechnet.

§ 2144. Stirbt der Bedachte vor Erfüllung der Bedingung, so ist die letztere als nicht eingetreten zu betrachten. (§ 890.)

§ 2145. War ein zur Bedingung gemachtes Ereigniß zur Zeit der Errichtung des letzten Willens eingetreten, kann es aber mehrmals ein= treten, so ist zur Erfüllung der Bedingung der nochmalige Eintritt nur dann erforderlich, wenn der Erblasser wußte, daß es eingetreten war. (§ 882.)

§ 2146. Die Bedingung gilt als erfüllt, wenn ein bei deren Nicht= eintritte Betheiligter die Erfüllung unmöglich macht, oder Derjenige, rücksichtlich dessen oder unter dessen Mitwirkung die Bedingung durch den Bedachten erfüllt werden soll, die Erfüllung hindert. (§ 111.)

§ 2147. Ist ein letzter Wille von der aufschiebenden Bedingung abhängig gemacht, wenn der Bedachte eine Handlung nicht vornehmen werde, welche von ihm, so lange er lebt, vorgenommen werden kann, so darf der Bedachte das ihm Zugewendete fordern, sobald er Demjenigen, welchem er im Falle der Nichterfüllung der Bedingung das Erhaltene herauszugeben hat, wegen Herausgabe desselben nebst Früchten Sicherheit leistet. Eine solche Sicherheitsleistung kann nicht gefordert werden, wenn die Bedingung dahin geht, daß eine Handlung vorgenommen werden soll, und nur die Fortdauer des dadurch herbeigeführten Verhältnisses in der Form einer in dem Nichthandeln des Bedachten bestehenden Bedingung ausgedrückt ist. (§§ 136 bis 138.)

§ 2148. Hat ein Erblasser bestimmt, daß der Bedachte die Zuwendung nicht erhalten oder verlieren soll, wenn er den letzten Willen anficht, so hat diese Bestimmung keine Wirkung, wenn blos über die Aechtheit oder den Sinn des letzten Willens oder über den Bestand des Nachlasses gestritten wird.

§ 2149. Werden einem letzten Willen Zeitbestimmungen beigefügt, so finden die Vorschriften in §§ 114, 711 bis 720 Anwendung. Doch steht ein Zeitpunkt, von welchem es zwar gewiß, daß er eintreten, aber ungewiß ist, ob ihn der Bedachte erleben werde, der Bedingung gleich. (§ 2121.)

§ 2150. Eine Zeitbestimmung, welche rücksichtlich des Bedachten eine Unmöglichkeit enthält, ist wie eine unmögliche Bedingung zu beurtheilen.

§ 2151. Gereicht ein Zweck oder eine Auflage zu Gunsten Dritter, oder ist Dritten, insbesondere einer Behörde aus Rücksichten auf das allgemeine Beste, an der Erfüllung gelegen, so ist der Bedachte zwar berechtigt, das ihm Zugewendete sofort zu fordern, aber solchenfalls verpflichtet, den Zweck oder die Auflage zu erfüllen und deshalb den Personen, zu deren Gunsten die Verfügung gereicht, oder welchen an der Erfüllung gelegen ist, Sicherheit zu leisten. (§§ 136 bis 138.)

§ 2152. Den Dritten, zu deren Gunsten der Zweck oder die Auflage gereicht, oder welchen an der Erfüllung des Zweckes oder der Auflage gelegen ist, steht das Recht zu, von dem Bedachten die Erfüllung zu verlangen, auch demselben eine Frist für die Erfüllung nach richterlichem Ermessen setzen zu lassen. Erfüllt der Bedachte aus Absicht oder aus Verschuldung nicht oder läßt er die ihm gesetzte Frist verstreichen, ohne zu erfüllen, so ist er zur Rückerstattung des Erhaltenen, wie bei einer Nichtschuld, verpflichtet, soweit er nicht als Pflichttheilsberechtigter befugt ist, das Erhaltene auf seinen Pflichttheil inne zu behalten. (§§ 1526 bis 1532.)

Zu § 2148. 1) wenn blos über die Aechtheit gestritten wird. Unter Aechtheit ist auch die formelle Gültigkeit des letzten Willens zu verstehen. Z. f. R. Bd. 38 S. 307 und W. f. R. 1872 S. 364.

2) Ueber die sog. privatorische Clausel Annalen, N. F. Bd. 0 S. 264.

Zu § 2151. Vergl. Annalen, N. F. Bd. 4 S. 63 und S. 06.

Zu § 2152. Vergl. Annalen, N. F. Bd. 4 S. 96.

§ 2153. Eine Zweckbestimmung oder eine Auflage, welche blos zu Gunsten des Bedachten gereicht, oder von welcher nicht zu ersehen ist, daß an deren Erfüllung irgend einer anderen Person gelegen ist, hat keine verbindende Kraft, vorbehältlich der Vorschrift im § 2237.

§ 2154. Ist der Zweck oder die Auflage unmöglich, oder wider=streitet deren Erfüllung den Gesetzen oder den guten Sitten, so ist eine solche Nebenbestimmung als nicht beigefügt zu betrachten.

Sechster Abschnitt.
Auslegung der letzten Willen.

§ 2155. Sind die Worte eines letzten Willens deutlich, so ist der Sinn anzunehmen, welchen sie geben. (§§ 809 bis 813.)

Zu § 2153. 1) hat keine verbindende Kraft: vergl. Annalen, N. F. Bd. 4 S. 96; Z. f. R. Bd. 43 S. 380.

2) Der Erbe ist berechtigt, die Erfüllung des vom Erblasser bestimmten modus zu verlangen, selbst wenn er hieran kein eigenes unmittelbares Interesse hat. Z. f. R. Bd. 30 S. 442.

3) Die Anordnung des Erblassers, es dürfe die Hülfe nicht in die Nutzungen eines Fideicommisses vollstreckt werden, widerstreitet dem öffentlichen Rechte und ist auch für den Erben als sog. nudum praeceptum wirkungslos. Z. f. R. Bd. 43 S. 380; Annalen, N. F. Bd. 8 S. 438 flg.

Zu § 2155 u. flg. im Allgemeinen vergl. W. f. R. 1849 S. 465 flg.; 1865 S. 500; Annalen, A. F. Bd. 4 S. 415; Bd. 7 S. 402; N. F. Bd. 1 S. 64; Z. f. R. Bd. 22 S. 469; Bd. 27 S. 461; Bd. 33 S. 317; Bd. 37 S. 244.

1) Irrige Bezeichnung des Bedachten schadet nicht, wenn sonst der Wille des Testators klar ist. Z. f. R. Bd. 30 S. 442.

2) Ungenaue Bezeichnung eines Vermächtnißnehmers, Annalen, N. F. Bd. 3 S. 559.

3) Ueber die Auslegung der Worte: „Mobilien und Immobilien" in einem Testamente siehe Annalen, N. F. Bd. 10 S. 223.

4) Bezeichnung „Möbel" in einem Vermächtnisse, Annalen, N. F. Bd. 5 S. 15; W. f. R. 1808 S. 312.

5) Einsetzung auf „den gesetzlich gebührenden Erbtheil," W. f. R. 1844 S. 79 und Annalen, A. F. Bd. 6 S. 163.

6) Die testamentarische Einsetzung von Geschwistern kann nicht auf deren Abkömmlinge ausgedehnt werden. Z. f. R. Bd. 33 S. 299.

7) Die bloße Erhöhung der Legatensumme in einem späteren Codicille ändert sonst Nichts an den übrigen, früher getroffenen Bestimmungen. Annalen, A. F. Bd. 1 S. 366.

Zu § 2155 besonders: vergl. Annalen, A. F. Bd. 4 S. 415.

8) Es bedarf also solchenfalls einer künstlichen Interpretation der Worte des letzten Willens nicht. Z. f. R. Bd. 32 S. 343 und S. 344.

9) Gelangt man bei Anwendung des § 2155 bereits zu einem Ergebnisse, so erscheinen die Vorschriften in § 2158 flg. ausgeschlossen. Annalen, N. F. Bd. 3

§ 2156. Lassen die Worte eine verschiedene Auslegung zu, so ist auf den Sprachgebrauch zu sehen, welcher am Wohnsitze des Erblassers zur Zeit der Errichtung des letzten Willens der gewöhnliche war, ausgenommen wenn bewiesen werden kann, daß der Erblasser die Worte in einer anderen Bedeutung gebraucht hat.

§ 2157. Die Auslegung kann auf formlose Erklärungen des Erblassers gestützt werden, welche vor oder nach der Errichtung des letzten Willens liegen.

§ 2158. Wenn durch die Worterklärung der Sinn des letzten Willens nicht ermittelt werden kann, so ist derselbe nach der muthmaßlichen Absicht des Erblassers auszulegen, dabei auf den Zweck der Verfügung Rücksicht zu nehmen und im Zweifel den Worten die Bedeutung beizulegen, bei welcher die Verfügung besteht und einen Erfolg haben kann. (§ 2159.)

§ 2159. Lassen sich durch Anwendung der vorstehenden Vorschriften die in einer letztwilligen Verfügung liegenden Zweifel nicht heben, so ist die Verfügung zu Gunsten des Bedachten auszulegen. (§ 2158.)

§ 2160. Sind in einem und demselben letzten Willen Verfügungen enthalten, welche sich nicht mit einander vereinigen lassen, so fallen sie sämmtlich weg. (§ 2128.)

§ 2161. Hat der Erblasser zu Gunsten seiner Verwandten oder gesetzlichen Erben, ohne nähere Bezeichnung derselben, letztwillig verfügt, so fällt das Zugewendete an Diejenigen, welche ihn nach der gesetzlichen Erbfolge beerbt haben würden.

§ 2162. Wenn ein Erblasser zu Gunsten seiner Kinder letztwillig verfügt hat, so sind unter diesem Ausdrucke auch die bei der gesetzlichen

---

S. 559, Bd. 5 S. 226, Bd. 8 S. 90; Archiv I. S. 172; Z. f. R. Bd. 30 S. 442, Bd. 32 S. 343, Bd. 37 S. 402.

10) Es ist übrigens selbst der erwiesene Wille des Testators einflußlos, wenn er nicht zum rechtsverbindlichen Ausdrucke gelangt ist. Z. f. R. Bd. 22 S. 469 und Annalen, N. F. Bd. 1 S. 66.

Zu § 2157. Vergl. Z. f. R. Bd. 33 S. 352. Dagegen siehe aber auch Z. f. R. Bd. 22 S. 469 und Annalen, N. F. Bd. 1 S. 66.

Zu § 2158. Die mens testatoris ist als entscheidend anzusehen, Z. f. R. Bd. 23 S. 455; Annalen, A. F. Bd. 7 S. 414, N. F. Bd. 1 S. 64. Doch ist selbst der erwiesene Wille des Erblassers einflußlos, wenn er nicht wenigstens zum rechtsverbindlichen Ausdrucke gelangt ist. Z. f. R. Bd. 22 S. 469 und Annalen, N. F. Bd. 1 S. 66. Fälle des Beweises der mens testatoris siehe Z. f. R. Bd. 25 S. 276 und Annalen, A. F. Bd. 7 S. 414. Einen Fall der sog. benigna interpretatio testamenti siehe Annalen, N. F. Bd. 3 S. 550. nicht ermittelt werden kann, siehe Annalen, A. F. Bd. 4 S. 415.

Zu § 2159. Vergl. Annalen, N. F. Bd. 0 S. 267. Vergl. übrigens über das Wahlvermächtniß §§ 2493—2498 des BGB.

Zu § 2162. Vergl. Annalen, A. F. Bd. 5 S. 179; W. f. R. 1855 S. 1. Diese Bestimmung ist nicht analog auf den Fall anzuwenden, wenn Jemand zu

Erbfolge an deren Stelle tretenden leiblichen entfernteren Abkömmlinge zu verstehen. Hat der Erblasser zu Gunsten der Kinder eines Anderen letztwillig verfügt, so sind unter diesem Ausdrucke nur die Söhne und Töchter begriffen.

§ 2163. Hat der Erblasser zu Gunsten einer Classe von Personen oder zu Gunsten solcher Personen, welche zu ihm in einem Dienst- oder irgend einem anderen Geschäftsverhältnisse stehen, mit bloßer Bezeichnung dieses Verhältnisses verfügt, so ist anzunehmen, daß Diejenigen gemeint sind, welche zur Zeit seines Todes zu der angegebenen Classe von Personen gehören oder zu ihm in dem bezeichneten Verhältnisse gestanden haben.

§ 2164. Wenn den Armen, ohne nähere Bezeichnung derselben, in einem letzten Willen etwas zugewendet wird, so sind darunter die Armen des Ortes zu verstehen, an welchem der Erblasser zuletzt seinen Wohnsitz gehabt hat. Was den Armen durch letzten Willen zugewendet wird, ist im Zweifel zur Verfügung der zuständigen Armenversorgungsbehörde zu stellen.

§ 2165. Hat ein Erblasser zu Gunsten einer Kirche, ohne nähere Bezeichnung derselben, letztwillig verfügt, so ist darunter die Kirche des Ortes zu verstehen, an welchem er zuletzt seinen Wohnsitz gehabt hat. Sind an diesem Orte mehrere Kirchen vorhanden, so gilt die Kirche als bedacht, in welche der Erblasser eingepfarrt war, und wenn er in keine eingepfarrt war, die Kirche, welche er zu besuchen pflegte.

Siebenter Abschnitt.

Erbeinsetzung.

§ 2166. Die Erbeinsetzung in einem letzten Willen erfordert nicht wesentlich, daß das Wort „Erbe" gebraucht wird. Es genügt, wenn sich die auf Erbeinsetzung gerichtete Absicht sonst aus dem letzten Willen ergiebt. (§§ 2158. 2159.)

Gunsten seiner Geschwister letztwillig verfügt hat, Annalen, N. F. Bd. 7 S. 480 und Z. f. R. Bd. 33 S. 299.

Zu § 2164. Vergl. Annalen, N. F. Bd. 3 S. 93.

Zu § 2166 u. flg. im Allgemeinen: 1) Ueber die Bedeutung der Einsetzung der „gesetzlichen Erben" siehe Annalen, N. F. Bd. 9 S. 271 und Z. f. R. Bd. 36 S. 104.

2) Erbeinsetzung auf „den gesetzlich gebührenden Erbtheil;" hierunter ist im Zweifel nur der Pflichttheil, nicht die Intestaterbportion zu verstehen, W. f. R. 1844 S. 79 und Annalen, N. F. Bd. 6 S. 163.

3) In der Einsetzung von „Intestaterben" liegt zunächst nur eine Bezeichnung der Personen, welche erben sollen, nicht nothwendig eine Angabe der Erbquoten, welche sie erhalten sollen, Z. f. R. Bd. 36 S. 104 und Annalen, N. F. Bd. 9 S. 271.

4) Irrige Bezeichnung des Bedachten schadet nicht, wenn sonst der

§ 2167. Hat der Erblasser Mehrere in der Weise zu Erben ernannt, daß entweder der Eine oder der Andere Erbe sein soll, so ist anzunehmen, daß Alle erben sollen.

§ 2168. Hat der Erblasser Jemandem seinen ganzen Nachlaß oder einen ideellen Theil seines Nachlasses letztwillig zugewendet, so ist anzunehmen, daß er ihn zum Erben ernannt hat.

§ 2169. Hat der Erblasser Jemandem sein gesammtes bewegliches und unbewegliches Vermögen letztwillig zugewendet, so ist anzunehmen, daß er ihn zum alleinigen Erben ernannt hat. (§ 60.)

§ 2170. Hat der Erblasser dem Einen sein bewegliches, dem Anderen sein unbewegliches Vermögen letztwillig zugewendet, so ist anzunehmen, daß er Beide nach dem Verhältnisse zu Erben ernannt hat, in welchem der Werth des einem Jeden Hinterlassenen bei seinem Tode zu dem Werthe der ganzen Erbschaft steht. (§ 60.)

§ 2171. Hat der Erblasser Jemandem einzelne Sachen, Rechte oder Summen letztwillig zugewendet, so ist ein Vermächtniß anzunehmen. (§ 2004.)

§ 2172. Hat der Erblasser Erben ernannt, jedoch einzelne Sachen, Rechte oder Summen davon ausgenommen, so erhalten, in Ermangelung einer anderen letztwilligen Verfügung, die gesetzlichen Erben diese ausgenommenen Sachen, Rechte oder Summen als Vermächtnißnehmer.

§ 2173. Hat der Erblasser nur einen Erben ohne Angabe eines Erbtheiles eingesetzt, so gebührt diesem die ganze Erbschaft. (§ 2000.)

§ 2174. Hat der Erblasser nur einen Erben eingesetzt, die Einsetzung aber auf einen ideellen Theil der Erbschaft beschränkt, so erhält

---

Wille des Testators klar ist, Z. f. R. Bd. 30 S. 442. Vergl. auch Z. f. R. Bd. 34 S. 530.

5) Erbeinsetzung auf den Nießbrauch, Z. f. R. Bd. 40 S. 425; W. f. R. 1873 S. 281. Erbeinsetzung in den Nachlaß nach dem Tode eines zunächst als Nießbraucher Berufenen, Z. f. R. Bd. 40 S. 425 und W. f. R. 1873 S. 281.

6) Die Frage, ob ein in einem letzten Willen Eingesetzter als wahrer Erbe oder als Fideicommissar eingesetzt sei, ist nach dem gesammten Inhalte des letzten Willens zu beurtheilen, Z. f. R. Bd. 14 S. 238; W. f. R. 1865 S. 100.

7) Heres in conditione positus an sit in dispositione positus, Annalen, N. F. Bd. 1 S. 64. Vergl. auch W. f. R. 1865 S. 100.

Zu § 2166. Annalen, N. F. Bd. 1 S. 64 und S. 71; Z. f. R. Bd. 25 S. 225.

Zu § 2168. Der Inhalt dieses § wie der des § 2171 kommt nur dann zur Anwendung, wenn nicht der gegentheilige Wille des Erblassers erhellt. Z. f. R. Bd. 25 S. 225.

Zu § 2169. Z. f. R. Bd. 25 S. 228.

Zu § 2170. Z. f. R. Bd. 25 S. 230.

Zu § 2171. Z. f. R. Bd. 25 S. 218 und S. 225.

Zu § 2174. Vergl. hierzu die Abhandlung von Petzoldt in der Z. f. R. Bd. 25 S. 193 flg. Ferner Dr. Siebenhaar in der Z. f. R. Bd. 19 S. 122.

der Eingesetzte den ihm zugewiesenen ideellen Theil der Erbschaft als Erbe; rücksichtlich des Uebrigen tritt die gesetzliche Erbfolge ein.

§ 2175. Sind Mehrere ohne Bestimmung von Erbtheilen zu Erben ernannt, so ist anzunehmen, daß sie zu gleichen Theilen berufen sind. Wenn die Erbeinsetzung in verschiedenen Sätzen erfolgt ist, oder einige von den Erben unter einer Gesammtbezeichnung eingesetzt worden sind, so erhalten die in einem Satze Genannten und die in einer Gesammtbezeichnung Verbundenen nur einen Theil.

§ 2176. Hat der Erblasser Mehrere zu Erben ernannt, dieselben aber insgesammt auf einzelne ideelle Theile des Nachlasses eingesetzt, und erschöpfen die Einsetzungen die Erbschaft nicht, so erhalten die eingesetzten Erben die ihnen zugewiesenen ideellen Theile als Erben; rücksichtlich des Uebrigen tritt die gesetzliche Erbfolge ein.

§ 2177. Uebersteigt die Summe der den sämmtlichen Erben ausgesetzten ideellen Theile das Ganze, so wird Jedem nach Verhältniß des ihm bestimmten Theiles abgezogen. (§ 2180.)

§ 2178. Eine gleiche verhältnißmäßige Minderung der Erbtheile findet statt, wenn der Erblasser bei der Theilbestimmung auf ein künftiges, noch ungewisses Ereigniß, insbesondere auf die Geburt von Nachkommen, Rücksicht genommen hat, und in Folge des Eintrittes des Ereignisses so viele Personen als zur Erbschaft berufen zu betrachten sind, daß, wenn die angeordnete Theilbestimmung ausgeführt werden sollte, die Erbtheile das Ganze übersteigen würden.

§ 2179. Wenn der Erblasser mehrere Erben ernannt und einige auf ideelle Theile, andere ohne Bestimmung der Theile eingesetzt hat, so erhalten die letzteren den nach Abzug der bestimmten Erbtheile verbleibenden Ueberschuß der Erbschaft, und zwar nach den Bestimmungen im § 2175.

§ 2180. Wird in dem Falle des § 2179 die Erbschaft schon durch die bestimmten ideellen Theile erschöpft, so müssen diese verhältnißmäßig soweit gemindert werden, daß jeder ohne Bestimmung seines Erbtheiles eingesetzte Erbe einen gleichen Erbtheil mit Demjenigen, welcher am geringsten bedacht ist, oder, wenn die bestimmten Erbtheile gleich groß sind, einen gleich großen Erbtheil mit jedem anderen Miterben erhält. (§ 2177.)

§ 2181. Hat der Erblasser Einen oder Mehrere zu Erben ernannt, dieselben aber auf einzelne Sachen, Rechte oder Summen eingesetzt, so erhalten sie die ihnen zugewiesenen Sachen, Rechte oder Summen als Vermächtnißnehmer; rücksichtlich des Ueberschusses tritt die gesetzliche Erbfolge ein.

§ 2182. Wenn nur ein Erbe auf einzelne Sachen, Rechte oder

Zu § 2175. In der Einsetzung der gesetzlichen Erben liegt nur eine Bezeichnung der Personen, welche zu Erben berufen sein sollen, nicht aber eine Bestimmung der Erbtheile, nach welchen sie zu erben haben, Annalen, N. F. Bd. 9 S. 271; Z. f. R. Bd. 36 S. 104.

Zu § 2182. Vergl. Z. f. R. Bd. 25 S. 227.

Summen eingesetzt ist, welche den Nachlaß erschöpfen oder übersteigen, so ist der Erbe als alleiniger Erbe, mit Ausschluß der gesetzlichen Erben, zu betrachten. (§ 2176.)

§ 2183. Hat der Erblasser Mehrere zu Erben ernannt, dieselben aber auf einzelne Sachen, Rechte oder Summen beschränkt, und wird die Erbschaft durch die Einsetzungen erschöpft, so sind die eingesetzten Erben nach dem Verhältnisse, in welchem zur Todeszeit des Erblassers die Schätzungssumme der jedem einzelnen zugewiesenen Sachen oder Rechte, oder die jedem einzelnen zugetheilten Summen zu dem Gesammtwerthe der Erbschaft stehen, als alleinige Erben, mit Ausschluß der gesetzlichen Erben, zu betrachten. (§ 2170.)

§ 2184. Hat der Erblasser Mehrere zu Erben ernannt und Einige davon auf einzelne Sachen, Rechte oder Summen beschränkt, Andere aber unbeschränkt eingesetzt, so erhalten die Ersteren die ihnen zugewiesenen Sachen, Rechte oder Summen als Vermächtnißnehmer, die Letzteren den Ueberschuß als Erben nach den Vorschriften im § 2175.

§ 2185. Wird die Erbschaft in dem Falle des § 2184 durch die einigen der Erben zugetheilten Sachen, Rechte oder Summen erschöpft, so sind diese Zuwendungen soweit verhältnißmäßig zu mindern, daß jeder unbeschränkt eingesetzte Erbe einen solchen Erbtheil erhält, wie er ihn erhalten würde, wenn die beschränkt und unbeschränkt eingesetzten Erben die Erbschaft nach der Personenzahl unter sich zu theilen hätten, ausgenommen wenn die unbeschränkt eingesetzten nur auf den Ueberschuß gewiesen sind, welchenfalls sie nichts erhalten und die beschränkt eingesetzten als alleinige Erben zu betrachten sind.

§ 2186. Befinden sich in dem im § 2185 angegebenen Falle neben den auf bestimmte Sachen, Rechte oder Summen eingesetzten Erben solche, welche auf einen ideellen Theil der Erbschaft eingesetzt sind, so erhalten diese in keinem Falle mehr, als den ihnen zugewiesenen Theil.

Achter Abschnitt.
Nacherbeinsetzung.

§ 2187. Ein Erblasser kann in seinem letzten Willen für den Fall, daß die berufenen Erben die Erbschaft nicht antreten können oder wollen, Andere an deren Stelle zu Erben, Nacherben, ernennen. Auf die Nach-

---

Zu § 2183. Vergl. Z. f. R. Bd. 42 S. 213. S. ferner Z. f. R. Bd. 25 S. 193 flg.

Zu § 2187. Vergl. Z. f. R. Bd. 41 S. 320. Die römisch rechtlichen Grundsätze über die Nacherbeinsetzung sind vielfach durch das BGB. abgeändert worden. Annalen, II. J. Bd. 3 S. 40. Insbesondere ist der Satz beseitigt, daß die Vulgarsubstitution stets die Pupillarsubstitution in sich schließe, und daß dies auch gelten solle, wenn die Worte des Testators unzweifelhaft nur auf den einen oder den andern Fall lauten, Annalen, II. J. Bd. 3 S. 40 und S. 41. .

erbeinsetzung finden, soweit nicht etwas Anderes bestimmt ist, die Vor=
schriften über die Erbeinsetzung Anwendung. (§§ 2166 bis 2186.)

§ 2188. Hat der Erblasser seine Verwandten oder gesetzlichen Erben,
ohne nähere Bezeichnung derselben, zu Nacherben ernannt, so sind dar=
unter die Personen zu verstehen, welche zu der Zeit, wo die Nacherb=
einsetzung eintritt, seine nächsten gesetzlichen Erben sind.

§ 2189. Wer für einen der beiden Fälle, daß der Erbe die Erb=
schaft nicht antreten kann, oder daß er sie nicht antreten will, zum Nach=
erben ernannt ist, gilt im Zweifel für beide Fälle als ernannt. (§ 2208.)

§ 2190. Eine Bedingung, welche der Erbeinsetzung beigefügt ist,
gilt, wenn sie nicht wiederholt worden, im Zweifel nicht für die Nach=
erbeinsetzung.

§ 2191. Die dem Erben auferlegten Verbindlichkeiten gehen auf
den Nacherben über, sofern sie sich nicht blos auf die Person des Erben
beziehen. (§ 2386.)

§ 2192. Ist an die Stelle mehrerer Erben, welche zu der Erbschaft
oder zu einem ideellen Theile derselben ohne Angabe, wie viel ein Jeder
erhalten soll, eingesetzt sind, nur ein Nacherbe ernannt, so gelangt dieser
erst dann zur Erbfolge, wenn die eingesetzten Erben sämmtlich weggefallen
sind. (§§ 2269 bis 2276.)

§ 2193. Hat der Erblasser mehrere Erben eingesetzt, und diese
unter sich zu Nacherben ernannt, oder für den Fall, daß einer derselben
nicht Erbe wird, die übrigen zu Nacherben ernannt, so ist die für die
Erbeinsetzung angeordnete Theilbestimmung auch für die Nacherbeinsetzung
maßgebend. Ist neben den Erben noch ein Dritter zum Nacherben er=
nannt, ohne Bestimmung seines Theiles, so ist für ihn ein Kopftheil
auszuwerfen und der Ueberschuß unter die Miterben nach der für die
Erbeinsetzung angeordneten Theilbestimmung zu vertheilen.

§ 2194. Sind mehrere Nacherben nach einander ernannt, so tritt
der nachfolgende, wenn der ihm vorgehende wegfällt, an dessen Stelle.
Ist der vorgehende Nacherbe zugleich als Erbe eingesetzt, so bezieht sich
die nachfolgende Nacherbeinsetzung zugleich auf die Erbeinsetzung.

§ 2195. Die Nacherbeinsetzung fällt weg, wenn der eingesetzte Erbe,
oder, dafern dieser zwar den Erblasser überlebt hat, jedoch vor der Er=
klärung über die Erbschaft gestorben ist, dessen Erbe die Erbschaft antritt,
oder wenn der Nacherbe vor dem Erblasser, oder vor der Erklärung des
eingesetzten Erben oder des Erben des letzteren über die Erbschaft, stirbt.

Neunter Abschnitt.
Gemeinschaftliche letzte Willen.

§ 2196. Gemeinschaftliche letzte Willen zweier oder mehrerer Per=
sonen können nur gerichtlich oder schriftlich errichtet werden. (§§ 2092
bis 2099. 2104.)

Zu § 2195. Vergl. Z. f. R. Bd. 41 S. 326.
Zu § 2196. Ueber gemeinschaftl. letzte Willen überhaupt f. An=

§ 2197. Bei gemeinschaftlichen letzten Willen brauchen die für die Errichtung letzter Willen vorgeschriebenen Formen blos einmal beobachtet zu werden; es muß jedoch jeder der mehreren Erblasser die erforderliche Unterschrift und, sofern vor Zeugen verfügt wird, die Aufforderung derselben besonders bewirken. (§§ 2100 bis 2113.)

§ 2198. Jede in einem gemeinschaftlichen letzten Willen getroffene Verfügung ist nach der Person ihres Urhebers zu beurtheilen.

§ 2199. Die Verfügungen der mehreren Erblasser, selbst wenn sie sich gegenseitig auf den Todesfall bedenken, sind in der Regel als unabhängig von einander zu betrachten; es kann die eine Verfügung wegfallen, ohne daß dies auf die andere Einfluß hat.

§ 2200. Haben die mehreren Erblasser sich einander in der Maße auf den Todesfall bedacht, daß ihre Verfügungen von einander abhängig sein sollen, so fällt mit der einen auch die andere weg. (§ 2214.)

§ 2201. Die Vorschrift im § 2200 findet auch Anwendung, wenn die mehreren Erblasser sich gegenseitig letztwillig bedacht, und zu Gunsten ihrer Verwandten oder Dritter Anordnungen, welche nach dem Tode des Zuletztsterbenden in Kraft treten sollen, getroffen oder über ihr gemeinschaftliches Vermögen, als über eine Gesammtmasse, verfügt, oder gegenseitig in ihrem letzten Willen auf das Recht, denselben zu widerrufen, verzichtet haben. (§ 2214.)

nalen, R. F. Bd. 9 S. 272; II. F. Bd. 1 S. 151. Aelteres Recht s. Z. f. R. Bd. 12 S. 365; Bd. 14 S. 269; Bd. 19 S. 352; Bd. 26 S. 141 und Annalen, A. F. Bd. 2 S. 53 und 163; — über vergl. von Ehegatten, Z. f. R. Bd. 26 S. 141. Ueber testamenta reciproca und correspectiva insbesondere, vergl. W. f. R. 1864 S. 233 flg. und Z. f. R. Bd. 26 S. 141. (Aelteres Recht.)

Zu § 2199. Vergl. hierzu Z. f. R. Bd. 26 S. 141 und W. f. R. 1864 S. 233.

Zu § 2200. 1) Die Correspectivität zweier reciproquer letzter Willen ist nicht ohne Weiteres zu vermuthen, tritt vielmehr nur dann ein, wenn die Testatoren in dem wechselseitigen Testamente solche Anordnungen getroffen haben, aus welchen mit Bestimmtheit zu ersehen ist, daß nach ihren Willensmeinungen die ausgesprochenen letztwilligen Verfügungen sich gegenseitig bedingen und von einander abhängig sein sollen, Z. f. R. Bd. 14 S. 209; Bd. 20 S. 142. Annalen, A. F. Bd. 2 S. 53. Ueber das Wesen correspectiver Testamente, Annalen, A. F. Bd. 2 S. 53 und 163; W. f. R. 1864 S. 233. Der Unterschied eines correspectiven Testamentes von dem Erbvertrage besteht darin, daß ersteres nicht gleich dem Erbvertrage schon durch die Errichtung selbst verbindliche Kraft erlangt, Annalen, II. F. Bd. 1 S. 157. Ueber wechselseitige Erbverträge vergl. den Inhalt des § 2550.

2) so fällt mit der einen auch die andere weg. Vergl. hierzu Annalen, R. F. Bd. 9 S. 273. Vergl. auch unten zu § 2214.

Zu § 2201. 1) Beispiele hierzu s. Annalen, R. F. Bd. 8 S. 410 und II. F. Bd. 1 S. 154.

2) Ueber die Frage, ob der überlebende Testirer durch Antretung der Ver-

§ 2202. Sind in einem gemeinschaftlichen letzten Willen die Verwandten eines Erblassers auf den Todesfall des Zuletztsterbenden, ohne eine nähere Bezeichnung, bedacht, so sind darunter die Verwandten zu verstehen, welche zur Todeszeit des Zuletztsterbenden zur gesetzlichen Erbfolge berechtigt sind. (§ 2161.)

Zehnter Abschnitt.
Letzte Willen, welche Eltern an der Stelle ihrer Kinder errichten.

§ 2203. Ein Vater kann an der Stelle seiner leiblichen ehelichen und eine Mutter an der Stelle ihrer leiblichen ehelichen oder außerehelichen Kinder einen letzten Willen über das Vermögen dieser Kinder errichten, und zwar theils für den Fall, daß diese vor erfülltem vierzehnten, oder vor einem früheren Lebensjahre, theils, wenn sie wegen Geisteskrankheit oder wegen Taubstummheit nach §§ 2069, 2070 zu Errichtung eines letzten Willens unfähig sind, für den Fall, daß sie, ohne die Fähigkeit zu Errichtung eines letzten Willens zu erlangen, sterben sollten. (§ 2067.)

§ 2204. Das Recht des Vaters oder der Mutter, für ein geisteskrankes oder taubstummes Kind einen letzten Willen zu errichten, fällt weg, soweit das Kind, bevor es in jenen Zustand verfallen ist, eine gültige letztwillige Verfügung über sein Vermögen getroffen hat. (G.-D. § 23.)

---

lassenschaft des zuerst Verstorbenen auf Grund des correspectiven Testamentes zur Erfüllung der Dispositionen desselben auch in Beziehung auf sein eigenes Vermögen verpflichtet werde, siehe folgende diese Frage bejahende, dem älteren Rechte angehörige Entscheidungen: Z. f. R. Bd. 14 S. 269; W. f. R. 1841 S. 139; 1858 S. 47. Annalen; A. F. Bd. 2 S. 54 und 164.

3) Der dritte Bedachte kann von dem überlebenden Theile regelmäßig weder Specification noch Cautionsleistung fordern, Annalen, A. F. Bd. 2 S. 166.

4) Der Anspruch des zweiten Ehegatten einer Frau, welche mit ihrem ersten Ehemanne ein gemeinschaftliches Testament errichtet und die Kinder ihres ersten Ehemannes als Erben des gesammten Nachlasses eingesetzt hat, auf Ausantwortung des seiner Frau gehörig gewesenen Vermögens, eventuell wenigstens nach Höhe des Pflichttheils, ist für unbegründet erachtet worden, Annalen, II. F. Bd. 1 S. 154.

Zu § 2203. Vergl. überh. Z. f. R. Bd. 41 S. 326.

1) Durch diesen und die nachfolgenden § sind die Bestimmungen des röm. Rechts in vielfachen Beziehungen abgeändert worden, Annalen, II. F. Bd. 3 S. 40; namentlich ist der Grundsatz beseitigt, daß die Vulgarsubstitution zugleich die Pupillarsubstitution in sich schließe und umgekehrt. Annalen, II. F. Bd. 3 S. 39.

2) Ueber Vulgar- und Quasipupillarsubstitution nach älterem Rechte siehe Z. f. R. Bd. 18 S. 446, nach neuerem Rechte Z. f. R. Bd. 41 S. 329.

§ 2205. Die Mutter kann an der Stelle ihrer ehelichen Kinder nur dann einen letzten Willen errichten, wenn der Vater nicht mehr am Leben ist, und über das Vermögen seiner Kinder nicht letztwillig verfügt hat.

§ 2206. Es ist gleich, ob die Verfügenden für sich einen letzten Willen errichten oder nicht, und ob sie im ersteren Falle das Kind, für welches sie einen letzten Willen errichten, zu Erben einsetzen, oder dasselbe übergehen, oder enterben.

§ 2207. Die Eltern sind nicht berechtigt, an der Stelle ihrer Kinder die Pflichttheilsberechtigten der letzteren zu enterben. (§§ 2593 bis 2599.)

§ 2208. Hat der Vater oder die Mutter blos für einen der beiden Fälle, daß das Kind vor erfülltem vierzehnten oder vor einem früheren Lebensjahre, oder daß es in dem ihn zu Errichtung eines letzten Willens unfähig machenden Zustande sterben sollte, letztwillig verfügt, so gilt die Verfügung blos für den ausgedrückten Fall. (§ 2189.)

§ 2209. Der letzte Wille, welchen der Vater oder die Mutter an der Stelle von Kindern errichtet, fällt weg, wenn die Kinder das vierzehnte oder das sonst gesetzte frühere Lebensjahr erfüllen, oder die Fähigkeit zu Errichtung eines letzten Willens erlangen, oder wenn Geisteskranke einen in lichten Zwischenräumen errichteten letzten Willen hinterlassen, ferner, wenn die Kinder vor den Eltern, welche für sie letztwillig verfügt haben, sterben, oder wenn die in dem letzten Willen Bedachten vor dem Vater oder vor der Mutter, oder vor den Kindern, für welche der letzte Wille errichtet worden ist, sterben.

Eilfter Abschnitt.
Aufhebung letzter Willen.

§ 2210. Ein letzter Wille wird durch Widerruf von Seiten seines Errichters aufgehoben. Auch ein erklärter Verschwender kann seinen letzten Willen widerrufen, welchen er errichtet hat, bevor er für einen Verschwender erklärt war. (§ 2072.)

§ 2211. Hat Jemand seinen letzten Willen für unwiderruflich erklärt, so ist er dessenungeachtet an dem Widerrufe nicht gehindert. Hat er für den Widerruf eine besondere Form vorgeschrieben, so ist er an deren Beobachtung nicht gebunden. (§ 2062.)

§ 2212. Der Widerruf kann nur in der Form geschehen, in welcher der Widerrufende einen letzten Willen errichten kann, gleichviel in welcher Form der letzte Wille, welcher widerrufen wird, errichtet worden ist.

Zu § 2210. Der Richter muß sich davon überzeugen, daß derjenige, welcher ein Testament aufheben will, nicht des Vernunftgebrauches beraubt sei, und hat die Handlungsfähigkeit in dem Protocolle zu bestätigen, Ger.=Ordg. vom 9. Januar 1865 § 5.

Zu § 2212. 1) Daher kann auch nur der Errichter in Person den letzten Willen widerrufen. W. f. R. 1872 S. 31.

§ 2213. Ein Vertrag, durch welchen der Erblasser auf das Recht, seinen letzten Willen zu widerrufen, verzichtet, ist nichtig, ausgenommen, wenn derselbe in den für Erbverträge bestimmten Formen geschlossen worden ist. (§ 2542.)

§ 2214. Sind gemeinschaftliche letzte Willen auf eine der in §§ 2200, 2201 erwähnten Arten von einander abhängig gemacht, so fällt, wenn der eine widerrufen wird, auch der andere weg, soweit sein Inhalt von jenem abhängig ist. Hat der Ueberlebende die Erbschaft des Zuerst= gestorbenen aus dem gemeinschaftlichen letzten Willen angenommen, so kann er seine eigenen Verfügungen nicht widerrufen.

§ 2215. Hat ein Erblasser seinen gerichtlich übergebenen schrift= lichen letzten Willen auf Verlangen in Person zurückerhalten, so ist, selbst wenn er dabei keinen ausdrücklichen Widerruf erklärt hat, der letzte Wille als widerrufen zu betrachten.

§ 2216. Hat Jemand mehrere letzte Willen nach einander errichtet, ohne in dem späteren den früheren zu widerrufen, so bestehen die mehre= ren letzten Willen neben einander. Finden sich darin Verfügungen, welche sich nicht mit einander vereinigen lassen, so geht die spätere der früheren vor. Läßt sich nicht ermitteln, welcher letzte Wille der frühere oder der spätere sei, so bestehen sie sämmtlich neben einander und es fallen Ver= fügungen, welche sich nicht mit einander vereinigen lassen, weg. (§ 2060.)

---

2) Hat der Erblasser blos der Gerichtsdeputation gegenüber erklärt, den früher errichteten letzten Willen widerrufen zu wollen, so enthält dies noch keine Auf= hebung desselben, Z. f. R. Bd. 41 S. 420; Archiv I. S. 409; Annalen, II. F. Bd. 3 S. 302.

Zu § 2213. Vergl. Annalen, N. F. Bd. 9 S. 257.

Zu § 2214. Vergl. Z. f. R. Bd. 36 S. 246.

1) Hat der Ueberlebende die Erbschaft angenommen; dies wird unzweifelhaft anzunehmen sein, wenn er die Erbschaft ausdrücklich angetreten hat; zweifelhafter dagegen ist es, wenn er nur ein Jahr hat verstreichen lassen oder Handlungen vorgenommen hat, welche eine pro herede gestio enthalten. Z. f. R. Bd. 36 S. 247; desgl. Annalen, N. F. Bd. 9 S. 272.

2) so kann er seine eigenen Verfügungen nicht widerrufen, vergl. Archiv II. S. 42; Annalen, N. F. Bd. 2 S. 54; II. F. Bd. 1 S. 154. Aeltere Entscheidungen siehe in Annalen, A. F. Bd. 2 S. 53 und 165.

Zu § 2215. 1) in Person, es ist eben auch der Widerruf ein actus personalissimus, W. f. R. 1872 S. 31.

2) seinen letzten Willen zurückerhalten. Hierdurch ist die Be= stimmung der dec. 44 vom 22. Juni 1661 aufgehoben worden. — Die bloße vor= zeitige Entnahme einer Testamentsurkunde aus dem versiegelten Umschlage und die nachherige fortgesetzte Aufbewahrung in unverschlossenem Zustande hebt allein noch nicht die formelle Rechtsbeständigkeit des letzten Willens auf. Z. f. R. Bd. 41 S. 418; Annalen, II. F. Bd. 3 S. 302.

3) Hat der Erblasser blos erklärt, daß er den früher errichteten letzten Willen widerrufen wolle, so liegt hierin kein Widerruf. Z. f. R. Bd. 41 S. 420.

§ 2217. Der in einem späteren letzten Willen geschehene Widerruf eines früheren letzten Willens ist von Wirkung, selbst wenn die übrigen in dem späteren letzten Willen enthaltenen Verfügungen wegfallen. Ein Widerruf, welcher in einem in außerordentlicher Form errichteten letzten Willen erfolgt, ist als nicht erfolgt zu betrachten, wenn der letzte Wille nach § 2114 seine Wirksamkeit verliert.

§ 2218. Ein letzter Wille kann durch einen Erbvertrag widerrufen werden. (§ 2543.)

§ 2219. Ein Widerruf eines schriftlichen letzten Willens ist anzunehmen, wenn der Erblasser oder mit dessen Einwilligung ein Dritter die Unterschrift ausgelöscht oder die Urkunde durchstrichen, durchschnitten, durchrissen, verbrannt, ausgelöscht, durch Ueberschreiben unleserlich gemacht hat.

§ 2220. Bei theilweiser Vernichtung der Urkunde gilt der letzte Wille nur soweit als aufgehoben, als sein Inhalt auf dem vernichteten Theile beruht (§ 103.)

§ 2221. Hat der Erblasser im Falle eines vor einem Notare errichteten letzten Willens eine Protocolls-Ausfertigung oder Protocolls-Abschrift, oder im Falle eines mündlich errichteten letzten Willens eine darüber nachträglich ausgefertigte Urkunde vernichtet, so liegt darin kein Widerruf des letzten Willens. (§ 2108.)

§ 2222. Eine letztwillige Verfügung eines Ehegatten zu Gunsten des anderen ist als widerrufen zu betrachten, wenn die Ehe für nichtig erklärt, oder in Folge Anfechtung aufgehoben oder geschieden wird, oder die Ehegatten auf Lebenszeit von Tisch und Bette getrennt werden. (§ 2557.)

Zwölfter Abschnitt.
Eröffnung, Bekanntmachung und Vollziehung letzter Willen.

§ 2223. Die Eröffnung und Bekanntmachung eines gerichtlichen letzten Willens stehen dem Gerichte zu, bei welchem der letzte Wille errichtet worden ist. (G.=D. §§ 11 bis 15.)

§ 2224. Die Eröffnung und Bekanntmachung können nicht eher erfolgen, als bis der Erblasser gestorben oder für todt erklärt worden ist.

§ 2225. Die Eröffnung eines gemeinschaftlichen letzten Willens erfolgt nach dem Tode eines der mehreren Erblasser.

§ 2226. Auf die Eröffnung und Bekanntmachung anzutragen sind berechtigt Derjenige, welcher den über die gerichtliche Errichtung des letzten Willens ausgestellten Empfangschein in den Händen hat, der Ehegatte und die zur gesetzlichen Erbfolge berechtigten Verwandten des Erblassers, und überhaupt Jeder, welcher an der Eröffnung und Bekanntmachung ein rechtliches Interesse hat. Die Eröffnung und Bekanntmachung können sofort nach dem Tode des Erblassers verlangt werden.

Zu § 2223. Vergl. hierzu auch § 10—18 der Gerichts=Ordnng. v. 9. Januar 1865. — Die Vorschriften der nachstehenden § bis 2229 entsprechen im Wesentlichen den Bestimmungen des Mandates vom 30. October 1826.

§ 2227. Amtshalber ist der Richter zu Eröffnung des letzten Willens berechtigt und verpflichtet, wenn er den Tod des Erblassers glaubhaft er=fahren hat und seit dem Tode dreißig Tage abgelaufen sind. (G.=O. §§ 16 bis 18.)

§ 2228. Die Eröffnung und Bekanntmachung des letzten Willens erstrecken sich, sofern nicht von dem Erblasser etwas Anderes bestimmt ist, auf den ganzen Inhalt des letzten Willens und, wenn der Erblasser mit mehreren letzten Willen gestorben ist, auf sämmtliche letzte Willen.

§ 2229. Wenn das Erbschaftsgericht einen außergerichtlich oder in außerordentlicher Form errichteten letzten Willen des Erblassers im Nachlasse findet, oder wenn der Erblasser die gerichtliche Eröffnung eines solchen letzten Willens angeordnet hat, so ist mit dessen Eröffnung und Bekanntmachung nach den §§ 2223 bis 2228 zu verfahren.

§ 2230. Ein Vollzieher des letzten Willens kann in einem letzten Willen, in einem Erbvertrage, durch einen zwischen dem Erblasser und dem Vollzieher gerichtlich geschlossenen Vertrag oder durch eine zwischen den Erben und dem Vollzieher getroffene Uebereinkunft bestellt werden. Vollzieher des letzten Willens kann auch Derjenige sein, welcher zur Nieder=schrift desselben gebraucht worden ist. (§ 2103.)

§ 2231. Personen, welche unter Vormundschaft stehen, können, selbst wenn ihre Vormünder einwilligen, nicht Vollzieher eines letzten Willens werden.

§ 2232. Erben, Vermächtnißnehmer und Anwärter haben die von dem Erblasser erfolgte Ernennung eines Vollziehers des letzten Willens anzuerkennen.

Zu § 2228. Die Eröffnung erstreckt sich selbst dann auf sämmtliche letzte Willen, wenn in dem späteren letzten Willen der frühere widerrufen worden ist, Verordg. des Kgl. Justizministerium vom 12. December 1872 im W. f. R. 1873 S. 353.

Zu § 2230. Vergl. Annalen, A. F. Bd. 1 S. 156; Z. f. R. Bd. 32 S. 334.

1) Vollzieher des letzten Willens kann namentlich auch der Notar sein, welcher das Testament verfaßt hat, W. f. R. 1868 S. 505.

2) Durch die Ernennung eines Testamentsvollstreckers wird die gerichtliche Regulirung und Erbtheilung nicht gehindert, Z. f. R. Bd. 32 S. 335.

3) Nach Ansicht des AG. Leipzig ist der in einem letzten Willen ernannte Testamentsexecutor nicht allein als Bevollmächtigter des Erblassers, sondern, sobald die eingesetzten Erben das Testament anerkannt und demgemäß den Nachlaß angetreten haben, als ein von Letzteren selbst durch den Willen des Erblassers bestellter Mandatar anzusehen, W. f. R. 1868 S. 508.

Zu § 2232. 1) Erben, es wird hierbei zwischen Pflichttheilsberechtigten und anderen Erben kein Unterschied gemacht, Z. f. R. Bd. 32 S. 335.

2) Vergl. darüber, daß die Erben regelmäßig nicht befugt sind, den Hand=lungen des Testamentsexecutors die Genehmigung zu versagen, W. f. R. 1868 S. 508, AG. Leipzig.

§ 2233. Wer durch Vertrag mit dem Erblasser oder mit den Erben sich zur Vollziehung des letzten Willens verpflichtet hat, kann dieselbe nicht ablehnen.

§ 2234. Wer in einem letzten Willen oder in einem Erbvertrage zum Vollzieher ernannt wird, ist zur Uebernahme des Geschäftes nicht verpflichtet.

§ 2235. Ein Vollzieher darf in den Fällen des § 2233 und, falls er das ihm übertragene Geschäft angenommen hat, in den Fällen des § 2234 davon nur zurücktreten, wenn Gründe vorliegen, welche das Erbschaftsgericht erheblich findet.

§ 2236. Sind mehrere Vollzieher eines letzten Willens ernannt und können oder wollen einer oder einige das Geschäft nicht übernehmen, oder treten von Mehreren, welche die Vollziehung des letzten Willens übernommen haben, einer oder einige zurück, so sind, in Ermangelung anderer Bestimmung, die übrigen zur alleinigen Uebernahme oder Fortführung des Geschäftes berechtigt. (§ 1313.)

§ 2237. Der Vollzieher hat für Aufrechthaltung und Ausführung des letzten Willens, für Anfertigung eines Nachlaßverzeichnisses und für Sicherung der Erbschaft zu sorgen; er kann auf Erfüllung der Verfügungen klagen, bei welchen es sich blos um das persönliche Interesse des Erblassers handelt.' (§ 2153.)

§ 2238. Zur Verwaltung der Erbschaft ist der Vollzieher nur berechtigt, wenn ihm dieselbe aufgetragen worden ist. (§ 2243.)

§ 2239. Der Erblasser kann dem Vollzieher weder die Anfertigung des Nachlaßverzeichnisses, noch die Rechnungsablegung erlassen; er kann aber für letztere Fristen setzen. (§ 123.)

§ 2240. Der Vollzieher eines letzten Willens ist zur Vertretung der Erbschaft weder berechtigt, noch verpflichtet.

Zu § 2237. Vergl. Z. f. R. Bd. 14 S. 365 und S. 524, Bd. 32 S. 334, Bd. 33 S. 352.

1) Dagegen kann nicht gegen den Testamentsvollstrecker auf Herausgabe eines Nachlaßverzeichnisses geklagt werden, eine derartige Klage ist gegen die Erben selbst zu richten, Z. f. R. Bd. 18 S. 501, Bd. 24 S. 90; Annalen, N. F. Bd. 6 S. 168.

2) Zum Schlußsatze vergl. Archiv I. S. 110.

3) Für die Erbschaftssteuer bleibt der Testamentsvollstrecker verhaftet, dafern er die Erbschaft vor Berichtigung oder Sicherstellung der Erbschaftssteuer ausantwortet, Gesetz über die Erbschaftssteuer vom 13. November 1876 Art. 16.

Zu § 2238. Vergl. Annalen, N. F. Bd. 1 S. 156 flg.

Zu § 2240. Vergl. Annalen, N. F. Bd. 1 S. 156 flg. Er kann daher keine zum Nachlasse gehörigen Außenstände einklagen, W. f. R. 1849 S. 309. Ueber einen Ausnahmefall (wegen einschlagender Bestimmungen des Preuß. Rechts) vergl. Archiv III. S. 665 flg. Der Testamentsexecutor kann daher auch nicht Umschreibung eines zum Nachlasse gehörigen Grundstücksantheils auf diejenigen Erben beantragen, welchen er letztwillig zugetheilt worden ist, Archiv I. S. 110.

§ 2241. Macht sich der Vollzieher durch Pflichtwidrigkeiten oder Verbrechen des Vertrauens unwürdig oder werden dessen Vermögens=verhältnisse unsicher, so kann jeder bei der Erbschaft Betheiligte dessen Entfernung verlangen.

§ 2242. Hat das Gericht amtshalber für den Nachlaß zu sorgen, so kann es die Entfernung des Vollziehers aus den im § 2241 ange=gebenen Gründen, selbst ohne einen darauf gerichteten Antrag, verfügen.

§ 2243. Die Erben können, falls der Vollzieher mit der Ver=waltung beauftragt ist, die Ausantwortung der Erbschaft verlangen, wenn sie demselben die zu Ausführung des letzten Willens im Uebrigen er=forderlichen Mittel zur Verfügung stellen oder wenn sie nachweisen, daß der letzte Wille bereits ausgeführt worden ist. (§ 2238.)

§ 2244. Das gegenseitige Verhältniß zwischen den Erben und dem Vollzieher in Beziehung auf die Geschäftsführung ist, selbst wenn es nicht durch einen Auftrag der Ersteren an den Letzteren entstanden ist, nach den Vorschriften der Geschäftsführung vermöge Auftrages zu beurtheilen. (§§ 1295 bis 1327.)

§ 2245. Hat der Erblasser dem Vollzieher des letzten Willens keine Vergütung für seine Bemühungen ausgesetzt, so kann dieser eine solche nur unter den im § 820 angegebenen Voraussetzungen fordern.

Vierte Abtheilung.
Von der Erwerbung der Erbschaft.

Erster Abschnitt.
Antretung und Ausschlagung der Erbschaft.

§ 2246. Eine Erbschaft, welche von dem Erben noch nicht ange=treten ist, kann durch Erwerbungen gemehrt oder durch Verpflichtungen gemindert werden, sofern dies ohne Willenshandlung des Erwerbers oder des Verpflichteten möglich ist. (G.-O. § 10.)

Zu § 2244. Vergl. Annalen, A. F. Bd. 1 S. 156.

Zu § 2246. 1) In die Erbschaft kann, so lange sie noch nicht angetreten ist, bemohngeachtet regelmäßig die Hülfe wegen Nachlaßschulden vollstreckt werden, Annalen, N. F. Bd. 7 S. 187 und Z. f. R. Bd. 33 S. 496. Ueber Hülfs=vollstreckung in Erbschaftsmobilien siehe Z. f. R. Bd. 33 S. 496; Annalen, N. F. Bd. 7 S. 187. — Ueber die Hülfsvollstreckung in ein dem Erblasser ge=höriges Grundstück wegen von ihm eingegangener Verpflichtungen, Annalen, N. F. Bd. 8 S. 204. — Ueber die Hülfsvollstreckung in eine dem Erblasser zu=stehende hypothekarische Forderung nach dessen Tode, Annalen, N. F. Bd. 7 S. 262. — Ueber die Hülfsvollstreckung in einen noch nicht angetretenen Nachlaß, Archiv III. S. 204; Annalen, N. F. Bd. 7 S. 187, Bd. 8 S. 205; Z. f. R. Bd. 30 S. 396 und Bd. 33 S. 496.

2) Ueber die processuale Vertretung eines noch nicht angetretenen Nachlasses siehe Z. f. R. Bd. 17 S. 60; W. f. R. 1868 S. 507 (AG. Leipzig.)

§ 2247. Sind alle Erben unbekannt, so hat das Erbschaftsgericht amtswegen für die Erbschaft einen Vertreter zu bestellen; zögern alle Erben mit der Antretung der Erbschaft, so geschieht die Bestellung des Vertreters auf Antrag der Erbschaftsgläubiger, der Vermächtnißnehmer, der Nacherben oder der Anwärter.

§ 2248. Der Vertreter hat für die Erhaltung der Erbschaft zu sorgen; zu derselben gehörige Gegenstände darf er nur veräußern, wenn sie sich nicht ohne Gefahr und Schaden erhalten lassen. Im Uebrigen ist seine Verwaltung der Erbschaft nach den Vorschriften über die Altersvormundschaft zu beurtheilen.

§ 2249. Personen, welche mit dem Erblasser bis zu seinem Tode in häuslicher Gemeinschaft lebten und auf seine Kosten unterhalten wurden, sind befugt, bis zum dreißigsten Tage nach dem Tode des Erblassers in dem Gebrauche der Wohnung und des Hausrathes zu bleiben und den erforderlichen Unterhalt für Rechnung der Erbschaft zu beziehen. (§§ 2266. 2437.)

§ 2250. Wer zum Erben berufen ist, erwirbt die ihm angefallene Erbschaft durch deren Antretung. Auch durch Stellvertreter kann die Erbschaft angetreten werden. (§ 2064.)

§ 2251. Eine Erbschaft kann durch jede Erklärung angetreten werden. Es wird dabei vorausgesetzt, daß der Erbe von dem Anfalle der Erbschaft und von dessen Grunde Kenntniß hat.

§ 2252. Aus Handlungen, welche der Erbe in Beziehung auf die Erbschaft vornimmt, ist eine Antretung derselben nur zu folgern, wenn

Zu § 2247. Vergl. im Allgemeinen Archiv II. S. 200.

1) Das Gericht des Ortes, an welchem der Erblasser zur Zeit seines Todes seinen wesentlichen Wohnsitz gehabt, ist zur Nachlaßregulirung zuständig. Z. f. R. Bd. 32 S. 92.

2) Die Bestellung eines Erbschaftsvertreters setzt voraus, daß ein zu vertretender Nachlaß vorhanden ist, daher ist bei ganz geringfügiger Nachlaßmasse von der Bestellung eines Nachlaßvertreters abzusehen, Z. f. R. Bd. 35 S. 152.

3) zögern alle Erben: Um eine Zögerung annehmen zu können, ist erforderlich, daß die in § 2266 des BGB. gedachte Frist bereits verstrichen sei, W. f. R. 1868 S. 507.

4) auf Antrag der Erbschaftsgläubiger, vergl. Archiv III. S. 204.

Zu § 2248. Mit dem Erbantritte erledigen sich die Functionen des Erbschaftsvertreters, Annalen, N. F. Bd. 8 S. 197 und Z. f. R. Bd. 7 S. 173.

Zu § 2250. Vergl. Annalen, N. F. Bd. 1 S. 100 flg. Siehe ferner W. f. R. 1860 S. 269. Ueber die Zulässigkeit einer Verwahrung gegen Veräußerung und Verpfändung eines Grundstücks in dem Falle, wenn der Erbe des Intabulirten noch nicht eingetragen ist, vergl. W. f. R. 1869 S. 465.

Zu § 2251. Vergl. Annalen, N. F. Bd. 8 S. 197; W. f. R. 1866 S. 269. Zum 2. Satz: Bei einer testamentarischen Erbschaft muß daher der letzte Wille jedenfalls dem Erben eröffnet worden sein, Z. f. R. Bd. 36 S. 247.

Zu § 2252. 1) Cession einer zur Erbschaft gehörigen Forderung

sie nicht anders, als dadurch zu erklären sind, daß der Erbe den Willen, die Erbschaft anzutreten, gehabt habe. (§§ 98. 99.)

§ 2253. Aus der Anerkennung des letzten Willens und aus Handlungen, welche sich auf das Begräbniß des Erblassers beziehen, oder die Aufbewahrung, Erhaltung und Ausmittelung der Erbschaft bezwecken, kann an sich eine Antretung derselben nicht abgeleitet werden.

§ 2254. Eine Erbschaft kann erst nach deren Anfalle und so, wie sie angefallen ist, angetreten werden.

§ 2255. Die Antretung eines Theiles gilt als Antretung des angefallenen Ganzen.

§ 2256. Hat der Erbe der Antretung Zeitbestimmungen oder Bedingungen beigefügt, so ist die Antretung wirkungslos.

§ 2257. Hat ein Erbe noch nicht angetreten, so kann er die Erbschaft ausschlagen.

§ 2258. Die Vorschriften über die Voraussetzungen der Antretung in §§ 2251, 2254 gelten auch für die Ausschlagung. Eine theilweise Ausschlagung ist wirkungslos. Pflichttheilsberechtigte können mit Vorbehalt ihres Pflichttheiles die übrige Erbschaft ausschlagen.

§ 2259. Die Wirkungen der Antretung und Ausschlagung sind auf die Zeit des Anfalles der Erbschaft zurückzubeziehen. (§ 2246.)

§ 2260. Die Antretung oder Ausschlagung der Erbschaft kann nicht widerrufen werden.

§ 2261. Schlägt ein Erbe die Erbschaft aus, so ist die Erbfolge so zu bestimmen, als wäre er vor dem Erblasser gestorben. Bei der gesetzlichen Erbfolge werden die Abkömmlinge des Ausschlagenden durch seine Ausschlagung von der aus ihrer Person ihnen zustehenden Erbfolge nicht ausgeschlossen.

§ 2262. Ist ein Erbe auf einen Erbtheil unbedingt, auf einen

Seiten des zur Erbschaft Berufenen enthält einen Erbschaftsantritt, W. f. R. 1871 S. 100.

2) Die Bezahlung von Nachlaßschulden enthält wenigstens dann einen Erbschaftsantritt, wenn sie aus dem Bestande des Nachlasses vorgenommen wird, Annalen, II. F. Bd. 2 S. 480.

3) Vergl. außerdem W. f. R. 1806 S. 269 flg.

Zu § 2253. Aus der Anerkennung des letzten Willens: vergl. hierzu Annalen, N. F. Bd. 5 S. 227. Die Erklärung des Erben, daß er ein ihm durch Vorlesen bekannt gemachtes Testament anerkenne, erstreckt sich unter Umständen auch dergestalt auf den Inhalt des letzten Willens, daß, wenn dem Betreffenden nur eine Erbanwartschaft ausgesetzt worden ist, jene Erklärung bewirkt, daß er, obwohl ihm ein gesetzliches oder Pflichttheilsrecht zusteht, sich dennoch mit der fideicommissarischen Erbeinsetzung begnügen muß, Z. f. R. Bd. 29 S. 450.

an sich, Ausnahmefälle siehe Annalen, N. F. Bd. 3 S. 263.

Zu § 2260. Vergl. W. f. R. 1806 S. 209.

Zu § 2261. Vergl. Annalen, II. F. Bd. 2 S. 182.

anderen Erbtheil unter einer aufschiebenden Bedingung eingesetzt, so kann er den einen oder den anderen oder beide antreten oder ausschlagen.

§ 2263. Wer als Miterbe eingesetzt und für einen anderen Mit=erben zum Nacherben ernannt ist, kann, wenn er die Erbschaft als Erbe ausgeschlagen hat, dieselbe als Nacherbe antreten. Hat er als Erbe angetreten, so kann er als Nacherbe ausschlagen.

§ 2264. Hat ein Erblasser eine Frist bestimmt, innerhalb deren sein Erbe die Erbschaft antreten soll, so gilt dieselbe als ausgeschlagen, wenn der Erbe oder, dafern er vor Ablauf der Frist stirbt, dessen Erbe die Frist vorübergehen läßt, ohne anzutreten.

§ 2265. Hat der Erblasser eine Frist für die Antretung nicht bestimmt, so gilt die Erbschaft als angenommen, wenn sich der Erbe inner=halb eines Jahres von der Zeit an, wo er von dem Anfalle Kenntniß erlangt, über die Antretung nicht erklärt hat. Stirbt der Erbe vor Ablauf des Jahres, so läuft dessen Erben ein Jahr von der Zeit an, wo sie sowohl von dem ihrem Erblasser, als auch von dem ihnen ge=schehenen Erbschaftsanfalle Kenntniß erlangt haben. (§ 2331.)

———————

Zu § 2264. Annalen, R. F. Bd. 1 S. 538.

Zu § 2265. Vergl. im Allgemeinen Annalen, R. F. Bd. 10 S. 322, II. F. Bd. 1 S. 117; Z. f. R. Bd. 31 S. 481.

1) Der § leidet auch auf die testamentarische Erbfolge Anwendung, Z. f. R. Bd. 40 S. 453 und Annalen, R. F. Bd. 10 S. 324.

2) eine Frist für die Antretung: Nicht zu verwechseln mit einer Frist zur Anerkennung des Testamentes, Annalen, R. F. Bd. 5 S. 227. Das BGB. besagt nicht, daß der Erbe zur Erklärung über die Anerkennung des Testamentes die Frist von einem Jahre habe, vielmehr gewährt es eine Frist nur zur Antretung der Erbschaft, womit etwas wesentlich Ver=schiedenes gemeint ist, wie sich schon daraus ergiebt, daß in § 2253 ausdrücklich bestimmt ist, daß aus der Anerkennung des letzten Willens an sich eine Antretung der Erbschaft nicht abgeleitet werden kann, Z. f. R. Bd. 31 S. 481; Archiv II. S. 244.

3) Die Anordnung des Erblassers, daß die Erben binnen einer gewissen Zeit sein Testament anerkennen müssen, widrigenfalls sie auf den Pflichttheil gesetzt seien, ist gültig und wirksam. Es müssen solchenfalls die Erben innerhalb der gesetzten Frist eine positive Thätigkeit entwickeln, um ihren Willen, die letztwilligen Verfügungen des Erblassers als unbedingt rechts=verbinblich anzuerkennen, unzweideutig zu erkennen zu geben. Gerichtliche Form der Anerkennung ist nicht gerade erforderlich, andererseits ist die Berichtigung des Begräbnißaufwandes und sogar die Auszahlung eines Legates nicht als genügend angesehen worden, Z. f. R. Bd. 28 S. 342.

4) wenn sich der Erbe innerhalb eines Jahres über die An=tretung nicht erklärt hat. Vergl. Annalen, R. F. Bd. 5 S. 16. Der Ablauf dieses Jahres überhebt daher den Kläger des Beweises der Passiv=legitimation, Annalen, R. F. Bd. 7 S. 423; namentlich auch des Beweises des Erbantritts, Annalen, R. F. Bd. 5 S. 10. — Diese einjährige Frist

§ 2266. Auf Antrag der Erbschaftsgläubiger und der Vermächtniß-nehmer, ingleichen Derjenigen, welche nach dem Wegfalle des Erben zur Erbfolge berechtigt sind, insbesondere der Nacherben und Anwärter, hat das Erbschaftsgericht dem Erben aufzulegen, innerhalb einer angemessenen, jedoch nicht unter zwei Monaten zu bestimmenden, nach Umständen auf Antrag zu verlängernden Frist, bei Verlust seines Erbrechtes sich über die Antretung der Erbschaft zu erklären, auch, wenn derselbe unter einer auf sein Handeln gestellten Bedingung eingesetzt ist, diese Bedingung zu erfüllen. Der Verlust des Erbrechtes tritt ohne Weiteres ein, wenn der Erbe innerhalb der ihm gesetzten Frist sich über die Antretung nicht erklärt oder die Bedingung nicht erfüllt.

§ 2267. Stirbt der Erbe vor Ablauf der ihm vom Erbschafts-gerichte gesetzten Frist, ohne der Auflage nachzukommen, so ist seinen Erben eine anderweite Frist nach der Vorschrift im § 2266 zu setzen.

§ 2268. Der Erbe hat das Recht, sich vor der Erklärung über die Antretung der Erbschaft, Auskunft über den Bestand derselben zu verschaffen.

Zweiter Abschnitt.
Anwachsungsrecht unter eingesetzten Miterben.

§ 2269. Sind zu der ganzen Erbschaft oder zu einem ideellen Theile derselben Mehrere ohne Angabe, wie viel ein Jeder erhalten soll, als Erben eingesetzt und fallen einer oder einige weg, so wächst den Uebrigen, welche die Erbschaft antreten, Dasjenige zu, was die Wegfallenden be-kommen haben würden. Dies gilt auch, wenn ein Erbe wegen Nicht-eintrittes der seiner Ernennung beigefügten aufschiebenden Bedingung wegfällt. (§§ 2012. 2552.)

bezieht sich aber nur auf die Erklärung über die Antretung des Nachlasses, nicht auf die Verpflichtung zur Erklärung über die Anerkennung eines letzten Willens, vielmehr kann auf letztere auch schon vor Ablauf eines Jahres geklagt werden, Annalen, N. F. Bd. 5 S. 227; Archiv II. S. 244.

Zu § 2266. Vergl. hierzu Annalen, II. F. Bd. 1 S. 116. Dagegen können weder die Miterben noch das Gericht dem Erben eine derartige Frist setzen lassen, Archiv II. S. 201, Annalen, II. F. Bd. 1 S. 116. Vergl. hierzu übrigens die Vorschrift der CPO. ad Tit. XVII. § 1, welche, wie Dr. Sieben-haar, Commentar, 2. Aufl. Bd. 3 S. 331, richtig bemerkt, durch diesen § nicht aufgehoben worden ist.

Zu § 2268. Dieses Recht hat insbesondere auch der auf den Pflichttheil eingesetzte Erbe, Annalen, N. F. Bd. 9 S. 464.

Zu § 2269. Vergl. 3. f. R. Bd. 41 S. 252; Annalen, II. F. Bd. 2 S. 477. Aelteres Recht siehe W. f. R. 1842 S. 322 und 3. f. R. Bd. 41 S. 253.

1) Ueber Anwachsungsrecht nach Stämmen siehe Annalen, II. F. Bd. 2 S. 180.

2) ohne Angabe, wie viel ein Jeder erhalten soll. 3. f. R. Bd. 32 S. 445.

§ 2270. Sind bei der im § 2269 angegebenen Erbeinsetzung einige von den Mehreren in einem Satze oder durch eine Gesammtbezeichnung verbunden, und fallen von diesen einer oder einige weg, so gilt das Anwachsungsrecht zunächst unter den auf diese Weise Verbundenen.

§ 2271. Sind von den zur ganzen Erbschaft berufenen mehreren Erben einige allein auf ideelle Theile oder auf einzelne Sachen, Rechte oder Summen, andere in der im § 2269 angegebenen Weise eingesetzt, so steht nur den letzteren unter einander ein Anwachsungsrecht zu.

§ 2272. Den allein auf ideelle Theile oder auf einzelne Sachen, Rechte oder Summen eingesetzten Erben kommt im Verhältniß zu einander ein Anwachsungsrecht nicht zu, selbst wenn keine anderen Erben vorhanden sind.

§ 2273. Hat ein Miterbe oder dessen Erbe oder ein Nacherbe desselben die Erbschaft angetreten, so kommt in Beziehung auf den dadurch erworbenen Erbtheil den Miterben ein Anwachsungsrecht nicht zu.

§ 2274. Der durch Anwachsungsrecht zufallende Erbtheil braucht nicht durch eine besondere Antretung erworben zu werden, kann aber nicht ausgeschlagen werden.

§ 2275. Der Erbe, welchem ein Erbtheil anwächst, ist zur Erfüllung der von dem Erblasser darauf gelegten Lasten verpflichtet, ausgenommen wenn diese sich blos auf die Person des Wegfallenden beziehen.

§ 2276. Hat der Erblasser das Anwachsungsrecht verboten, so tritt rücksichtlich der Erbtheile der Wegfallenden die gesetzliche Erbfolge ein.

Dritter Abschnitt.
Unwürdigkeit zur Erbfolge.

§ 2277. Unwürdig jedes Erbrechtes, auch des Rechtes auf den Pflichttheil, ist Derjenige, welcher den Erblasser vorsätzlich tödtet, oder zu Errichtung eines letzten Willens unfähig macht, welcher durch Zwang oder Betrug bewirkt, daß der Erblasser eine letztwillige Verfügung trifft oder nicht trifft, ändert oder nicht ändert, oder welcher einen schriftlichen letzten Willen des Erblassers oder eine über einen mündlichen letzten Willen abgefaßte Urkunde zum Nachtheile eines Dritten unterdrückt, fälscht oder beweisunfähig macht.

§ 2278. Im Falle der Unwürdigkeit eines Erben ist die Erbfolge so zu bestimmen, als wäre der Unwürdige vor dem Erblasser gestorben. (§ 1811.)

§ 2279. Die Folgen der Unwürdigkeit fallen weg, wenn der Schuldige darthut, daß ihm der Erblasser verziehen hat.

Zu § 2276. Dem Verbote des Anwachsungsrechtes kommt es nach Befinden gleich, wenn der Erblasser ausdrücklich bestimmt hat, wie viel jeder der Erben erhalten soll. Z. f. R. Bd. 32 S. 445.

Zu § 2277. Die Bestreitung der Echtheit des Testamentes gehört nicht mit zu den Indignitätsfällen. Z. f. R. Bd. 38 S. 300.

§ 2280. Die Unwürdigkeit des Erben ist nicht amtshalber zu berücksichtigen.

Vierter Abschnitt.

Wirkungen der Antretung der Erbschaft im Allgemeinen.

§ 2281. Mit der Antretung der Erbschaft geht Alles, was zur Erbschaft gehört, mit demselben Rechte, wie es der Erblasser hatte, auf den Erben, und wenn mehrere Erben vorhanden sind, auf jeden derselben nach Verhältniß seines Erbtheiles über.

§ 2282. Alle Lasten der Erbschaft und alle Verbindlichkeiten des Erblassers, selbst die aus unerlaubten Handlungen entstandenen, gehen auf den Erben über. (§ 148.)

Zu § 2281. Vergl. im Allgemeinen: Annalen, II. F. Bd. 1 S. 118. Vergl. hierzu auch Gesetz über die Erbschaftssteuer vom 13. November 1876, Art. 1, unter 1, Art. 3, 5 und 10.

1) **Mit der Antretung der Erbschaft:** Weder die Erbeinsetzung noch die Errichtung eines Vermächtnisses bildet nach dem BGB. einen selbstständigen Rechtsgrund für den Eigenthumserwerb, AG. Leipzig, Archiv III. S. 624.

2) **geht Alles, was zur Erbschaft gehört:** Lebensversicherungssummen gehören mit zum Nachlasse, Annalen, N. F. Bd. 8 S. 155 unter 3. Wenn aber die Lebensversicherungspolice auf den Inhaber lautet, gehört zur Begründung der Klage außer dem Nachweise, daß der Kläger Erbe geworden sei, vor Allem auch der Beweis, daß er Inhaber der Police sei. W. f. R. 1870 S. 46. Ueber Lebensversicherungen zu Gunsten der Ehefrau und der Kinder des Erblassers siehe Annalen, N. F. Bd. 3 S. 130.

3) Ueber den **Uebergang hypothekarischer Forderungen auf die Erben,** Annalen, N. F. Bd. 7 S. 241 flg.

4) **mit demselben Rechte, wie es der Erblasser hatte:** vergl. Annalen, N. F. Bd. 9 S. 285. Der Erbe kann daher nicht eine Forderung zur Aufrechnung benutzen, auf welche der Erblasser bei Lebzeiten bereits verzichtet hat. Z. f. R. Bd. 39 S. 47.

Zu § 2282. Vergl. hierzu die Abhandlung von Roux i. d. Z. f. R. Bd. 7 S. 103 flg.

1) Die Vindication des Erben rücksichtlich einer Sache, welche der Erblasser veräußert hat, ist wann zulässig? Z. f. R. Bd. 41 S. 289 flg.

2) Der heres in re certa kann nicht eher die ihm zugetheilte Nachlaßquote oder Sache verlangen, als bis alle Erbschaftsgläubiger voll befriedigt sind. Z. f. R. Bd. 40 S. 444.

3) Die Klage eines hypothekarischen Gläubigers, welcher an einen Miterben vollständige Zahlung geleistet zu haben behauptet, gegen die übrigen Miterben auf Ertheilung löschungsfähiger Quittung ist für unzulässig erachtet worden, da die Miterben nicht ohne Weiteres die Zahlung an einen von ihnen als sie Alle verpflichtend anzuerkennen brauchen. Annalen, II. F. Bd. 3 S. 188.

4) **alle Verbindlichkeiten des Erblassers:** Dies gilt namentlich auch von der Verbindlichkeit zur Herausgabe eines Nachlaßverzeichnisses, Annalen,

§ 2283. Handlungen des Erblassers, selbst wenn sie das eigene Vermögen des Erben betreffen, muß der Erbe anerkennen.

§ 2284. Rein persönliche Rechte und Verbindlichkeiten des Erblassers gehen auf den Erben nicht über.

§ 2285. Rechte des Erblassers gegen den Erben oder des Erben gegen den Erblasser erlöschen durch Antretung der Erbschaft, vorbehältlich besonderer Vorschriften, namentlich in §§ 443, 458, 508, 594, 651, 1008, 1033, 1465.

§ 2286. Ist zur Erwerbung gewisser Sachen oder Rechte, sowie zur Verfügung darüber Eintragung in das Grund- und Hypothekenbuch nöthig, so bedürfen derselben auch die Erben. Wenn ein Grundstück vermöge letztwilliger Verfügung auf einen oder auf einige unter mehreren Erben oder auf einen Dritten unmittelbar aus der Erbschaft übergeht, oder wenn Erben ein erbschaftliches Grundstück mit keinen anderen Schulden, als mit solchen, welche bei der Antretung darauf hafteten, veräußern, so bedarf es zur Eintragung des Erwerbers keiner Eintragung der Erben als Zwischenberechtigter. (G.-O. § 197.)

§ 2287. Der Eintragung der Erben als Inhaber einer hypothekarischen Forderung, welche auf sie durch die Antretung der Erbschaft über-

---

A. F. Bd. 7 S. 408 und S. 559; ingleichen von der Zusicherung, unter Umständen einen höheren Kaufpreis zu gewähren. Annalen, A. F. Bd. 8 S. 61.

Zu § 2286. Vergl. hierzu die Abhandlung von Dr. Siegmann in Annalen, N. F. Bd. 7 S. 241 flg. und Bd. 8 S. 193 flg. Siehe ferner Gerichtsordnung vom 9. Januar 1865, § 197 und W. f. R. 1848 S. 320 flg.

1) Verwahrung zur Sicherung der in § 2286 und 2287 gedachten Rechte, vergl. Annalen, N. F. Bd. 1 S. 162.

2) so bedürfen derselben auch die Erben: siehe Annalen, N. F. Bd. 8 S. 199 flg.

3) Zum Erwerbe des Eigenthums an Grundstücken Seiten der Erben bedarf es nicht erst des Eintrages der letzteren, die Eintragung ist vielmehr gewissermaßen nur zum Zwecke der Sachlegitimation vorgeschrieben, beziehentlich zur Erreichung einer ordnungsmäßigen Führung der Grund- und Hypothekenbücher, Annalen, N. F. Bd. 8 S. 193; Archiv I. S. 10 (AG. Zwickau).

4) Die Eintragung von Hülfspfandrechten wegen Schulden der Erben im Grund- und Hypothekenbuche ist zulässig, selbst wenn der Erbe noch nicht als Eigenthümer eingetragen war, DAG. Z. f. R. Bd. 35 S. 473. Anderer Meinung ist das AG. Leipzig, W. f. R. 1869 S. 405 und war früher das DAG., siehe oben Bd. 1 S. 174 zu § 394 unter 4 und 5.

5) wenn Erben ein erbschaftliches Grundstück veräußern, und zwar das Grundstück in seiner Totalität; anders, wenn der alleinige Erbe oder sämmtliche Erben nur einen reellen Theil des Grundstücks veräußern. Archiv I. S. 11 (AG. Zwickau).

Zu § 2287. Vergl. hierzu namentlich Verordn. des Justizminist. vom 18. Februar 1869, die Nothwendigkeit der Eintragung des Zwischenberechtigten im Falle der Abtretung einer bei der Erbtheilung an

gegangen ist, bedarf es nicht, insbesondere selbst dann nicht, wenn sie alle oder einer oder mehrere einzelne von ihnen, welchen bei der Erbtheilung die ganze Forderung überwiesen worden ist, dieselbe abtreten oder verpfänden. Will aber einer von mehreren Erben eine solche Forderung blos zu seinem Erbtheile abtreten oder verpfänden, so muß er als Zwischenberechtigter eingetragen werden. (§ 438.)

§ 2288. Der Besitz an den erbschaftlichen Sachen geht ohne Besitzergreifung durch die Antretung der Erbschaft auf den Erben nicht über. (§ 211.)

§ 2289. Besitzklagen, welche dem Erblasser bei seinem Tode zustanden, gehen auf den Erben über. Besitzklagen, welche gegen den Erblasser zustanden, können gegen den Erben nur angestellt werden, wenn derselbe die Besitzstörung fortsetzt oder wenn und soweit durch die Besitzstörung Etwas auf ihn gekommen oder Schadenersatz zu leisten ist. (§ 148.)

§ 2290. Stirbt der Erbe nach Antretung der Erbschaft, so tritt dessen Erbe zu der Erbschaft in das nämliche Verhältniß, wie wenn er Erbe des Erblassers seines Erblassers geworden wäre.

Fünfter Abschnitt.
Erbschaftsklage und Klagen auf einzelne Erbschaftsgegenstände.

§ 2291. Der Erbe hat die Erbschaftsklage auf Anerkennung seines Erbrechtes und auf Herausgabe der Erbschaft wider Jeden, welcher, weil er Erbe zu sein behauptet, ihm die Erbschaft ganz oder theilweise vorenthält, oder welcher sich der Erbschaft ganz oder theilweise ohne irgend einen Rechtsgrund anmaßt. Es gelten dabei, soweit nicht etwas Anderes bestimmt ist, die Vorschriften über die Eigenthumsklage. (§§ 303 bis 311.)

einen Miterben überwiesenen hypothekarischen Forderung betr., im Justizmin.-Bl. 1869 S. 33 und 34. Siehe ferner Annalen, N. F. Bd. 7 S. 247 und oben zu § 438 Bd. 1 S. 194.

1) Wenn einem von den Erben der Nachlaß überwiesen worden ist und er eine hypothekarische Forderung gegen einen Dritten geltend machen will, so muß er, um dies thun zu können, zuvor sich eintragen lassen, Annalen, N. F. Bd. 1 S. 224. Diese Eintragung hat jedoch nur die Eigenschaft einer Sachlegitimation, Annalen, N. F. Bd. 7 S. 261.

2) Zum Schlußsatze des § vergl. Z. f. R. Bd. 18 S. 85 und Annalen, N. F. Bd. 7 S. 257.

Zu § 2288. Vergl. oben Bd. 1 S. 99 zu § 211.

Zu § 2291. 1) Unterschied der Erbschafts- und Erbtheilungsklage, vergl. hierüber Z. f. R. Bd. 34 S. 156; W. f. R. 1870 S. 89. Vergl. ferner Annalen, N. F. Bd. 8 S. 227.

2) Klage auf Anerkennung eines letzten Willens. In der Z. f. R. Bd. 40 S. 410 ist allerdings ausgesprochen worden, der Testamentserbe habe nur ein Recht, Anerkennung seines testamentarischen Erbrechtes und Herausgabe der Erbschaft zu verlangen, könne dagegen nicht Anerkennung des letzten Willens

§ 2292. Die Erbschaftsklage steht auch gegen Denjenigen zu, welcher aus dem Grunde, weil er sich ein Erbrecht beilegt, oder, ohne Behauptung irgend eines Rechtes, einen einzelnen zur Erbschaft gehörigen Gegenstand vorenthält, sich eines Rechtes, welches dem Erben, als solchem, zusteht, anmaßt, wegen erbschaftlicher Sachen ein Klagrecht gegen einen Dritten erlangt, eine zur Erbschaft gehörige Forderung erhoben hat, als Schuldner der Erbschaft die Erfüllung der Forderung an den Erben verweigert, oder der Ausantwortung eines in gerichtlichem Gewahrsam oder in den Händen eines Dritten befindlichen erbschaftlichen Gegenstandes an den Erben widerspricht.

---

fordern. Allein die gegentheilige Meinung ist gebilligt worden in folgenden Ent-scheidungen: W. f. R. 1860 S. 355; Annalen, N. F. Bd. 5 S. 227 und noch neuerdings, vergl. Archiv II. S. 241 flg. Vergl. übrigens auch oben Bd. 1 S. 68 unter 11. In Form des Executivprocesses dagegen kann nicht auf An-erkennung eines letzten Willens geklagt werden. Archiv II. S. 413.

3) Fall einer unschlüssigen Erbschaftsklage wider den Hauswirth des Erb-lassers siehe Annalen, II. F. Bd. 3 S. 287.

4) Die Erbschaftsklage kann auch gegen einen Miterben angestellt werden, wenn er dem Kläger das Erbrecht ganz oder theilweise bestreitet, An-nalen, N. F. Bd. 8 S. 227.

5) Die Erbschaftsklage kann auch gegen den angestellt werden, welcher Erbschaftsgegenstände titulo singulari besitzt. Annalen, N. F. Bd. 3 S. 497, Bd. 7 S. 550; Z. f. R. Bd. 21 S. 340, Bd. 25 S. 438, Bd. 29 S. 346, Bd. 31 S. 145. Wird eine derartige Klage aber angestellt, so erscheint regelmäßig die Bezugnahme in der Klage unentbehrlich, daß Beklagter erbschaft-liche Gegenstände besitze, Annalen, II. F Bd. 3 S. 45; Archiv I. S. 138 und Z. f. R. Bd. 31 S. 145. Bei demjenigen hingegen ist dies nicht so ohne Weiteres erforderlich, welcher, weil er Erbe zu sein behauptet, dem Erben die ganze Erb-schaft oder einen größeren Theil derselben vorenthält. Annalen, II. F. Bd. 3 S. 45.

6) Zum Schlußsatze des § 2201 vergl. Archiv I. S. 138 und oben zu § 299 und 304 Bd. 1 S. 124 unter 3 und S. 128 unter 2.

7) Ueber die sogenannte hereditatis petitio qualificata siehe W. f. R. 1869 S. 452 flg.

Zu § 2292. Vergl. (Aelteres Recht): Annalen, N. F. Bd. 3 S. 407, Bd. 7 S. 550; N. F. Bd. 3 S. 137.

1) Klage eines Intestaterben gegen den, welcher Testamentserbe zu sein behauptet: Annalen, N. F. Bd. 7 S. 221; Z. f. R. Bd. 33 S. 262.

2) Erbschaftsklage auf Herausgabe von Urkunden: Annalen, N. F. Bd. 3 S. 137 und Z. f. R. Bd. 31 S. 144.

3) Ueber die hereditatis petitio gegen den, welcher titulo singulari besitzt, siehe zu § 2201.

4) weil er sich ein Erbrecht beilegt: eine bloße Verbalturbation wird jedoch regelmäßig nicht genügen, sondern es wird erfordert, daß eine thatsächliche

§ 2293. Ein Miterbe hat die Erbschaftsklage nach Verhältniß seines Erbtheiles. Ist die Größe des Erbtheiles ungewiß, weil eine ungeborene Leibesfrucht zur Erbfolge gelangen kann, so ist einstweilen der Erbtheil anzunehmen, welcher dem Kläger zukommen würde, falls eine Drillings= geburt erfolgte. (§ 2344.)

§ 2294. Der Erbe, welcher die Erbschaftsklage anstellt, hat den Tod des Erblassers und sein Erbrecht zu beweisen. Des Beweises der Erbschaftsantretung bedarf es nur, wenn sie nicht schon in der Erhebung der Erbschaftsklage gefunden werden kann, insbesondere wenn die An= tretung innerhalb einer gewissen Frist erfolgen sollte und diese Frist abgelaufen ist. Außerdem hat der Kläger zu beweisen, daß der Beklagte Erbschaftsgegenstände besitzt oder sich in einem Verhältnisse der im § 2292 angegebenen Art befindet. Wenn bewiesen ist, daß der Beklagte Erbschafts= gegenstände besitzt, so wird vermuthet, daß er dieselben ohne Rechtsgrund besitzt, so lange er nicht sein Erbrecht oder einen sonstigen Rechtsgrund für seinen Besitz beweist. (§§ 171. 172.)

§ 2295. Der gesetzliche Erbe hat zum Nachweise seines Erbrechtes darzuthun, daß die Personen, ohne welche weder er, noch der Erblasser gelebt haben könnten, sofern diese Personen nach der gesetzlichen Erbfolge,

Störung stattgefunden habe. Z. f. R. Bd. 33 S. 157; Annaleu, II. F. Bd. 3 S. 45.

5) sich eines Rechtes anmaßt: vergl. hierzu Z. f. R. Bd. 33 S. 157; Annalen, II. F. Bd. 3 S. 45.

6) Die in die Klage aufgenommene Behauptung, es stehe dem Beklagten ein gültiges Testament nicht zur Seite, ist bei der Klage des Intestaterben als vorläufiges Leugnen einer Ausflucht aufzufassen. Z. f. R. Bd. 33 S. 262.

Zu § 2293. Diese Klage kann übrigens auch gegen einen Miterben ange= stellt werden. Z. f. R. Bd. 34 S. 157.

Zu § 2294. Vergl. im Allgemeinen Z. f. R. Bd. 29 S. 346 und W. f. R. 1869 S. 452 flg.

1) Der Beweis des Erbrechts ist bei der her. pet. Klaggrund und nicht bloße Activlegitimation, daher in der Klage schlüssig zu begründen. Z. f. R. Bd. 13 S. 532 und Annalen, N. F. Bd. 1 S. 69.

2) Die Behauptung, es sei Jemand der alleinige Intestaterbe, ist für den Eidesantrag nicht geeignet. Annalen, N. F. Bd. 1 S. 69.

3) Bei einer auf den Inhaber lautenden Lebensversicherungspolice genügt der Nachweis der Erbenqualität nicht, sondern es muß der klagende Erbe auch darthun, daß er Inhaber der Police sei. W. f. R. 1870 S. 46.

4) wenn sie nicht schon in der Erhebung der Erbschaftsklage gefunden werden kann: vergl. Annalen, N. F. Bd. 3 S. 509.

5) daß der Beklagte Erbschaftsgegenstände besitzt: vergl. Z. f. R. Bd. 31 S. 145.

6) so wird vermuthet: Annalen, N. F. Bd. 3 S. 137.

Zu § 2295. Vergl. Archiv II. S. 200. Vergl. insbesondere noch Ge= richtsordg. vom 9. Januar 1865 § 10 und Annalen, N. F. Bd. 4 S. 171.

wenn sie lebten, ihn ausschließen würden, vor dem Erblasser gestorben sind, oder aus irgend einem Grunde seinem Erbrechte nicht entgegenstehen. Diesen Beweis hat der Kläger auch zu führen, wenn dergleichen Personen, dafern sie am Leben wären, mit ihm zugleich erben würden und er ein Erbrecht in einem Umfange behauptet, in welchem er es blos beim Wegfalle dieser Personen haben könnte.

§ 2296. Dem gesetzlichen Erben liegt der Beweis nicht ob, daß nicht nähere oder gleichnahe gesetzliche Erben vorhanden sind, welche zwar vorhanden gewesen sein können, nicht aber vorhanden gewesen sein müssen. Ist jedoch bewiesen, daß dergleichen Personen vorhanden gewesen sind, so muß er darthun, daß sie seinem Erbrechte nicht entgegenstehen.

§ 2297. Des nach §§ 2295, 2296 erforderlichen Beweises bedarf es nicht in Ansehung solcher Personen, seit deren Geburt neunzig Jahre verflossen sind. (§ 45.)

§ 2298. Verlangt der gesetzliche Erbe die Ausantwortung einer vom Gerichte unter Aufsicht genommenen Erbschaft, so braucht er nicht mehr zu beweisen, als in §§ 2294 bis 2297 vorgeschrieben ist.

§ 2299. Der in einem letzten Willen eingesetzte Erbe hat den letzten Willen und dessen in gesetzlicher Form geschehene Errichtung zu beweisen. Bestreitet der Beklagte die Gültigkeit des letzten Willens, insbesondere wegen Unfähigkeit des Erblassers zu Errichtung desselben, oder wegen Unfähigkeit der Zeugen, oder wegen Errichtung eines späteren letzten Willens, in welchem der frühere widerrufen worden, so trifft ihn die Beweislast. (§§ 2066 bis 2073. 2102. 2103.)

---

1) Der Paragraph ist aus § 113 des Erbfolgemandats genommen, Z. f. R. Bb. 31 S. 43 und Bb. 33 S. 525.

2) Nachweis durch gerichtliches Zeugniß genügt zur Legitimation regelmäßig, Annalen, N. F. Bb. 4 S. 171 und Bb. 7 S. 189; Z. f. R. Bb. 31 S. 43. Sollte das beigebrachte Erblegitimationszeugniß übrigens nicht für ausreichend erklärt werden können, so ist immerhin der Kläger nicht mit einem vollen Beweise zu belasten, sondern ihm nur die Beibringung der activen Sachlegitimation aufzugeben, Annalen, N. F. Bb. 7 S. 190

3) sofern diese Personen 2c., vergl. hierzu Z. f. R. Bb. 33 S. 525. Des Nachweises der Nichtexistenz anderer Erben bedarf es blos bei der gesetzlichen, nicht bei der testamentarischen Erbfolge, W. f. R. 1866 S. 394 AG. Zwickau.

Zu § 2298. Aelteres Recht vergl. Archiv II. S. 199. Ob der Nachlaß dem legitimirten Intestaterben auszuantworten sei, wenn es wahrscheinlich ist, daß noch andere Miterben vorhanden seien, ist quaestio facti, Archiv II. S. 199.

Zu § 2299. Zu Abs. 1: vergl. Annalen, N. F. Bb. 5 S. 278.

1) Die Beibringung eines Erblegitimationsattestes, in dem das Vorhandensein eines Testamentes, der Erbantritt und das Nichtvorhandensein eines anderen Erben bezeugt wird, genügt (Oberapp.-Ger.), Z. f. R. Bb. 37 S. 218. Des Nachweises der Nichtexistenz anderer Erben bedarf es nur bei der gesetzlichen, nicht bei der testamentarischen Erbfolge, W. f R. 1866 S. 394 (AG. Zwickau).

2) Zulässigkeit des Provocationsprocesses gegen einen Pflichttheilserben,

§ 2300. Ist ein vor Gericht oder vor einem Notar oder außer=
gerichtlich schriftlich errichteter letzter Wille vor dem Tode des Erblassers
verloren gegangen oder vernichtet worden, so hat der Kläger, welcher sein
Erbrecht aus diesem letzten Willen ableitet, auch den Umstand zu beweisen,
daß die Urkunde durch Zufall verloren gegangen, oder ohne, oder gegen
den Willen des Erblassers vernichtet worden ist. Dieser Umstand braucht
nicht bewiesen zu werden, wenn der letzte Wille erst nach dem Tode des
Erblassers verloren gegangen oder vernichtet worden ist. (§ 2219.)

§ 2301. Ist das Erbrecht des Klägers in Gewißheit gesetzt, so hat
der Beklagte die erbschaftlichen Gegenstände, welche er besitzt, auch die mit
erbschaftlichem Gelde angeschafften, nebst Zubehörungen und Zuwachs,

---

welcher die Gültigkeit eines formenrichtigen Testamentes bestreitet, Annalen,
N. F. Bd. 5 S. 276.

Zu § 2301. 1) Ueber die Auslegung dieses Paragraphen siehe W. f. R.
1869 S. 345.

2) Ist das Erbrecht des Klägers in Gewißheit gesetzt. Vergl. Z.
f. R. Bd. 32 S. 446.

3) die erbschaftlichen Gegenstände: Hierunter sind nicht blos die
dem Erblasser gehörigen, sondern auch die sonstigen, in seinen
Händen befindlichen Sachen begriffen, Z. f. R. Bd. 35 S. 88. Dagegen
nicht Rechte an fremden Sachen und nicht Forderungen, Z. f. R.
Bd. 35 S. 88, wohl aber Urkunden über Forderungen, weil erstere zu den körperlichen Sachen gehören, Z. f. R. Bd. 35 S. 88, ingleichen die zu dem Nachlasse
gehörigen unbeweglichen Sachen, Z. f. R. Bd. 35 S. 89.

4) welche er besitzt: vergl. Annalen, N. F. Bd. 8 S. 93 und Z. f. R.
Bd. 35 S. 87.

5) wenn nicht blos auf einzelne Gegenstände geklagt ist: vergl.
W. f. R. 1869 S. 347.

6) nach einem vom Gerichte oder einem Notar aufgenommenen
Verzeichnisse 2c.: § 2301 schreibt ein derartiges Verzeichniß nicht ausschließlich vor, läßt vielmehr ein ohne alle Formalitäten abgefaßtes Verzeichniß genügen, vergl. W. f. R. 1869 S. 348.

7) auf Erfordern: vergl. Z. f. R. Bd. 14 S. 258; W. f. R. 1855 S. 281.

8) wie er es auf Erfordern eidlich bestärken kann: Diese Vorschrift
stimmt im Wesentlichen mit dem älteren Rechte überein, Annalen, II. F. Bd. 2
S. 182. Vergl. ferner darüber, daß dieser Eid nur auf Erfordern aufzuerlegen
sei, Z. f. R. Bd. 41 S. 30; W. f. R. 1855 S. 281; Annalen, A. F. Bd. 2 S.
524 und II. F. Bd. 2 S. 182.

Inhalt des Specificationseides, Annalen, N. F. Bd. 8 S. 91.
Zweck des Specificationseides, Z. f. R. Bd. 35 S. 89.
Specificationspflicht: vergl. auch unten zu § 2331.

9) Ueber Form und Inhalt einer Nachlaßspecification: s. Anna-
len, A. F. Bd. 2 S. 147, Bd. 3 S. 402 und Bd. 8 S. 367; N. F. Bd. 8 S. 91;
II. F. Bd. 2 S. 192. Vergl. ferner Z. f. R. Bd. 26 S. 493 und W. f. R. 1864
S. 124 u. 366 flg.

und zwar, wenn nicht blos auf einzelne Gegenstände geklagt ist, nach einem von einem Gerichte oder von einem Notar aufgenommenen Verzeichnisse, oder nach einem Verzeichnisse, wie er es auf Erfordern eidlich bestärken kann, an den Kläger, soweit dieser erbberechtigt ist, herauszugeben, auch den Gewinn, welchen er durch den Besitz erbschaftlicher Gegenstände gemacht, auszuantworten.

a. In das Nachlaßverzeichniß gehören nur die Activen der Erbschaft, Annalen, A. F. Bd. 2 S. 147, Bd. 3 S. 405; Z. f. R. Bd. 26 S. 493, Bd. 35 S. 88. Den aufzuzählenden körperlichen Sachen braucht eine Werthsangabe nicht beigefügt zu werden, Annalen, N. F. Bd. 2 S. 262; Z. f. R. N. F. Bd. 2 S. 268; Bd. 28 S. 528; W. f. R. 1864 S. 127.

b. Dagegen gehören in das Nachlaßverzeichniß, beziehentlich in das Defecturverfahren nicht:

aa. die Auseinandersetzung der einzelnen Erben unter sich, Z. f. R. Bd. 39 S. 492.

bb. Forderungen und Rechte an fremden Sachen, Z. f. R. Bd. 35 S. 88.

cc. Streitigkeiten über die Collationspflicht, Z. f. R. Bd. 12 S. 459; Annalen, A. F. Bd. 3 S. 310.

dd. Streitigkeiten über Veräußerung von Sachen Seitens des Erblassers unter Lebenden und dadurch herbeigeführte Pflichttheilsverletzungen, Annalen, A. F. Bd. 3 S. 462.

ee. Streitigkeiten über die Werthsangaben bei den aufgeführten Gegenständen, Z. f. R. Bd. 2 S. 268, Bd. 28 S. 528; W. f. R. 1864 S. 127.

c. Streitigkeiten über das Bestehen von Nachlaßschulden sind aus dem Nachlaßdefecturverfahren auszuscheiden, weil jeder Erbe für die Schulden des Nachlasses ohnehin nur nach Verhältniß des Erbtheiles einzustehen hat. Z. f. R. Bd. 26 S. 493 und Bd. 43 S. 131. Anders ist dies aber dann, wenn das Nachlaßverzeichniß dem Erbschaftsgläubiger gegenüber aufzustellen ist und der Erbe sich der Befriedigung eines Erbschaftsgläubigers unter Berufung auf die Unzulänglichkeit des Nachlasses weigert, Z. f. R. Bd. 43 S. 131.

d. Die Nachlaßspecification kann nicht gefordert werden:

a. wenn die Erbschaftsklage nur wegen einzelner Gegenstände erhoben worden ist, Z. f. R. Bd. 31 S. 145; Archiv III. S. 1.

b. von dem Ehemanne einer Miterbin, Annalen, A. F. Bd. 6 S. 167; Z. f. R. Bd. 24 S. 89.

c. von dem Testamentsvollstrecker, Z. f. R. Bd 18 S. 501 u. Bd. 24 S. 90.

d. von dem Besitzer des Hauses, in welchem der Erblasser gestorben ist, Annalen, II F. Bd. 3 S. 288.

e. Ueber die Gründe, aus denen Jemand zur Einreichung einer Nachlaßspecification verpflichtet sein kann, vergl. Annalen, N. F. Bd. 8 S. 92; Z. f. R. Bd. 35 S. 87

f. Ueber die Frage, wie die Klage auf Herausgabe eines Nachlaßverzeichnisses zu begründen sei, vergl. Annalen, N. F. Bd. 3 S. 264. Die bloße Unvollständigkeit des herausgegebenen Nachlaßverzeichnisses berechtigt nicht, ein neues derartiges Verzeichniß zu verlangen; der Gegner muß sich vielmehr damit begnü-

§ **2302.** Sind Sachen vor der Benachrichtigung des Beklagten von der Klage untergegangen oder verschlechtert worden, so hat der Beklagte, wenn er in redlichem Glauben gestanden hat, nichts zu vergüten. Hat er in unredlichem Glauben gestanden, so hat er, gleichviel ob der Untergang oder die Verschlechterung vor oder nach seiner Benachrichtigung von der Klage erfolgt ist, jeden Schaden zu ersetzen, welchen er verschuldet hat oder welcher durch Zufall entstanden ist, dafern er nicht nachzuweisen vermag, daß dieser die Sachen bei dem Kläger ebenfalls getroffen haben würde. (§§ 307. 745.)

§ **2303.** Sind Sachen nach der Benachrichtigung des Beklagten von der Klage untergegangen oder verschlechtert worden, so haftet der Beklagte, ohne Unterschied, ob er in redlichem oder in unredlichem Glauben gestanden hat, für jeden von ihm verschuldeten Schaden, für den Zufall unter der im § 2302 angegebenen Beschränkung aber nur, wenn er in unredlichem Glauben gestanden hat.

§ **2304.** Hat der redliche Besitzer erbschaftliche Sachen vor der

gen, gegen das aufgestellte Verzeichniß Erinnerungen zu ziehen, **Annalen,** N. F. Bd. 3 S. 265; Z. f. R. Bd. 29 S. 515.

g. Ist einem Erbschaftsbesitzer auf Antrag eines Erbprätendenten aufgegeben worden, eine Nachlaßspecification herauszugeben, so enthält die Befolgung dieser Auflage kein Anerkenntniß des Erbrechts des Erbprätendenten, im Gegentheil kann der Specificant vor Fortgang des Moniturverfahrens verlangen, daß der Antragsteller zunächst sein Erbrecht erweise. Dies ergiebt sich aus den Eingangsworten: „Ist das Erbrecht des Klägers in Gewißheit gesetzt", Z. f. R. Bd. 32 S. 440.

h. Der mit der Erbschaftsklage auf Herausgabe eines Nachlaßverzeichnisses Belangte kann der Klage nicht dadurch begegnen, daß ihm die Herausgabe eines derartigen Verzeichnisses unmöglich sei, vielmehr muß er, falls er wirklich keine eigene Kenntniß davon haben und auch nicht im Stande sein sollte, durch Nachforschungen darüber sich Wissenschaft zu verschaffen, in den einzelnen Rubriken, über die er keine Auskunft zu geben vermag, sich auf Vacatbemerkungen beschränken. Z. f. R. Bd. 25 S. 132.

i. **Probatio majoris substantiae,** der Beweis derselben ist dem Gegner des Specificanten nur dann nachzulassen, wenn im Moniturverfahren ein Mehrbestand behauptet worden ist. Z. f. R. Bd. 36 S. 42 und Bd. 41 S. 30.

k. Ueber das Defecturverfahren im Executionsstadium behufs Constatirung der Solvenz oder Insolvenz des Nachlasses des verstorbenen Schuldners vergl. unten zu 2331 und insbes. Archiv II. S. 401; Z. f. R. Bd. 26 S. 493; W. f. R. 1864 S. 124 u. 366 flg.

10) Ein verklagter Erbe hat die Kosten des Rechtstreites, in dem er als Erbe belangt wurde, regelmäßig nur aus den Mitteln des Nachlasses zu bezahlen, es wäre denn, daß ihm ein eigenes schuldvolles Verhalten zur Last fiele; dann muß er sie aus eigenen Mitteln allerdings bezahlen. App.-Gericht Leipzig Archiv II. S. 405.

Zu § **2304.** Vergl. oben Bd. 1 S. 128 zu § 304 flg. und Archiv I. S. 135 (A.-G. Leipzig).

Benachrichtigung von der Klage veräußert oder verbraucht, so haftet er nur soweit er bereichert ist.

§ 2305. Hat der redliche Besitzer erbschaftliche Sachen nach der Benachrichtigung von der Klage veräußert oder verbraucht, so hat er den Werth zu ersetzen, welchen die Sache zur Zeit der Veräußerung oder des Verbrauches hatte, selbst wenn im Falle der Veräußerung der dafür erlangte Preis weniger betragen sollte. Beträgt der für die veräußerte Sache erlangte Preis mehr, als deren Werth, so hat er jenen zu gewähren. Hat er in dem letzteren Falle die veräußerte Sache wiedererlangt und dabei einen Gewinn gemacht, so steht ihm die Wahl zu, ob er die Sache nebst dem Gewinne, oder den durch die Veräußerung erlangten Preis herausgeben will. (§§ 699. 700.)

§ 2306. Hat der unredliche Besitzer, gleichviel ob vor oder nach der Benachrichtigung von der Klage, erbschaftliche Sachen veräußert, so hat er, wenn die Veräußerung für die Erbschaft nöthig oder nützlich war, nach der Wahl des Klägers entweder den Werth, welchen die Sachen zur Zeit der Veräußerung hatten, oder den empfangenen höheren Preis zu leisten. War die Veräußerung weder nöthig, noch nützlich, so hat er nach der Wahl des Klägers entweder die Sache mit Früchten, oder den empfangenen Preis oder, dafern der Kläger sich damit nicht begnügen will, den Werth, welchen der Kläger mittelst Eides bestimmt, in den beiden letzteren Fällen mit Zinsen zu fünf vom Hundert auf das Jahr von Zeit der Veräußerung an, zu leisten.

§ 2307. Hat der unredliche Besitzer, gleichviel ob vor oder nach der Benachrichtigung von der Klage, erbschaftliche Sachen verbraucht, so haftet er für jeden von ihm verschuldeten Schaden.

§ 2308. Früchte, welche vor Benachrichtigung des Beklagten von der Klage von erbschaftlichen Sachen gezogen worden sind, hat der redliche Besitzer, soweit sie zur Zeit der Benachrichtigung von der Klage vorhanden und, wenn sie zu dieser Zeit verbraucht sind, soweit er bereichert ist, zu erstatten.

§ 2309. Der redliche Besitzer haftet von Zeit der Benachrichtigung von der Klage an, und der unredliche Besitzer von Zeit seines Besitzes an für Früchte nach den Vorschriften im § 309.

§ 2310. Zinsen, welche vor der Benachrichtigung des Beklagten von der Klage von erbschaftlichen Forderungen gezogen worden sind, hat der redliche Besitzer herauszugeben, soweit er nach § 2308 zur Erstattung der Früchte verbunden ist.

§ 2311. Der redliche Besitzer ist von Zeit der Benachrichtigung von der Klage an, und der unredliche Besitzer von Zeit seines Erbschaftsbesitzes an, zur Erstattung aller Zinsen verpflichtet, welche von erbschaftlichen Forderungen gezogen worden sind oder davon hätten gezogen werden können, wenn die Erbschaft dem Kläger nicht vorenthalten worden wäre.

§ 2312. Forderungen, welche der Beklagte, gleichviel ob er in redlichem oder unredlichem Glauben gestanden, für die Erbschaft erworben hat, sind dem Kläger abzutreten. Die Verbindlichkeit zu Erstattung von Zinsen davon ist nach §§ 2310, 2311 zu beurtheilen. (§ 958.)

§ 2313. Hat der redliche Besitzer erbschaftliches Geld vor seiner Benachrichtigung von der Klage ausgeliehen, so hat er die Wahl, ob er die Forderung dem Kläger abtreten, oder das Geld erstatten will. Hat der redliche Besitzer nach seiner Benachrichtigung von der Klage, oder der unredliche Besitzer erbschaftliches Geld ausgeliehen, so hat der Kläger die Wahl, ob er Abtretung der Forderung oder Erstattung des Geldes fordern will. (§§ 699. 700.)

§ 2314. Der Beklagte, welcher die Erbschaft herauszugeben hat, kann Bezahlung seiner eigenen Forderungen an die Erbschaft, Ersatz der Kosten für das Begräbniß des Erblassers und für ein Grabdenkmal, soweit diese Kosten den Standes- und Vermögensverhältnissen des Verstorbenen entsprechen, Erstattung Dessen, was er zu Bezahlung von Erbschaftsschulden oder zu Erfüllung von Vermächtnissen oder Anwartschaften aufgewendet hat, und Befreiung von den Verbindlichkeiten verlangen, welche er wegen der Erbschaft hat übernehmen müssen. (§ 1355.)

§ 2315. Hat der Beklagte auf die erbschaftlichen Gegenstände Verwendungen gemacht, so kann er, wenn er in redlichem Glauben gestanden, ohne Unterschied, ob die Verwendungen nothwendige, nützliche oder willkührliche gewesen sind, und ob sie einen dauernden oder blos vorübergehenden Erfolg gehabt haben, deren Erstattung fordern, wenn er aber in unredlichem Glauben gestanden, blos für die nothwendigen Ersatz verlangen, und wegen der nützlichen und willkührlichen, mit den im § 316 angegebenen Beschränkungen, das Recht der Wegnahme ausüben. Der redliche Besitzer ist hierbei von Zeit der Benachrichtigung von der Klage an als unredlicher Besitzer zu betrachten.

§ 2316. Die Erstattung der Verwendungen, welche er auf die Früchte gemacht hat, kann der Beklagte verlangen, soweit er die Früchte dem Erben in Natur oder dem Werthe nach herauszugeben hat. (§ 75.)

§ 2317. In Beziehung auf die Verwendungen und das Recht der Wegnahme findet die Vorschrift im § 318 Anwendung.

§ 2318. Derjenige, welcher die Erbschaft in redlichem Glauben besitzt, kann, wenn er von den Erben auf Herausgabe einzelner erbschaftlicher Gegenstände durch eine andere Klage, als die Erbschaftsklage, in Anspruch genommen wird, verlangen, daß er nicht zu einem Mehreren verurtheilt wird, als wozu er verurtheilt werden könnte, wenn die Erbschaftsklage wider ihn angestellt würde. Dasselbe Recht steht jedem Anderen zu, welchem der redliche Besitzer für Entwährung haftet.

§ 2319. Ist die Erbschaftsklage anhängig gemacht, so kann der Beklagte die Einrede der Rechtshängigkeit jeder Klage entgegensetzen, mittelst deren der Erbe vermöge seines Erbrechtes vor der Beendigung des Erbschaftsstreites von ihm einzelne Gegenstände der Erbschaft fordert.

Zu § 2314. Bis er Bezahlung erhalten hat, kann er ein Rückhaltungsrecht ausüben, Annalen, II. F. Bd. 2 S. 480.

§ 2320. Ist der Beklagte von der Erbschaftsklage entbunden worden, so kann er jede Klage, durch welche der Kläger vermöge seines Erbrechtes einzelne Gegenstände von ihm fordert, mit Beziehung auf die rechtskräftige Entscheidung in dem Erbschaftsstreite zurückweisen.

§ 2321. Will ein Erbe mit einer anderen, als der Erbschaftsklage, eine einzelne erbschaftliche Sache oder eine einzelne erbschaftliche Forderung einklagen, so hat er sich nach den Vorschriften in §§ 2294 bis 2300 zu rechtfertigen. (G.-D. § 19.)

§ 2322. Wer einem Erben, welcher sich auf die in §§ 2294 bis 2300 vorgeschriebene Weise als Erbe gerechtfertigt hat, die Erbschaft oder etwas dazu Gehöriges ausantwortet oder eine Zahlung leistet, oder wer von einer auf solche Weise gerechtfertigten Person durch ein nicht unentgeltliches Geschäft ein Recht oder eine Befreiung in Ansehung einer zur Erbschaft gehörigen Sache oder Forderung zugestanden erhält, ist, wenn er nicht weiß, daß besserberechtigte oder gleichberechtigte Erben vorhanden sind, keinem Anspruche der später etwa auftretenden Erben ausgesetzt, vielmehr müssen letztere, in Beziehung auf ihn, das Geschehene gelten lassen.

§ 2323. Wer durch äußerlich fehlerlose Geburts- und Todtenscheine nachweist, daß er der nächste gesetzliche Erbe des Erblassers ist, oder durch einen äußerlich fehlerlosen schriftlichen letzten Willen sein Erbrecht darthut, kann verlangen, daß er ohne weitere Untersuchung der Richtigkeit seines Erbrechtes in den Besitz der Erbschaft eingesetzt wird.

Sechster Abschnitt.
Verhältniß des Erben zu den Erbschaftsgläubigern.

§ 2324. Mehrere Erben haften, soweit nicht unter ihnen ein Gesammtschuldverhältniß begründet ist, nach Verhältniß der Größe ihrer

Zu § 2321. Vergl. Annalen, N. F. Bd. 7 S. 550; R. F. Bd. 1 S. 08.

Zu § 2323. Vergl. W. f. R. 1873 S. 142.

1) Die Behauptung, es sei Jemand der alleinige Intestaterbe eignet sich nicht für den Eidesantrag. Annalen, R. F. Bd. 1 S. 63.

2) Dem Intestaterben steht bis zum Nachweise der Existenz eines Testamentes die Vermuthung der Erbenqualiät zur Seite. Annalen, N. F. Bd. 2 S. 243; 3. f. R. Bd. 33 S. 262; W. f. R. 1869 S. 452.

3) durch einen äußerlich fehlerlosen schriftlichen letzten Willen: vergl. hierzu 3. f. R. Bd. 27 S. 461.

4) kann verlangen: der Paragraph ermächtigt den Richter nur, von einer weiteren Untersuchung des Erbrechtes abzusehen und den sich Legitimirenden vorläufig als Erben zu betrachten und wenn solches thunlich, in den Besitz der Erbschaft zu setzen. Ueber die Art und Weise, wie letzteres zu geschehen habe, sagt das Gesetz Nichts und wird daher, wenn ein Anderer den Nachlaß besitzt, der Erbe den Rechtsweg betreten müssen und kann derselbe nicht beanspruchen, daß ihm der Richter ohne Weiteres den Besitz des Nachlasses verschaffe. W. f. R. 1873 S. 144.

Zu § 2324. Allgemeines: Vergl. namentlich die Abhandlung von Lotichius

Erbtheile den Erbschaftsgläubigern unbeschadet der besonderen Rechte der Pfandgläubiger.

§ 2325. Haben Mehrere in Folge eines zwischen ihnen geschlossenen Vergleiches die Erbschaft erworben, so haften sie für die Erbschaftsschulden nach Verhältniß ihrer durch den Vergleich festgestellten Erbtheile. Die=jenigen, welche bei dem Vergleiche ihr Erbrecht aufgeben, haften nicht für die Erbschaftsschulden.

§ 2326. Wird Jemand als Erbe auf Erfüllung einer Verbindlich=keit in Anspruch genommen, so muß gegen ihn dargethan werden, daß er Erbe ist und daß er die Erbschaft angetreten hat. (§§ 2250 bis 2257.)

----

in der Z. f. R. Bd. 40 S. 481 flg. Vergl. desgleichen die Abhandlung von Siebenhaar in den Annalen, II. F. Bd. 1 S. 1 flg. und 203 flg. Ferner Langenn und Kori, Erörterungen I. Nr. 11; sowie Z. f. R. Bd. 42 S. 23.

1) Die Hülfsvollstreckung in den Nachlaß eines Verstorbenen ohne vorgängige Ausklagung des Erben kann nur dann erfolgen, wenn der Verstorbene zur Zeit seines Todes bereits rechtskräftig verurtheilt und die Hülfsauflage an ihn erlassen und ihm behändigt worden war, außerdem eine Hülfshandlung in Frage steht, welche zu ihrer Gültigkeit die Benachrichtigung eines physischen Repräsentanten der Erbschaft oder eine Mitwirkung der Erben nicht erfordert, Oberapp.=Ger., Archiv III. S. 204; Annalen, N. F. Bd. 7 S. 187; Bd. 8 S. 205; Z. f. R. Bd. 30 S. 390; Bd. 33 S. 490. Siehe auch W. f. R. 1868 S. 505 flg.

2) Klaganstellung wider die Erben: der Erbschaftsgläubiger hat sich zunächst nur an den Erben und nicht an den Vermächtnißnehmer zu halten. W. f. R. 1873 S. 419.

3) Klage der früheren Haushälterin des Erblassers gegen die Erben auf Herausgabe eines Einlagebuches, welches der Erblasser ihr angeblich geschenkt hat, die Erben aber sich eigenmächtig angeeignet haben. Z. f. R. Bd. 31 S. 201

Zu § 2324. speciell: 1) Mehrere Erben: der Erbschaftsgläubiger kann sich zunächst nur an den Erben, nicht an den Vermächtnißnehmer halten, W. f. R. 1873 S. 419.

2) nach Verhältniß der Größe ihrer Erbtheile: Auch die Erb=schaftsgläubiger können daher den Erben nur antheilig in Anspruch nehmen, Z. f. R. Bd. 40 S. 481. Zum Theil anderer Meinung Dr. Siebenhaar, vergl. Annalen, II. F. Bd. 1 S. 213 flg. — Siehe aber auch dessen Commentar z. BGB. 2. Aufl. Bd. 3 S. 353 bei Note 2.

Zu § 2325. Zum Schlußsatze: Z. f. R. Bd. 40 S. 488 Note 13 u. Anna=len, II. F. Bd. 2 S. 183.

Zu § 2326. 1) Ist dies aber dargethan und der Erbe zur Bezahlung aus den Mitteln des Nachlasses verurtheilt worden, so erscheint der Kläger zur Ein=leitung der Hülfsvollstreckung gegen den Erben schlechthin befugt und ist zunächst nicht auf Gegenstände beschränkt, welche nachweislich zum Nachlasse gehörten, AG. Dresden, W. f. R. 1868 S. 159 und ferner 1873 S 509. Vergl. jedoch Anna=len, N. F. Bd. 5 S. 361.

§ 2327. Hat ein Erblasser das Verhältniß, nach welchem seine Erben die Erbschaftsschulden berichtigen sollen, anders bestimmt, als nach den gesetzlich oder in dem letzten Willen bestimmten Erbtheilen der Fall wäre, so haben die Erbschaftsgläubiger die Wahl, ob sie die Erben nach dem vom Erblasser bestimmten, oder nach dem sich aus den Erbtheilen ergebenden Verhältnisse in Anspruch nehmen wollen. Sie können, wenn sie gewählt haben, so lange sie nicht ihre Befriedigung erhalten, die Wahl ändern. Die Erben selbst aber werden durch die vom Erblasser über ihre Beitragspflicht zu den Erbschaftsschulden getroffenen Verfügungen unter sich verpflichtet.

§ 2328. Der Erbe haftet für die Erbschaftsschulden, soweit die Erbschaft, einschließlich der davon gezogenen Früchte und Zinsen und Dessen, was der Erbe der Erbschaft selbst schuldet, reicht. (§ 2389.)

---

2) Die Behauptung: „es habe sich Beklagter des Nachlasses angemaaßt" ist für den Eidesantrag nicht geeignet, W. f. R. 1864 S. 455.

Zu § 2327. Vergl. hierzu Z. f. R. Bd. 40 S. 491.

Zu § 2328. 1) Aelteres Recht siehe W. f. R. 1850 S. 485; Z. f. R. Bd. 22 S. 512. Die Vorschrift der decisio 57 von 1661 gilt nicht mehr, W. f. R. 1868 S. 371.

2) Princip des § 2328, siehe hierüber: W. f. R. 1806 S. 271; 1868 S 371; Annalen, II. F. Bd. 3 S. 296; Z. f. R. Bd. 43 S. 131. Vergl. ferner Dr. Siebenhaar in den Annalen, II. F. Bd. 1 S. 204 flg.

3) Fassung der Hülfsauflage bei der Ausklagung einer Erbschaftsschuld wider den Erben, siehe W. f. R. 1868 S. 371.

4) Ueber die Hülfsvollstreckung wegen Erbschaftsschulden siehe W. f. R. 1868 S. 159 (AG. Dresden), ebend. S. 371 u. 505. Außerdem Z. f R. Bd. 33 S. 496. Vergl. ferner Dr. Siebenhaar in den Annalen, II. F. Bd. 1 S. 211. Sofern es sich um die Ausführung eines dinglichen Rechtes handelt, kann die Hülfsvollstreckung nur in den Nachlaß stattfinden, Annalen, N. F. Bd. 5 S. 361.

5) Dem Erbschaftsgläubiger ist keinesfalls der Beweis der Zahlungsfähigkeit des Nachlasses anzusinnen, W. f. R. 1802 S. 230; 1866 S. 269; 1868 S. 160 u. 375; 1873 S. 509. Die Unzulänglichkeit des Nachlasses hat vielmehr der Erbe darzuthun, W. f. R. 1873 S. 509. Der Einwand des Erben aber, welcher auf Bezahlung einer Nachlaßschuld belangt worden ist, daß der Nachlaß insolvent sei, enthält keine wahre Einrede, sondern ist in der Executionsinstanz zu erörtern, Annalen, A. F. Bd. 4 S. 545; W. f. R. 1869 S. 490; Z. f. R. Bd. 29 S. 458. Zwar kann der Erbe hierdurch regelmäßig seine Verurtheilung nicht abwenden, Z. f. R. Bd. 22 S. 511; mit dem Einwande der Insolvenz des Nachlasses ist indeß der Erbe selbst noch in der Executionsinstanz zu hören, und ist solchenfalls dem Erben die Einreichung einer Nachlaßspecification aufzugeben, Z. f. R. Bd. 35 S. 94; W. f. R. 1868 S. 159; 1869 S. 490. Zum Beweise ist der erwähnte Einwand des beklagten Erben nicht auszusetzen, Z. f. R. Bd. 29 S. 458.

Weiteres f. unten bei § 2331.

§ 2329. Ist die Erbschaft zahlungsunfähig, so erlöschen die For=
derungen, welche der Erbe an den Erblasser, ingleichen die Rechte, welche
ersterer an Sachen des letzteren hat, durch die Antretung der Erbschaft
nicht. In diesem Falle kann der Erbe die auf sein eigenes Vermögen
sich beziehenden Verfügungen des Erblassers anfechten, sofern er den
Dritten, gegen welchen die Anfechtung geht, soweit die Erbschaft reicht,
entschädigt; auch ist der Erbe berechtigt, die wegen der Erbschaft auf=
gewendeten Kosten, insbesondere die auf die Beerdigung des Erblassers,
auf die Ueberreichung und Eröffnung des letzten Willens und auf das
Nachlaßverzeichniß verwendeten, vorweg abzuziehen. (§ 2314.)

§ 2330. Sind erbschaftliche Gegenstände ohne Verschulden des
Erben ganz oder theilweise untergegangen, so mindert sich dadurch die
von ihm zu vertretende Erbschaft, er haftet aber den Erbschaftsgläubigern
auch mit den zufälligen Vermehrungen der Erbschaft.

§ 2331. Hat der Erbe innerhalb eines Jahres von der Zeit an,
zu welcher er den Anfall erfahren, über die Erbschaft von einem Gerichte
oder von einem Notar ein Verzeichniß aufnehmen lassen, oder ein Nach=
laßverzeichniß, wie er es auf Erfordern eidlich bestärken kann, aufge=
nommen und bei Gericht überreicht, so kann er, sofern die Unzulänglichkeit
der Erbschaft nicht vorliegt oder nicht zu befürchten ist, die erbschaftlichen
Gegenstände veräußern und die Erbschaftsgläubiger, Vermächtnißnehmer
und Anwärter, ohne Rücksicht auf das Vorzugsrecht des einen vor dem
anderen, auch, wenn er Gläubiger der Erbschaft ist, sich selbst befriedigen,
vorbehältlich der besonderen Rechte der hypothekarischen Gläubiger. (§ 2265.)

Zu § 2329. Vergl. Annalen, II. F. Bd. 1 S. 212.

Zu § 2331. Vergl. im Allg. oben zu § 2301 und außerdem besonders
Annalen, N. F. Bd. 7 S. 191; Z. f. R. Bd. 43 S. 131; Archiv II. S. 401.

1) Ist der Nachlaß insolvent, so hat der Richter Amtswegen und selbst
gegen den Willen der Erben und Erbschaftsgläubiger Concurs zu eröffnen, OAG.
Archiv II. S. 65. Siehe auch § 2332, Note 1.

2) Das OAG. zu Dresden hat sich neuerdings dahin ausgesprochen, daß der
Erbe nach den Vorschriften in §§ 2331 u. 2332 gegen weitere Ansprüche der Erb=
schaftsgläubiger nur dann geschützt werde, wenn er die Zahlungen nach Auf=
nahme und Ueberreichung eines Nachlaßverzeichnisses geleistet hat und bei
Leistung derselben noch nicht wußte oder befürchtete, daß die Erbschaft zur Be=
friedigung der Erbschaftsgläubiger unzulänglich sei, Z. f. R. Bd. 43 S. 132.

3) Ueber das Defecturverfahren nach vorgängiger Verurtheilung des
Erben zur Bezahlung aus dem Nachlasse, vergl. Annalen, II. F. Bd. 2 S.
347. Der Zweck desselben besteht nur darin, zu constatiren, ob und wie die
Hülfsvollstreckung in noch vorhandene erbschaftliche Gegenstände möglich sei, An=
nalen, II. F. Bd. 2 S. 349; W. f. R. 1864 S. 366 flg.; Z. f. R. Bd. 26 S. 493.

4) Ueber Form und Inhalt einer Nachlaßspecification, wie solche
§ 2331 erfordert, vergl. Annalen, A. F. Bd. 2 S. 147; Bd. 3 S. 462; Bd. 8
S. 367. In dieselbe gehören zunächst nur die Activen der Erbschaft, Anna=

§ 2332. Wird die Erbschaft durch die nach § 2331 erfolgten Zahlungen erschöpft, so kann gegen den Erben keine weitere Forderung geltend gemacht werden. Den Berechtigten, welche ihre Befriedigung aus der Erbschaft nicht erhalten haben, steht ein Anspruch nur gegen die Personen zu, welche befriedigt worden sind, und zwar, soweit diese ihnen gleichstehen, auf verhältnißmäßige, und soweit diese ihnen nachstehen, auf volle Herausgabe des Empfangenen. Insbesondere haben Erbschaftsgläubiger, welche nicht befriedigt worden sind, das Recht, soweit es zu ihrer Befriedigung nöthig ist, Dasjenige von den Vermächtnißnehmern und Anwärtern zurückzufordern, was diese von dem Erben erhalten haben. (§ 2339.)

Siebenter Abschnitt.

Absonderungsrecht.

§ 2333. Erbschaftsgläubiger, ingleichen Vermächtnißnehmer und Anwärter sind, wenn aus der Vermischung der Erbschaft mit dem Vermögen des Erben für ihre Forderungen Nachtheil zu befürchten ist, berechtigt, die Absonderung der Erbschaft von dem Vermögen des Erben, zum Zwecke ihrer Befriedigung aus der ersteren, zu verlangen.

§ 2334. Die Absonderung kann jeder einzelne Erbschaftsgläubiger, Vermächtnißnehmer oder Anwärter verlangen. Gegen mehrere Erben kann sie nur nach Verhältniß ihrer Erbtheile geltend gemacht werden.

---

len, A. F. Bd. 2 S. 147; Bd. 3 S. 495; II. F. Bd. 1 S. 209, Note u. Bd. 2 S. 348; Z. f. R. Bd. 26 S. 493 u. Bd. 43 S. 131. Weiteres siehe bei § 2301. — Der Specificant als solcher haftet nicht für die Richtigkeit der von ihm angegebenen Nachlaßactivforderungen, Z. f. R. R. F. Bd. 1 S. 263; Bd. 11 S. 268; W. f. R. 1868 S. 5 — Der Erbe braucht bei Immobilien eine öffentliche Taxe nicht beizubringen, es genügt, wenn er den Werth des Grundstücks nach seiner Ueberzeugung angiebt, und der Desectat hat den Mehrwerth zu erweisen, W. f. R. 1870 S. 68.

5) wie er es auf Erfordern eidlich bestärken kann: vergl. hierzu Z. f. R. Bd. 14 S. 258; W. f. R. 1855 S. 281.

Zu § 2332. Vergl. Z. f. R. Bd. 42 S. 24.

1) Der Inhalt des Paragraphen kommt nicht zur Anwendung im Falle der Ueberschuldung des Nachlasses, Annalen, N. F. Bd. 7 S. 191.

2) Der Erbe, welcher den Vorschriften in § 2331 nicht genügt hat, kann sich zwar auf die Bestimmungen in § 2332 nicht berufen; doch braucht er nur die Existenz der Nachlaßpassiven, nicht deren Bezahlung nachzuweisen, W. f. R. 1870 S. 68.

3) Zum Schlußsatze siehe W. f. R. 1873 S. 419.

Zu § 2333. Vergl. Z. f. R. Bd. 42 S. 22.

Provisorische Maaßregeln zur Sicherstellung der Ansprüche eines außer der Ehe geborenen Kindes an den Nachlaß seines außerehelichen Vaters, siehe hierüber Z. f. R. Bd. 32 S. 326.

§ 2335. An den durch Eintragung in das Grund= und Hypotheken=buch begründeten Rechten ändert die Absonderung nichts.

§ 2336. An Gegenständen, welche ein Erbe einzuwerfen hat, in=gleichen an Früchten, welche er verbraucht hat, bevor ihm der Antrag auf Absonderung vom Gerichte bekannt gemacht worden ist, findet die Abson=derung nicht statt. (§ 2254.)

§ 2337. Bei Absonderung der Erbschaft sind die von dem Erben wegen der Erbschaft verwendeten Kosten, ingleichen die von ihm bezahlten oder übernommenen Erbschaftsschulden in Abzug zu bringen.

§ 2338. Erbschaftsgläubiger, Vermächtnißnehmer oder Anwärter, welche den Erben als persönlichen Schuldner angenommen haben, können das Absonderungsrecht nicht ausüben.

§ 2339. Wird die Absonderung nur von einzelnen Berechtigten in Anspruch genommen, so kommt sie auch den übrigen soweit zu Gute, als diese ihre Befriedigung aus der abgesonderten Erbmasse verlangen können. Vermächtnißnehmer und Anwärter gelangen erst, nachdem die Erbschaftsgläubiger befriedigt sind, zur Befriedigung. (§ 2332.)

§ 2340. Bleibt nach Befriedigung der Erbschaftsgläubiger, Ver=mächtnißnehmer und Anwärter, von der abgesonderten Masse Etwas übrig, so ist dieser Ueberschuß dem Erben zu überlassen.

§ 2341. Das Absonderungsrecht findet nur soweit statt, als die Erbschaft bei dem Erben noch vorhanden und mit dem Vermögen des letzteren noch nicht so vermischt ist, daß eine Sonderung nicht mehr be=werkstelligt werden kann. Forderungen von Gegenleistungen für ver=äußerte Erbschaftsgegenstände gelten als noch nicht mit dem Vermögen des Erben vermischt. · (§ 2524.)

§ 2342. Das Absonderungsrecht verjährt nach Ablauf eines Jahres von der Antretung der Erbschaft an.

Achter Abschnitt.
Erbtheilung.

§ 2343. Unter Miterben findet die Erbtheilungsklage statt, vermöge deren die Theilung der Erbschaft, soweit sie gemeinschaftlich ist und nicht gemeinschaftlich bleiben soll, verlangt werden kann. In Ermangelung

---

Zu § 2335. Vergl. Z. f. R. Bd. 42 S. 24; Annalen, II. F. Bd. 3 S. 298.
Demzufolge kann ein Nachlaßgrundstück, wenn bereits ein Dritter als Eigen=thümer desselben eingetragen ist, nicht mehr zur Erbmasse gezogen werden und können die Erbschaftsgläubiger hieraus keine Befriedigung fordern, Annalen, II. F. Bd. 3 S. 298.

Zu § 2339. Zum Schlußsatz: Z. f. R. Bd. 42 S. 22 und Annalen, II. F. Bd. 3 S. 206.

Zu § 2343. Vergl. überhaupt Z. f. R. Bd. 34 S. 158. Ferner oben Bd. 1 S. 146 zu § 328 flg.

1) Erbtheilungsklage: Ueber dieselbe nach älterem Rechte, W. f. R.

anderer Bestimmungen gelten dabei die Vorschriften über die Theilungs= klage. (§§ 207. 340. 365.)

§ 2344. Die Theilung der Erbschaft kann auch vorgenommen werden, wenn eine ungeborene Leibesfrucht bei derselben als Erbe be= theiligt ist; es ist in diesem Falle soviel von der Erbschaft aufzuheben, als nöthig wäre, wenn Drillinge geboren würden, und dieser Betrag endgültig zuzuweisen oder zu vertheilen, wenn die Geburt erfolgt oder Gewißheit vorhanden ist, daß sie nicht erfolgen kann. (§ 2293.)

§ 2345. Der Mutter eines zur Erbfolge berechtigten Kindes, welches beim Tode des Erblassers empfangen, aber noch nicht geboren ist, steht während ihrer Schwangerschaft das Recht zu, aus den Nutzungen der Erbschaft den Unterhalt zu fordern. Doch kann sie dieses Recht, falls sie nicht zugleich Wittwe des Erblassers ist, nur geltend machen, wenn ihr anderweite Unterhaltsmittel mangeln.

§ 2346. Das Verbot des Erblassers, die Erbschaft zu theilen, verbindet die Erben nur auf zwanzig Jahre. Ein Verzicht der Erben auf Theilung der Erbschaft ist nach § 338 zu beurtheilen.

§ 2347. Forderungen und Verbindlichkeiten der Erbschaft sind als nach Verhältniß der Erbtheile getheilt zu betrachten, doch können einzelne Forderungen und Verbindlichkeiten zum Zwecke der Ausgleichung einem Miterben überwiesen werden; es finden dabei die Vorschriften über die Abtretung der Forderungen und über die Schuldübernahme Anwendung. (§ 663.)

§ 2348. Wegen solcher Vermögensgegenstände, welche bei der Erbtheilung in der Gemeinschaft' der Erben geblieben sind, findet nicht die Erbtheilungsklage, sondern die Theilungsklage statt. Mittelst der letztern kann auch, bevor eine Erbtheilung stattgefunden hat, Theilung

---

1849 S. 9 flg. — Unterschied von der Erbschaftsklage, Z. f. R. Bd. 34 S. 156; W. f. R. 1870 S. 89; 1872 S. 324; 1873 S. 419. — Unterschied zwischen ihr und der Theilungsklage, Z. f. R. Bd. 38 S. 309 flg. Vergl. auch oben Bd. 1 S. 150 flg. zu § 337 flg. —

2) Jede Erbtheilung setzt nothwendig die Feststellung der Erbberechtigung der Betheiligten voraus, Archiv II. S. 244. Vergl. insbesondere Siebenhaar, Commentar 2. Aufl. Bd. 3 S. 359.

3) Ueber die Veräußerung von Erb= und Familienbegräbnissen, Z. f. R. Bd. 29 S. 530.

4) Ueber einen Fall der Ueberweisung des gesammten Nachlasses der Mutter an den Vater Seiten des Vormundes des Kindes, W. f. R. 1868 S. 1 flg.

Zu § 2347. 1) Das Schuldanerkenntniß des einen Erben präjudi= cirt den Miterben nicht, Z. f. R. Bd. 32 S. 453.

2) Jeder Erbe ist berechtigt, seinen Antheil an einer Nachlaßforderung selbst= ständig im Rechtswege zu verfolgen, Archiv III. S. 773.

Zu § 2348. Vergl. hierzu Z. f. R. Bd. 38 S. 313; W. f. R. 1872 S. 324; Annalen, N. F. Bd. 9 S. 287. Ueber den Fall, wenn ein Grundstück zum Nachlasse gehört, s. Annalen, N. F. Bd. 9 S. 287.

einzelner zur gemeinschaftlichen Erbschaft gehörigen Gegenstände gefordert
werden, wenn die Theilung des einzelnen Gegenstandes ohne Theilung
der Erbschaft möglich ist.

§ 2349. Die Erbtheilung kann außergerichtlich vorgenommen werden;
gerichtlich muß sie erfolgen, wenn ein Erbe darauf anträgt oder Bevor=
mundete als Erben dabei betheiligt sind.

§ 2350. Die Erbtheilung geschieht zunächst nach den Anordnungen
des Erblassers.

§ 2351. Urkunden, welche auf Familienangelegenheiten des Erb=
lassers Bezug und keinen Vermögenswerth haben, kann Derjenige unter
den Erben verlangen, welcher der nächste Verwandte des Erblassers ist,
und falls mehrere gleich nahe Verwandte vorhanden sind, Derjenige,
welchen das Loos dazu bestimmt. (§ 2375.)

§ 2352. Werden bei der Erbtheilung Sachen, welche gemeinschaftlich
sind, einem Erben auf seinen Erbtheil überlassen, so sind die Rechte und
Verbindlichkeiten zwischen dem Empfänger und dem Ueberlassenden nach
den Vorschriften über Kauf oder Tausch zu beurtheilen; insbesondere
haften die Ueberlassenden nach Verhältniß ihrer Erbtheile für Fehler
und für Entwährung. (§§ 899 bis 952.)

§ 2353. Bei überlassenen Forderungen haften, in Ermangelung
einer anderen Bestimmung, die Erben nach § 2352 nicht blos für das
Dasein der Forderung, sondern auch für die Zahlungsfähigkeit des
Schuldners. Die Haftpflicht für die Zahlungsfähigkeit erlöscht mit dem
Ablaufe von fünf Jahren von der Erbtheilung an. (§ 971.)

Neunter Abschnitt.
Verbindlichkeit gesetzlicher Erben zur Einwerfung.

§ 2354. Abkömmlinge, welche Eltern oder Voreltern vermöge der
gesetzlichen Erbfolge beerben, sind gegenseitig verpflichtet, Dasjenige in die

Zu § 2349. 1) Die Erbtheilung kann außergerichtlich vorgenommen werden: Bei Erbtheilungsverträgen, deren Gegenstand Grundstücke sind,
müssen die Formvorschriften des § 822 beobachtet werden, Annalen, N. F. Bd. 6
S. 453.

2) wenn ein Erbe darauf anträgt, vergl. hierzu W. f. R. 1873
S. 439.

3) Bei der Frage, welche Behörde den Nachlaß eines Verstorbenen zu
reguliren habe, kommt es nicht auf die Staatsangehörigkeit, sondern auf den
Wohnsitz des Verstorbenen an, Z. f. R. Bd. 32 S. 92.

4) Die Erbschaftsgläubiger haben kein Recht, die gerichtliche Nachlaßregulirung zu beantragen, Z. f. R. Bd. 35 S. 152.

Zu § 2352. W. f. R. 1868 S. 8.

Zu § 2353. Diese Vorschriften haben auch auf den Fall Anwendung zu leiden,
wo der Erblasser die Ueberlassung einer erbschaftlichen Forderung an einen Miterben letztwillig vorgeschrieben hat, Annalen, N. F. Bd. 3 S. 309.

Zu § 2354. Aelteres Recht s. Annalen, A. F. Bd. 3 S. 310; A. F. Bd. 6

unter ihnen zu theilende Erbschaft einzuwerfen, was sie von dem Erblasser bei dessen Lebzeiten zur Ausstattung, zur Gründung oder weiteren
Einrichtung einer besonderen Haushaltung, zur Gründung oder Fortsetzung
eines eigenen Gewerbes, zur Uebernahme eines Amtes, zur Erwerbung
eines Ranges oder Titels, zu Reisen zum Behufe ihrer Ausbildung, zur
Erlangung der Befreiung von der Militärpflicht erhalten haben.

§ 2355. An Kindesstatt Angenommene haben bei Beerbung des

S. 395; Z. f. R. Bd. 42 S. 340; W. f. R. 1850 S. 301. Neueres Recht: Z. f.
R. Bd. 41 S. 136 und 231; W. f. R. 1873 S. 489.

1) Das neuere Recht stimmt im Wesentlichen mit dem älteren überein, Annalen, N. F. Bd. 7 S. 225; Z. f. R. Bd. 33 S. 111. Vergl. jedoch Motive zu
diesem Paragraph in Dr. Siebenhaar's Commentar, 2. Aufl. III. S. 364.

2) Die Aufzählung der Collationsobjecte in § 2354 des BGB. ist nicht
blos exemplicativ aufzufassen, sondern enthält alle gesetzlichen Einwerfungsposten,
Z. f. R. Bd. 41 S. 231 und Annalen, II. F. Bd. 3 S. 46. — Zu denselben
gehört übrigens auch die Summe, welche ein Vater für Unterbringung eines
kranken Kindes an eine Landesanstalt bezahlt hat, Annalen, II. F. Bd. 3
S. 40.

3) zur Ausstattung: Z. f. R. Bd. 41 S. 232. Ueber die Collation der
sog. dos promissa (älteres Recht) s. W. f. R. 1863 S. 65 und Z. f. R. Bd.
24 S. 113.

4) zur Gründung einer Haushaltung, Z. f. R. Bd. 33 S. 110
und Bd. 41 S. 232.

5) Collation einer Schenkung unter Lebenden, W. f. R. 1863 S. 409.

6) Abkömmlinge: Nur die Descendenten des Erblassers haben unter sich
ein Recht, die Einwerfung zu beanspruchen, Nichtabkömmlingen aber, welche mit
dem collationspflichtigen Descendenten zusammentreffen, steht kein Mitgenuß an den
Collationsposten zu, Annalen, II. F. Bd. 1. S. 286.

7) Derjenige, welcher Einwerfung fordert, hat zu beweisen, daß eine der Einwerfung unterliegende Zuwendung vorliege, Annalen, N. F. Bd. 7 S. 225;
Z. f. R. Bd. 33 S. 111, Bd. 41 S. 141; W. f. R. 1861 S. 243. Die früheren
Entscheidungen im W. f. R. 1847 S. 22 a. E. und 1850 S. 301 stehen nur schein-
bar entgegen. (Vergl. Annalen, N. F. Bd. 7 S. 225.)

8) Die Verurtheilung eines Collationspflichtigen zur Auszahlung einer
bestimmten Summe kann aber erst dann ausgesprochen werden, wenn die
Höhe des gesammten Nachlasses feststeht, Annalen, II. F. Bd. 3 S. 309; Z. f.
R. Bd. 42 S. 144. S. übrigens unter § 2361.

9) Der Streit über die Collation gehört nicht in das Moniturverfahren über
den Bestand des Nachlasses, Z. f. R. Bd. 12 S. 459; Annalen, N. F. Bd. 3
S. 310.

10) Ein im Erbverhör über die Höhe und Art der Einwerfung, sowie die
Vertheilung der Einwerfungsmasse getroffener Vergleich bindet im Zweifel die
nichteinwerfungspflichtigen Erben nicht, W. f. R. 1871 S. 400.

11) Ueber das Verbot der Collation s. W. f. R. 1865 S. 242 flg.

Annehmenden nur Das einzuwerfen, was sie nach ihrer Annahme an Kindesstatt an zur Einwerfung geeigneten Gegenständen erhalten haben.

§ 2356. Schenkungen unter Lebenden sind einzuwerfen, wenn Abkömmlinge, welche Schenkungen von dem Erblasser erhalten haben, mit Abkömmlingen zusammentreffen, welche Gegenstände der im § 2354 angegebenen Art, aber keine Schenkungen erhalten haben.

§ 2357. Hat der Erblasser seinen Abkömmlingen Etwas außer den in §§ 2354, 2356 erwähnten Gegenständen unter Lebenden zugewendet, ohne dazu verpflichtet zu sein, so findet eine Einwerfung nur statt, wenn er sie bei der Zuwendung zur Pflicht gemacht hat.

§ 2358. Entferntere Abkömmlinge sind verpflichtet, einzuwerfen, was sie vor oder nach dem Wegfalle des ihnen vorgehenden näheren Abkömmlings an zur Einwerfung geeigneten Gegenständen von dem Erblasser erhalten haben.

§ 2359. Entferntere Abkömmlinge haben Dasjenige einzuwerfen, was der ihnen vorgehende nähere Abkömmling einzuwerfen gehabt hätte, wenn er zur Erbfolge gelangt wäre, gleichviel ob sie dessen Erben geworden sind oder nicht.

§ 2360. Das Recht auf die Einwerfung und die Pflicht dazu geht, wenn die Berechtigten oder Verpflichteten die Erbschaft nicht antreten, auf Diejenigen über, welche an deren Stelle die Erbschaft erwerben.

§ 2361. Ein Abkömmling ist nicht mehr einzuwerfen verpflichtet, als der ihm gebührende Erbtheil beträgt.

§ 2362. Alles, was einzuwerfen ist, wird unter die zur gesetzlichen Erbfolge gelangenden Abkömmlinge nach Verhältniß ihrer Erbtheile getheilt. Treffen einwerfungsberechtigte Abkömmlinge mit Nichtabkömmlingen

---

Zu § 2356. Vergl. älteres Recht im W. f. R. 1863 S. 409.

wenn Abkömmlinge, welche Schenkungen erhalten haben: Hierunter sind nur solche Abkömmlinge zu verstehen, welche lediglich Schenkungen und keine der in § 2354 des BGB. aufgeführten Collationsobjecte erhalten haben. Z. f. R. Bd. 40 S. 406; Annalen, II. F. Bd. 2 S. 20; W. f. R. 1873 S. 489.

Zu § 2357. wenn er sie bei der Zuwendung zur Pflicht gemacht hat: daß er dies gethan habe, kann auch aus den Umständen geschlossen werden, Z. f. R. Bd. 41 S. 141.

Zu § 2359. Ueber einen Ausnahmefall vergl. Annalen, N. F. Bd. 1 S. 70.

Zu § 2361. Diese Bestimmung ist dahin zu verstehen, daß der Einwerfungspflichtige keinesfalls genöthigt werden kann, noch etwas baar an den Nachlaß herauszuzahlen, daß er vielmehr, dafern seine Conferenden mehr betragen als sein Erbtheil, keinen Anspruch auf einen Theil der Erbschaftsmasse hat, Annalen, II. F. Bd. 3 S. 308 und Z. f. R. Bd. 42 S. 144.

Zu § 2362, 2. Satz: Dies gilt namentlich dann, wenn Kinder mit der Ehefrau zusammentreffen, Z. f. R. Bd. 37 S. 248. Vergl. hierzu auch W. f. R. 1863 S. 309 flg.

zusammen, so ist die Einwerfungsmasse unter die Abkömmlinge so zu theilen, wie geschehen müßte, wenn sie allein zur Erbfolge gelangten.

§ 2363. Der zur Einwerfung verpflichtete Abkömmling hat die Wahl, ob er die der Einwerfung unterliegenden Gegenstände nebst Zu=behörungen, Zuwachs und gezogenen Früchten, soweit sie noch vorhanden sind, oder deren Werth in die Erbschaftsmasse einbringen will. Es gilt dabei die Vorschrift im § 700.

§ 2364. Gänzlicher oder theilweiser Untergang der Sache befreit ihn ganz oder theilweise von der Einwerfung, ausgenommen wenn er solchen verschuldet hat; er haftet bis zur Antretung der Erbschaft für absichtliche Verschuldung und nach der Antretung für den Fleiß, welchen er in seinen eigenen Angelegenheiten anzuwenden pflegt. (§ 730.)

§ 2365. Hat der zur Einwerfung Verpflichtete der Einwerfung unterliegende Sachen veräußert, so haftet er, soweit er zur Zeit der Antretung der Erbschaft bereichert ist.

§ 2366. Hat er Verwendungen gemacht, durch welche die von ihm eingebrachte Sache dauernd verbessert worden ist, so sind ihm solche zu vergüten.

§ 2367. Wählt er die Einbringung des Werthes, so ist dieser, soweit die Gegenstände noch vorhanden sind, nach der Zeit der Erbtheilung zu berechnen.

§ 2368. Zinsen von einzuwerfendem Gelde sind nur im Falle eines Verzuges zu entrichten. (§ 733.)

§ 2369. Die Einwerfung fällt weg, wenn der Erblasser sie dem Verpflichteten erlassen hat.

§ 2370. Weder durch den Erlaß der Einwerfungsverbindlichkeit, noch durch die Bestimmung, daß zur Einwerfung nicht geeignete Gegen=stände eingeworfen werden sollen, darf der Pflichttheil verletzt werden. (§§ 2566 bis 2575.)

§ 2371. Die Einwerfung findet nicht statt bei der Erbfolge aus einem letzten Willen oder aus einem Erbvertrage; beim Zusammentreffen der gesetzlichen Erbfolge mit der Erbfolge aus einem letzten Willen oder aus einem Erbvertrage findet sie nur soweit statt, als die gesetzliche Erb=folge eintritt.

Zu § 2364. Untergang befreit von der Einwerfung, vergl. hierzu Annalen, N. F. Bd. 1 S. 70.

Zu § 2368. Vergl. Z. f. R. Bd. 10 S. 266, Bd. 12 S. 455; Annalen, N. F. Bd. 4 S. 281; v. Langenn und Kori, Erörterungen II. Nr. XX.

Zu § 2370. Annalen, N. F. Bd. 1 S. 70; W. f. R. 1865 S. 242 flg.

Zu § 2371. Vergl. hierzu Annalen, II. F. Bd. 1 S. 286.
Damit wird übrigens nicht gesagt, daß bei der testamentarischen oder ver=tragsmäßigen Erbfolge die Einwerfung gar nicht mehr vorkommen könne, viel=mehr hat sie einzutreten, wann und insoweit sie der Erblasser angeordnet hat, Annalen, II. F. Bd. 1 S. 287.

Zehnter Abschnitt.
Veräußerung einer Erbschaft.

§ 2372. Hat der Erbe eine ihm angefallene Erbschaft oder einen ideellen Theil derselben veräußert, so gilt unter den Vertragschließenden der Erwerber als Erbe. (§§ 2379. 2380.)

§ 2373. Hat ein Erbe, welchem eine Erbschaft nach einem ideellen Theile angefallen ist, seinen Erbtheil veräußert, so erstreckt sich die Veräußerung im Zweifel auf Das, was ihm durch Anwachsungsrecht zufällt. (§§ 2269 bis 2276.)

§ 2374. Was der Veräußerer außer seinem Erbtheile aus der Erbschaft, insbesondere als Vermächtnißnehmer oder Anwärter, bekommt, gilt im Zweifel nicht als mit veräußert.

§ 2375. Die Veräußerung der Erbschaft bezieht sich nicht auf Urkunden, welche auf Familienangelegenheiten des Erblassers Bezug und keinen Vermögenswerth haben, sofern der Veräußerer zu den Personen gehört, welchen nach § 2351 dergleichen Urkunden zu überlassen sind.

§ 2376. Der Veräußerer hat Alles, was er vor der Veräußerung aus der Erbschaft erlangt und was von der Veräußerung nicht ausgenommen worden ist, dem Erwerber herauszugeben; doch haftet er nicht für den Zufall. Er kann Erstattung Dessen fordern, was er auf die Antretung der Erbschaft und auf die letztere verwendet hat, insbesondere bezahlte Schulden, Vermächtnisse, Abgaben und Begräbnißkosten.

§ 2377. Die Verbindlichkeit des Veräußerers zu Herausgabe Dessen, was er, von Zeit der Veräußerung an, aus der Erbschaft erlangt, richtet sich nach dem Geschäfte, durch welches die Veräußerung erfolgt ist.

§ 2378. Forderungen, welche dem Erben an den Erblasser oder diesem an jenen zustanden, ingleichen Rechte, welche der Erbe an Sachen des Erblassers oder dieser an Sachen jenes hatte, gelten im Falle der Veräußerung der Erbschaft nicht als durch die Antretung derselben er= loschen. (§ 2329.)

§ 2379. Der Erwerber ist berechtigt, die Erbschaftsklage und die Erbtheilungsklage, so wie sie dem Veräußerer zustanden, anzustellen und erbschaftliche Forderungen so, als ob sie ihm abgetreten wären, geltend zu machen.

§ 2380. Rücksichtlich der Erbschaftsschulden, Vermächtnisse und Anwartschaften haftet der Erwerber, sowohl dem Veräußerer, als auch den Berechtigten gegenüber, nach den Vorschriften über die Schuldübernahme. (§§ 1402 bis 1408.)

§ 2381. Ist die Erbschaft gegen eine Gegenleistung veräußert, so haftet der Veräußerer weder für Fehler, noch für Entwährung der einzelnen

---

Zu § 2372. Nur eine bereits angefallene Erbschaft ist veräußerlich und theilbar, das Nämliche gilt dagegen nicht von einem erst künftigen Erbrechte, Z. f. R. Bb. 36 S. 7.

Zu § 2381. Vergl. W. f. R. 1868 S. 1 flg.

erbschaftlichen Gegenstände, wohl aber für die Richtigkeit des Erbrechtes, wie er es angegeben hat, insbesondere auch, wenn er Vermächtnisse, Anwartschaften, Auflagen und seinem Erbrechte beigefügte auflösende Bedingungen verschwiegen hat. (§ 948.)

Fünfte Abtheilung.
Von den Vermächtnissen.

Erster Abschnitt.
Errichtung der Vermächtnisse.

§ 2382. Ein Vermächtniß kann in jedem gültig errichteten letzten Willen angeordnet werden, vorbehältlich der Bestimmung im § 2116.

§ 2383. Hat ein Erblasser in seinem schriftlichen letzten Willen die Bestimmung getroffen, daß Vermächtnisse, welche er in einer Schrift angeordnet habe oder anordnen werde, so zu betrachten sein sollen, als wenn sie in seinem letzten Willen angeordnet wären, so bedarf es, wenn sich bei seinem Tode eine von ihm eigenhändig geschriebene und eigenhändig mit seinem Familiennamen unterschriebene Schrift findet, in welcher die Vermächtnißnehmer mit dem Familiennamen und wenigstens einem voll ausgeschriebenen Vornamen und die vermachten Gegenstände mit Worten, auch Ort, Jahr und Tag der Abfassung der Schrift angegeben sind, zur Gültigkeit der Vermächtnisse keiner weiteren Form. Die Bestimmung im § 2085 findet ebenfalls Anwendung. (E.= u. A.=V. § 19.)

§ 2384. Auch ohne alle Form kann ein Erblasser in Gegenwart seiner Erben oder Vermächtnißnehmer denselben entweder mündlich oder durch Uebergabe einer Schrift, welche die Anordnung von Vermächtnissen enthält, Vermächtnisse auflegen. (§ 2413.)

Zu § 2382. 1) Durch das BGB. sind die Vorschriften des älteren Rechts über Sicherstellung der Vermächtnisse aufgehoben worden, W. f. R. 1866 S. 102 flg.

2) Die Erbschaftsgläubiger sind zunächst zu befriedigen, ehe die Vermächtnißnehmer etwas von der Erbschaft erhalten, Annalen, II. F. Bd. 3 S. 297.

Zu § 2383. Vergl. Annalen, II. F. Bd. 1 S. 151.

Ort, Jahr und Tag: Die Weglassung des Tages macht das Codicill hinfällig, Annalen, II. F. Bd. 1 S. 152.

Zu § 2384. Vergl. Annalen, A. F. Bd. 7 S. 560; N. F. Bd. 3 S. 205, Bd. 5 S. 484, Bd. 7 S. 228 und S. 381; W. f. R. 1864 S. 506 (AG. Dresden); Z. f. R. Bd. 34 S. 284 und S. 437.

1) Ein derartiges Vermächtniß setzt Aeußerungen voraus, welche der Erblasser dem Erben gegenüber gethan hat, vergl. Annalen, A. F. Bd. 7 S. 561; Z. f. R. Bd. 25 S. 454, Bd. 34 S. 438 u. W. f. R. 1843 S. 191, 1870 S. 277. Daher genügt es nicht, daß der Wille, ein derartiges Vermächtniß einem unmündigen Erben aufzuerlegen, statt dem abwesenden Unmündigen dessen Vater gegenüber vom

§ 2385. Hat ein Erblasser mehrere Erben oder Vermächtnißnehmer mit dem Vermächtnisse beschweren wollen, dies aber blos gegen einen von ihnen in der im § 2384 angegebenen Weise erklärt, so gilt dies gegen alle.

§ 2386. In Ermangelung einer Erbeinsetzung oder beim Wegfalle derselben ist anzunehmen, daß der Erblasser die Entrichtung der ohne Bezeichnung eines anderen noch vorhandenen Beschwerten angeordneten Vermächtnisse seinen gesetzlichen Erben auferlegt hat.

§ 2387. Hat ein Erblasser zu Gunsten einer Person die Veräußerung eines seinem Erben hinterlassenen Gegenstandes verboten, so gilt dies im Zweifel als ein jener Person zugedachtes Vermächtniß.

Zweiter Abschnitt.
Personen, welche durch Vermächtnisse verpflichtet oder berechtigt werden.

§ 2388. Mit einem Vermächtnisse kann Jeder beschwert werden, welcher mittelbar oder unmittelbar von dem Erblasser Etwas auf den Todesfall erhält. Es ist gleich, ob der Beschwerte den Vortheil, rücksichtlich dessen er mit einem Vermächtnisse beschwert wird, dadurch bekommt, daß der Erblasser zu seinen Gunsten letztwillig verfügt, oder dadurch behält, daß der Erblasser von seinem Rechte, etwas Anderes letztwillig anzuordnen, keinen Gebrauch macht.

§ 2389. Niemand kann mit Vermächtnissen weiter beschwert werden, als der Vortheil reicht, welchen er auf den Todesfall erhält. Doch hat der Beschwerte, wenn Vermächtnisse von Zeitbestimmungen oder Bedin-

---

Erblasser erklärt worden ist, W. f. R. 1864 S. 506, AG. Dresden. Dagegen macht es keinen Unterschied, ob der Erblasser seinen Willen in die Form eines Befehles, der Bitte, Hoffnung, Erwartung oder Wunsches gekleidet hat; stets aber ist dazu erforderlich ein wirkliches Injunct an den Erben, Annalen, N. F. Bd. 5 S. 485, Bd. 7 S. 381; Z. f. R. Bd. 34 S. 284. Außerdem ist zur Errichtung eines Vermächtnisses der Art stets unentbehrlich, daß der Erblasser bei der Aeußerung dem Erben gegenüber wirklich den ernsten Willen hatte, eine letztwillige Verfügung zu treffen, Z. f. R. Bd. 32 S. 93. Die Erklärung der zukünftigen Intestaterbin gegenüber: Deine Schwester hier soll nach meinem Tode x Thaler erhalten, genügt für sich allein nicht, weil es eines Hinweises auf die Erbqualität desjenigen, welcher nach dem Tode des Erblassers Erbe wird, bedarf, um bestimmen zu können, ob in dem Aeußerungen in dem gegenwärtigen Erben auferlegtes Vermächtniß oder nur der Ausspruch des Vorsatzes, ein Vermächtniß erst künftig anzuordnen, enthalten sei, Z. f. R. Bd. 34 S. 437.

2) Für den Nachweis eines solchen Vermächtnisses gelten seit dem Bürgerlichen Gesetzbuche die gewöhnlichen Beweisregeln, Z. f. R. Bd. 30 S. 60; Annalen, N. F. Bd. 2 S. 443 und S. 448, Bd. 3 S. 206 a. E.

Zu § 2385. Anders nach älterem Rechte, vergl. Z. f. R. Bd. 25 S. 454.

Zu § 2389. Zur Begründung der Klage auf Auszahlung eines Vermächtnisses gehört aber nicht der Nachweis, daß die Nachlaßmasse zur Deckung des

gungen abhängen, sich die Früchte und Zinsen der Zeit zwischen dem Tode des Erblassers und der Verfallzeit der Vermächtnisse als einen Vortheil anrechnen zu lassen, wegen dessen er mit Vermächtnissen beschwert werden kann. (§§ 2324 bis 2332.)

§ 2390. Vermächtnisse sind, in Ermangelung einer anderen Bestimmung des Erblassers, wenn sie mehreren Erben auferlegt sind, von diesen nach Verhältniß ihrer Erbtheile zu erfüllen. Mehrere Erben haften, wenn der Gegenstand des Vermächtnisses untheilbar ist, als Gesammtschuldner. (§§ 1037. 1038.)

§ 2391. Hat der Erblasser einige von mehreren Erben, ohne Beziehung auf ihre Eigenschaft als Erben, als Diejenigen bezeichnet, welche mit dem Vermächtnisse beschwert sein sollen, so haften sie, in Ermangelung einer anderen Bestimmung, selbst wenn ihre Erbtheile ungleich sind, für das Vermächtniß nach gleichen Theilen.

§ 2392. Hat der Erblasser allen Erben, mit Ausnahme eines oder einiger, ein Vermächtniß aufgelegt, so ist anzunehmen, daß die damit beschwerten nach Verhältniß ihrer Erbtheile haften sollen.

§ 2393. Ist kein Beschwerter bezeichnet, so haften alle Erben nach Verhältniß ihrer Erbtheile.

§ 2394. Sind mehrere Vermächtnißnehmer mit Vermächtnissen beschwert, so haften sie zu gleichen Theilen.

§ 2395. Kann oder will ein Beschwerter Dasjenige nicht annehmen, was ihm von dem Erblasser hinterlassen worden ist, so geht die Verpflichtung zur Entrichtung des Vermächtnisses auf Denjenigen über, welcher an seine Stelle tritt, sofern nicht das Vermächtniß blos in Rücksicht auf die Person des Wegfallenden angeordnet worden ist. (§ 2386.)

§ 2396. Die Fähigkeit, ein Vermächtniß zu erwerben, ist nach § 2008 zu beurtheilen. Auch Personen, welche zur Zeit des Todes des Erblassers noch nicht empfangen waren, können mit Vermächtnissen bedacht werden. (§ 32.)

§ 2397. Sind Mehrere zu demselben Vermächtnisse berufen, so ist, selbst wenn sie in verschiedenen Sätzen stehen, das Vermächtniß als nach gleichen Theilen getheilt zu betrachten, ausgenommen wenn bewiesen werden kann, daß der Erblasser jedem Einzelnen das Ganze zugedacht hat. (§ 663.)

§ 2398. Ist eine dem Stücke nach bestimmte Sache Mehreren so vermacht, daß jeder sie ganz erhalten soll, so ist ein mehrfaches Vermächtniß

Vermächtnisses ausreiche, es bildet dies vielmehr den Gegenstand einer Ausflucht oder eine nach Befinden dem Bereiche der Executionsinstanz anheimfallende Frage, Z. f. R. Bd. 42 S. 26.

Zu § 2390. Vergl. Z. f. R. Bd. 31 S. 69.

Zu § 2395. Die irrige oder ungenaue Bezeichnung oder Benennung des Bedachten schadet nicht, wenn sonst die Willensmeinung des Testators klar ist, Z. f. R. Bd. 30 S. 442; Annalen, N. F. Bd. 3 S. 559.

anzunehmen und der Beschwerte hat die Wahl, welchem von ihnen er die Sache und welchem er den Werth derselben leisten will.

§ 2399. Sind Mehrere zu demselben Vermächtnisse in der Weise berufen, daß nur einer das Vermächtniß ganz erhalten soll, so sind sie Gesammtgläubiger. (§ 1023.)

§ 2400. Wenn ein Vermächtniß einer Classe von Personen, insbesondere Verwandten, Dienstpersonen oder Armen, mit der Bestimmung hinterlassen ist, daß es unter einzelne zu der Classe gehörige Personen vertheilt werden soll, so steht, in Ermangelung einer anderen Bestimmung, dem Beschwerten das Recht zu, die Vertheilung nach seinem Ermessen vorzunehmen.

§ 2401. Das einem Miterben aus der Erbschaft hinterlassene Vermächtniß gilt blos soweit als Vermächtniß, als es auf den Erbtheilen der Miterben lastet.

§ 2402. Ist ein Vermächtniß einem Erben und einem Nichterben gemeinschaftlich hinterlassen, so theilen sie Das, was die übrigen Miterben zu dem Vermächtnisse beizutragen haben; Das, was der Erbe als solcher zu dem Vermächtnisse beizutragen hat, erhält der Nichterbe allein.

§ 2403. Wenn der Erbe, welcher mit einem Vermächtnisse bedacht ist, die Erbschaft ausschlägt, so ist er berechtigt, das Vermächtniß auch zu dem Theile, welcher auf seinem eigenen Erbtheile lastet, zu fordern, oder im Falle von § 2402 mit dem anderen Vermächtnißnehmer zu theilen.

Dritter Abschnitt.
Gegenstand des Vermächtnisses.

§ 2404. Läßt sich bei einem Vermächtnisse nicht ermitteln, welcher von mehreren Gegenständen vermacht sein soll, so hat der Beschwerte unter den Gegenständen zu wählen. (§ 697.)

§ 2405. Wenn derselben Person in einem oder in mehreren neben einander bestehenden letzten Willen eine kleinere und eine größere Summe oder Menge vertretbarer Sachen, oder mehrmals eine gleiche Summe oder Menge vermacht ist, so ist anzunehmen, daß die mehreren Beträge neben einander vermacht sind.

§ 2406. Ist das Vermächtniß einer dem Stücke nach bestimmten Sache in einem oder in mehreren neben einander bestehenden letzten Willen wiederholt, so kann es blos einmal gefordert werden.

Zu § 2401. Vergl. Annalen, N. F. Bd. 4 S. 172; N. F. Bd. 9 S. 286.

Zu § 2404. 1) Ueber die Bedeutung eines Vermächtnisses der „Möbel" siehe W. f. R. 1868 S. 313; Annalen, N. F. Bd. 5 S. 15.

2) Das Vermächtniß bestimmter Summen mit der Anordnung, daß dieselben von einer bestimmten Hypothekenforderung gezahlt werden sollen, ist nicht als Ueberweisung der letzteren aufzufassen, vielmehr ist davon auszugehen, daß des Hypothekencapitales nur Erwähnung gethan worden ist, um dem Erben die Mittel zur Auszahlung des Vermächtnisses anzugeben. Z. f. R. Bd. 34 S. 530.

§ 2407. Ist eine dem Stücke nach bestimmte Sache dem Einen schlechthin, dem Anderen nach einem Theile vermacht, so erhält der Erstere Das, was nach Abzug des Antheiles des Letzteren übrig bleibt.

§ 2408. Ist der Gegenstand des Vermächtnisses dem gemeinen Verkehre entzogen, so ist das Vermächtniß nichtig. (§ 58.)

§ 2409. Steht der Gegenstand des Vermächtnisses zwar im gemeinen Verkehre, ist derselbe aber dem Verkehre des Beschwerten entzogen, so ist das Vermächtniß gültig.

§ 2410. Steht der Gegenstand des Vermächtnisses zwar im gemeinen Verkehre, ist derselbe aber dem Verkehre des Bedachten oder dem Verkehre sowohl des Bedachten als des Beschwerten entzogen, so ist das Vermächtniß nichtig, ausgenommen wenn dessen Gegenstand in der Erbschaft vorhanden ist, welchenfalls der Bedachte auf den Preis Anspruch hat, welcher durch Veräußerung des Gegenstandes erlangt wird.

§ 2411. Hat der Erblasser verordnet, daß das Vermächtniß einem Anderen zukommen soll, wenn der zunächst Bedachte es nicht erwerben kann oder will, so finden die Vorschriften über die Nacherbeinsetzung analoge Anwendung. (§§ 2187 bis 2195.)

Vierter Abschnitt.
Aufhebung der Vermächtnisse.

§ 2412. Vermächtnisse sind für aufgehoben zu betrachten, wenn der letzte Wille, in welchem sie hinterlassen worden sind, aufgehoben wird. (§§ 2210 bis 2222.)

§ 2413. Vermächtnisse können von dem Erblasser entweder unter Beobachtung einer der Formen, in welchen sie angeordnet werden können, oder durch Erklärung vor Gericht oder vor zwei Zeugen, deren Fähigkeit zum Zeugnisse nach § 2102 zu beurtheilen ist, widerrufen werden. In formlosen Schriften ist der Widerruf der Vermächtnisse nur statthaft, wenn der Erblasser sich in seinem letzten Willen das Recht, die Vermächtnisse auf diese Weise zu widerrufen, vorbehalten hat. Die Form im § 2384 kann zum Widerrufe von Vermächtnissen nicht gebraucht werden.

§ 2414. Hat ein Erblasser eine Person mit mehreren Vermächtnissen bedacht und ein Vermächtniß widerrufen, so ist, wenn sich nicht ermitteln läßt, welches widerrufen sein soll, anzunehmen, daß sämmtliche Vermächtnisse nicht widerrufen sind.

Zu § 2412. Vergl. Annalen, N. F. Bd. 9 S. 267.

Zu § 2413. Ueber den Widerruf eines Vermächtnisses siehe Z. f. R. Bd. 38 S. 140.

Zum 2. Satze: vergl. W. f. R. 1869 S. 139 (App.-G. Dresden). Hiernach muß schon durch das Testament selbst der Wille des Erblassers, eintretendenfalls auch in formloser Schrift seine Vermächtnisse widerrufen zu können, in Gewißheit gesetzt werden.

Zu § 2414. Vergl. Annalen, N. F. Bd. 9 S. 208.

§ 2415. Sind mehreren Personen Vermächtnisse hinterlassen und erfolgt der Widerruf eines derselben, so gelten, wenn sich die Person nicht ermitteln läßt, deren Vermächtniß widerrufen sein soll, die Vermächtnisse sämmtlicher Bedachten als nicht widerrufen.

§ 2416. Ein Vermächtniß ist für aufgehoben anzusehen, wenn der Erblasser in einer Form, in welcher der Widerruf erfolgen kann, seinen Willen dahin zu erkennen giebt, daß nicht der anfangs Bedachte, sondern ein Anderer das Vermächtniß erhalten, oder daß nicht der anfangs Beschwerte, sondern ein Anderer damit beschwert, oder daß nicht der anfangs bestimmte Gegenstand, sondern ein anderer vermacht sein soll, selbst wenn die neue Verfügung wegen Mangels der erforderlichen Form oder aus einem anderen Grund wegfällt.

§ 2417. Wird einem Vermächtnisse nachträglich in einer Form, in welcher der Widerruf erfolgen kann, eine Bedingung oder eine Auflage beigefügt, so liegt darin ein Widerruf desselben soweit, daß in dem ersteren Falle das Vermächtniß nur gefordert werden kann, wenn die Bedingung eintritt, in dem letzteren Falle aber die Auflage erfüllt werden muß.

§ 2418. Wenn der Erblasser die vermachte Sache oder einen Theil derselben veräußert, so gilt das Vermächtniß als ganz oder als rücksichtlich des veräußerten Theiles aufgehoben. Durch Rückerwerbung von Seiten des Erblassers lebt es nicht wieder auf.

§ 2419. Hat der Erblasser die vermachte Sache ganz oder theilweise vernichtet oder in eine andere Sache umgearbeitet oder umgebildet, so ist das Vermächtniß soweit aufgehoben, als die Sache vernichtet oder beim Tode des Erblassers nicht mehr vorhanden ist.

§ 2420. Das Vermächtniß fällt weg, wenn dessen Gegenstand bei Lebzeiten des Erblassers untergeht.

§ 2421. Hat ein Vermächtniß eine Forderung des Erblassers an einen Dritten zum Gegenstande, so fällt dasselbe weg, soweit die Forderung bei Lebzeiten des Erblassers getilgt wird.

§ 2422. Das Vermächtniß der Befreiung des Bedachten von einer Schuld und das Vermächtniß Dessen, was der Erblasser dem Bedachten schuldig ist, sind als aufgehoben zu betrachten, soweit die Schuld noch bei Lebzeiten des Erblassers getilgt wird.

§ 2423. Das Vermächtniß fällt weg, wenn der Bedachte vor dem Erblasser stirbt, den Eintritt der Bedingung des Vermächtnisses nicht erlebt, das Vermächtniß ausschlägt oder zu dessen Erwerbung unfähig wird.

§ 2424. Beim Wegfalle des Vermächtnißnehmers bleibt, dafern nicht der Erblasser an dessen Stelle einen Anderen berufen hat, oder den zugleich mit dem Wegfallenden Berufenen ein Anwachsungsrecht zusteht, der Gegenstand des Vermächtnisses dem mit demselben Beschwerten. (§§ 2431 bis 2436.)

§ 2425. Die Vorschriften über die Unwürdigkeit zur Erbfolge finden

---

Zu § 2415. Vergl. Annalen, N. F. Bb. 0 S. 268.

14

Anwendung auf die mit Vermächtnissen Bedachten. Wird ein Vermächtniß dem Bedachten wegen Unwürdigkeit entzogen, so gilt die Vorschrift
im § 2424.

Fünfter Abschnitt.
Erwerbung der Vermächtnisse.

§ 2426. Der Bedachte erwirbt das Vermächtniß mit dem Tode des
Erblassers, und wenn dasselbe von einer aufschiebenden Bedingung oder
von einem dieser gleichstehenden Zeitpunkte abhängig ist, mit dem Eintritte der Bedingung oder des Zeitpunktes, vorbehältlich der Bestimmung
im § 2147.

§ 2427. Schlägt der Bedachte das Vermächtniß aus, so gilt es als
nicht angefallen.

§ 2428. Eine theilweise Annahme oder Ausschlagung des Vermächtnisses ist wirkungslos.

§ 2429. Von mehreren Vermächtnissen kann der Bedachte das eine
ausschlagen, das andere annehmen. Von mehreren Erben des Bedachten
kann der Eine den nach Verhältniß seines Erbtheiles ihm zukommenden
Theil des Vermächtnisses ausschlagen, der Andere den ihm zukommenden
Theil annehmen.

§ 2430. Ein Vermächtniß, welches angenommen worden ist, kann
nicht wieder ausgeschlagen werden.

§ 2431. Ist ein und dasselbe Vermächtniß Mehreren in getrennten
Sätzen hinterlassen, so wächst, wenn einer wegfällt, der dadurch erledigte
Theil den übrigen an. Die letzteren können, wenn sie das ihnen hinterlassene Vermächtniß annehmen, den Antheil des Wegfallenden nicht ausschlagen, brauchen aber die Auflagen, mit welchen der Wegfallende beschwert war, nicht zu erfüllen.

§ 2432. Ist ein und dasselbe Vermächtniß Mehreren ohne Angabe,
wie viel ein Jeder von ihnen erhalten soll, in einem Satze hinterlassen,
so steht, wenn einer wegfällt, den übrigen die Wahl zu, ob sie den erledigten Theil annehmen oder ausschlagen wollen, sie müssen aber, wenn
sie denselben annehmen, die Auflagen, mit welchen der Wegfallende beschwert ist, erfüllen.

§ 2433. Treffen Bedachte der im § 2431 angegebenen Art mit
Bedachten der im § 2432 erwähnten Art zusammen, so haben die letzteren
beim Wegfalle eines mit ihnen in einem Satze verbundenen rücksichtlich
des dadurch erledigten Theiles den Vorzug vor den ersteren. Beim Wegfalle eines in der im § 2431 angegebenen Weise Bedachten fällt dessen

---

Zu § 2426. Vergl. im Allg. Annalen, II. F. Bd. 3 S. 290. Der Mangel
des Erbietens zur Leistung einer gesetzlich erforderlichen Cautionsbestellung macht
bei der Klage auf Bezahlung eines sub modo hinterlassenen Vermächtnisses die
Klage nicht unschlüssig, sondern das Klaggesuch ist richterlichen Amtshalber zu
verbessern. Annalen, N. F. Bd. 4 S. 63.

Antheil allen übrigen, sowohl ben in ber einen, als ben in ber anberen Weise Bedachten zu.

§ 2434. Bedachten, welche in einem Satze verbunden, aber nicht zu einem und demselben Vermächtnisse, oder zwar zu demselben Vermächtnisse, aber mit Angabe, wie viel ein Jeder von ihnen davon erhalten soll, berufen sind, steht ein Anwachsungsrecht nicht zu.

§ 2435. Sind die Bedachten zu einem und demselben Vermächtnisse berufen, ist aber für jeden Bedachten ein anderer Beschwerter angegeben, so findet ein Anwachsungsrecht nicht statt.

§ 2436. Das Anwachsungsrecht fällt weg, wenn es nach der Bestimmung oder Absicht des Erblassers nicht eintreten soll, insbesondere wenn der Erblasser an der Stelle des wegfallenden Vermächtnißnehmers einen Anderen berufen hat.

§ 2437. Ist ein Erbe mit einem Vermächtnisse beschwert, so kann dasselbe sofort, nachdem er die Erbschaft angetreten hat, jedoch nicht vor Ablauf eines Monates nach dem Tode des Erblassers gefordert werden. Ist ein Vermächtnißnehmer mit einem Vermächtnisse beschwert, so kann das Vermächtniß sofort mit dem Zeitpunkte, wo er sein eigenes Vermächtniß fordern kann, verlangt werden.

§ 2438. Der Anspruch des Bedachten wider den Beschwerten geht auf Leistung des Vermächtnisses. Es finden dabei die Bestimmungen in §§ 733 bis 735, 737 bis 755 Anwendung.

§ 2439. Der Beschwerte haftet für Verschuldung nach der Vorschrift im § 728, für den Zufall nicht.

§ 2440. Der Vermächtnißnehmer ist verpflichtet, die Auflagen, mit welchen ihn der Erblasser belastet hat, bis zum Betrage des Vermächtnisses zu erfüllen, die auf der ihm vermachten Sache haftenden Lasten von Zeit der Erwerbung des Vermächtnisses und, soviel die zu einem bestimmten Zeitpunkte zu leistenden Vermächtnisse anlangt, von diesem Zeitpunkte an zu tragen, auch die Verwendungen, welche der Beschwerte auf die Sache gemacht hat, und zwar die nothwendigen unbedingt, andere nach den Vorschriften über die Geschäftsführung ohne Auftrag zu erstatten.

§ 2441. Ansprüche, welche der Bedachte an den Erblasser hat, erlöschen durch das Vermächtniß nicht, ausgenommen, wenn es dazu bestimmt ist, dieselben zu decken.

Zu § 2437. Zu Abs. 1: Anders, wenn die Zeit der Erfüllung in das Belieben des Onerirten gesetzt ist; solchenfalls tritt die Fälligkeit mit dem Tode desselben ein. W. f. R. 1854 S. 479; 1860 S. 207; Z. f. R. Bd. 22 S. 473; Annalen, N. F. Bd. 3 S. 293.

Zu § 2438. 1) Der Beschwerte kann selbst in dem Falle, wenn er die Legate ungeschmälert herauszuzahlen hat, den Vermächtnißstempel von dem Legate kürzen, beziehentlich ersetzt verlangen. W. f. R. 1868 S. 350.

2) Ist der Beschwerte mit der Verwaltung des Vermächtnisses beauftragt, so ist er, und wenn Mehrere beschwert sind, sie sämmtlich solidarisch dem Vermächtnißnehmer zur Rechnungslegung verpflichtet. Annalen, N. F. Bd. 4 S. 157.

§ 2442. Zur Vertretung der Erbschaft den Erbschaftsgläubigern gegenüber ist der Vermächtnißnehmer nicht verpflichtet.

§ 2443. Wenn die Vermächtnisse aus der Erbschaft nach deren Betrage zur Zeit des Todes des Erblassers, unter Abrechnung der auf ihr ruhenden Lasten und Schulden, oder aus der Masse, auf welche sie gelegt sind, nicht voll entrichtet werden können, so sind sie verhältnißmäßig zu mindern.

§ 2444. Ein Vermächtniß, durch welches der Erblasser dem Bedachten hinterläßt, was er demselben schuldig ist, unterliegt einer Minderung nur, soweit es einen Vortheil gewährt, auf welchen der Bedachte ohne das Vermächtniß kein Recht hat.

§ 2445. Ein Vermächtniß, dessen Entrichtung der Erblasser vor allen anderen angeordnet oder rücksichtlich dessen er die Minderung verboten hat, unterliegt der Minderung nur, wenn die Erbschaft oder die zu Entrichtung des Vermächtnisses bestimmte Masse zu dessen ausschließlicher Entrichtung nicht ausreicht.

§ 2446. Ein Vermächtniß, welches von einer Zeitbestimmung abhängt, ist, wenn es Geld zum Gegenstande hat, unter Abrechnung der auf die Zeit vom Tode des Erblassers an bis zur Verfallzeit nach § 720 zu berechnenden Zwischenzinsen, und wenn es andere Gegenstände betrifft, unter Abrechnung der Früchte, welche der Beschwerte während des angegebenen Zeitraumes zieht, in Ansatz zu bringen.

§ 2447. Ein Vermächtniß, welches von einer aufschiebenden Bedingung abhängt, ist, so lange die Bedingung nicht eingetreten, voll in Ansatz zu bringen. Fällt es später wegen Nichteintrittes der Bedingung weg, so ist der Beschwerte verbunden, den übrigen Vermächtnißnehmern den Mehrbetrag nachträglich zu leisten, welchen sie erhalten hätten, wenn das bedingte Vermächtniß bei Vertheilung der Erbschaft oder der zu Entrichtung der Vermächtnisse bestimmten Masse unter den daraus zu befriedigenden Beträgen nicht mit in Ansatz gekommen wäre. Dasselbe gilt, wenn bei Berechnung der Masse bedingte oder unsichere Forderungen nicht in Ansatz gekommen sind und diese später eingehen.

§ 2448. Das Vermächtniß einer immerwährenden Rente ist einer

Zu § 2442. Vergl. W. f. R. 1873 S. 423.

Zu § 2443. 1) unter Abrechnung der auf ihr ruhenden Lasten und Schulden, vergl. Annalen, II. F. Bd. 3 S. 297 und Z. f. R. Bd. 42 S. 23.

2) so sind sie verhältnißmäßig zu mindern: Das Nämliche gilt, wenn das vorhandene Vermögen zum Theil zur Befriedigung der Erbschaftsgläubiger verwendet werden muß und demzufolge die Vermächtnisse nicht mehr voll entrichtet werden können. Annalen, II. F. Bd. 3 S. 297.

3) Ueber die Berechtigung des Erben, von dem Vermächtnisse den Vermächtnißstempel zu kürzen, siehe W. f. R. 1868 S. 360. Vergl. hierzu übrigens Art. 1, 15 und 16 des Gesetzes über die Erbschaftssteuer, vom 13. Nov. 1870.

Summe gleich zu achten, deren jährlicher Zinsbetrag zu vier vom Hundert dem jährlichen Betrage der Rente gleichkommt.

§ 2449. Bei Vermächtnissen lebenslänglicher Renten oder des lebenslänglichen Nießbrauches ist der jährliche Betrag der Rente oder des Nießbrauches so viele Male in Ansatz zu bringen, als der Vermächtniß= nehmer nach den Vorschriften über die muthmaßliche Lebensdauer Jahre noch zu leben hat. In demselben Verhältnisse, in welchem die dadurch erlangte Gesammtsumme wegen der anderen Vermächtnisse verhältnißmäßig zu mindern ist, erleidet der jährliche Betrag der Rente oder des Nieß= brauches eine Minderung. (§ 35.)

§ 2450. Ist der Gegenstand eines Vermächtnisses untheilbar, so hat der Beschwerte denselben ganz zu leisten, wenn ihm der Bedachte so viel an Geld herausgiebt, als die erforderliche verhältnißmäßige Min= derung des Vermächtnisses ausmacht.

Sechster Abschnitt.
Einzelne Arten der Vermächtnisse.

I. Vermächtniß einer dem Stücke nach bestimmten Sache oder eines Rechtes an einer Sache.

§ 2451. Ist der Gegenstand des Vermächtnisses eine Sache, an welcher der Erblasser zur Zeit seines Todes das Eigenthum hat, oder ein Recht an einer Sache des Erblassers, oder ein dem Erblasser zu= ständiges Recht an einer fremden Sache, so erwirbt der Vermächtniß= nehmer das Eigenthum der Sache nebst Zuwachs und allen zur Zeit des Anfalles dabei befindlichen Zubehörungen, oder das Recht an der Sache sofort mit der Erwerbung des Vermächtnisses, soweit nicht zu dem Ueber= gange des Eigenthumes oder des Rechtes Eintragung in das Grund= und Hypothekenbuch nach § 2286 nöthig ist.

§ 2452. Stehen Dritten Rechte an der vermachten Sache zu, so kann der Vermächtnißnehmer von dem Beschwerten die Befreiung der Sache von diesen Rechten nicht fordern. Ist der Beschwerte der Berechtigte, so dauern die demselben an der vermachten Sache zustehenden Rechte nach der Eigenthumserwerbung des Vermächtnißnehmers fort.

Zu § 2451. 1) eine Sache, an welcher der Erblasser das Eigen= thum hat: Der Umstand, daß ein Dritter ein persönliches Recht auf die Uebergabe der Sache hat, steht dem Eigenthumserwerbe nicht entgegen. Z. f. R. Bd. 24 S. 142.

2) ein Recht an einer fremden Sache: Ist eine Hypothek vermacht, so kann die Löschung derselben erfolgen, wenn der letztwillig bestimmte solutionis causa adjectus über den Empfang des Vermächtnisses quittirt. Archiv II. S. 236 (App.=Ger. Dresden).

3) Vermächtniß eines Vorkaufsrechtes, Annalen, N. F. Bd. 5 S. 463.

4) Bezeichnung „Möbel" in einem Vermächtnisse wie aufzufassen, Annalen, N. F. Bd. 5 S. 15; W. f. R. 1868 S. 313.

§ 2453. Stehen Dritten Pfandrechte an der Sache zu, so haftet die Sache auch bei dem Vermächtnißnehmer für die Forderungen, wegen deren die Pfandrechte bestellt worden sind. War der Erblasser für diese Forderungen persönlich verpflichtet, so haftet der Vermächtnißnehmer den Erben gegenüber nach den Vorschriften über die Schuldübernahme. (§§ 1402 bis 1408.)

§ 2454. Stehen dem Vermächtnißnehmer Rechte an der ihm vermachten Sache zu, so kommen die Vorschriften in §§ 508, 594, 651 zur Anwendung. Ist der Vermächtnißnehmer Pfandgläubiger, so erlöscht sein Pfandrecht und seine durch dasselbe gesicherte Forderung gegen den Erblasser; bei unbeweglichen Sachen kommen die Vorschriften in §§ 442, 443 zur Anwendung.

§ 2455. Forderungen, welche gegen den Erblasser in Beziehung auf die Sache begründet worden sind, braucht der Vermächtnißnehmer nicht zu erfüllen.

§ 2456. Die Vorschriften in §§ 2451 bis 2455 finden analoge Anwendung, wenn der Gegenstand dem Beschwerten gehört; doch erwirbt der Bedachte nur die Befugniß, Uebertragung des Eigenthumes oder des Rechtes zu fordern. Es ist gleich, ob der Erblasser bei Anordnung des Vermächtnisses wußte, daß der Gegenstand dem Beschwerten gehörte, oder ob er den Gegenstand irrig für den seinigen hielt.

§ 2457. Das Vermächtniß einer dem Stücke nach bestimmten Sache oder des Rechtes an einer Sache ist, wenn der Gegenstand des Vermächtnisses weder dem Erblasser, noch dem Beschwerten gehört, nichtig, ausgenommen wenn der Erblasser wußte, daß der Gegenstand einem Dritten gehörte.

§ 2458. War dem Erblasser bekannt, daß der Gegenstand einem Dritten gehörte, so ist der Beschwerte verpflichtet, den Gegenstand dem Vermächtnißnehmer zu verschaffen. Ist dies für den Beschwerten unmöglich, weil der Dritte den Gegenstand nicht verkaufen will oder einen übermäßigen Preis fordert, so ist der ordentliche Preis, welchen der Gegenstand zur Zeit des Todes des Erblassers hat, zu gewähren.

§ 2459. Schwebt zwischen dem Erblasser und dem Dritten ein Rechtsstreit über das Eigenthum des Gegenstandes, so gilt das Vermächtniß, soweit der Gegenstand dem Erblasser zugesprochen wird.

§ 2460. Gehört die Sache dem Erblasser blos zu einem Theile, so gilt das Vermächtniß, soweit die Sache dem Erblasser gehört.

§ 2461. Das Vermächtniß eines Gegenstandes, welcher dem Be=

Zu § 2457. 1) Als res alienae können Sachen nicht betrachtet werden, welche zwar vom Erblasser verkauft sind, rücksichtlich deren aber Eigenthum noch nicht übertragen worden ist. Z. f. R. Bd. 24 S. 142.

2) wenn der Erblasser wußte, daß der Gegenstand einem Dritten gehörte: Dies nachzuweisen ist Sache des Legatars. Z. f. R. Bd. 24 S. 142.

Zu § 2458. Vergl. Z. f. R. Bd. 24 S. 142.

dachten zur Zeit der Anordnung des Vermächtnisses gehört, ist nichtig, selbst wenn der Bedachte den Gegenstand bei Lebzeiten des Erblassers veräußert hat, ausgenommen wenn das Vermächtniß für den Fall der Veräußerung vor dem Tode des Erblassers oder eines späteren Verlustes des Eigenthumes an dem Gegenstande hinterlassen wird, oder wenn es Rechte in Bezug auf die Sache betrifft, welche auch für den Eigenthümer möglich sind. Vermacht der Erblasser eine dem Bedachten gehörige Sache, auf welche ihm selbst ein Recht zusteht, so ist das Recht des Erblassers für erloschen zu betrachten. Stand dem Erblasser ein Pfandrecht an der Sache zu, so gilt das Vermächtniß als Befreiung von dem Pfandrechte, nicht als Erlaß der Forderung.

§ 2462. Gehört der Gegenstand dem Bedachten nicht zur Zeit der Anordnung des Vermächtnisses, wohl aber zur Zeit des Todes des Erblassers, so ist das Vermächtniß gültig; der Bedachte kann, wenn er den Gegenstand von einer anderen Person, als von dem Erblasser, gegen eine Gegenleistung erworben hat, den Aufwand für die Erwerbung, jedoch, wenn solcher den Werth der Sache übersteigt, nur diesen, fordern.

II. Vermächtniß einer Gesammtsache und eines Inbegriffes von Sachen.

§ 2463. Das Vermächtniß einer Gesammtsache bezieht sich auf Alles, was zur Zeit des Todes des Erblassers zu derselben gehört. (§ 62.)

§ 2464. Das Vermächtniß einer Sache mit ihrem Inhalte oder des Inbegriffes von Sachen mit Beziehung auf den Ort, wo sich derselbe befindet, umfaßt alle Gegenstände, welche die Bestimmung haben, fortdauernd zu dem Inhalte der Sache oder zu dem Inbegriffe von Sachen zu gehören. Ist die Bestimmung vorhanden, so sind die Gegenstände als vermacht zu betrachten, selbst wenn sie sich zur Zeit des Todes des Erblassers zufällig oder vorübergehend anderswo befinden. Ist die Bestimmung nicht vorhanden, so sind die Gegenstände nicht vermacht, selbst wenn sie sich zur Zeit des Todes des Erblassers in der vermachten Sache oder an dem Orte des vermachten Inbegriffes von Sachen befinden. (§§ 62 bis 70.)

§ 2465. Das Vermächtniß des bloßen Inhaltes eines Behältnisses begreift Alles in sich, was sich in demselben zur Zeit des Todes des Erblassers befindet.

§ 2466. Das Vermächtniß Dessen, was sich in einem Hause befindet, begreift Alles in sich, was zur Zeit des Todes des Erblassers darin ist, mit Ausnahme des baaren Geldes, der Staatspapiere, anderer Werthpapiere, der Schuldverschreibungen und des Schmuckes.

III. Vermächtniß einer der Gattung nach bestimmten Sache und einer Menge vertretbarer Sachen.

§ 2467. Hat der Erblasser eine Sache aus einer Gattung vermacht, so hat der Beschwerte die Sache zu wählen, gleichviel ob eine solche sich

Zu § 2465. Vermächtniß eines Meublements, Annalen, A. F. Bd. 2 S. 335.

in der Erbschaft befindet oder nicht, und ob dieses dem Erblasser bekannt war oder nicht. Doch gilt dabei die Vorschrift im § 696.

§ 2468. Hat der Erblasser das Vermächtniß auf die in seinem Vermögen befindlichen Sachen beschränkt, so ist dasselbe nur gültig, wenn sich Sachen der bezeichneten Gattung in der Erbschaft befinden.

§ 2469. Die Vorschriften der §§ 2467, 2468 gelten auch, wenn eine Menge vertretbarer Sachen, ohne Angabe der Beschaffenheit derselben, vermacht ist.

IV. Vermächtniß eines Nießbrauches.

§ 2470. Ist einer Person das Eigenthum einer Sache, einer anderen Person der Nießbrauch an derselben Sache vermacht, so ist anzunehmen, daß der ersteren das Eigenthum ohne Nießbrauch, der letzteren der Nießbrauch ohne Eigenthum vermacht ist. (§ 656.)

§ 2471. Auf das Vermächtniß des Nießbrauches finden die Vorschriften über das Anwachsungsrecht in §§ 2431 bis 2436 Anwendung.

V. Vermächtniß des Lebensunterhaltes und einer Leibrente.

§ 2472. Ist bei dem Vermächtnisse des Lebensunterhaltes keine Zeit bestimmt, auf welche der Unterhalt gewährt werden soll, so ist anzunehmen, daß derselbe auf die Lebensdauer des Bedachten zu gewähren ist.

§ 2473. Der Lebensunterhalt umfaßt Alles, was zum standesmäßigen Lebensunterhalte des Bedachten und zur Beerdigung desselben nöthig ist. Bei noch unerzogenen Personen ist darunter auch der Aufwand der Erziehung, des Unterrichtes und der Ausbildung zu einem Berufe begriffen. (§ 1846.)

§ 2474. Beschränkt sich das Vermächtniß auf Verabreichung der Kost, so ist darunter blos Speise und Trank begriffen.

§ 2475. Dem Beschwerten steht die Wahl zwischen der Gewährung des Unterhaltes und der Kost in Natur oder der Leistung in Gelde zu. Es gelten dabei die Bestimmungen im § 700. (§ 1850.)

§ 2476. Ein Vermächtniß einer Leibrente ist nach den Vorschriften in §§ 1150 bis 1156 zu beurtheilen.

Zu § 2470. Vergl. Z. f. R. Bd. 25 S. 229.

Zu § 2471. Vergl. Annalen, N. F. Bd. 7 S. 158.

Zu § 2472. 1) Die Regel: in praeteritum non vivtur leidet hier keine Anwendung. Annalen, A. F. Bd. 2 S. 28; Z. f. R. Bd. 18 S. 277.

2) Die durch letztwillige Verfügung ausgesetzten Leibrenten, die annua legata, sind nach römischem Recht als einzelne, für jedes Jahr bestimmte Vermächtnisse anzusehen, so daß nur die erste Jahresrente als unbedingt verliehen anzusehen ist, sofort mit dem Ableben des Vermächtnißgebers anfällig wird und wenn der Vermächtnißnehmer diesen Termin erlebt hat, auf seine Erben übergeht, während die späteren Jahresrenten erst mit Beginn der neuen Frist erworben und beziehentlich auf die Erben des Honorirten übertragen werden. Z. f. R. Bd. 31 S. 64.

VI. Vermächtniß einer Forderung, einer Schuld oder der Befreiung von einer Schuld.

§ 2477. Das Vermächtniß einer Forderung, welche dem Erblasser an einen Dritten zusteht, fällt weg, wenn die Forderung nicht vorhanden ist, selbst wenn ein Betrag ausgedrückt ist. Besteht die Forderung, so geht sie nach den Vorschriften im § 962 auf den Vermächtnißnehmer über.

§ 2478. In dem Vermächtnisse eines Schuldscheines liegt das Vermächtniß der Forderung, auf welche sich der Schuldschein bezieht.

§ 2479. Ist die vermachte Forderung eine solche, bei welcher der Schuldner wählen kann, welchen von mehreren Gegenständen er leisten will, und hat der Erblasser die Forderung eines dieser Gegenstände einer Person, oder die Forderung der mehreren Gegenstände verschiedenen Personen vermacht, so ist der Beschwerte verpflichtet, die Forderung wider den Schuldner geltend zu machen, und es hängt der Erfolg der letztwilligen Verfügung von der Wahl des Schuldners ab. (§§ 698 bis 700.)

§ 2480. Ist die Forderung eine solche, bei welcher der Gläubiger wählen kann, welcher von mehreren Gegenständen geleistet werden soll, und hat der Erblasser die Forderung der einzelnen Gegenstände verschiedenen Personen vermacht, so muß der Beschwerte einem Vermächtnißnehmer die Forderung abtreten, einem jeden der übrigen Vermächtnißnehmer aber den Werth des Gegenstandes der ihm vermachten Forderung leisten. Dasselbe gilt bei einer Forderung, für welche Mehrere als Gesammtschuldner haften, wenn der Gläubiger jedem der mehreren Vermächtnißnehmer die Forderung gegen einen anderen Gesammtschuldner vermacht hat. (§§ 1019 bis 1038.)

§ 2481. Die Vorschriften in §§ 2477 bis 2480 finden auch Anwendung, wenn die vermachte Forderung dem Beschwerten oder einer anderen Person zusteht. Der Beschwerte hat in dem ersteren Falle dem Vermächtnißnehmer die Forderung abzutreten, in dem letzteren Falle demselben die Forderung zu verschaffen.

§ 2482. Vermacht der Erblasser dem Vermächtnißnehmer Das, was dieser von einem Dritten zu fordern hat, so wird der Dritte, wenn der Beschwerte das Vermächtniß entrichtet, von seiner Schuld befreit.

§ 2483. Vermacht der Erblasser dem Vermächtnißnehmer Das, was dieser einem Dritten schuldig ist, so ist der Beschwerte verpflichtet, den Vermächtnißnehmer von dem Anspruche des Dritten zu befreien.

§ 2484. Vermacht der Erblasser dem Vermächtnißnehmer, was dieser ihm oder dem Beschwerten schuldet, oder den Schuldschein darüber, so gilt das Vermächtniß blos, soweit die Schuld besteht, selbst wenn ein

---

Zu § 2477. Vergl. Annalen, II. F. Bd. 2 S. 17.

Zu § 2478. 1) Der § darf nicht analog auf Schenkungen von Urkunden angewendet werden. Z. f. R. Bd. 30 S. 330.

2) Schenkung eines Sparcassenbuches an den Wärter des Verstorbenen, siehe hierüber Annalen, N. F. Bd. 3 S. 467.

Zu § 2484 Vergl. Z. f. R. Bd. 30 S. 60.

Betrag ausgedrückt ist. Der Beschwerte wird, wenn die Schuld besteht, zur Befreiung des Bedachten von derselben nebst den rückständigen Zinsen, zur Rückgabe des Schuldscheines oder der etwa bestellten Faustpfänder, sowie zur Löschung etwaiger Hypotheken ebenso verpflichtet, als wenn die Forderung erfüllt worden wäre.

§ 2485. Hat der Erblasser Etwas mit der Bemerkung, daß er es dem Bedachten schuldig sei, vermacht, so gilt das Vermächtniß, dafern der Betrag der Schuld mit Bestimmtheit angegeben ist, selbst wenn eine Schuld nicht vorhanden ist; es bedarf auch solchen Falles keines Beweises der Schuld.

§ 2486. Das Vermächtniß Dessen, was der Erblasser dem Vermächtnißnehmer schuldig ist, verpflichtet den Beschwerten zu Bezahlung der Schuld und es fallen alle Zeitbestimmungen und Bedingungen derselben, ingleichen alle Einreden weg, welche sich auf die Entstehung der Schuld beziehen.

§ 2487. Vermacht der Erblasser seinem Gläubiger einen seiner Schuld gleichkommenden Betrag, ohne zu erklären, daß er denselben schuldig sei, so kann der Gläubiger das Vermächtniß neben seiner Forderung verlangen.

§ 2488. Vermacht der Erblasser dem Vermächtnißnehmer eine Sache, welche er diesem schuldig ist, so kann der Vermächtnißnehmer blos die Sache, nicht aber die Sache und deren Werth fordern.

VII. Vermächtniß einer Ausstattung.

§ 2489. Wird einer Frauensperson Etwas, ohne Rücksicht auf eine bestimmte Ehe, mit der Bemerkung vermacht, daß es eine Ausstattung sein soll, so ist das Vermächtniß nicht als von der Bedingung abhängig anzusehen, daß die Vermächtnißnehmerin eine Ehe eingeht.

§ 2490. Die einer Mannsperson, ohne Rücksicht auf eine bestimmte Ehe, vermachte Ausstattung ist als von der Bedingung abhängig anzusehen, daß der Vermächtnißnehmer eine Ehe eingeht.

§ 2491. Wenn einer Mannsperson eine Ausstattung vermacht wird für den Fall, daß sie eine bestimmte Frauensperson heirathet, oder zu dem Zwecke, daß sie dieselbe heirathet, so ist anzunehmen, daß die Ausstattung mit Rücksicht auf die bestimmte Frauensperson und für dieselbe bestellt worden ist. (§ 1659.)

§ 2492. Die Höhe einer Ausstattung, welche ohne nähere Angabe, worin sie bestehen soll, vermacht wird, ist ohne Rücksicht auf das eigene Vermögen des Bedachten, nach dem Stande des Vaters desselben und, bei außerehelich Geborenen, nach dem Stande der Mutter zu bestimmen. (§ 1667.)

VIII. Wahlvermächtnisse.

§ 2493. Bei einem Vermächtnisse, welches wahlweise auf mehrere Gegenstände geht, kommt im Zweifel dem Beschwerten die Wahl zu,

---

Zu § 2485. Vergl. Annalen, II. F. Bd. 3 S. 302.

selbst wenn die Gegenstände nicht in der Erbschaft vorhanden sind. (§ 697.)

§ 2494. Hat der Erblasser dem Vermächtnißnehmer die Wahl unter mehreren Gegenständen überlassen, so kann der letztere, selbst wenn die Gegenstände nicht in der Erbschaft vorhanden sind, wählen, welchen er haben will.

§ 2495. Kommt einem Dritten nach der Bestimmung des Erblassers die Wahl unter den mehreren Gegenständen zu, so muß dieser bei der Wahl auf die Verhältnisse und Bedürfnisse des Vermächtnißnehmers Rücksicht nehmen.

§ 2496. Ist die vom Beschwerten gewählte Sache entwährt worden, so haftet er für die Entwährung; ist die vom Vermächtnißnehmer oder einem Dritten gewählte Sache entwährt worden, so kann der Vermächtniß= nehmer eine andere wählen.

§ 2497. Wenn der Vermächtnißnehmer oder der Dritte nicht wählt, so kann der Beschwerte verlangen, daß demselben die Erklärung über die Wahl innerhalb einer nach richterlichem Ermessen, nicht unter einem Monate zu bestimmenden Frist, auferlegt wird und es geht, wenn die Erklärung über die Wahl in dieser Frist nicht erfolgt, das Recht zu wählen auf den Beschwerten über. (§ 807.)

§ 2498. Können Mehrere, welchen die Wahl zukommt, oder mehrere Erben eines zur Wahl Berechtigten sich über die Wahl nicht einigen, so entscheidet das Loos, wer von ihnen zu wählen hat.

IX. Vermächtniß der Erbschaft eines Dritten.

§ 2499. Bei dem Vermächtnisse der Erbschaft eines Dritten, welche dem Erblasser oder dem Beschwerten angefallen ist, werden der Beschwerte und der Bedachte wie der Veräußerer und der Erwerber bei einer ver= äußerten Erbschaft beurtheilt. (§§ 2273 bis 2281.)

Siebenter Abschnitt.
Schenkung auf den Todesfall.

§ 2500. Ein einseitiges Schenkungsversprechen, welches Jemand für den Fall seines Todes im Allgemeinen oder für den Fall seines Todes bei einer bestimmten Lebensgefahr giebt, ist sowohl rücksichtlich der Anordnung und der dabei zu beobachtenden Form, als auch rücksichtlich seiner Wirkungen wie eine letztwillige Verfügung zu beurtheilen.

Zu § 2499. Vergl. Z. f. R. Bd. 25 S. 229.

Zu § 2500. 1) Aelteres Recht siehe W. f. R. 1848 S. 492, 1863 S. 313; Annalen, N. F. Bd. 4 S. 281; Z. f. R. Bd. 25 S. 103.

2) Nach den Anschauungen, von welchen das BGB. bei der Lehre von den Schenkungen auf den Todesfall ausgegangen, ist eine Schenkung der letzteren Art nur dann anzunehmen, wenn der Schenker die Schenkung als auf den Todesfall gerichtet ausdrücklich bezeichnet oder dieselbe sei es im Allgemeinen, sei es durch

§ 2501. Wird das Schenkungsversprechen von dem Beschenkten angenommen, so kommen sowohl rücksichtlich der Anordnung und der dabei zu beobachtenden Form, als auch rücksichtlich der Wirkungen die Vorschriften über den Erbvertrag zur Anwendung. (§ 2546.)

§ 2502. Die Vorschriften im § 1053, §§ 1056 bis 1058 finden bei Schenkungen auf den Todesfall keine Anwendung.

Achter Abschnitt.
Anwartschaft.
L. Erbanwartschaft.

§ 2503. Der Erblasser kann anordnen, daß sein Erbe die Erbschaft oder einen Erbtheil einem Dritten, Anwärter, herausgeben oder hinterlassen soll, Fideicommiß.

Bezeichnung eines speciellen Falles einer Todesgefahr mit seinem Tode in Beziehung gebracht und davon ausdrücklich oder stillschweigend die Wirkung der Schenkung abhängig gemacht hat. Annalen, N. F. Bd. 9 S. 350; Z. f. R. Bd. 41 S. 211; W. f. R. 1873 S. 259.

3) Bei Entscheidung der Frage, ob eine Schenkung auf den Todesfall oder unter Lebenden vorliege, sind namentlich die beim Schenkungsacte abgegebenen Erklärungen entscheidend, Annalen, A. F. Bd. 4 S. 281; R. F. Bd. 9 S. 351; II. F. Bd. 2 S. 263; Z. f. R. Bd. 30 S. 328; W. f. R. 1868 S. 17; 1873 S. 257.

4) Ueber die Bedeutung der Erklärung: „dafern ich mit Tode abgehen sollte", siehe Annalen, A. F. Bd. 7 S. 220.

5) Ueber eine Schenkung von Werthpapieren mit Bezugnahme auf den Tod der Schenkerin, welche trotzdem als Schenkung unter Lebenden angesehen worden ist, siehe Annalen, A. F. Bd. 4 S. 283 und 285.

6) Eine unter dem Vorbehalte der Zurückforderung bei eintretendem eigenen Bedürfnisse gemachte Schenkung ist nicht als Schenkung auf den Todesfall anzusehen. Z. f. R. Bd. 14 S. 364.

7) Schenkung auf den Todesfall oder Erbvertrag? siehe Annalen, N. F. Bd. 10 S. 252.

8) Schenkung einer Urkunde, Annalen, N. F. Bd. 2 S. 208; — eines Sparcassenbuches, Annalen, N. F. Bd 3 S. 469 — des Einlagebuches einer Bank, Z. f. R. Bd. 31 S. 261 flg. — eines Hypothekenbriefes, Annalen, N. F. Bd. 9 S. 351.

9) oder für den Fall seines Todes bei einer bestimmten Lebensgefahr: vergl. Annalen, A. F. Bd. 4 S. 281.

Außerdem siehe überhaupt oben zu § 1049 flg. Ueber den Stempel bei Schenkungen auf den Todesfall siehe Gesetz über die Erbschaftssteuer, vom 13. November 1876, Art. 1, Abf. 1.

Zu § 2501. Vergl. hierzu Annalen, A. F. Bd. 4 S. 284 und 285 (älteres Recht).

Zu § 2503. Vergl. im Allg. Annalen, N. F. Bd. 10 S. 319; Z. f. R. Bd. 40 S. 427.

§ 2504. Als stillschweigende Anordnung einer Anwartschaft ist insbesondere zu betrachten, wenn der Erblasser dem Erben auferlegt, die Erbschaft mit einem Dritten zu theilen, oder den Dritten zum Erben einzusetzen, oder demselben sonst sein eigenes Vermögen zuzuwenden, oder keinen letzten Willen zu errichten. Im letzten Falle sind die gesetzlichen Erben des Erben die Anwärter.

§ 2505. Eine Erbeinsetzung von einem Zeitpunkte an oder unter einer aufschiebenden Bedingung gilt, vorbehältlich der Vorschrift im § 2147, als eine an die gesetzlichen Erben gerichtete Anordnung einer Anwartschaft zu Gunsten der eingesetzten Erben vom Eintritte des Zeitpunktes oder der Bedingung an (§ 2013.)

§ 2506. Eine Erbeinsetzung bis zu einem bestimmten Zeitpunkte oder unter einer auflösenden Bedingung ist so zu betrachten, als wären die eingesetzten Erben zu Gunsten der gesetzlichen Erben des Erblassers mit einer Anwartschaft vom Eintritte des Zeitpunktes oder der Bedingung an beschwert.

§ 2507. Die Vorschriften über Anordnung und Erwerbung der Vermächtnisse und über das Anwachsungsrecht bei denselben finden, soweit nicht etwas Anderes bestimmt ist, auf die Anwartschaft Anwendung. Auch dem Anwärter kann der Erblasser einen Anwärter ernennen; es gelten über das Verhältniß zwischen beiden dieselben Vorschriften, wie über das Verhältniß zwischen dem Erben und dem ersten Anwärter.

§ 2508. Haben Eltern oder Voreltern einen kinderlosen Abkömmling zu Gunsten eines Dritten mit einer Anwartschaft beschwert, so ist anzunehmen, daß die Anwartschaft wegfällt, wenn der Abkömmling später Kinder bekommen hat und diese zu der Zeit, wo die Herausgabe der Erbschaft an den Anwärter erfolgen soll, noch vorhanden sind.

§ 2509. Nach dem Anfalle der Anwartschaft kann der Anwärter, wenn für die Herausgabe der Erbschaft oder des Erbtheiles keine Zeit bestimmt ist, die Herausgabe von der Zeit der Antretung der Erbschaft von Seiten des Erben an, fordern. Ist die Zeit der Herausgabe der

---

1) Auch eine res certa kann Gegenstand einer Erbanwartschaft sein. Z. f. R. Bd. 25 S. 230.

2) Ueber das Fideicommissum ejus, quod supererit und über die Beweislast rücksichtlich der hierbei in Frage gelangenden Nachlässe, siehe W. f. R. 1867 S. 465. Desgl. Annalen, N. F. Bd. 8 S. 420.

3) Ueber die wegen eines Fideicommisses zu bestellende Caution vergl. M. f. R. 1856 S. 199 und 1857 S. 366; ferner Z. f. R. Bd. 35 S. 97.

4) Für unbekannte Erbanwärter kann unter Umständen ein Specialvormund bestellt werden, Archiv II. S. 42 (App.=Ger. Dresden).

Zu § 2505. Vergl. hierzu Annalen, N. F. Bd. 10 S. 319; Z. f. R. Bd. 40 S. 427. Eine derartige Erbanwartschaft ist im Grund- und Hypothekenbuche zu verlautbaren, Annalen, N. F. Bd. 10 S. 319; Z. f. R. Bd. 40 S. 427.

Zu § 2509. Ein Beispiel einer Klage auf Herausgabe eines Universalvermächtnisses siehe Z. f. R. Bd. 33 S. 329.

Willkühr des Erben überlassen, so kann der Anwärter erst nach dem Tode desselben die Herausgabe fordern.

§ 2510. Der Anwärter hat Anspruch auf die Herausgabe aller in der Erbschaft oder in dem Erbtheile begriffenen Gegenstände und der vor der Erbschaftsantretung davon gezogenen Früchte. (§ 2252.)

§ 2511. Hat der Erbe seinen Erbtheil herauszugeben, so ist darunter auch Das, was er vermöge Anwachsungsrechtes erhält, mitbegriffen. (§§ 2262 bis 2276.)

§ 2512. Auf Das, was der Erbe nicht aus der Erbschaft, oder aus der Erbschaft, aber nicht als Erbe, oder was er vermöge Nacherb-einsetzung erhält, ingleichen auf die dem Erben hinterlassenen Vermächt-nisse, soweit sie auf den Erbtheilen der Miterben lasten, hat der Anwärter keinen Anspruch.

§ 2513. Bezieht sich die Anwartschaft auf Alles, was der Erbe vom Erblasser erhalten hat, so hat der Erbe Alles herauszugeben, was er auf den Todesfall empfangen hat.

§ 2514. Der Erbe erlangt an den zur Anwartschaft gehörigen Sachen das Eigenthum und ist, soweit diese unbewegliche sind, in dem Grundbuche als Eigenthümer einzutragen. Sein Eigenthum ist durch die Anwartschaft beschränkt und es ist diese Beschränkung, soweit sie unbe-wegliche Sachen betrifft, als Verfügungsbeschränkung im Grundbuche ein-zutragen. (§ 259.)

§ 2515. Die Rechte und Verpflichtungen des Erben bis zu der Herausgabe des mit der Anwartschaft beschwerten Vermögens sind, soweit nicht etwas Anderes bestimmt ist, in Bezug auf die Benutzung und Ver-waltung nach den Vorschriften in §§ 631 bis 636 zu beurtheilen. (§ 617.)

Zu § 2510. Vergl. hierzu Annalen, N. F. Bd. 3 S. 185 (älteres Recht).

Zu § 2514. Vergl. Annalen, II F. Bd. 3 S. 555 und Z. f R. Bd. 43 S. 381. Ueber die Zulässigkeit der Execution in die Früchte eines Fideicommisses siehe dieselben Entscheidungen. Zum Schlußsatz vergl. Archiv II. S. 42 (App.-Ger. Dresden).

Zu § 2515. Aelteres Recht siehe W. f. R. 1856 S. 199 und 1857 S. 366. Neueres Recht siehe Z. f. R. Bd. 35 S. 97.

1) Ueber das Recht des Anwärters, Sicherheitsleistung zu for-dern, siehe Annalen, N. F. Bd. 8 S. 418; Z. f. R. Bd. 35 S. 97; die Sicher-heitsbestellung hat in Gemäßheit der Vorschriften in § 136 des BGB. zu erfolgen, Z. f. R. Bd. 35 S. 100. Einen Fall einer unschlüssigen Klage auf Sicherheits-leistung siehe Z. f. R. Bd. 43 S. 216. Vergl. außerdem oben zu § 636 des BGB.

2) Allerdings wird in § 2515 nur auf die Vorschriften in § 631 bis 636 und nicht mit auf § 617 des BGB. verwiesen. Gleichwohl darf dieser Be-stimmung eine allgemeinere Geltung beigelegt werden, sie darf auch auf die übrigen Fälle des Nießbrauches, in denen nach dem Gesetzbuche die Pflicht zur Sicherheitsleistung eintritt und demnach auf die nach § 2515 zu beurtheilenden Rechtsverhältnisse mitbezogen werden. Z. f. R. Bd. 43 S. 217.

§ 2516. Ist ein Erbe mit einer Anwartschaft in der Weise beschwert, daß er den Anwärter zum Erben einsetzen oder demselben sonst sein Vermögen zuwenden oder zu Gunsten seiner gesetzlichen Erben keinen letzten Willen errichten soll, so ist er zur Leistung einer Sicherheit nur verbunden, soweit er nach der Vorschrift im § 2389 mit Vermächtnissen beschwert werden kann.

§ 2517. Der Erbe darf, soweit er mit einer Anwartschaft beschwert ist, weder unbewegliche noch bewegliche Sachen veräußern, ausgenommen wenn ihm der Erblasser die Veräußerung gestattet hat, wenn die Veräußerung zu Bezahlung der Erbschaftsschulden nöthig ist, wenn die Sache sich nicht ohne Gefahr oder Schaden aufbewahren läßt, oder wenn der Anwärter seine Einwilligung dazu giebt.

§ 2518. Von Zeit der Herausgabe an tritt der Anwärter an die Stelle des Erben. Er ist von dieser Zeit an nach Verhältniß seiner Anwartschaft zu der Erbschaftsklage und Erbtheilungsklage und zu Klagen wegen einzelner erbschaftlichen Gegenstände berechtigt und zur Vertretung der Erbschaft den Erbschaftsgläubigern gegenüber verpflichtet.

§ 2519. Hat der Erbe seinen Erbtheil blos theilweise herauszugeben, so findet zwischen ihm und dem Anwärter die Erbtheilungsklage statt.

§ 2520. Der Erbe behält nach dem Verhältnisse, in welchem er die Erbschaft an den Anwärter herausgiebt, seine Forderungen an die Erbschaft, bleibt aber, wenn er Schuldner ist, in demselben Verhältnisse der Erbschaft verpflichtet. Auch leben die Grunddienstbarkeiten, mit welchen eine Sache des Erblassers zu Gunsten des Erben oder eine Sache des Erben zu Gunsten des Erblassers belastet ist, mit der Herausgabe an den Anwärter wieder auf.

§ 2521. Nach der Herausgabe der Erbschaft an den Anwärter können die Erbschaftsgläubiger und Vermächtnißnehmer ihre Befriedigung nur von dem Anwärter fordern. Der Erbe haftet jedoch mit den gezogenen Früchten für Ansprüche an die Erbschaft, zu deren Berichtigung die an den Anwärter herausgegebene Erbschaft nicht ausreicht. (§ 2389.)

§ 2522. Hat der Erblasser die Anwartschaft auf Das beschränkt, was beim Tode des Erben noch vorhanden sein werde, oder dem Erben sonst die freie Verfügung gestattet, so kann der Erbe Das, was ihm von dem Erblasser hinterlassen worden ist, veräußern, verbrauchen und selbst verschenken; er darf aber darüber nicht auf den Todesfall verfügen.

Zu § 2516. Vergl. hierzu W. f. R. 1847 S. 372; Z. f. R. Bd. 12 S. 365; Annalen, N. F. Bd. 4 S. 128.

Zu § 2517. Durch die Fideicommißeigenschaft eines Gutes wird nicht nur eine freiwillige Veräußerung und Verpfändung, sondern auch die Eintragung eines Hülfspfandrechtes gehindert, Archiv II. S. 775.

Zu § 2522. Vergl. Annalen, N. F. Bd. 8 S. 420; W. f. R. 1867 S. 465.

§ 2523. Der Erbe ist in dem im § 2522 angegebenen Falle zu Leistung einer Sicherheit nicht verpflichtet; doch gilt die Vorschrift im § 632.

§ 2524. Stirbt der Erbe, so ist in dem Falle des § 2522 der Anwärter berechtigt, die Herausgabe Dessen zu fordern, was von dem Vermögen des Erblassers in Natur oder im Werthe noch vorhanden ist. (§ 2341.)

II. Vermächtnißanwartschaft.

§ 2525. Hat ein Erblasser verordnet, daß Mehrere nach einander dasselbe Vermächtniß haben sollen, so ist die Verpflichtung des Vermächtniß=nehmers, welcher der Reihenfolge nach das Vermächtniß erhält, dem ihm nachstehenden Vermächtnißnehmer gegenüber nach den Vorschriften über die Verpflichtung des Erben dem ersten Vermächtnißnehmer gegenüber zu beurtheilen.

§ 2526. Hat ein Erblasser dem Erben die letztwillige Verfügung über einen Gegenstand verboten, so gilt dies als eine Anwartschaft zu Gunsten der gesetzlichen Erben des Erben.

III. Familienanwartschaft.

§ 2527. Hat der Erblasser verordnet, daß die Erbschaft, ein ideeller Theil derselben oder einzelne Gegenstände nur in seiner oder einer anderen Familie bererbt werden sollen, Familienfideicommiß, und dabei die Erbfolge nicht bestimmt, so sind alle zur gesetzlichen Erbfolge be=rechtigte Verwandten der bestimmten Familie, mit Ausnahme der an Kindesstatt Angenommenen, berufen.

Zu § 2523. Vergl. Annalen, II. F. Bd. 2 S. 18 und Z. f. R. Bd. 43 S. 216.

Zu § 2527. Vergl. im Allgemeinen: Annalen, N. F. Bd. 9 S. 276; Bd. 10 S. 325; Z. f. R. Bd. 40 S. 430.

1) Erbfolgeberechtigt sind alle Blutsverwandten, es findet daher nicht die deutsch-rechtliche Beschränkung auf die männlichen Verwandten statt, Annalen, N. F. Bd. 9 S. 276 und 277; Bd. 10 S. 325. Ueber den Begriff „Familie" s. Annalen, N. F. Bd. 9 S. 278. Uneheliche Kinder der zur Succession berufenen Descendenten weiblichen Geschlechts sind nicht absolut von der Familienanwartschaft ausgeschlossen, sondern nur dann zurückzuweisen, wenn sie in der Familienstiftung als successionsunfähig bezeichnet worden sind, Archiv I. S. 161.

2) und dabei die Erbfolge nicht bestimmt: Das Nämliche hat zu gelten, wenn für einen eingetretenen Successionsfall besondere testamentarische Bestimmungen nicht vorhanden sind, Z. f. R. Bd. 36 S. 223.

3) Bei der Auslegung eines Familienfideicommisses kommt es hauptsächlich auf die Ermittelung des Willens des Stifters an, Annalen, N. F. Bd. 9 S. 277; Bd. 10 S. 325; Z. f. R. Bd. 30 S. 120.

4) Ist bei gleichzeitiger Errichtung mehrerer Familienfideicommisse bestimmt worden, daß nach dem Aussterben der einen successionsberechtigten Familie das Fideicommiß mit den übrigen vereinigt werden soll, so liegt hierin die Einräu-

§ 2528. Stirbt ein Anwartschaftsinhaber, so treten Diejenigen in die Anwartschaft, welche nach der gesetzlichen Erbfolge seine nächsten Verwandten sind.

§ 2529. Die Vorschriften über die Erbanwartschaft und die Vermächtnißanwartschaft finden, soweit nicht etwas Anderes bestimmt ist, auf die Familienanwartschaft Anwendung.

§ 2530. Ist der Gegenstand der Familienanwartschaft ein Grundstück, so ist die Eigenschaft desselben, als eines Gegenstandes der Familienanwartschaft, in das Grundbuch einzutragen. (G.-O. § 114 Nr. 2.)

§ 2531. Werden Gegenstände, welche in der mit der Anwartschaft belegten Sache eingemauert, vergraben oder sonst verborgen sind, entdeckt, so sind sie, soweit sie nicht dem Finder gehören, als Zuwachs des zur Anwartschaft gehörigen Vermögens zu betrachten. (§§ 232. 606. 634.)

§ 2532. Der Anwartschaftsinhaber ist zu Bestellung einer Sicherheit nicht verpflichtet, doch gilt die Vorschrift im § 632.

§ 2533. Verwendungen und Lasten, welche ein Nießbraucher nicht zu tragen hat, darf der Inhaber aus dem Stammvermögen bestreiten, er muß jedoch vorher die Einwilligung der am Leben befindlichen Anwärter einholen. Wird die Einwilligung ohne ausreichenden Grund verweigert, so kann dieselbe von dem zuständigen Gericht ergänzt werden. (E.- u. A.-B. § 20.)

---

mung eines Successionsrechtes an den andern Familienstamm, s. Z. f. R. Bd. 40 S. 430.

5) Die **Nutzungen der zu einem Familienfideicommisse gehörigen Gegenstände** befinden sich, wie aus den Vorschriften in § 2529 verbunden mit §§ 2514, 2515, 2528, 633 des BGB. hervorgeht, im — wenn auch durch die Anwartschaft beschränkten — **Eigenthume des Fideicommißinhabers**, Annalen, II. F. Bd. 3 S. 557.

6) Die Bestimmung des Stifters eines Familienfideicommisses, es dürfe die Hülfe nicht in die Fideicommißnutzungen vollstreckt werden, widerstreitet dem öffentlichen Rechte und ist daher wirkungslos. Aber auch wenn darin eine Auflage an den Erben erblickt werden sollte, so ist diese wirkungslos, da sie unter den Begriff der sog. nuda praecepta fällt, d. h. eine Auflage enthält, welche nur zu Gunsten des Bedachten gereicht, Z. f. R. Bd. 43 S. 380; Annalen, N. F. Bd. 8 S. 438.

7) Einwendungen des nächsten Anwärters eines Familienfideicommisses gegen die Hülfsvollstreckung in die Fideicommißzinsen wegen Schulden des derzeitigen Fideicommißinhabers sind für unzulässig erklärt worden, Erk. des DAG. vom 11. Juni 1875 in Annalen, II. F. Bd. 3 S. 555.

8) Ueber die **Erbschaftssteuer** bei Familienanwartschaften vergl. Gesetz über die Erbschaftssteuer vom 13. November 1870, Art. 1 unter 3, Art. 3 Schlußsatz und Art. 12.

Zu § 2530. Vergl. hierzu Gerichtsordnung vom 9. Januar 1805, § 114 unter 2.

Zu § 2532. Vergl. Annalen, II. F. Bd. 2 S. 18.

§ 2534. Wenn der Inhaber einen Gegenstand der Anwartschaft an einen Dritten oder an ein Familienglied, welches nicht der nächste Anwärter ist, veräußert, so sind die übrigen zur Anwartschaft berechtigten Familienglieder, falls sie nicht Erben des Veräußerers geworden sind, von der Zeit an, wo sie in die Anwartschaft eintreten, zur Rückforderung des Gegenstandes von jedem Besitzer berechtigt, vorausgesetzt, daß, wenn ein im Grund- und Hypothekenbuche eingetragener Gegenstand in Frage steht, die Familienanwartschaft im Grund- und Hypothekenbuche eingetragen ist.

§ 2535. Haben sämmtliche am Leben befindliche Anwärter, für Diejenigen, welche bei dem Tode ihres Vaters empfangen, aber noch nicht geboren sind, deren Vormünder, in die Veräußerung eingewilligt, so kann diese von Nachgeborenen nicht angefochten werden, welche, falls sie zur Zeit der Veräußerung gelebt oder die Rechte Geborener gehabt hätten, auf die Anwartschaft berechtigt gewesen wären.

§ 2536. Die Bestellung von Rechten an dem Gegenstande einer Familienanwartschaft ist nach Analogie der Vorschriften in §§ 2534, 2535 zu beurtheilen.

§ 2537. Familienglieder, welche ihre Einwilligung zur Veräußerung des Gegenstandes der Anwartschaft oder zur Bestellung von Rechten an demselben gegeben haben, müssen die Veräußerung oder die Bestellung der Rechte gegen sich gelten lassen. Die Einwilligung eines Familiengliedes zur Veräußerung des Gegenstandes der Anwartschaft oder zur Bestellung von Rechten an demselben verpflichtet die Erben des Einwilligenden nur, wenn die Einwilligung zugleich für sie gegeben wird.

§ 2538. Eine Familienanwartschaft kann, sofern nicht von dem Stifter mit Genehmigung des Landesherrn etwas Anderes bestimmt ist, von den Betheiligten geändert oder aufgehoben werden, wenn sie mit Einschluß Desjenigen, welcher in Folge der Anordnung der Anwartschaft der erste Inhaber des Gegenstandes derselben ist, in die dritte Hand gekommen ist.

§ 2539. Zur Aenderung oder zur Aufhebung der Familienanwartschaft wird die Einwilligung sämmtlicher am Leben befindlichen Anwärter erfordert. Rücksichtlich Bevormundeter bedarf es der Beobachtung der über Veräußerung des Vermögens Pflegbefohlener bestehenden Vorschriften.

§ 2540. Das letzte auf die Anwartschaft berechtigte Mitglied der Familie ist zur freien Verfügung über den mit der Anwartschaft belegten Gegenstand sowohl unter Lebenden, als auf den Todesfall berechtigt.

§ 2541. Zur Veräußerung des Gegenstandes einer Familienanwartschaft, sowie zur Aenderung und Aufhebung derselben ist die Genehmigung der zuständigen Behörde erforderlich. (E.= u. A.=B. § 20.)

Sechste Abtheilung.
Von den Erbverträgen und den Erbverzichten.

§ 2542. Wer durch Vertrag einem Anderen ein Erbrecht oder ein Vermächtniß oder eine Anwartschaft zusichert, darf dem Berechtigten das zugesicherte Recht weder durch späteren letzten Willen noch durch späteren Erbvertrag entziehen. Insbesondere können einem Vertragserben nach dem Erbvertrage nicht einseitig vom Erblasser noch Vermächtnisse oder Anwartschaften auferlegt werden.

§ 2543. Letzte Willen, welche vor dem Erbvertrage errichtet wurden, verlieren, soweit der letztere etwas Anderes bestimmt, ihre Wirksamkeit.

§ 2544. Für die Eingehung von Erbverträgen gelten, soweit nicht etwas Anderes bestimmt ist, die Vorschriften über die Eingehung der Verträge.

§ 2545. Handlungsunfähige und für ihre Person Bevormundete können selbst nicht mit Einwilligung ihrer Vormünder, und Geisteskranke selbst nicht in lichten Zwischenräumen durch Erbvertrag verfügen. Eine Ehefrau bedarf, soweit sie sich nicht ohne ihren Ehemann verpflichten kann, auch zur Verfügung durch Erbvertrag der Einwilligung ihres Ehe=mannes. (§ 2069.)

§ 2546. Ein Erbvertrag ist nur gültig, wenn bei dessen Errichtung die Formen des gerichtlichen letzten Willens beobachtet worden sind.

§ 2547. Ein Erbvertrag, welcher als solcher nicht gültig ist, kann nicht als letzter Wille aufrecht erhalten werden. (§ 103.)

Zu § 2542. Aelteres Recht f. W. f. R. 1862 S. 401 flg.; 1864 S. 348 flg.; 1865 S. 20 flg.; Z. f. R. Bd. 24 S. 56 flg.; Annalen, N. F. Bd. 10 S. 254 unter 2.

1) Erbverträge aus der Zeit vor dem Inkrafttreten des BGB. bedürfen zu ihrer Gültigkeit keiner Form, Annalen, II. F. Bd. 2 S. 287; Z. f. R. Bd. 41 S. 485. Vergl. auch § 24 der Publ.=V. zum BGB.

2) Nicht jede von dem andern Theile acceptirte Zusage in Betreff der zu=künftigen Zuwendung des Nachlasses fällt unter den Begriff des Erbvertrages, sondern es kann hierunter nur diejenige Verabredung verstanden werden, welche mit Sicherheit abnehmen läßt, es habe der über seine künftige Verlassenschaft disponirende Contrahent die testamentarische Erbfolge auszuschließen beabsichtigt, W. f. R 1865 S. 21; Z. f. R. Bd. 20 S. 381.

3) Der Gebrauch des Wortes: „Erbvertrag" ist nicht erforderlich, Annalen, N. F. Bd. 10 S. 255.

4) Das bloße Versprechen, Jemanden mit einem Vermächtnisse zu bedenken, ist unwirksam, Z. f. R. Bd. 20 S. 382; Annalen, N. F. Bd. 10 S. 256.

5) Erbvertrag mit bedungener Gegenleistung, f. hierüber An=nalen, N. F. Bd. 8 S. 330.

6) Ein Singularerbvertrag ist nicht schon dann anzunehmen, wenn der Erblasser dem Kläger die Zuwendung eines Vermächtnisses versprochen hat, An=nalen, N. F, Bd. 7 S. 383.

Zu § 2546. Erbverträge aus der Zeit vor dem Inkrafttreten des BGB. bedürfen zu ihrer Gültigkeit nicht der in § 2546 des BGB. geordneten Form, vergl. Annalen, II. F. Bd. 2 S. 287; Z. f. R. Bd. 41 S. 485. Siehe außer=dem § 24 der Publicationsverordg. zum BGB.

§ 2548. Des Erbvertrages ungeachtet behält der Erblasser das Recht der freien Verfügung unter den Lebenden. Ein Verzicht auf dieses Recht ist nur gültig, wenn er in einem Erbvertrage erklärt und auf einzelne unbewegliche Sachen oder auf einzelne Forderungen beschränkt und in dem ersteren Falle, sowie bei hypothekarischen Forderungen, im Grund- und Hypothekenbuche eingetragen, bei anderen Forderungen aber der Schuldner davon gerichtlich benachrichtigt worden ist.

§ 2549. Die Erwerbung von Erbschaften, Vermächtnissen und Anwartschaften aus einem Erbvertrage, insbesondere die Wirkung beigefügter Bedingungen, ist nach den Vorschriften über die Erbfolge aus einem letzten Willen zu beurtheilen. (§§ 2117 bis 2148.)

§ 2550. Der Vertragserbe hat, selbst wenn er mit Auflagen beschwert ist, das Recht, nach dem Tode des Erblassers die Erbschaft auszuschlagen, wenn er nicht auf dieses Recht verzichtet hat.

§ 2551. Wenn der Vertragserbe vor dem Anfalle der Erbschaft stirbt, so erlöscht der Erbvertrag, ausgenommen wenn bestimmt ist, daß er auf die Erben des Vertragserben übergehen soll.

§ 2552. Sind Mehrere in einem Erbvertrage bedacht, ohne Angabe, wieviel ein Jeder erhalten soll, so gelten die Vorschriften über das Anwachsungsrecht bei letzten Willen.

§ 2553. Sind durch Erbvertrag Dritten Vermächtnisse oder Anwartschaften ausgesetzt, so können, wenn die Dritten dem Vertrage nicht beigetreten sind, die Vermächtnisse oder Anwartschaften von dem Erblasser auf dieselbe Weise, wie Vermächtnisse oder Anwartschaften, welche in einem letzten Willen angeordnet worden sind, widerrufen werden, ausgenommen wenn sie zu Gunsten des anderen vertragschließenden Theiles gereichen oder von dem letzteren für die Dritten ausbedungen oder bei wechselseitigen Erbverträgen zur Bedingung gemacht worden sind.

§ 2554. Die Aufhebung der Erbverträge richtet sich nach den Vorschriften über Verträge.

§ 2555. Ist dem Erblasser das Recht, den Erbvertrag zu widerrufen, vorbehalten worden, so finden die Vorschriften über den Widerruf der letzten Willen Anwendung. (§§ 2210. 2212.)

§ 2556. Haben sich bei einem wechselseitigen Erbvertrage beide Erblasser den Widerruf vorbehalten, so fällt, wenn der eine Erblasser widerruft, der ganze wechselseitige Erbvertrag weg. (§ 2200.)

§ 2557. Erbverträge unter Ehegatten gelten als widerrufen, wenn die Ehe für nichtig erklärt oder in Folge Anfechtung aufgehoben oder geschieden wird oder die Ehegatten auf Lebenszeit von Tisch und Bette getrennt werden. (§ 2222.)

§ 2558. Die Vorschriften über den Erbvertrag gelten auch für den Vertrag, durch welchen der Erblasser seinen gesetzlichen Erben das gesetzliche Erbrecht zusichert.

Zu § 2551. Z. f. R. Bd. 24 S. 58; W. f. R. 1865 S. 132; Annalen, N. F. Bd. 5 S. 261.

Zu § 2553. Vergl. W. f. R. 1868 S. 104 und Z. f. R. Bd. 31 S. 375.

§ 2559. Das Versprechen, Jemanden in Zukunft durch Erbvertrag oder letzten Willen zum Erben einsetzen oder mit einem Vermächtnisse oder einer Anwartschaft bedenken zu wollen, ist, selbst wenn es angenommen wird, wirkungslos.

§ 2560. Verzichte auf Erbschaften, Vermächtnisse und Anwartschaften sind nach den Vorschriften über Verträge zu beurtheilen. Die Formen des Erbvertrages sind dabei nicht erforderlich. (§ 2572.)

§ 2561. Der Verzicht eines Familiengliedes auf das gesetzliche Erbrecht verpflichtet die Erben desselben nicht, ausgenommen wenn der Verzicht zugleich für sie erklärt worden ist. (§§ 2027. 2261. 2282. 2537.)

§ 2562. Hat ein gesetzlicher Erbe vor dem Tode des Erblassers auf sein Erbrecht verzichtet, und findet sich kein durch Gesetz, letzten Willen oder Erbvertrag berufener anderer Erbe und würde die Erbschaft deshalb an den Staat fallen, so ist der Verzicht für wirkungslos zu achten, ausgenommen wenn er auch auf diesen Fall erstreckt ist. (§§ 2618 bis 2620.)

§ 2563. Verträge, welche über die Erbschaft eines bestimmten Dritten bei dessen Lebzeiten geschlossen werden, sind nichtig, ausgenommen wenn sie mit seiner Einwilligung geschlossen werden und er keine Verfügung trifft, durch welche das den Gegenstand des Vertrages bildende Recht aufgehoben wird.

Zu § 2559. S. Annalen, N. F. Bd. 10 S. 256.

Zu § 2560. Aelteres Recht s. Annalen, A. F. Bd. 8 S. 332.

1) Erbverzichte bedürfen keiner Form, insbesondere ist auch eidliche Bestärkung nicht erforderlich, Z. f. R. Bd. 35 S. 512. Namentlich gilt dies auch von den Erbverzichten der Töchter, Annalen, N. F. Bd. 9 S. 192; Archiv I. S. 135.

2) Der Verzicht eines Erben auf sein gesetzliches Erbrecht steht der Geltendmachung eines testamentarisch verliehenen Erbrechtes nicht entgegen, Annalen, N. F. Bd. 7 S. 185; Z. f. R. Bd. 34 S. 158; Bd. 39 S. 440; W. f. R. 1870 S. 89; 1873 S. 209.

3) Die Condiction eines Erbverzichtes ist für zulässig erachtet worden, weil derselbe lediglich gegen die Zusicherung erfolgt war, es würde dem Enkel des Klägers etwas vermacht werden, und diese Voraussetzung nicht eingetreten war, W. f. R. 1870 S. 409.

Zu § 2561. 1) Daher erben die Enkel den großväterlichen Nachlaß, wenn ihre noch am Leben befindliche Mutter auf den väterlichen Nachlaß verzichtet, aber den Verzicht nicht zugleich für ihre Kinder erklärt hat, Annalen, II. F. Bd. 3 S. 38.

2) Ein derartiger Verzicht kann bei Anwartschaften von Ascendenten für ihre Nachkommen nur insoweit mit bindender Kraft ausgesprochen werden, als letztere Erben der ersteren werden, AG. Dresden, Archiv II. S. 42.

Zu § 2563. Aelteres Recht s. W. f. R. 1865 S. 23. Neueres Recht s. W. f. R. 1868 S. 194; Annalen, N. F. Bd. 9 S. 280; Z. f. R. Bd. 36 S. 6.

Siebente Abtheilung.
Von dem Pflichttheile.
I. Allgemeine Bestimmungen.

§ 2564. Pflichttheil ist der Theil einer Erbschaft, welcher gewissen Personen in der Art gebührt, daß er ihnen vom Erblasser nicht will-kührlich entzogen werden kann.

---

1) Hiermit nicht zu verwechseln ist der Fall, wenn Anwärter über ihre Rechtsverhältnisse beim Tode eines eingesetzten Fibuciarerben Vereinbarungen treffen, Annalen, N. F. Bb. 5 S. 228 und Z. f. R. Bb. 31 S. 436.

2) Ueber einen Fall, wo es zweifelhaft war, ob Erbvertrag, Veräußerung einer Erbschaft oder Vertrag zu Gunsten eines Dritten vorlag, s. Z. f. R. Bb. 31 S. 374.

3) Aus der Schlußbestimmung erhellt, daß durch einen derartigen Vertrag der Dritte nie in der Verfüguug über sein Vermögen gehindert werde, W. f. R. 1868 S. 194.

Zu § 2564. 1) Von dem römischen Rechte unterscheidet sich das Pflichttheils-recht des BGB. insofern, als der Pflichttheilserbe nach dem letzteren, sowohl wenn es sich um die Gewährung, als auch wenn es sich um die Ergänzung seines Pflichttheils handelt, als Erbe betrachtet wird und in dieser Eigenschaft nament-lich die Erbschaftsklage (hereditatis petitio) und die Erbtheilungsklage (judicium familiae erciscundae) hat. Die Vorschriften des römischen Rechts über die Klage auf Erfüllung des Pflichttheils (actio suppletoria oder expletoria) sind dadurch außer Anwendung gesetzt worden, Annalen, N. F. Bb. 9 S. 282 und W. f. R. 1872 S. 317.

2) Die Höhe des Pflichttheiles berechnet sich stets nur nach dem Bestande des Nachlasses zur Zeit des Todes des Erblassers, Annalen, N. F. Bb. 7 S. 368. — Nutzungen daher, welche nach dem Tode von einzelnen Nachlaß-gegenständen gezogen worden sind, kommen hierbei nicht in Betracht, Annalen, N. F. Bb. 7 S. 368.

3) Der Pflichttheilsberechtigte ist als wahrer Erbe zu be-trachten, Annalen, N. F. Bb. 9 S. 282, ebenda S. 465; W. f. R. 1872 S. 200.

4) Die actio suppletoria des römischen Rechts ist durch das BGB. beseitigt, Annalen, N. F. Bb. 7 S. 360; Bb. 9 S. 282 und 283; W. f. R. 1872 S. 317; Z. f. R. Bb. 38 S. 300.

5) Der Pflichttheil ist nur eine Quote der gesammten Erbschaft, portio portionis ab intestato, Annalen, N. F. Bb. 0 S. 465.

6) Bekenntnisse des Erblassers über das Einbringen seiner Ehefrau im Testamente können, wenn dadurch die Notherben in ihrem Pflichttheile verletzt werden, nicht als voll beweiskräftig erachtet werden, W. f. R. 1846 S. 390; Archiv II. S. 260; — es hat daher die Ehefrau die Existenz des Einbringens zu beweisen, Archiv II. S. 260.

7) Zum Pflichttheil berechtigte Verwandte und der Ehegatte des Erblassers

§ 2565. Der Pflichttheil gebührt den Abkömmlingen den Eltern, und Voreltern und dem Ehegatten des Erblassers, soweit diese Personen im einzelnen Falle zur gesetzlichen Erbfolge berechtigt sind. (§§ 2034 bis 2056.)

II. Pflichttheil der Verwandten.

§ 2566. Der Pflichttheil der Abkömmlinge beträgt, wenn fünf oder mehrere Kinder vorhanden sind, die Hälfte, und wenn vier oder weniger Kinder vorhanden sind, ein Drittheil des Erbtheiles, welchen die Abkömmlinge als gesetzliche Erben erhalten haben würden, falls der Erblasser ohne einen letzten Willen und ohne einen Erbvertrag gestorben wäre. Ist ein Kind vor dem Erblasser mit Hinterlassung von Abkömmlingen gestorben, so treten Letztere an des Ersteren Stelle dergestalt, daß sie bei Berechnung des Pflichttheiles, ohne Rücksicht auf ihre Zahl, nur als eine Person anzusehen sind. (§§ 2034 bis 2039.)

§ 2567. An Kindesstatt Angenommene und deren Abkömmlinge haben, sofern in dem über die Annahme an Kindesstatt errichteten Vertrage nicht etwas Anderes bestimmt ist, ein Recht auf den Pflichttheil gegen die Personen, welche sie an Kindesstatt angenommen haben, wie eheliche Abkömmlinge.

§ 2568. Durch die Annahme an Kindesstatt kann der Pflichttheil der leiblichen Verwandten nicht verletzt werden.

§ 2569. Sind blos Eltern oder Voreltern vorhanden, so beträgt der Pflichttheil ein Drittheil ihres gesetzlichen Erbtheiles.

§ 2570. Treffen pflichttheilsberechtigte Verwandte mit dem Ehegatten des Erblassers zusammen, so erhalten sie den Pflichttheil nur von dem Erbtheile, welcher ihnen zugefallen sein würde, wenn sie zugleich mit dem Ehegatten des Erblassers zur gesetzlichen Erbfolge gelangt wären. (§ 2566.)

§ 2571. Rechtmäßig Enterbte, von dem Erblasser bei seinem Leben für ihr Erbrecht Abgefundene und die Erbschaft Ausschlagende sind bei Berechnung des Pflichttheiles mitzuzählen.

§ 2572. Hat ein Pflichttheilsberechtigter bei Lebzeiten des Erblassers auf sein Erbrecht, ohne daß er dafür abgefunden wurde, verzichtet, so ist er bei Berechnung des Pflichttheiles nicht mitzuzählen.

§ 2573. Der Pflichttheil der Abkömmlinge ist von der Erbschaft

---

sind von der Erbschaftssteuer befreit, s. Gesetz über die Erbschaftssteuer vom 13. November 1876, Art. 2 unter A. 4.

Zu § 2566. Vergl. Annalen, N. F. Bb. 1 S. 539.

1) Ueber die Pflicht der Enkel, sich ihren Eltern gemachte Zuwendungen in den Pflichttheil einrechnen zu lassen, vergl. Annalen, N. F. Bb. 1 S. 538.

2) Zum Schlußsatze: Derartige Abkömmlinge haben sich daher auch dasjenige anrechnen zu lassen, was ihr Erblasser einzuwerfen gehabt haben würde, W. f. R. 1866 S. 193.

mit Einschluß der Einwerfungsposten der Abkömmlinge, welche erben, zu berechnen. (§ 2370.)

§ 2574. Die Abkömmlinge haben sich in den Pflichttheil Alles einrechnen zu lassen, was sie an zur Einwerfung geeigneten Gegenständen von dem Erblasser erhalten haben. (§§ 2354 bis 2369.)

§ 2575. Der Erblasser ist nur dann berechtigt, den pflichttheils= berechtigten Verwandten ganz oder theilweise von dem Pflichttheile aus= zuschließen, zu enterben, 1) wenn der Pflichttheilsberechtigte dem Erblasser oder dessen Ehegatten oder dessen Abkömmlingen, Eltern oder Voreltern, Geschwistern, und zwar ohne Unterschied zwischen leiblicher Verwandtschaft und Annahme an Kindesstatt, nach dem Leben gestellt oder dergleichen Nachstellungen Anderer absichtlich nicht gehindert hat, 2) wenn der Pflicht= theilsberechtigte wider den Erblasser oder dessen Ehegatten das Straf= verfahren wegen eines Verbrechens, welches im gesetzlichen Strafsatze mit Arbeitshaus oder einer höheren Strafe bedroht ist, absichtlich wider die Wahrheit veranlaßt hat, oder 3) wenn der Pflichttheilsberechtigte den Erblasser in hülfsbedürftiger Lage verlassen oder ihm in einer solchen Lage die verlangte und in seinen Kräften stehende Unterstützung versagt hat.

§ 2576. Eltern und Voreltern können ihre Abkömmlinge, auch die an Kindesstatt angenommenen, enterben, wenn diese sich thätlich an ihnen vergriffen, oder ohne ihre Einwilligung zu suchen, sich in einem Falle verehelicht haben, wo ein ausreichender Grund zur Verweigerung der Ein= willigung vorhanden war. (§§ 1600 bis 1603.)

§ 2577. Wenn pflichttheilsberechtigte Abkömmlinge sich einer un= ordentlichen oder verschwenderischen Lebensart ergeben haben, oder mit Schulden belastet sind, so können Eltern und Voreltern denselben, selbst wenn sie ihnen blos den Pflichttheil hinterlassen, die Verfügung unter Lebenden über dessen Bestand entziehen, jedoch, im Falle einer Ueber= schuldung derselben, unbeschadet des Rechtes der Gläubiger, den Pflichttheil zum Zwecke ihrer Befriedigung in Anspruch zu nehmen. (§ 1812.)

Zu § 2574. Vergl. hierzu Z. f. R. Bd. 41 S. 231.

1) Ebenso haben sie sich Dasjenige anrechnen zu lassen, was ihre Eltern, wenn sie den Erblasser überlebt hätten, einzuwerfen haben würden, es wäre denn, daß ganz besondere Gründe vorhanden wären, welche den Pflichttheilserben von dieser Verpflichtung befreiten, W. f. R. 1866 S. 193 und Annalen, N. F. Bd. 1 S. 538.

2) Hierzu wird auch eine Geldsumme zu rechnen sein, welche der Vater für Unterbringung seines kranken Kindes in einer Landesanstalt bezahlt hat, An= nalen, II. F. Bd. 3 S. 46.

Zu § 2576. Dagegen dürfen sie ihre Abkömmlinge nicht enterben, bez. ist ihre Enterbung wirkungslos, wenn der Consens vom Ehgericht supplirt wurde, Annalen, N. F. Bd. 3 S. 303. Vergl. hierzu übrigens §§ 29 und 32 des Reichsgesetzes vom 6. Februar 1875.

Zu § 2577. Vergl. Annalen, N. F. Bd. 7 S. 230.

III. Pflichttheil der Ehegatten.

§ 2578. Der Pflichttheil der Ehegatten besteht, wenn sie mit Abkömmlingen zusammentreffen, in den ihnen nach §§ 2049, 2050, 2051 zukommenden Erbtheilen.

§ 2579. Trifft der überlebende Ehegatte mit Verwandten der zweiten oder dritten Classe des gestorbenen Ehegatten zusammen, so gebühren ihm zwei Drittheile seines gesetzlichen Erbtheiles als Pflichttheil.

§ 2580. Hat der gestorbene Ehegatte nur Verwandte der vierten Classe hinterlassen, so gebührt dem überlebenden Ehegatten die Hälfte der Erbschaft als Pflichttheil.

§ 2581. Hat sich ein Ehegatte mit Einwilligung des anderen die freie Verfügung über sein Vermögen oder über einen Theil desselben auf den Todesfall vorbehalten, oder ist ihm von einem Dritten Etwas zugewendet und ihm die freie Verfügung darüber auf den Todesfall vorbehalten worden, so kommt davon bei Berechnung des Pflichttheiles seines ihn überlebenden Ehegatten nur Das in Betracht, worüber er nicht auf den Todesfall verfügt hat.

§ 2582. Ein Ehegatte kann seinen Ehegatten ganz oder theilweise von dem Pflichttheile ausschließen, enterben, wenn dieser die Eingehung der Ehe durch Zwang oder Betrug veranlaßt, während derselben sich eines Ehebruches schuldig gemacht, ihm nach dem Leben getrachtet, ihn böslich verlassen, oder sich eines Verbrechens, welches im gesetzlichen Strafsatze mit Zuchthaus oder einer höheren Strafe bedroht ist, gegen ihn schuldig gemacht hat, vorausgesetzt daß, soviel den Ehebruch betrifft, der Erblasser nicht ebenfalls die eheliche Treue verletzte.

IV. Gemeinschaftliche Bestimmungen über den Pflichttheil der Verwandten und der Ehegatten.

§ 2583. Der Pflichttheil kann dem Berechtigten durch jede letztwillige Verfügung, durch Erbvertrag oder durch gesetzliche Erbfolge zukommen.

§ 2584. Der Pflichttheilsberechtigte muß den Pflichttheil ohne be=

Zu § 2578. Der Erbverzicht eines Ehemannes seiner Ehefrau gegenüber bezieht sich zunächst nur auf sein Intestat-, nicht auf ein etwaiges testamentarisches Erbrecht. Z. f. R. Bd. 36 S. 104.

Zu § 2582. ihn böslich verlassen, vergl. Annalen, N. F. Bd. 4 S. 173; Z. f. R. Bd. 31 S. 363; W. f. R. 1868 S. 203. Als bösliche Verlassung ist es nicht anzusehen, wenn der betreffende Ehegatte zur Auflösung der ehelichen Gemeinschaft ausreichende Gründe gehabt hat, W. f. R. 1868 S. 208.

Zu § 2583. Das Recht, Ergänzung des Pflichttheils zu fordern, geht mit Anerkennung des letzten Willens oder Annahme des darin Ausgesetzten nicht unbedingt verloren, W. f. R. 1872 S. 209.

Zu § 2584. Vergl. Z. f. R. Bd. 42 S. 340. Ueber den Fall, wenn ein Pflichttheilserbe dadurch im Pflichttheile geschädigt wird, daß einem Miterben ein Grundstück, der Hauptbestandtheil des Nachlasses, um eine gewisse Taxe überlassen ist, s. Annalen, N. F. Bd. 9 S. 282.

schränkende Nebenbestimmungen, ohne Zeitbestimmungen, ohne Bedingungen, ohne Auflagen erhalten.

§ 2585. Erhält der Pflichttheilsberechtigte nur den Pflichttheil, so werden etwa beigefügte Nebenbestimmungen oder Auflagen für nicht beigefügt geachtet.

§ 2586. Ist dem Pflichttheilsberechtigten weniger als der Pflichttheil hinterlassen, so kann er die Ergänzung desselben verlangen. (§ 2589.)

§ 2587. Wenn der Erblasser dem Pflichttheilsberechtigten mehr als den Pflichttheil hinterlassen, ihn aber dabei durch Nebenbestimmungen oder Auflagen beschwert hat, so steht dem Pflichttheilsberechtigten die Wahl zu, ob er das ihm Zugedachte mit der Beschwerung oder den Pflichttheil ohne die Beschwerung fordern will. (§ 700.)

§ 2588. Die letztwillige Verfügung des Erblassers, daß der Pflicht=theilsberechtigte die Herausgabe eines Nachlaßverzeichnisses nicht fordern soll, ist nichtig.

§ 2589. Der Pflichttheilsberechtigte ist hinsichtlich seines Pflichttheiles als Erbe zu betrachten. Insbesondere steht ihm sowohl auf Gewährung als auf Ergänzung des Pflichttheiles die Erbschaftsklage nach Verhältniß seines Pflichttheiles zu.

Zu § 2585. Die Anordnung, es müsse sich der Pflichttheilsberechtigte eine ihm früher gemachte Schenkung auf den Pflichttheil anrechnen lassen, enthält eine unwirksame Schmälerung des Pflichttheiles, Z. f. R. Bd. 42 S. 340.

Zu § 2586. Die actio suppletoria des römischen Rechts ist indeß beseitigt, Annalen, N. F. Bd. 7 S. 369; Bd. 0 S. 282.

Zu § 2587. 1) Dadurch ist die sog. cautela Socini überflüssig geworden, Z. f. R. Bd. 38 S. 307; W. f. R. 1872 S. 361.

2) Der Pflichttheilsberechtigte ist befugt, sich vor der Erklärung über die Antretung der Erbschaft Auskunft über den Bestand derselben zu verschaffen, Annalen, N. F. Bd. 0 S. 464.

Zu § 2588. Vergl. Z. f. R. Bd. 36 S. 445; Annalen, N. F. Bd. 0 S. 463. Das Nämliche wird von dem Verbote der Versiegelung des Nachlasses zu gelten haben, Z. f. R. Bd. 32 S. 335.

Zu § 2589. Vergl. Annalen, N. F. Bd. 5 S. 231; Z. f. R. Bd. 37 S. 433; W. f. R. 1872 S. 317.

1) Der Anspruch des Pflichttheilserben ist kein blos persönlicher, sondern erstreckt sich auf alle Theile der Erbschaft, Annalen, N. F. Bd. 9 S. 465; W. f. R. 1872 S. 200. Denn die persönliche Klage, welche das römische Recht auf Ergänzung des Pflichttheils kannte, hat nach dem BGB. als beseitigt zu gelten, Z. f. R. Bd. 38 S. 309; W. f. R. 1872 S. 322; Annalen, N. F. Bd. 7 S. 369; Bd. 9 S. 282.

2) Ist der Pflichttheilserbe in re certa eingesetzt, so kann er vor An=fechtung des Testamentes mit der Erbschaftsklage nicht auf Rechnungslegung wider den andern Erben klagen, Z. f. R. Bd. 34 S. 272; Annalen, N. F. Bd. 7 S. 368. Vergl. dagegen allerdings Annalen, N. F. Bd. 0 S. 463, wo von dem OAG. dem in re certa eingesetzten Pflichttheilserben das Recht zuge-

§ 2590. Auf den Pflichttheil muß sich der Berechtigte Alles einrechnen lassen, was er aus dem Vermögen des Erblassers auf den Todesfall, insbesondere auch durch Nacherbeinsetzung oder durch Anwachsungsrecht erhält, oder unter den Lebenden mit der Bestimmung, es sich auf den Pflichttheil anrechnen zu lassen, erhalten hat.

§ 2591. Hat ein Erblasser bei Veräußerung einer Sache an einen Dritten diesem eine von dem Tode des Erblassers an zu entrichtende Leistung an den Pflichttheilsberechtigten, insbesondere einen Auszug, auferlegt und der Pflichttheilsberechtigte sie angenommen, so muß sich der letztere Das, was er auf diese Weise erhält, und zwar, soviel die auf seine Lebenszeit ausgesetzten Leistungen betrifft, nach dem Werthbetrage, welcher sich unter Zugrundelegung der über die muthmaßliche Lebensdauer geltenden Bestimmungen ergiebt, in den Pflichttheil einrechnen lassen. (§ 35.)

§ 2592. Was der Pflichttheilsberechtigte durch letztwillige Verfügung des Erblassers, aber nicht aus dessen Vermögen, oder aus diesem Vermögen, aber nicht durch Zuwendung des Erblassers bekommt, ist nicht in den Pflichttheil einzurechnen.

§ 2593. Das Recht auf den Pflichttheil fällt weg, wenn der Erblasser den Berechtigten aus einem gesetzlichen Grunde enterbt.

§ 2594. Wenn ein gesetzlicher Grund zur Enterbung vorhanden ist, so kann der Erblasser den Pflichttheil ganz entziehen, oder schmälern, oder unter Beschwerungen hinterlassen.

§ 2595. Die Enterbung kann nur in einem letzten Willen unter Angabe eines gesetzlichen Grundes erfolgen. Es ist gleich, in welcher von

---

standen ist, vor Erklärung über Anerkenntniß des letzten Willens Herausgabe eines Nachlaßverzeichnisses zu fordern, weil er das letztere verlangte, um beurtheilen zu können, ob er im Pflichttheile verletzt sei.

3) Hat der Erblasser dem Pflichttheilsberechtigten eine bestimmte Summe hinterlassen und angeordnet, daß derselbe, falls er oder sein Vormund oder das Vormundschaftsgericht mit der ausgesetzten Summe nicht zufrieden sein sollte, nur den Pflichttheil erhalten solle, so wird dem Unmündigen das ihm hiernach zustehende Wahlrecht nicht dadurch unbedingt entzogen, daß der Vormund oder das Vormundschaftsgericht die ausgesetzte Summe gerichtlich deponiren läßt, Z. f. R. Bd. 37 S. 433; W. f. R. 1872 S. 209.

Zu § 2591. Hierüber und über § 80 des Erbfolgemandats vom 31. Jan. 1829 vergl. Z. f. R. Bd. 29 S. 335. Vergl. ferner Annalen, N. F. Bd. 3 S. 138.

1) Aus der Annahme derartiger Vortheile ist mithin nicht ein Verzicht auf das Erbrecht, insbes. den Pflichttheil, sondern nur die Verpflichtung des überlebenden Ehegatten abzuleiten, dasjenige, was er auf diese Weise erhalten hat, auf den gesetzlichen Pflichttheil sich einrechnen zu lassen, Z. f. R. Bd. 29 S. 336.

2) insbesondere einen Auszug auferlegt: Hiermit ist nicht zu verwechseln der Fall, wenn Jemand ein Grundstück verkauft und sich und seiner Ehefrau einen Auszug hierbei vorbehält, Annalen, N. F. Bd. 3 S. 138; Z. f. R. R. F. Bd. 1 S. 340; Bd. 14 S. 466.

ben zulässigen Formen der letzte Wille errichtet wird; doch ist eine Enterbung, welche in einem letzten Willen in der im § 2115 angegebenen
Form erfolgt, nichtig.

§ 2596. Es genügt zur Enterbung die deutlich ausgesprochene
Absicht, selbst wenn der Ausdruck „Enterbung" nicht gebraucht, oder ein
anderer Erbe nicht eingesetzt ist.

§ 2597. Wird der für die Enterbung angegebene Grund von dem
Pflichttheilsberechtigten bestritten, so ist er von Demjenigen, welcher den
Grund geltend macht, zu beweisen. (§ 171.)

§ 2598. Hat der Erblasser, gleichviel ob vor oder nach der Enterbung, dem Pflichttheilsberechtigten die Handlung, wegen deren die
Enterbung erfolgen könnte, ausdrücklich oder stillschweigend verziehen, so
liegt darin ein Verzicht auf das Recht zu enterben.

§ 2599 Ist ein Pflichttheilsberechtigter rechtmäßig enterbt, so gilt
er als vor dem Erblasser gestorben. (§ 1811.)

§ 2600. Ist der Pflichttheilsberechtigte durch gänzliche oder theilweise
Enterbung ohne gesetzlichen Grund oder durch Uebergehung oder dadurch,
daß ihm weniger als der Pflichttheil hinterlassen worden ist, in seinem
Pflichttheile verletzt, so kann er den ihn verletzenden letzten Willen oder
Erbvertrag blos soweit anfechten, als der Pflichttheil verletzt ist. Dasselbe
gilt, wenn der Pflichttheil dadurch verletzt worden ist, daß für die Enterbung zwar ein Grund angegeben ist, dieser aber, wenn er bestritten wird,
nicht dargethan, oder dessen Wegfall wegen Verzeihung des Erblassers bewiesen wird. (§ 2597.)

Zu § 2597. Vergl. hierzu Annalen, N. F. Bd. 4 S. 174. Ueber die
Zulässigkeit des Provocationsprocesses gegen den Pflichttheilserben, welcher die
Gültigkeit eines formenrichtigen Testamentes bestreitet, s. Annalen, N. F.
Bd. 5 S. 279.

Zu § 2600. Vergl. hierzu W. f. R. 1869 S. 198; Z. f. R. Bd. 33 S. 302;
Annalen, N. F. Bd. 5 S. 230.

1) Enterbung und Uebergehung, s. hierüber die Entscheidungen in
Annalen, N. F. Bd. 5 S. 230 und Z. f. R. Bd. 33 S. 302. — Der Ausdruck
„übergehen", welcher dem lateinischen praeterire entspricht, hat im gewöhnlichen
Leben, in der Literatur und in der Gesetzessprache für das testamentarische Erbrecht die Bedeutung „eine Person, welche vermöge des Gesetzes einen Anspruch auf
einen Theil der Erbschaft hat, pflichttheilsberechtigt ist, in dem Testament weder
zum Erben einsetzen, noch enterben." Namentlich differirt die Uebergehung
wesentlich von der Nichterwähnung, wie sich am deutlichsten daraus ergiebt, daß
von einer sog. persona extranea, obschon sie in dem Testamente nicht erwähnt
wird, sich nicht sagen läßt, daß sie übergangen worden sei, und umgekehrt eine
pflichttheilsberechtigte Person, obschon sie in dem Testamente erwähnt wird,
dessenungeachtet als übergangen zu betrachten sein kann, z. B. wenn ein Vater
in seinem Testamente sagte, er sei in seiner Testirfreiheit nicht mehr beschränkt,
weil sein Sohn gestorben sei, der Sohn aber noch lebte und nur irriger Weise
von dem Vater für todt gehalten wurde. Erk. des OAG. vom 19. Nov. 1868 in
Annalen, N. F. Bd. 5 S. 230.

§ 2601. Ist der übergangene Pflichttheilsberechtigte erst nach Er=
richtung des letzten Willens oder des Erbvertrages geboren, oder durch
Ehelichsprechung, Annahme an Kindesstatt oder Ehe pflichttheilsberechtigt
geworden, oder war dem Erblasser die Pflichttheilsberechtigung zur Zeit
der Errichtung des letzten Willens oder des Erbvertrages unbekannt, so
bleibt dem Uebergangenen, der Verfügung ungeachtet, sein volles gesetz=
liches Erbrecht.

§ 2602. Ein Ehegatte kann den von seinem Ehegatten vor Ein=
gehung der Ehe geschlossenen Erbvertrag wegen Verletzung des Pflicht=
theiles nicht anfechten. (§ 2606.)

§ 2603. Hat der Erblasser sein Vermögen durch Schenkungen unter
Lebenden in der Weise vermindert, daß Dasjenige, was davon bei seinem
Tode dem Pflichttheilsberechtigten zufällt, weniger beträgt, als er als Pflicht=
theil erhalten hätte, wenn dieser unter Berücksichtigung des unmittelbar

---

2) Wenn ein Nachlaßgrundstück letztwillig um eine gewisse Summe einem
Erben kaufsweise zugedacht worden ist, so hat der Pflichttheilserbe, wenn er be=
hauptet, daß der bezeichnete Kaufpreis hinter dem wahren Werthe zurückbleibe,
dies zu beweisen, Archiv II. S. 201. Der betreffende Beweis hat sich aber
hierauf allein nicht zu beschränken, sondern es muß dargethan werden, daß auch
bei Hinzurechnung der übrigen Nachlaßgegenstände eine Pflichttheilsverletzung
vorliege, Archiv II. S. 202.

Zu § 2601. Vergl. hierzu Annalen, N. F. Bd. 5 S. 230 flg.

1) Ueber den Fall der agnatio postumi s. Annalen, A. F. Bd. 7
S. 95; II. F. Bd. 3 S. 302; Z. f. R. Bd. 41 S. 421; Archiv I. S. 401; W.
f. R. 1869 S. 198.

2) Ueber den Fall nachträglicher Eheschließung s. Annalen, N. F.
Bd. 5 S. 233.

3) so bleibt dem Uebergangenen sein volles gesetzliches Erb=
recht: d. h. er muß es geltend machen, denn ohne Geltendmachung desselben
bleibt das Testament gültig, Annalen, N. F. Bd. 5 S. 232; II. F. Bd. 3
S. 307; Z. f. R. Bd. 33 S. 302; Bd. 41 S. 422; Archiv I. S. 401.

4) Mit den Schlußworten des Paragraphen kann füglich kein anderer Sinn
verbunden werden, als der, daß dem vorhandenen Testamente nicht etwa jede
rechtliche Wirksamkeit, gleich als wäre es gar nicht errichtet worden, schlechthin
entzogen, daß vielmehr der darin übergangene Pflichttheilserbe nur befugt sein
soll, dessen Geltung, insoweit als es seinem gesetzlichen Erbrechte
entgegensteht, thatsächlich zu hemmen, Annalen, N. F. Bd. 5 S. 232; II. F.
Bd. 3 S. 307.

Zu § 2602. Vergl. hierzu Annalen, II. F. Bd. 1 S. 154. Der Para=
graph entspricht dem älteren Rechte, Annalen, II. F. Bd. 1 S. 155. Der
Grundgedanke dieser Vorschrift ist, daß sich ein Ehegatte nicht durch Eingehung
einer weiteren Ehe der dem früheren Ehegatten gegenüber übernommenen Ver=
pflichtung entziehen könne, Annalen, II. F. Bd. 1 S. 155.

Zu § 2603. Vergl. hierzu Annalen, A. F. Bd. 7 S. 417; N. F. Bd. 5
S. 486; Bd. 6 S. 287. Aelteres Recht s. Annalen, A. F. Bd. 5 S. 383; W.

vor der Schenkung vorhanden gewesenen Vermögens berechnet wird, und ist die durch die Schenkung herbeigeführte Verletzung des Pflichttheiles nicht durch spätere letztwillige Verfügungen des Erblassers ausgeglichen, so kann der Pflichttheilsberechtigte die Schenkung, gleichviel ob sie in der Absicht, den Pflichttheil zu verletzen, vorgenommen worden ist oder nicht, soweit anfechten, als sein Pflichttheil dadurch verletzt worden ist.

§ 2604. Hat der Erblasser von seinem Vermögen so viel verschenkt, daß, falls er unmittelbar nach der Schenkung gestorben wäre, der Be-

---

f. R. 1854 S. 47; 1857 S. 319; 1859 S. 288; Z. f. R. Bb. 15 S. 253 und 435; Bb. 17 S. 44 und 442; Bb. 18 S. 92.

1) Ueber das Princip dieser gesetzlichen Vorschrift f. namentlich W. f. R. 1809 S. 262.

2) Bei Beantwortung der Frage, ob eine Schenkung eine inofficiöse sei, kommt es zunächst lediglich auf die Zeit der Schenkung an, Annalen, N. F. Bb. 6 S. 287. Vermindert sich das Vermögen erst nach der Schenkung, welche an sich nicht inofficiös war, so kann diese nachträglich nicht inofficiös werden, Z. f. R. Bb. 34 S. 30.

3) Onerose Geschäfte können nicht mit der quer. inoff. don. angefochten werden, Annalen, N. F. Bb. 5 S. 487.

4) Von einer donatio inofficiosa kann selbstverständlich nur dann die Rede sein, wenn eine donatio überhaupt vorhanden ist, weil die Pflichttheilsrechte nicht den Sinn haben, Denjenigen, welcher Pflichttheilsberechtigte hat, in seiner freien Verfügung unter den Lebenden zu beschränken, sondern den, den Verfügungen unter Lebenden die Wirkung abzusprechen, welche auf der Absicht, die Pflichttheilsrechte zu beeinträchtigen und zu kränken, beruhen, Annalen, N. F. Bb. 5 S. 487.

5) Wesentlich verschieden von der Anfechtung einer donatio inofficiosa ist die Anfechtung einer nicht gerichtlich insinuirten Schenkung von größerem Betrage wegen mangelnder Insinuation Seiten einzelner Erbberechtigter, siehe hierüber Z. f. R. Bb. 42 S. 125.

6) Einen Fall der schenkungsweisen Bestellung einer Mitgift f. Annalen, N. F. Bb. 5 S. 487 — der pflichtwidrigen Schenkung durch Verkauf eines Grundstückes Seiten des Erblassers um einen zu niedrigen Preis, f. Annalen, N. F. Bb. 9 S. 274; II. F. Bb. 3 S. 261. Der Kläger kann solchenfalls nur antheilige Wiederabtretung der noch im Besitze der Beklagten befindlichen Grundstücke und zwar nach Höhe des Erbtheiles des Klägers an demjenigen ideellen Theile der Grundstücke, welcher im Verhältniß zum wirklichen Werthe der letzteren als ungültig geschenkt sich darstellt, bei den vom Beklagten veräußerten Grundstücken aber nur antheilige Gewährung des dafür erlangten Erlöses nach demselben Antheile verlangen, Annalen, II. F. Bb. 3 S. 262.

7) Der Verkauf eines Gutes, bei welchem der Veräußerer für sich einen Auszug vorbehalten hat, kann regelmäßig mit der querela inofficiosae donationis nicht angefochten werden, W. f. R. 1809 S. 257.

rechtigte in seinem Pflichttheile verletzt gewesen sein würde, später aber so viel erworben, daß bei seinem Tode dem Berechtigten wenigstens der Betrag als Pflichttheil zufällt, welchen er erhalten haben würde, wenn neben dem Neuerworbenen auch das Verschenkte zum Nachlasse gehört hätte, so kann die Schenkung nicht angefochten werden.

§ 2605. Durch eine zufällige Minderung des Vermögens des Erb=lassers nach der Zeit der Schenkung wird eine Verletzung im Pflichttheile weder herbeigeführt, falls eine solche nicht schon durch die Schenkung be=wirkt worden ist, noch vergrößert, falls die letztere zur Verletzung des Pflichttheiles gereicht hat.

§ 2606. Der Pflichttheilsberechtigte ist zur Anfechtung einer pflicht=widrigen Schenkung berechtigt, ohne Unterschied, ob sein Recht auf den Pflichttheil zur Zeit der Schenkung bestand oder später entstanden ist. Der Ehegatte kann aber Schenkungen, welche sein Ehegatte vor der Ehe gemacht hat, wegen Verletzung seines Pflichttheiles nicht anfechten. (§ 2602.)

§ 2607. Der Pflichttheilsberechtigte hat wegen pflichtwidriger Schenkung ein Recht auf Herausgabe der verschenkten Gegenstände, soweit dadurch sein Pflichttheil verletzt worden ist, blos gegen den Beschenkten und dessen Erben. Es gelten dafür die Bestimmungen über den Widerruf der Schenkungen im § 1062.

§ 2608. Die Ausschlagung der Erbschaft des Schenkers gilt, aus=genommen wenn sie unter Verhältnissen geschehen ist, welche auf die Absicht eines Verzichtes schließen lassen, nicht als Verzicht auf die An=fechtung der pflichtwidrigen Schenkung; es ist jedoch der Ausschlagende verpflichtet, sich Das, was er ohne die Ausschlagung aus der Erbschaft erhalten hätte, auf den Pflichttheil anrechnen zu lassen.

§ 2609. Hat der Pflichttheilsberechtigte eine Schenkung unter den Lebenden von dem Erblasser erhalten, so muß er sich solche auf seinen Pflichttheil anrechnen lassen, (§§ 2356. 2357.)

§ 2610. War ein gesetzlicher Grund zur Enterbung des Pflicht=theilsberechtigten vorhanden, so hindert dies die Anfechtung der pflicht=widrigen Schenkung nur, wenn der Erblasser den Pflichttheilsberechtigten aus diesem Grunde gültig enterbt hat. (§ 2595.)

§ 2611. Sind mehrere Schenkungen gleichzeitig gemacht, so können sie alle, eine jede verhältnißmäßig, angefochten werden.

§ 2612. Haben die Schenkungen zu verschiedenen Zeiten stattge=funden und ergiebt sich erst durch deren Zusammenrechnung eine Ver=letzung des Pflichttheiles, so ist die Anfechtung der früheren blos soweit

---

Zu § 2605. Vergl. Annalen, N. F. Bd. 6 S. 288..

Zu § 2607. Ueber die Verwahrung zum Zwecke der Sicherung des An=spruches auf Löschung im Falle der Anfechtung einer pflichtwidrigen Schenkung, s. Annalen, N. F. Bd. 1 S. 103.

Zu § 2609. Vergl. hierzu Z. f. R. Bd. 24 S. 36.

zulässig, als die Ergänzung des Pflichttheiles durch die Anfechtung der späteren nicht erreicht wird.

§ 2613. Die Vorschriften in §§ 2603 bis 2612 finden auch Anwendung auf die Bestellung einer Ausstattung und auf die Gewährung einer väterlichen Mithülfe, ingleichen auf Geschäfte der im § 1052 angegebenen Art. Ist bei Veräußerung eines Grundstückes neben der Kaufsumme ein Auszug ausgemacht worden, so ist derselbe mit Rücksicht auf die Zeit der Veräußerung und unter Zugrundelegung der Bestimmungen über die muthmaßliche Lebensdauer des Auszugsberechtigten zu berechnen. (§ 35.)

§ 2614. Das Recht auf den Pflichttheil fällt weg, wenn darüber mit Einwilligung des Pflichttheilsberechtigten etwas Anderes bestimmt worden ist. (§ 2561.)

§ 2615. Hat der Pflichttheilsberechtigte den letzten Willen oder den Erbvertrag des Erblassers als thatsächlich bestehend anerkannt, oder das ihm darin Ausgesetzte angenommen, so ist er dadurch allein von dem Rechte, den Pflichttheil oder dessen Ergänzung zu fordern, nicht ausgeschlossen.

§ 2616. Das Recht, den Pflichttheil oder dessen Ergänzung zu fordern, verjährt in drei Jahren von der Zeit an, wo dem Pflichttheilsberechtigten der letzte Wille oder der Erbvertrag des Erblassers bekannt geworden ist, bei pflichtwidrigen Schenkungen aber, wenn kein letzter Wille oder kein Erbvertrag vorhanden ist, von der Zeit des Todes des Erblassers an.

V. Pflichttheil öffentlicher Anstalten.

§ 2617. Der den Landes-Versorgungs-, Landes-Heilanstalten und den Ortsarmen-, Kranken- und Waisenhäusern nach §§ 2057 bis 2060 zukommende Erbtheil ist wie ein Pflichttheil zu betrachten. (E.- u. A.-B. § 18.)

Achte Abtheilung.
Von dem Rechte auf erblose Verlassenschaften.

§ 2618. Hinterläßt ein Verstorbener Niemanden, welcher ihn vermöge Erbvertrages, letzten Willens oder Gesetzes beerbt, so fällt sein Nachlaß an den Staat.

§ 2619. Ein Nachlaß kann nicht eher für erblos angesehen werden,

---

Zu § 2613. Vergl. Annalen, N. F. Bd. 9 S. 274. Zum Schlußsatze s. W. f. R. 1869 S. 257.

Zu § 2619. Vergl. oben Bd. 1 S. 30 zu § 44.

1) Ueber das Edictalverfahren behufs Todeserklärung s. Annalen, N. F. Bd. 6 S. 65.

2) Ueber den Edictalproceß zur Ausmittelung unbekannter Erben vergl. namentlich Annalen, N. F. Bd. 8 S. 563.

3) Aus der Vorschrift in § 2619 des BGB. folgt nicht so ohne Weiteres,

als bis die möglicherweise vorhandenen unbekannten Erben öffentlich
vorgeladen und durch richterliches Erkenntniß ausgeschlossen worden sind.

---

daß das Recht des Staates auf die erblose Verlassenschaft schon dann als begründet erachtet werden müsse, wenn nur überhaupt feststeht, daß eine an sich
den bezüglichen gesetzlichen Vorschriften entsprechende öffentliche Vorladung der
unbekannten Erben stattgefunden, in deren Folge aber ein die entweder überhaupt
nicht oder nicht rechtzeitig oder ohne ausreichende Begründung angemeldeten
Ansprüche unbekannter Erbprätendenten ausschließendes Erkenntniß publicirt
worden ist und die Rechtskraft beschritten hat, im Gegentheile setzt das Recht des
Staates auf erblose Verlassenschaften gleichzeitig voraus, daß zu dem streitigen
Nachlasse auch solche Erbprätendenten, auf welche die Bezeichnung bekannter
Erben Anwendung zu leiden hat, nicht vorhanden seien, Archiv III. S. 621.

4) Der § 2619 erfordert nur die Vorladung der unbekannten Erben,
bekannte Erben dagegen sind nicht mit vorzuladen, sei es auch, daß deren
Aufenthaltsort zur Zeit des Erbanfalls unbekannt ist, dieselben sind vielmehr in
anderer geeigneter Weise vorzuladen, Annalen, A. F. Bd. 6 S. 188. Zu den
bekannten Erben gehören nicht blos, wie im W. f. R. 1859 S. 294 flg. angenommen worden ist, diejenigen, welche ihre Erbansprüche bereits hatten, bevor
zur Edictalladung verschritten wurde, sei es nun, daß sie selbst den Antrag auf
Erlaß dieser Ladung gestellt oder daß sie in irgend einer Weise als solche bei
den Acten aufgetreten sind, und ihre Erbansprüche geltend machen zu wollen erklärt
haben. Denn es ist der Fall denkbar, daß die Ansprüche solcher Personen, über
deren eventuelle Erbansprüche gar kein Zweifel obwaltet, erst dadurch zur
Entstehung und rechtlichen Geltung gelangen, daß sich auf den öffentlichen Aufruf
der unbekannten Erben solche Prätendenten, denen ein näherer, die Rechte der
bekannten Erben ausschließender Erbanspruch zur Seite steht, nicht anmelden,
Archiv III. S. 622.

5) Die Gläubiger des Erblassers sind nicht mit vorzuladen, Z. f. R.
Bd. 22 S. 172; Annalen, A. F. Bd. 4 S. 302.

6) Erscheint ein edictaliter Geladener im Edictaltermine, so ist die Ausführung der sich entgegenstehenden etwaigen Ansprüche den Betheiligten im ordentlichen Proceßwege zu überlassen, W. f. R. 1850 S. 59; Z. f. R. Bd. 16 S. 120,
Bd. 27 S. 121; Annalen, A. F. Bd. 8 S. 560.

7) In Streitigkeiten, welche zwischen den angeblichen Erben eines Verschollenen
entstehen, hat sich der Contradictor nicht mit einzumischen, Z. f. R. Bd. 31 S. 47.

8) Die bei der öffentlichen Vorladung Verschollener früher übliche Clausel
im Präclusivbescheide: „daß mit der Ausantwortung des dem Verschollenen gehörigen Vermögens noch ein Jahr Anstand zu nehmen sei," hat sich durch das
BGB. erledigt, W. f. R. 1867 S. 334; Z. f. R. Bd. 30 S. 428; Annalen, N. F.
Bd. 3 S. 461.

9) Die Vorschrift in dem Mandate vom 11. November 1779, daß mit der
Ausantwortung des Vermögens eines Verschollenen noch ein Jahr von der Pu-
blication des Präclusivbescheides gewartet werden müsse, ist durch § 44 des BGB
beseitigt, W. f. R. 1807 S. 334 und Z. f. R. Bd. 30 S. 428.

§ 2620. Der Staat, welcher einen erblosen Nachlaß erwirbt, hat alle Rechte und Pflichten eines Erben.

Zu § 2620. Vergl. hierzu: Annalen, N. F. Bd. 6 S. 188, Bd. 8 S. 564; Z. f. R. Bd. 21 S. 438, Bd. 27 S. 116, Bd. 33 S. 524; Archiv III. S. 621 Von der Bezahlung der Erbschaftssteuer ist der Staat befreit, siehe Gesetz über die Erbschaftssteuer vom 13. November 1876 Art. 2 unter A. 2.

Anhang.

I. Berichtigung.

Die Bd. II. S. 156 flg. abgedruckte Verordnung vom 4. December 1867 ist im Wesentlichen im Reichsmilitärgesetze vom 2. Mai 1874 (Reichs=Ges.=Bl. S. 45 flg.) und zwar in § 44 wiederholt worden; nur sind die § 44 und 45 der gedachten Verordnung nicht mit aufgenommen worden, und an Stelle des § 43 ist folgende Vorschrift getreten:

Privilegirte militärische letztwillige Verfügungen verlieren ihre Gültigkeit mit dem Ablaufe eines Jahres von dem Tage ab, an welchem der Truppentheil, zu dem der Testator gehört, demobil gemacht ist oder der Testator aufgehört hat zu dem mobilen Truppentheil zu gehören, oder als Kriegsgefangener oder Geißel aus der Gewalt des Feindes entlassen ist.

Der Lauf dieser Frist wird jedoch suspendirt durch anhaltende Unfähigkeit des Testators zur Errichtung einer anderweiten letztwilligen Verordnung.

Wenn der Testator innerhalb des Jahres vermißt und in dem Verfahren auf Todeserklärung oder auf Abwesenheitserklärung festgestellt wird, daß er seit jener Zeit verschollen ist, so tritt die Ungültigkeit der letztwilligen Verfügung nicht ein.

II. Verordnung,

das Verfahren in nichtstreitigen Rechtssachen betr., vom 9. Januar 1865.

§ 2. Außer dem, was das Bürgerliche Gesetzbuch rücksichtlich der Errichtung und Aufhebung eines letzten Willens vor Gericht oder vor einer Abordnung des Gerichts enthält, gelten darüber die nachstehenden Bestimmungen.

§ 3. Das Gericht kann die Aufnahme eines letzten Willens oder die Verhandlung zur Aufhebung eines letzten Willens in der Behausung dessen, welcher zu dem Ende um eine Abordnung des Gerichts gebeten hat, nicht aus dem Grunde verweigern, weil der die letztwillige Verfügung Beabsichtigende selbst, oder weil einer seiner Hausgenossen von einer ansteckenden Krankheit befallen ist.

§ 4. Dem Richter, vor welchem ein letzter Wille errichtet oder aufgehoben werden soll, liegt ob, sich den Umständen nach thunlichst über die Personenidentität dessen, welcher die Handlung vornehmen will, Gewißheit zu verschaffen. Die Aufnahme eines letzten Willens oder der Erklärung der Aufhebung eines solchen kann darum, weil die Personenidentität nicht festzustellen ist, nicht verweigert werden. Die auf die Personenidentität sich beziehenden Umstände sind in dem Protocolle zu bemerken. Die Zurückgabe eines bei Gericht niedergelegten letzten Willens setzt die Gewißheit der Personenidentität voraus.

§ 5. Der Richter muß sich davon überzeugen, daß derjenige, welcher einen letzten Willen errichten oder aufheben will, nicht des Vernunftgebrauchs beraubt ist. In dem Protocolle ist die Handlungsfähigkeit zu bestätigen.

§ 6. Personen, welche auf die Selbstbestimmung dessen, welcher einen letzten Willen zu errichten oder aufzuheben beabsichtigt, ungehörig einwirken oder sonst die Handlung stören könnten, hat der Richter zu entfernen.

§ 7. Der Richter hat, wenn Anordnungen beabsichtigt werden, welche gesetzlich nicht bestehen können, sich widersprechen oder nicht ausführbar sind, dies bemerklich zu machen und auf die einschlagenden gesetzlichen Vorschriften zu verweisen. Wird gleichwohl bei der beabsichtigten Verfügung verharrt, so ist dieselbe zwar im Protocolle aufzunehmen, doch zugleich des geschehenen Vorhalts zu gedenken.

§ 8. Die Nichtbeachtung der Vorschriften in §§ 4 bis 7 von Seiten des Richters hat zwar nicht Nichtigkeit zur Folge, zieht aber neben der ihn nach Umständen treffenden Vertretung eine Ordnungsstrafe bis zu Zwanzig Thalern nach sich.

§ 9. Jedem, welcher bei Gericht einen letzten Willen errichtet hat, ist darüber eine Bescheinigung auszustellen.

III. Bekanntmachung,
die Zuziehung einer Urkundsperson bei gerichtlicher Errichtung eines letzten Willens betreffend, vom 22. Februar 1865.

Das Bürgerliche Gesetzbuch bestimmt im § 2093, daß bei der Errichtung eines letzten Willens vor Gericht unter Umständen eine Urkundsperson zuzuziehen sei. In Beziehung auf diese Vorschrift sind, wie das Justizministerium aus berichtlichen Anfragen zu entnehmen hat, Zweifel darüber entstanden, ob in der gedachten Eigenschaft die dermalen angestellten Gerichtsbeisitzer, beziehentlich die Ortsgerichtspersonen zuzuziehen, oder ob zu dem angegebenen Zwecke Gerichtspersonen mit besonderer Qualification, wie sie in Ansehung der Straffachen im Art. 128 der Strafproceßordnung und § 41 der Ausführungsverordnung zu solcher festgesetzt werde, in Pflicht zu nehmen seien.

Auf die erwähnten Anfragen ist die Bescheidung ergangen, daß letzteres nicht zu geschehen habe, vielmehr bei Abfassung der Bestimmung im § 2093 des Bürgerlichen Gesetzbuchs die Absicht dahin gegangen sei, daß, wenn bei der gerichtlichen Errichtung eines letzten Willens die Zuziehung einer Ur-kundsperson nothwendig werde, solche aus der Zahl der Gerichtsbeisitzer und beziehentlich Ortsgerichtspersonen, welche bei anderen streitigen und nicht-streitigen bürgerlichen Rechtssachen verwendet werden, gewählt werden solle.

Für den Fall, daß derselbe Zweifel auch bei anderen Gerichtsbehörden, als denjenigen, von welchen Anfragen ausgegangen sind, entstehen sollte, wird dies hierdurch zur öffentlichen Kenntniß gebracht.

Sachregister.

(Abkürzungen: P. für Publicationsverordnung, E. für Ein= und Ausführungsverordnung, n. für Note. Die auf n. folgenden Zahlen geben die Nummern der Noten, die sonstigen Zahlen die Paragraphen an. An einigen wenigen Stellen sind auch die beiden Bände dieses Werkes mit I. und II. aufgeführt und dann die Seitenzahlen beigesetzt worden.)

n. 9; 1401 n. 10. Klage auf A. eines
Rechts. Wann zulässig? 147 n. 1, 2,
3. Diese Klage auch bez. dinglicher
Rechte zulässig? 147 n. 4. Klage auf
A. bez. nicht fälliger, bestrittener Forderungen 147 n. 5. Klage auf A.
nicht durch den Tod des Klägers erledigt 147 n. 6. Klage der Ehefrau
auf A. des Einbringens 147 n. 7.
Die Klage auf A. im Executivproceß
nicht anzustellen 147 n. 8. Klage auf
A. zwischen mehreren Cessionaren 147
n. 9. Klage auf A. der Räumungs-
pflicht 147 n. 10. Klage auf A. eines
letzten Willens 147 n. 11. Das Interesse bei der Klage auf A. 147 n. 12.
Unterbrechung der Verjährung durch
A. 162. Klage auf A. eines Kaufes
mit vorausgesetzter obrigkeitlicher Genehmigung 871 n. 4. A. u. Anerkenntnißvertrag 1397 n. 2, 3. Mahn-
brief 1397 n. 8. A. eines unechten
Acceptes, irriges A. eines Wechsels
1397 n. 12. A. u. Rechtskraft 1397 n. 14.
A. bez. der Proceßforderung 1397 n.
19. A. der in eine Rechnung aufgenommenen Gegenforderung? 1397 n.
20. A. durch Annahme, Behalten
eines Beibuches. Erklärung, auf das
Conto vorgetragen zu haben 1397 n.
21. Schriftliches A. einen Grundstücks-
kauf abgeschlossen zu haben 1398 n. 15.
Kein A. durch Aufnahme als Gegenforderung in die Rechnung 1401 n. 5.
A. des Schuldübernehmers 1404. A.
des Hauptschuldners. Wirkung bez.
des Bürgen 1460 n. Klage auf A.
der Vaterschaft an einem Brautkinde
2018 n. Klage auf A. eines letzten
Willens 2062 n. A. der Vaterschaft
1774 flg. S. Familienstand.

Anerkenntnißvertrag 1397. Willensüber-
einstimmung. Erklärung 782 n. 2; 1397
n. 3, 6, 7, 17. A. zum Besten des
Gläubigers durch einen Dritten 853
n. 2. A. bez. der Mäklergebühr für
Ehevermittelung nichtig 1259 n. Form
1397 n. 1. A. u. Anerkenntniß, Schuldübernahme, Vergleich 1397 n. 2, 3;
1409 n. 1. Außergerichtliche Zugeständnisse 1397 n. 5. A. zu Gunsten
eines Dritten 1397 n. 13. A. des
Hauptschuldners; Wirkung gegen den
Bürgen 1397 n. 15, 22. Novation?
1397 n. 16. Wiederherstellung erlosche-
ner Forderungen 1397 n. 18. A. aus
einer Spielforderung 1397 n. 23. A.

bez. der Verpflichtungen des außerehel.
Vaters 1397 n. 24. Abschluß durch
negot. gestor 1397 n. 25. Ausstellung,
Annahme eines Schuldscheins 1398.
Wann liegt darin kein A.? 1398 n.
3, 12. Ausstellung eines Wechsels kein
A. 1398 n. 4. Wann A. in Form
anderer Niederschriften? 1398 n. 8.
Schriftliches Bekenntniß der Kündigung 1398 n. 10. Schriftliches Bekenntniß, von einem Anderen Geld
erhalten zu haben, mit Rückzahlungs-
versprechen 1398 n. 11. S. E. & O.
Wirkung 1398 n. 13. Vorbehalt der
Prüfung der Richtigkeit der Schuld
1398 n. 14. Executivproceß aus dem
schriftlichen A. 1398 n. 16. Einreden
gegen die Klage aus dem A. 1399.
A. wegen einer eheweiblichen Verbürgung 1399 n. 1. A. über eine
Spielforderung 1399 n. 2. A. wegen
eines gesetzlich verbotenen Schuldver-
hältnisses 1399 n. 4. Wirkung des
A. bez. der Verjährung 1399 n. 6.
Conditio indebiti, sine causa, ob turp.
c., ob causam dat. 1399 n. 7. Gestundung. Zahlung, Annahme von
Zinsen, Schuldtheilen 1400. A. bei
Abrechnung, Berechnung 1401. Klage
aus einem solchen A. 1401 n. 2. Einwendungen gegen das Rechnungswerk
1401 n. 4. Zur Berechnung gekom-
mene Posten 1401 n. 7. Klage auf
Zahlung des Saldo 1401 n. 8. A. durch
Uebergabe eines Contocurrent 1401
n. 9. A. der Ehefrau 1645 n. 3. S.
auch Schuldschein.

Anerkennung. Klage auf A. der Räu-
mungspflicht bei Miethverträgen 1187
n. 2. Klage auf A. des Einbringens
1684 n. 3; 1687 n. 3.

Anfall der Erbschaft s. Erbschaft.

Anfechtbarkeit. Folgen der A. von Rechtsgeschäften 103 flg. A. des Rechts-
grundes für einen Besitzeintrag im
Grundbuche 278 n. 2, 3. A. des Ein-
tragungs-, Löschungsgrundes einer Hypothek 465. A. der Verträge 831, 833.
Genehmigung des anfechtbaren Vertrags. Verzicht auf die Anfechtung
847. A. eines Vertrags. Wirkung bez.
der Conventionalstrafe 1433 n. 2, 3,
4, 5. A. der Ehe 1622 flg. A. letzter
Willen 2000, 2601, 2603 flg.

Anfechtbarkeitsgründe. Neu eingeführte
A. der Forderungen P. 20. Furcht 831,

recht der Angenommenen bez. ihrer leiblichen Verwandten 2047. Einwerfungspflicht der Angenommenen 2355. Pflichttheilsrecht der Angenommenen und ihrer Abkömmlinge 2567, 2568. Enterbung der Angenommenen 2575, 2576.

Annehmlichkeit bei den Dienstbarkeiten 521. A. ohne Einfluß bez. der Rechtsbeständigkeit der Dienstbarkeit 535 n. 7. Benutzungsrecht des Nießbrauchers zur bloßen A. 605.

Annoncenspediteur 1243 n. 12; 1295 n. 3.

Annullation der Ehe 1621.

Anpreisung. Allgemeine A. begründen keine Verbindlichkeit 835 n. 3; 906, 1082 A. 1 H. 2. Wann civilrechtlicher dolus dabei? 835 n. 1; 1507 n. 7.

Anschläge der Gastwirthe 1258.

Anschwemmung 281 flg.

Ansichnahme von Sachen 196.

Anstalten, vom Staat als jurist. Person anerkannt, haben das Recht der Persönlichkeit 52. Rechtstitel zur Erwerbung einer Hypothek auf den Grundstücken der Cassenverwalter 393. Erbfolge und Pflichttheilsberechtigung gewisser öffentlicher A. 2057 flg., 2617.

Anstaltsärzte. Zeugnisse über Geisteskrankheit 1743.

Anstandspflichten 1519 n. 5.

Anstellung der Klage 103, 166, 274, 307, 417, 451, 511, 1407, 1490, 1553.

Anstifter einer unerlaubten Handlung, Haftung 778. A. eines Aufruhrs, Landfriedenbruches 1496.

Antheil eines Grundstückes, Hypothek daran 388. A. des Finders u. Eigenthümers am Schatze 233. A. der Grenznachbaren am Schatze, auf der Grenze gefunden 235. Antheilige Berechtigung, Verpflichtung der Gesellschafter 1378. Antheilige Haftung der Ehefrau 1052. Antheilige Haftung der Verwandten für den Unterhalt 1839, 1842. Antheilige Kauferfüllung 1099. Antheilige Erfüllung der Bedingung einer letztwilligen Verfügung Seitens mehrerer Erben 2139, 2140.

Antheilscheine 297, 499, 500.

Antichrese 478.

Antrag auf Todeserklärung 42. A. auf Eintragung einer Forderung im Hypothekenbuche gilt als Vormerkung 404. A. der Ehefrau auf Aussetzung von Alimenten 1762. A. auf gerichtliche Nachlaßregulirung 2349.

Antretung der Erbschaft durch Unmündige 1913. A. einer Erbschaft 2010, 2246 flg. Wirkung 2281 flg.

Anwachsungsrecht 2012, 2590. A. unter Miterben 2269 flg. A. nach Stämmen 2269 n. 1. A. bei den durch einen Satz 2c. verbundenen Erben 2270. A. bei Erbeinsetzung theils auf ideelle oder bestimmte Theile, theils ohne Angabe 2271, 2272. Kein A. nach Antritt des Miterben, bez. Nacherben 2273. Keine besondere Antretung, keine Ausschlagung 2274. Verpflichtungen des Erben, bez. des anwachsenden Erbtheils 2275. Verbot des A. durch den Erblasser. Wirkung 2276. Gleichstehender Fall 2276 n. A. beim Vermächtniß des Nießbrauchs 2471. A. bei Vermächtnissen 2431 flg. A. bei Anwartschaften 2507 flg., 2511. A. bei Erbverträgen 2552.

Anwärter 2005. Recht auf Sicherstellung. Art der letzteren 137 n. 4. Absonderungsrecht 2333, 2334, 2338, 2339. Recht, Erklärung über den Erbschaftsantritt zu fordern 2266 flg.

Anwartschaft 2005. Sicherheitsleistung für eine A. 137 n. 4. Eigenthumserwerb an beweglichen Sachen 259. A. Rechtsgrund zur Eintragung ins Grundbuch 277. Ausschlagung gilt als Veräußerung 1511. Annahme, Ausschlagung durch Bevormundete 1913. A. zu Gunsten von Familiengliedern, einer bestimmten Confession angehörend 2137. Verbot der Hülfsvollstreckung in die Nutzungen 2153 n. 3. Erwerbung der A. aus einem Erbvertrage 2549. Deren Widerruf 2553. Testamentsvollstrecker 2232. Widerruf der durch Erbverträge Dritter ausgesetzten A. 2553. S. Erb-, Familien-, Vermächtnißanwartschaft.

Anweisung 1328. Kaufmännische A. P. 3. 1328 n. 1. A. an den Dritten zur Fortsetzung der Inhabung für den neuen Besitzer 201. Die ohne Concurrenz des Gläubigers vom Schuldner bewirkte A. als pactum in favorem tertii 853 n. 11; 1328 n. 1. Abtretung u. A. 953 n. 10; 1328 n. 1; 1337 n. 1. Creditauftrag 1328 n. 1. Accreditiv 1328 n. 2. Mitwirkung des Empfängers 1328 n. 3. Assignatio non est solutio 1328 n. 4; 1337 n. 3. Annahme der A. 1328 n. 5; 1334. Keine Pflicht des Angewiesenen zur Annahme

als B. 891. Nichterfüllung der B. Erklärung, nicht zu erfüllen. Wirkung
892. B. bei Verzeihung des Ehebruchs
1721 n. B. bei Verzeihung von Mißhandlungen zc. 1738. Weglassen einer
B., Hinzufügen einer nicht beabsichtigten B. im letzten Willen 2082. B. bei
letzten Willen 2117 flg. B. der Wille
des Bedachten 2118. B. ein gegen-
wärtiges oder zukünftiges Ereigniß mit
aufschiebender, auflösender Wirkung
2119, 2120. Künftiges gewisses Ereigniß 2121. Eintritt oder Nichtein-
tritt der B. Wirkung 2122, 2123. Unmögliche B. 2125 flg. Unverständliche,
widersinnige zc. B. 2128 flg. Ungesetzliche, unsittliche B. 2129 flg. Lächerlich machende B. 2134. B. der Ehelosigkeit, Verehelichung 2135, 2136.
Aenderung, Nichtänderung der Religion
2137. Mehrere B. 2138. Theilbar-
keit der Bedingung, falls mehrere Personen bedacht 2139, 2140. Wann gilt
die B. als erfüllt? 2141, 2146. Zufällige Unmöglichkeit der B. 2142, 2143.
Tod des Bedachten vor Erfüllung der
B. 2144. Wiederholter Eintritt der
B. 2145. Unmöglichmachen, Hindern
der Erfüllung 2146. Aufschiebende B.,
wenn der Bedachte eine mögliche Handlung vornehmen werde oder nicht 2147.
Ausschluß des Bedachten, wenn er den
letzten Willen anfechtet. Ausnahme
2148. B. bei Vermächtnissen 2389,
2417, 2423, 2426, 2447. B. eine in
der Willkür stehende Handlung 2124.
B. bei Antretung der Erbschaft 2256.
B. bei Erbverträgen 2549. B. beim
Pflichttheil 2584. B. bei der Erbeinsetzung gilt in der Regel nicht für die
Nacherbeinsetzung 2190.

Bedrohung 94. Wirkung bez. der Rechtsgeschäfte 93 n. 1. B. mit nur möglicher Weise nachtheiligen Handlungen
93 n. 2. B. mit Wechsellage. Gegründete Furcht deshalb 93 n. 3. B.
bez. eines Vergleichs 1411 n. 1.

Bedürfniß 1750 n.; 1751 n. 2.

Beerdigungskosten 1491. Geschäftsführung bez. der B. 1355. Verpflichtung
dessen, der den Tod eines Menschen
verschuldet, bez. der B. 1491. B. bei
Eheleuten 1634, 1637. B. bei Ascendenten und Descendenten 1846.
Verpflichtung des außerehelichen Vaters bez. der B. 1871. Abzüge der B. bei
Herausgabe einer Erbschaft 2314, 2376.

Befähigung 1241.

Befreiung von der Bürgschaft 1470. B.
von der Vormundschaft 1897, 1976.

Befristung 114 n. 2.

Begehungshandlungen, widerrechtliche
116, 1484 n.

Begünstiger unerlaubter Handlungen 778.
B. bei Entwendungen 1500.

Behältniß. Uebergabe 199. Vermächtniß des Inhalts 2465.

Behörde, Verjährung der Forderungen
1017.

Belbuch 1397 n. 21; 1401 n. 3. Stillschweigende Genehmigung der Einträge
98 n. 3.

Bei guter Gelegenheit 712.

Beihülfe 778.

Beischlaf. Unzurechnungsfähiger Zustand. Irrthum 1714. Unfähigmachen
zum B. 1734. Duldung des B. nach
Lebensnachstellungen zc. 1737 n. 1.
Lebensgefahr daraus für die Ehefrau
1742 n. 5. Versprechen des Ehemanns,
den B. nicht auszuüben 1742. Uebermäßige Ausübung 1742 n. 6. Voll-
zug des B. 1551 n. 7; 1859 n. 6.
Dauernde Unfähigkeit zum B. 1595
n. 2, 3, 4. Anticipirter B. 1603 n. 7.
Kein Eheverbot durch außerehelichen
B. begründet 1613 n. (1622). Vollziehung des B. nach entdecktem Irrthum 1625 n. 3, 4. S. auch Dotation, Kinder.

— außerehelicher. Die civilrechtlichen
Folgen sind nach dem BGB. zu beurtheilen 12. Das für Gestattung des
B. Gegebene kann nicht zurückver-
langt, aufgerechnet werden 1540 n. 13.
Entschädigung der unverheiratheten
Frauensperson wegen B. 1551. Wann
nicht? 1552. Uebergang des Rechts
auf die Erben 1553. Verhältniß zwischen Eltern und Kindern 1758 flg.
Verpflichtung des Schwängerers zu
Bezahlung von Geburts- und Taufkosten, Alimenten 1858. Forderungs-
berechtigter 1858 n. 2, 3; 1868. Forderung Seiten der Mutter 1868 n. 2,
3, 4, 5. Forderung Seiten des Ehemanns der Mutter 1869 n. Letzterer
nicht berechtigt bei Erziehung des
Kindes außer dem Hause 1869 n. 3.
Keine Berechtigung des Ehemanns
bez. der Alimente für die Zukunft
1869 n. 4. Bauschquantum für die
Alimente 1858 n. 4. Alimente im
Concurse des Vaters 1858 n. 5. Ver-

n. 1. Beschränkte Dauer der Hauptverbindlichkeit 1467 n. 2. Versprechen der Verbürgung. Schadenersatz bei Nichteinhaltung 1471 n. 2. Creditauftrag 1476. V. der Handelsfrau 1651 n. 4. V. des Ehemannes 1639 n. S. auch Vorausklage, Creditauftrag, Ehefrau.

Buße 1501 n. 2. S. Conventionalstrafe.

C.

Caducität 2618 flg.

Canal 366. Deckung, Reinigung 555.

Capital. Eisernes C. Eintragung. Eigenschaft einer Reallast 515. Unterschied eines eisernen C. von der gewöhnl. Hypothek 515 n. 5. Eintragung ungeachtet des Widerspruchs anderer Gläubiger 517. Eisernes C. genießt die Rechte der Hypothek 518. Berücksichtigung bei der Zwangsversteigerung 519.

Capitalscheine 500.

Cardinalfehler 926.

Cassatorische Clausel 1436 n. 5; 1438. Benutzung im Executionsproceß 420 n. 6. Ablauf der bestimmten Zeit 736 n. 4. Wirkung der Gestundung 755 n. 2. C. C. beim Leibrentenvertrag 1150 n. 3. C. C. beim Miethvertrage 1220 n. 1. Annahme einer Miethzinsrate hierbei 1437 n. 5. Verzugszinsen 1436 n. 2. Neuerungsvertrag, Wirkung 1437 n. 6. C. C. beim Mieth- u. Pachtvertrage 1438 n. 3, 5. C. C. u. Zinserhöhung 1438 n. 4. Wann die Geltendmachung ausgeschlossen? 1438 n. 6. Annahme vor Eintritt des kritischen Zeitpunkts 1438 n. 7. Einklagung rückständiger Zinsen 1438 n. 8. Beweislast des Verpflichteten 1439. S. Rechtsverwirkung.

Cassen. Zahlungen an und aus öffentl. C. 709. Dies gilt auch bez. der vom Staate als Eisenbahnbetriebsunternehmer zu leistenden Entschädigungen 709 n. 2.

Casus. S. Zufall.

Causa debendi bei Schuldscheinen 1398. — turpis 90 n. 5. Schweigegeld nicht turpis c. 878 n. 1.

Causalzusammenhang beim Schadenersatze 116 n. 4, 7; 125 n. 1.

Cautela Socini 2587 n. 1.

Cautio de non amplius turbando 321 n. 16. C. damni infecti 351 n.; 352 n.

Cautionen von Actiengesellschaftsdirectoren, Ausschußmitgliedern 1200 n. Rückforderungsrecht 1447 n 4.

Cautionshypothek 137 n. 4; 389 n. 1; 424 n. 12. Verpfändung einer C. Wirkung 373 n. 2. C. u. feste Hypothek 387 n. 1. Die durch die C. sicher gestellte Forderung. Geltendmachung derselben. Weiterverpfändung unzulässig 389 n. 2 C. für eine Conventionalstrafe 389 n. 3. Der Inhaber kann nicht Verzugs-, sondern nur Judicatzinsen im Concurse fordern 389 n. 2. Bürgschaftliche C. 1449 n. 6.

Cautionsschein. Abtretung 960 n. 1. Verpfändung 1413 n. 1.

Chirurgen 1017.

Christen. Ehe 1617.

Civilbesitz 276.

Civilhaft 1009 n. 7.

Circa 1082 F. n. 1.

Classe. Letztwillige Verfügungen zu Gunsten von C. von Personen 2163.

Clausel, privatorische, im letzten Willen 2148 n. 2.

Clausula rebus sic stantibus 864. C. derogatoria 2211. S. auch Cassatorische C.

Codicill, Inhalt, Form 2085, 2086. Erhöhung der Legatensumme 2155 n. 7.

Codicilli testamento confirmati 2084, 2085, 2383.

Colditz, Anstalt. Verzicht auf das gesetzl. Erbrecht E. 18.

Collation s. Einwerfung.

Collationspflicht 2354 flg. Streitigkeiten über C. 2301 n. 9; 2354 n. 9.

Collationsposten, Verzugszinsen davon 733 n. 2.

Collision der Privatgesetze 6 n. 1, 2, 3; 19 n. 2. C. der Rechte bei Rechten an Sachen 10 n. 1. C. der Pfandrechte 10 n. 2. C. der Gesetzgebung 1858 n. 7, 14.

Collusionsgeld 1711 n.

Commissionsvertrag oder Kauf 1082 A. n. 5; C. n. 6. C. u. Auftrag 1205 n.

Commodat bez. Inhaberpapiere 1042 n. S. Gebrauchsleihe.

Commorientes 2007.

Communicationswege. Anlegung von Folien E. 7 n. Beweis des Eigenthums an einem früheren C. 302 n. 6.

Communio incidens 1392.

Communmauer 328 n.

Ehefrau 793 n. 2; 1638 n. 2. Beitritt des E. zu einer von der Ehefrau ausgestellten Vollmacht 953 n. 9; 1638 n. 5. Außerehelicher Beischlaf mit einem E. Dotation? 1552 n. 5. Sittlicher Lebenswandel 1597 n. 2. Widerspruch gegen Reisen der Ehefrau 1531 n. 2. Tragung der Kosten des Hauswesens 1635. Wohnsitz 1636. Unterhalt durch die Ehefrau 1637. Klagrecht gegen die Ehefrau 1638 n. 3. Klagen als Bevollmächtigter der Ehefrau 1638 n. 4. Zeit, Form der Einwilligung zu Geschäften der Ehefrau 1638 n. 1, 3. Versprechen, eine Verbindlichkeit der Ehefrau zu erfüllen 1639. Verbürgung 1639 n. Recepticienvertrag 1640 n. 5. Vormund des E. 1642. Verbindlichkeiten durch die Ehefrau. Ausnahme 1645. Nutznießungs- und Verwaltungsrecht. Haftung 1655, 1929, 1930. Confessorienklage insoweit 1655 n. 2. Beginn des Rechts. Wirkung 1655 n. 3. Zeitweiliger Verzicht darauf 1655 n. 5. Gläubiger des E. 1655 n. 10; 1683 n. 1, 2. Zugeständnisse bez. des Einbringens 1655 n. 13a. Haftung für das Einbringen 1655 n. 17. Vermuthung für das Eigenthum des E. an den Sachen in der Wohnung. Ausnahme 1656. Nießbrauch, Verwaltung bez. des von der Ehefrau Verdienten 1668. Keine Sicherheitsleistung 1669. Sein Nießbrauch bedarf des Eintrags nicht 1670. Veräußerung von Theilen des Einbringens. Staatspapiere 1674, 1675. Erwerbungen für die Ehefrau 1676. Anschaffung von Ausstattungsgegenständen mit vom Schwiegervater erhaltenem Gelde 1659 n.; 1676 n 1. Wie weit bedarf der E. zur Erhebung, Einklagung von Forderungen der Einwilligung der Ehefrau? 1677. Klage aus einem Erbvertrage der Ehefrau 1678 n. 5. Aufgeben einer Forderung der Ehefrau 1677 n. 6. Unterhalt der Ehefrau im Gefängnisse. Bezahlung des Vertheidigungsaufwandes für diese 1680. Unordentliche Wirthschaft bez. des eheweiblichen Vermögens 1684, 1700. Concurs des E. Rückforderung des eheweiblichen Vermögens 1685. Verzicht auf Nießbrauch, Verwaltung des eheweiblichen Vermögens, Rückgabe.

Folgen 1686, 1601. Diese Rechte erlöschen mit Beendigung der Ehe 1687. Actio negatoria bez. der Einbringensforderung 1687 n. 7. Rechte bez. der Früchte des letzten Jahres 1687 n. 9. Rückgabe des eheweiblichen Vermögens 1688. Pflicht der Erben des E. dazu 1688 n. 2. Art der Rückgabe 1688 n. 4. Verwendungen des E. Erstattung 1690. Wann erst zu fordern? 1690 n. 1. Darlehne von der Ehefrau 1693 n. 3. Uebermäßige Ausübung des Beischlafs 1742 n. 6. Versprechen, den Beischlaf nicht auszuüben 1742 n. 1. Unterhaltspflicht 2c. bez. der getrenntlebenden Ehefrau 1750, 1760, 1758 n. 1; 1763 n. 2, 5, 7, 8, 12. Bestreiten der Vaterschaft 1772, 1775. Pater est, quem nuptiae demonstrant 1772 n. 1. Die Behauptung, der Ehefrau nicht beigewohnt zu haben, ist Einrede 1772 n. 2. Anerkennung der Vaterschaft 1774, 1775, 1777. Rechtsvermuthung aus dem Stillschweigen 1775 n. 1. Erklärung, daß er die Vaterschaft nicht anerkenne 1775 n. 2. Taufen lassen eines vor der Frist gebornen Kindes 1777 n. Wirkung des Anerkenntnisses der Vaterschaft 1778. Das Anerkenntniß verpflichtet nur den E. 1778 n. Klage auf Alimente für das außereheliche Kind seiner Ehefrau 1869 n. 1, 3, 5, 6. Unfähigkeit zur Vormundschaft über die Ehefrau 1895. Ausübung des Nießbrauchs, der Verwaltung durch den Vormund 1927. Rechte bez. des Vermögens der minderjährigen Ehefrau 1928 flg. Erbverzicht des E. 2578 n.

Ehepacten s. Ehestiftungen.

Ehescheidung 1712. Einfluß des BGB. P. 27. Anzeige an den Standesbeamten 1712 n. Gründe 1713, 1728, 1731, 1733, 1734, 1735, 1736, 1740, 1742, 1743, 1744. Concurrenz verschiedener Gründe 1713 n. 5; 1731 n. 2; 1732 n. 1; 1733 n. 7. Verlöbnißbruch 1719 n. E. auch, wenn das Zwangsverfahren wegen Desertion nicht ausgeführt werden kann 1731 n. 6. Unfähigmachen zum ehelichen Beiwohnen 1734. Lebensnachstellung. Mißhandlung 1735. E. wegen unheilbarer Gebrechen der Ehefrau 1742. Liquidstellung 1742 n. 8. Geistes-

thümer der Thiere 1564. H. für Verschulden, Fleiß 2364.

Haftungspflicht unzurechnungsfähiger Personen 81 n. 4. H. ex lege Aquilia 116 n. 3, 4; 1483. H. Dessen, der einen vorübergehenden, den Vernunftgebrauch ausschließenden Zustand verschuldet 120. G. der Dienstherrschaft für H. der Dienstboten 1229 n. 4.

Halbbürtig 2020, 2031.

Hand. Zu ungetheilter H. 1021.

Handelsagenten 1000 n. 3.

Handelsfrau. Bürgschaft 1651 n. 4.

Handelsgericht. Eheweibliche Verbürgungen 1650 n. 10.

Handelsgeschäft eines Einzelkaufmanns. Verkauf. Wirkung 52 n. 1; 852 n. 1; 1682 B. 1. Veräußerung mit Activen und Passiven. Inexigibilität einzelner Activen 915 n. 6; 1405 n. 2, 3. Lieferung von Maschinen 1244 n. 8. Uebernahme eines H. nur mit Passiven 1405 n. 3.

Handelsgesellschaften 1359 n. 6, 7. Charakter einer jurist. Person? 52 n. Aufrechnung mit Handlungsactiven 1027 n. 1, 2.

Handelsgesellschafter, Grundstücke 1366 n. 1.

Handelsmäklerei 1254 n.

Handelsrecht P. 3.

Handelswaaren. Verkauf von als Faustpfand gegebenen H. 480.

Handgeld 893.

Händler 1017.

Handlungen. Einfluß neuer Gesetze auf vorhergegangene H. 2. Unmögliche, den Gesetzen oder guten Sitten widerstreitende H. können nicht Gegenstand eines Rechts sein 79. H. gegen Prohibitivgesetze 79 n. H. zur Umgehung eines Gesetzes 80. In der Trunkenheit vorgenommene H. 81 n. 1. Im Zorne vorgenommene H. 81 n. 3. Wann ist die H. ein Rechtsgeschäft? 88. Concludente H. 98 u. n. 2, 4. Verwahrung gegen eigene und fremde H. und deren Folgen 139—142. Versprechen der H. Dritter 799. Verträge über unmögliche, ungesetzliche, unsittliche H. 793, 796.

—, unerlaubte 116. Forderungen daraus 773. Schadenersatz. Wann Forderung auf eine Leistung? 774. Nur einmalige Forderung des Gegenstandes wegen derselben u. H. 775. Haftung des Urhebers bei Verschuldung

776. Miturheber haften als Gesammtschuldner 777. Anstifter, Gehülfen. Begünstiger. Bereicherung 778. Haftung bei nicht erfüllter Verpflichtung bez. der Verhinderung u. H. 779. Einwilligung des Verletzten 780. U. H. der Gesellschafter 1381, 1300. Uebergang der Verbindlichkeit auf die Erben 2283.

Handlungsfähigkeit Nach welchem Rechte zu beurtheilen? P. 6. H. der Erblasser P. 23. Collision der Gesetze bez. der H. 6 n. 3. Welches Gesetz für die H. maßgebend? 7 u. n. 3, 5, 6; 8. Handlungsfähige. Beschränkt Handlungsfähige, Handlungsunfähige 81. Rechtsgeschäfte der Personen ohne entsprechende H. 89. Kauf eines Handlungsunfähigen 89 n. Nachweis der Handlungsunfähigkeit im Executionsprocesse 89 n. 1. Kein Verschulden Handlungsunfähiger 116 n. 4; 119. Verträge Handlungsunfähiger 786. Verträge beschränkt handlungsfähiger Personen 787. Handlungsunfähigkeit. Actio pauliana 1513, 1517. Rückforderung der Leistung Handlungsunfähiger 1547 n. 8. H. Geisteskranker 1984. Ehe 1592, 1623. Keine Erbverträge Handlungsunfähiger 2545. Bezeugung der H. bei Errichtung, Widerruf eines letzten Willens 2210 n.

Handlungsgehülfen 1017. Conventionalstrafe für den Contractsbruch 1428 n.9.

Handschlag 1082 C. 4.; 98 n. 3; 814 n.

Handwerker. 1194 n. 2; 1047. Vergütung. Angemessenheit 802 n. 2.

Hasardspiel 1480 n. 1.

Hauptsache 247, 250.

Haus. Vermächtniß dessen, was sich darin befindet 2466.

Hausbau. Conventionalstrafe 1428 n.9.

Hausbeamte 1017.

Hausgesetze gehen den allgem. bürgerlichen Gesetzen vor 29.

Haushalt. Geschäfte der Ehefrau bei dessen Führung 1645 n. 4. H. der getrennt lebenden Ehefrau 1645 n. 6. Gründung besonderen H. Einwerfung des dem Abkömmling dazu Gegebenen 2354 n. 4.

Hauslehrer 1017.

Hausmannswohnung 1187 n. 8.

Hausschlüssel des Miethers Zubehörung? Rechte des Vermiethers 65 n. 4; 1187 n. 7; 1196 n. 2. Recht des Herbergs-

des Verkäufers bei der Festsetzung des K. Delateid über die Angemessenheit. Gutachten 1082 J. 2; 1086 n. 1. Kundenüblichkeit 1082 J. 3. Bestreiten der Kundenüblichkeit, Angemessenheit 1082 J. 4. Betrügerische Vorstellungen bez. des K. 1082 J. 6. Versprechen über den K. Wechsel zu geben 1082 J. 7. Begebung, Annahme eines Wechsels für den K. 1082 J. 8. Uebernahme von Hypotheken in Anrechnung 1082 J. 9. Versprechen, den K. einer zu erkaufenden Sache auf den K. anzurechnen 1082 J. 10. Das unkündbare Haften des K. gegen Verzinsung auf dem Grundstück 1082 J. 11. K. muß in Geld bestehen 1086. Marktpreis 1087. Rückforderung 1094 n. 2. Rückzahlung bei Ausübung des Reurechts. Zinsen 1109, 1110 n. Condictio ob causam datorum 1534 n. 7.

Kaufsklage 1082 K. Abtretung der K. bez. Immobilien 859 n. 15. S. actio emti, venditi.

Kaufverträge, simulirte. Pfandverträge 91 n. 5. Bedingte K., falls die baupolizeiliche Genehmigung vorausgesetzt? 871 n. 3, 4.

Keller 535 n. 1. Benutzung keine Grunddienstbarkeit 661 n. 5. Haftung für Feuchtigkeit im vermietheten K. 1196 n. 2, 3. Schadenersatz bei Nichtgewährung des vermietheten K. 1198 n. 6. Schutz gegen schädliche Immissionen 357, 661 n. 2.

Kellerrechte. Anlegung von Folien dafür E. 11. K. und Nießbrauch 647 n.; 661 n. 4. Vererblichkeit, Veräußerlichkeit nach Anlegung eines Foliums dafür 661. Die rechtsgültige Uebertragung setzt die Anlegung eines Folium voraus 661 n. 6.

Keuschheit 1595 n. 3.

Kiesgruben, Nießbrauch 600.

Kinder. Vermuthung für das Lebendiggeborensein 34. Klagen zwischen Vater und K. Ausschluß der Verjährung 156. Besitzerwerbung durch Vertreter 193. Gesetzlicher Rechtstitel zur Eintragung einer Hypothek 391. K. als Vorkaufsberechtigte 1118 n. 9. Gewährung von Unterhalt 1354. Familienname der ehelichen K. 1801. Wirkung der Ehescheidung, Unterhalt. Erziehung 1749. Competenz bei der Entscheidung darüber 1749 n. 1, 2.

Form dieser Entscheidung 1749 n. 4. Wann ehelich? 1771, 1776. Conceptionsfrist. Berechnung 1771 n. 1. Einrede des außerehelichen Vaters bez. des Beischlafs Seiten des Ehemanns 1772 n. 2. Bestreiten der Vaterschaft. Voraussetzung 1772, 1775. Zugeständniß, Beweis des Ehebruchs. Einfluß bez. der ehelichen Geburt 1773. Anerkennung der Vaterschaft 1774 flg. Frühere Geburt 1776. Beischlaf der Mutter mit einem Dritten dabei. Einrede des Letzteren 1776 n. 3, 4. K. einer Wittwe, wiederverehelichten geschiedenen Ehefrau 1779. Wahl des Berufs 1804. Gehorsam, Zucht 1805. Unterstützung der Eltern 1806. Dienstleistungen; Vergütung? 1806 n. 1. Remuneratorische Schenkung an K. 1806 n. 2. Herausgabe der K. Seiten Dritter 1807. Klage der Mutter insoweit 1807 n. Erwerb 1810. Pflichttheil 1812. Wann ist dem K. ein Vormund zu bestellen? 1816. Veräußerung von Sachen der K. durch den Vater. Immobilien, Kostbarkeiten ꝛc. 1818. Herbergs-, Auszugsrechte. Veräußerung durch den Vater 1818 n. Vertretung durch den Vater 1821. Mündigwerden. Wirkung bez. der Prozeßvollmacht 1821 n. Geschäfte der minderjährigen K. 1822. Wann verpflichtet die Einwilligung des Vaters? 1824. Strafverfahren, Processe gegen K. Befriedigung aus dem Stammvermögen. Unterhalt 1826, 1837 flg. Vertheidigungskosten 1820. Rechtsgeschäfte zwischen Vater und Kind 1827. Abzug für den Unterhalt der K. an deren Vermögen 1836. Unterhaltspflicht 1842 flg. Letztwillige Verfügungen zu Gunsten der K. 2102. Letzte Willen der Eltern an Stelle ihrer K. 2203 flg. S. Annahme an Kindesstatt, Brautkinder.

Kinder, außereheliche. Unterhaltsansprüche P. 21; 1 n. Maßgebendes Recht dafür 12. Die Behauptung ihres Todes in Alimentationssachen ist Einrede 35 n. 3. Aufnahme in die Auszugswohnung des Großvaters? 637 n. 1. Verlöbniß 1572. Wessen Einwilligung zur Ehe? 1509 n. Familienname 1801. Sie führen den Namen der Mutter. Abel 1801 n. Unterhalt. Erziehung 1802, 1858. Geburts- und

manns am Kohlenzehent 600 n. Frucht-
bezug des Ehemanns 614 n. Ver-
wendungen des Ehemanns 616 n.
N. des Vaters 1811 flg.
Nomina ipso jure sunt divisa 2347.
Notar 1017. Errichtung eines Testaments vor dem N. 2108. Zahl der
Zeugen, Notare 2108 n. Nachlaß-
verzeichnisse 2331.
Notariatsprotocoll an Stelle des ge-
richtl. Protocolls E. 13.
Nothweg. Wann kann die Gestattung
verlangt werden? 345, 349 n. Der
Anspruch ist ein Gegenstand der frei-
willigen Gerichtsbarkeit 345 n. 1, 5.
Keine actio confessoria 345 n. 2.
Kein N. bei selbstverschuldeter Nothwendigkeit 345 n. 3. N. für Anfuhr
von Brennmaterial? 345 n. 4. Der
N. ist vom Richter gegen Entschä-
bigung zu bestellen. Keine Einrede
bez. der Nothwendigkeit gegenüber der
Negatorienklage 345 n. 2, 5. Beweis
der Nothwendigkeit 345 n. 6. Will-
kürliche Aenderungen der Benutzung,
persönliche Bedürfnisse 346. Richtung,
Beschränkung des N. 347. Wann ist
der N. unentgeltlich zu gestatten?
348, 349. Entschädigung für die
Einräumung 345, 349.
Nothzucht. Recht der Genothzüchtigten
auf Dotation und sonstige Entschä-
bigung 1551 n. 1. Kein Scheidungsgrund 4714.
Noxae datio 1561, 1564.
Nutzungen 72. Recht des Eigenthümers
auf die N. 220. Verzicht auf N.
Wann Schenkung? 1049 n. 4.

O.

Obereigenthum 226.
Obervormundschaft 1880, 1916 n. 3.
Oblasten. Entwährung wegen ver-
schwiegener O. 930 n. 1. Haftung
für verschwiegene O. 1082 H. 2. Dolus
dabei 1504 n. 7.
Obmann 331. O. beim Schiedsspruche.
Wahl 1423.
Observanz 28 n. 1, 4.
Obstpacht 1187 n. 6.
Ochsen. Beschädigungen durch O. 1561
n. 3.
Oeconomia separata 1832.
Ofen. Zubehörung? 65 n. 2; 68. Eigen-
thumserwerb des Vermiethers am
eingebrachten O. 284 n. 5.

Ofenplatten. Zerbrochene O. in der
Miethwohnung 1187 n. 12; 1196
n. 2.
Oheim 1609.
Operae liberales, illiberales 1230.
O. domesticae 1631, 1806. O. arti-
ficiales 1668, 1810.
Opinio juris 194, 530.
Oralfideicommiß 853 n.
Ordnungsstrafen 1881.
Ort des geschlossenen Rechtsgeschäfts 9.
Ortskundig 174.

P.

Pachtcaution 1187 n. 2. Rückforderung
137 n. 1; 1447 n. 6. Bei Veräußerung des Pachtgrundstücks keine Zu-
rückhaltung durch den Verpachter 137
n. 3; 1447 n. 6. Rückgabe 1208 n. 3;
1225 n. 8. Lex commissoria ungültig
1447 n. 6.
Pachtcessionen 1224 n. 1.
Pachter. Besitzklage 208 n. 1, 4. Durch-
führung der Besitzklage durch den
Verpachter 208 n. 4. Ansprüche an
den Ersteher des Pachtgrundstücks
bez. unerhobener Früchte 244 n. 2;
1224 n. 2. Negatorienklage gegen den
P. 321 n. 1. Rechte gegenüber den
Hypothekengläubiger bei Sequestration. Verfahren über die Ansprüche
414 n. 1. Keine Confessorienklage
des Verpachters gegen den P. 531
n. 7; 564 n. Confessorienklage des
P. und gegen den P. Wirkung 531
n. 8. Baurechte an den vom P. errichteten Gebäuden 661 n. 3. Verwendungen. Ersatz 1201. Retentionsrecht wegen Verwendungen 767 n. 3;
1201 n. 2. Jus tollendi 1187 n. 5;
1261 und n. 3. Aufführung von
Gebäuden 1201 n. 1. Tragen der
gewerblichen Abgaben 1202. Zahlung
des Pachtzinses 1204. Gebrauch,
Verwahrung, Verwaltung der Sache
1205. Anzeigepflicht bez. Ausbesserungen, Anmaßungen Dritter 1206.
Gestattung von Ausbesserungen 1207.
Rückgabe der Sache 1208. Verpflichtung bez. des Inventars. Tragung
der Gefahr 1209. Verpflichtungen
bez. Erhaltung, Verbesserung der
Sache 1211. Concurs des P. 1220
n. 5. Abgehen vom Vertrage. Gründe
1221. Schadenersatzforderung beim
Nichteintreten des Nachbesitzers 1222
n. 2, 3; 1223, 1225 n. 7.

971 n. 2. Haftung für V. 1010 n. 1.

Verkauf des Faustpfandes. Form 380, 481, 499. V. statt gerichtlicher Niederlegung 757. V. unter dem Werthe. Venditio gratiosa. Schenkung 1049 n. 5. V. unsittlicher Schriften 1082 E. 8. V. von Früchten auf dem Halme 1083 n. 3.

Verkäufer. Haftung für Veränderung vor der Uebergabe der Waare 731 n.; 1082 M. n. 3. Klage gegen den V. zunächst auf Erfüllung 761 n. 6. Verzug beim Lieferungskaufe 746 n. 2. Retentionsrecht bei succeffiv zu liefernden Waaren 767 n. 6. Allgemeine Anpreisungen. Dolus. Keine Verpflichtung zur Angabe des wahren Werths 835 n. 1, 2, 3; 1082 J. n. 6. Arbitrium bei Festsetzung des Kaufpreises 1082 J. 2: 1080 n. 1. Haftung für Verschuldung 1088. Verpflichtungen 1089 flg. Genehmigung zur Eintragung des Käufers im Grundbuche ist zu erklären; Naturalbesitz nicht zu verschaffen 1089 n. 1. Beseitigung nicht übernommener Hypotheken 930 n. 3, 4; 1082 H. n. 2; 1092 n.; 1089 n. 2, 3. Beseitigung entgegenstehender Protestationen 1089 n. 4. Klage auf Erfüllung gegen den Concurs des V. 1089 n. 9. Zweimaliger Verkauf eines Grundstücks 1089 n. 8. Verwahrungspflicht 1093. Mehrere V. Forderung antheiliger Leistung 1099.

Verkaufsagent 1295 n.

Verkaufscommiffion 1295 n.

Verkaufsrechnung 983 n. 5.

Verlag der Beauftragten 1314 n. 2, 3. Verzinsung 1314 n. 5.

Verlagsscheine 1139 n. 5.

Verlagsvertrag 1139. Unterschied von Auftrag zu Abfassung eines Werks 1139 n. Der Verleger hat das Schriftwerk auszuführen 1139 n. 1. Vergriffensein der Exemplare 1139 n. 4. Nachdruck 1139 n. 6. Vervielfältigungsrecht 1139 n. 7. V. bez. der gesammten Werke eines Schriftstellers 1139 n. 9. Verpflichtungen des Urhebers oder Inhabers des Werks 1140; des Verlegers 1141. V. berechtigt nur zu einer Auflage. Stärke derf. 1142. Zahlung des Honorars 1143. Zufällige Unmöglichkeit der Erfüllung 1144 flg. Zufälliger Unter-

gang des Werks 1147, 1148. Anderweite Auflagen, Ausgaben 1149.

Verlangen 814.

Verlaffen eines Grundstücks 757. S. Desertion.

Verlaffenschaften. Rechte des Staats auf erblose V. 2618. Voraussetzungen 2619 n. 3. Wann erblose V.? 2619. Edictalverfahren 2619 n. 1. Vorladung unbekannter Erben 2619 n. 4. Gläubiger sind nicht mit vorzuladen 2619 n. 5. Ausführung der Ansprüche unter den Betheiligten 2619 n. 6. Ausantwortung 2619 n. 8, 9. Rechte und Pflichten des Staats dabei 2620.

Verleger darf am Werke nichts ändern 1139 n. 2. Keine Klage auf Umarbeitung des Manuscripts 1139 n. 3. Verhältniß zum Redacteur 1139 n. 11. V. und Sortimentsbuchhändler 1139 n. 12. Verpflichtungen 1 11.

Verleiher 1017.

Verletzung, enorme 864.

Verleumdung 1501.

Verlöbniß 1568. Bestimmte Worte beim Abschlusse? 1568 n. 1. Bedingtes V.? 1568 n. 2. Wer kann sich verloben? 1569, 1570. Einwilligung der Eltern ꝛc. 1571 flg.; des Vormundes 1575, 1571 n. V. vor Zeugen, Gericht 1570, 1571 n. Entgegenstehende Hindernisse 1577. V. eines Geisteskranken 1571 n. Keine Klage auf Eingehung der Ehe 1579. Conventionalstrafe für das Nichtzustandekommen der Ehe ist nichtig 1580. Rücktritt. Schadenersatz 1581. Welcher Schaden zu ersetzen? 1581 n. Strafen für den Rücktritt 1581 n. Gründe für den Rücktritt 1582. Mahlschätze. Brautgeschenke 1583. Zuwendungen 1583 n. 1, 3. Rückgabe der Mahlschätze und Geschenke. Wie weit nicht? 1584 flg. Verjährung der betr. Ansprüche. Klagrecht der Erben? 1587. Condiction von Zuwendungen ꝛc. 1534 n. 7.

Verlöbnißbruch 1505 n. 5; 1719 n. Ersatz entzogenen Gewinns. Vermögensstrafen unklagbar 19 n. 3.

Verlust von Rechten an Sachen P. n. 7. Ersatz des V. beim Schadenersatz 124. V. des Besitzes 211 flg. V. der Sache 212.

Vermächtniß 1913, 2171, 2181. Uebergang des Eigenthums. Kein Rechts-

Druckfehler-Verzeichniß.

Band I, Seite 23, zu §. 16, Note 1 setze statt W. f. R. 1870: B. f. R. 1871.
Auf Seite 45 Note 2 ist noch beizufügen: W. f. R 1873 S. 187 flg.
Auf Seite 46 Note 5 fehlt vor „dem Müller" das Wort „von".
Seite 113 muß es im Texte des §. 271 statt „dreißigjährige" vielmehr „dreijährige" heißen.
Seite 114 Note 2 ist statt §. 482 zu setzen: §. 436.
Seite 116 Zeile 5 von unten Note 2 muß es statt „Grundstück" heißen „Gebäudes".
Seite 146 in Anm. zu §. 325—327 Zeile 21 von oben muß es statt „a. Pauliana" heißen „a Publiciana."
Seite 226 Note 6 muß es heißen: Zeichnet nicht mit Bezug."
Seite 224 ist im Texte des §. 531 in Parenthese statt §. 524 vielmehr §. 523 zu setzen.
Seite 248 ist zu §. 581 Note 1 noch zu vergl. W. f. R. 1871 S. 401 flg.
Seite 417 letzte Zeile: statt incertus an, incertus an.
Seite 491 zu §. 1212 ist in den Noten, auf Zeile 5 von oben die Jahreszahl 1860 mit 1810 zu vertauschen.

Band II, Seite 15, 7. Zeile von unten fehlt: „Zu §. 1596".
Seite 25, Zeile 4 muß es heißen statt: „Geschwisterkindern", „Geschwister"
„   „   „ 17 statt: „Tochter", „Enkelin".
„   „   „ 19 statt: „Bekundung", „Beurkundung".
Seite 45, in Note 7 am Schlusse: statt „Bd. 2, S. 23", „Bd. 3, S. 28".
Seite 43, Note 5, Zeile 5 statt „seiner", „seiner".
„   „   „ 10, vorletzte Zeile fehlt: „vom 9.".